Instituições de Direito Público e Privado

www.editorasaraiva.com.br

Nelson Godoy Bassil Dower
Carlos Eduardo Jadon
Claudio Mikio Suzuki
Luiz Roberto Carboni Souza
Renato Rubens Blasi
Sérgio Gabriel

Instituições de Direito Público e Privado

Inclui alterações com base no
NOVO CPC
(Lei n. 13.105/2015)

Av. das Nações Unidas, 7221, 1º Andar, Setor B
Pinheiros – São Paulo – SP – CEP: 05425-902

SAC 0800-0117875
De 2ª a 6ª, das 8h às 18h
www.editorasaraiva.com.br/contato

Presidente	Eduardo Mufarej
Vice-presidente	Claudio Lensing
Diretora editorial	Flávia Alves Bravin
Gerente editorial	Rogério Eduardo Alves
Planejamento editorial	Rita de Cássia S. Puoço
Aquisições	Fernando Alves
	Julia D'Allevo
Editores	Ana Laura Valerio
	Ligia Maria Marques
	Patricia Quero
	Thiago Fraga
Produtoras editoriais	Alline Garcia Bullara
	Amanda M. Loyola
	Daniela Nogueira Secondo
Suporte editorial	Juliana Bojczuk Fermino
Preparação	Eloiza Lopes
Revisão	Aline Naomi
	Fernanda Marão
Atualização da 15ª edição	Crayon Editorial
Capa	Aero Comunicação
Impressão e acabamento	Bartira

ISBN 978-85-472-1501-9

DADOS INTERNACIONAIS DE CATALOGAÇÃO NA PUBLICAÇÃO (CIP)
BIBLIOTECÁRIA RESPONSÁVEL: ALINE GRAZIELE BENITEZ CRB-8/9922

D777i   Dower, Nelson Godoy Bassil
15. ed.   Instituições de direito público e privado / Nelson Godoy Bassil Dower. – [et al.]. – 15. ed. – São Paulo: Saraiva, 2017.

Inclui bibliografia.
ISBN 978-85-472-1501-9

1. Direito público e privado – Brasil. 2. Legislação. I. Jadon Carlos Eduardo. II. Suzuki, Claudio Mikio. III. Roberto Carboni. IV. Blasi, Renato Rubens. V. Gabriel, Sérgio. VI. Título.

CDD: 340
CDU: 342(81)

Índices para catálogo sistemático:
1. Direito público: Direito privado   340

Copyright © Nelson Godoy Bassil Dower, Carlos Eduardo Jadon, Claudio Mikio Suzuki, Renato Rubens Blasi, Sérgio Gabriel, Luiz Roberto Carboni Souza.
2017 Saraiva Educação
Todos os direitos reservados.

15ª edição

Nenhuma parte desta publicação poderá ser reproduzida por qualquer meio ou forma sem a prévia autorização da Saraiva Educação. A violação dos direitos autorais é crime estabelecido na lei nº 9.610/98 e punido pelo artigo 184 do Código Penal.

| EDITAR | 9639 | CL | 651252 | CAE | 608981 |

Sobre os autores

Nelson Godoy Bassil Dower foi graduado pela Faculdade de Direito da Universidade Mackenzie e especialista em Direito Civil, Processo Civil e Direito Comercial pela Faculdade de Direito da Universidade de São Paulo (USP).

Foi advogado e professor universitário. Publicou mais de vinte obras, entre elas o atualizado *Curso moderno de direito civil* e o *Curso básico de direito processual civil*. Foi também autor da coleção Simplificados, inspirada no presente livro, *Instituições de direito público e privado*.

Esta feliz e consagrada obra tem continuidade por meio das atualizações feitas pelos autores apontados.

Carlos Eduardo Jadon é advogado, consultor jurídico e autor de obras jurídicas. É mestre em Direito das Relações Sociais, na subarea de concentração Direito Civil pela Pontifícia Universidade Católica de São Paulo (PUC/SP). É avaliador na FGV Direito SP e professor na Universidade Nove de Julho (UNINOVE) e no Centro Universitário Assunção (UNIFAI), bem como de cursos preparatórios para carreiras jurídicas.

Claudio Mikio Suzuki é advogado, doutorando em Direito pela Pontifícia Universidade Católica de São Paulo (PUC/SP), mestre em Direito pela FMU-SP. É especialista em Direito Penal e Processo Penal, ambos pela FMU/SP. É professor do curso de graduação e pós-graduação em Direito da Universidade Nove de Julho (UNINOVE), da pós-graduação em Direito da FMU/SP e do Curso de Extensão Universitária em Direito Digital do Serviço Nacional de Aprendizagem Comercial (SENAC/SP). É autor de diversos artigos e obras jurídicas.

Luiz Roberto Carboni Souza é bacharel em Direito pela Faculdade de Direito de Bauru, mantida pela Instituição Toledo de Ensino (ITE); especialista em Direito Empresarial pela Universidade Presbiteriana Mackenzie e em Direito Constitucional pela Universidade do Sul de Santa Catarina (UNISUL), mestre em Direito, com área de concentração Positivação e Concretização Jurídica dos Direitos Humanos, pelo Centro Universitário FIEO (UNIFIEO). É advogado e professor universitário das disciplinas de Direito Constitucional, Processo Constitucional e Direitos Humanos na Universidade Nove de Julho (UNINOVE).

Renato Rubens Blasi é advogado empresarial pela Faculdade de Direito de São Bernardo do Campo. Atuou como professor universitário assistente do professor Evandro Fabiani Capano em algumas faculdades do interior paulista, tendo lecionado, também, em alguns cursos preparatórios. Foi advogado associado da banca Gregori Capano Advogados Associados e atualmente possui sua própria banca. É presidente da Comissão de Descentralização e Modernização e membro da Comissão de Prerrogativas da Ordem dos Advogados do Brasil (OAB) de Santo Amaro, na capital paulista. Hoje é atualizador de parte das obras jurídicas do jurista Nelson Godoy Bassil Dower.

Sérgio Gabriel é consultor jurídico e advogado. É graduado em Administração e Direito, pós-graduado em Administração e mestre em Direito. É professor de Prática Jurídica Civil, Direito Empresarial, Direito Civil, Direito do Consumidor e Hermenêutica Jurídica além de autor de várias obras e artigos jurídicos.

Prefácio

De uma simples conversa informal, fui presenteado com a execução do Prefácio deste livro.

Lecionando juntos na Faculdade Tibiriçá, na mesma área, Instituições de Direito Público e Privado, dr. Nelson e eu comentamos a necessidade de um manual que abrangesse a programação, colocando-a ao alcance e à compreensão do educando.

Autor de inúmeros livros altamente didáticos na sua especialidade, que é Direito Civil, o dr. Nelson adotou a ideia, concretizou-a, e editou as presentes lições, de grande valia, oferecendo um roteiro prático, claro e atualizado da matéria.

A excelência do livro está no fato de fornecer a exposição teórica despojada de citações doutrinárias, interessante para aqueles que desejam aprofundar a pesquisa.

Destinado a propiciar os primeiros elementos da Ciência do Direito, o livro atinge amplamente sua finalidade de orientador didático.

A recepção a lhe ser dada é sua melhor apresentação.

Anísio Neder
Promotor de justiça (aposentado) e professor de direito

Sumário

INTRODUÇÃO

1.	**Introdução ao Estudo do Direito**	**3**
	1.1 Noção de Direito	3
	1.2 Direito Objetivo e Direito Subjetivo	4
	1.3 Divisão do Direito Positivo ou Objetivo	5
	1.3.1 Direito Público	6
	1.3.2 Direito Privado	7
2.	**Da lei jurídica**	**9**
	2.1 Apresentação	9
	2.2 Conceito de lei jurídica	9
	2.3 Quando a lei se torna obrigatória	11
	2.4 Ninguém se escusa de cumprir a lei, alegando que não a conhece	11
	2.5 Da revogação da lei	12
	2.5.1 Derrogação e ab-rogação	13
3.	**Da aplicação da norma jurídica no tempo e no espaço**	**14**
	3.1 Introdução	14
	3.2 Da retroatividade da lei nova	15
	3.2.1 Direito adquirido	15
	3.2.2 Ato jurídico perfeito	16
	3.2.3 Coisa julgada	16
	3.3 Efeito imediato da nova lei	16
	3.4 Sobrevivência da lei antiga	17
	3.5 Da eficácia da lei no espaço	17

PARTE I — DIREITO PÚBLICO

4.	**Direito Constitucional**	**21**
	4.1 Apresentação	21
	4.2 Conceito de Constituição	21

4.3	A instituição do Estado Democrático de Direito.....................................		22
4.4	Quem faz a Constituição Federal..		23
	4.4.1	Modificação da Constituição	24
		4.4.1.1 Cláusulas pétreas	25
4.5	As diversas Constituições brasileiras...		25
4.6	Formas de Estado		27
4.7	Formas de governo...		27
	4.7.1	Sistemas de governo: Presidencialismo e Parlamentarismo.....	28
	4.7.2	Distinção entre governo parlamentar e governo presidencial	29
4.8	Conteúdo da atual Constituição brasileira		31

5. Os princípios fundamentais da Constituição.. 32
5.1	Os princípios fundamentais...	32
5.2	Existência de três poderes...	34

6. Dos direitos e garantias fundamentais 35
6.1	Apresentação		35
6.2	Os direitos individuais constitucionais..		35
	6.2.1	O homem e a mulher têm direitos e obrigações iguais...........	36
	6.2.2	A submissão e o respeito à lei. O princípio da legalidade.....	36
	6.2.3	A manifestação do pensamento é livre; vedado o anonimato	37
	6.2.4	Liberdade de locomoção, em tempo de paz.............................	37
	6.2.5	Inviolabilidade da moradia...	38
	6.2.6	A inviolabilidade de correspondência e comunicações telegráficas e telefônicas	39
	6.2.7	O exercício de qualquer trabalho é livre	39
	6.2.8	Reunião pacífica em locais abertos ao público	40
	6.2.9	Ninguém poderá ser compelido a associar-se ou a permanecer associado	41
	6.2.10	Garantia do direito de propriedade	42
	6.2.11	Impenhorabilidade da pequena propriedade rural	43
	6.2.12	O acesso às informações	43
	6.2.13	O direito de petição e de obtenção de certidões em repartições públicas...	44
	6.2.14	Princípio do controle do Judiciário	45
	6.2.15	O direito adquirido, o ato jurídico perfeito e a coisa julgada	46
	6.2.16	A punição no racismo	46
	6.2.17	A prática de tortura, o tráfico ilícito de entorpecentes, o terrorismo, os hediondos...	47
	6.2.18	A individualização da pena...	48
	6.2.19	Não haverá pena de morte, de caráter perpétuo, de trabalhos forçados, de banimento e penas cruéis	49
	6.2.20	O contraditório e a ampla defesa...	49
	6.2.21	A não submissão à identificação	50
	6.2.22	A prisão em flagrante ou por ordem judicial...........................	50
	6.2.23	A comunicação da prisão ao juiz e à família do preso ou à pessoa por ele indicada	50

	6.2.24	O preso será informado de seus direitos	51
	6.2.25	A identificação dos autores da prisão	51
	6.2.26	A inexistência de prisão por dívida	51
6.3	As garantias constitucionais		53
	6.3.1	Mandado de segurança	53
	6.3.2	*Habeas corpus*	54
	6.3.3	Ação popular	54
6.4	Dos direitos sociais		55

7. Da organização do Estado — 57

- 7.1 Da divisão territorial administrativa do país — 57
- 7.2 Estado descentralizado politicamente — 58
- 7.3 A União — 58
- 7.4 Da competência da União — 59
  - 7.4.1 Competência exclusiva não legislativa — 59
  - 7.4.2 Competência exclusiva legislativa — 59
- 7.5 Dos Estados-federados — 60
  - 7.5.1 Composição — 61
  - 7.5.2 Competência dos estados — 61
- 7.6 Do Distrito Federal — 62
- 7.7 Do Município — 62
- 7.8 Competência dos Municípios — 63
- 7.9 Competência concorrente — 64

8. Da organização dos poderes — 65

- 8.1 Divisão dos poderes — 65
- 8.2 Poder Legislativo — 65
- 8.3 A tarefa principal do Poder Legislativo — 67
  - 8.3.1 Procedimento de elaboração de uma lei jurídica ordinária — 67
    - 8.3.1.1 Primeira fase: da iniciativa — 67
    - 8.3.1.2 Segunda fase: da aprovação — 68
- 8.4 Medida provisória com força de lei — 70
- 8.5 Poder Executivo — 71
- 8.6 Poder Judiciário — 72
- 8.7 Organização do Poder Judiciário — 72
  - 8.7.1 Supremo Tribunal Federal — 73
  - 8.7.2 Superior Tribunal de Justiça — 73
  - 8.7.3 Tribunais Regionais Federais e juízes federais — 74
  - 8.7.4 Tribunais e juízes do trabalho — 75
  - 8.7.5 Tribunais e juízes eleitorais — 76
  - 8.7.6 Tribunais e juízes militares — 77
  - 8.7.7 Tribunais e juízes dos estados — 77
  - 8.7.8 Conselho Nacional de Justiça (CNJ) — 78
- 8.8 Juizados especiais — 79
- 8.9 Do Ministério Público, da Advocacia Geral da União e da Defensoria Pública — 79

	8.9.1	Advocacia Geral da União	80
	8.9.2	Da Defensoria Pública	80

9. Do estado de defesa e do estado de sítio **81**
   9.1   Do estado de defesa 81
   9.2   Do estado de sítio 82

10. Da tributação e do orçamento **83**
   10.1   Apresentação 83
   10.2   Receita e despesas públicas 83
   10.3   Sistema Tributário Nacional 83
   10.4   Tributos 84
           10.4.1   Imposto 84
           10.4.2   Taxa 85
           10.4.3   Contribuição de melhoria 85
   10.5   Limitações ao poder de tributar 86
           10.5.1   Princípio da legalidade 87
           10.5.2   Princípio da isonomia 87
           10.5.3   Princípio da anterioridade 88
           10.5.4   Proibição de limitação ao tráfego 88
   10.6   Da imunidade tributária 88
   10.7   Uniformidade dos tributos federais 89
   10.8   Dos impostos exclusivos da União 89
   10.9   Dos impostos dos estados e do Distrito Federal 91
   10.10 Dos impostos dos municípios 91
   10.11 Poder de tributar 91

11. Da ordem econômica e financeira **93**
   11.1   Introdução 93
   11.2   A intervenção do Estado na economia 94
   11.3   Formas de prestação de serviço público 96
   11.4   O dono do solo não o será do subsolo 97
   11.5   Da política urbana 97
           11.5.1   Usucapião constitucional urbano 98
   11.6   Da política agrícola e financeira e da reforma agrária 98
           11.6.1   Usucapião rural constitucional 99
   11.7   Do Sistema Financeiro Nacional 99

12. Da ordem social **100**
   12.1   Introdução 100
   12.2   Da ordem social 100
   12.3   Da seguridade social 101
   12.4   Da saúde 101
   12.5   Da previdência social 102
   12.6   Da assistência social 103
   12.7   Da educação, da cultura e do desporto 103
   12.8   Da família, da criança, do adolescente e do idoso 105

PARTE II — DIREITO PENAL

13. Introdução ao Direito Penal 109
    13.1   Conceito e fins do Direito Penal 109
    13.2   Breve história do Direito Penal 110
    13.3   Código Penal (conteúdo) 110
    13.4   Fontes do Direito Penal 111

14. Da aplicação da lei penal 112
    14.1   A lei penal 112
    14.2   Do princípio da legalidade 112
    14.3   Da vigência e revogação da lei penal 113
    14.4   Da vigência da lei penal no tempo 114
    14.5   Da vigência da lei penal no espaço 116
            14.5.1   Do lugar do crime 116

15. Do crime 118
    15.1   Conceito do crime 118
    15.2   Crime por omissão 120
    15.3   Do tipo 121
    15.4   Crime e contravenção 122

16. Dos sujeitos do delito 123
    16.1   Os sujeitos do crime 123
    16.2   A capacidade criminal da pessoa jurídica 123
    16.3   A incapacidade criminal do menor 125
    16.4   Do sujeito passivo do crime 126

17. Da relação de causalidade 127
    17.1   A relação de causalidade 127
    17.2   Teoria adotada pelo Código 127
    17.3   Causalidade na omissão 128
    17.4   Superveniência da causa relativamente independente 129

18. Do crime consumado e da tentativa 131
    18.1   Considerações introdutórias 131
    18.2   Fases de *iter criminis*, também denominado caminho do crime ... 131
    18.3   Crime consumado 132
    18.4   Da tentativa 133

19. Do crime doloso e do crime culposo 135
    19.1   Do crime doloso 135
    19.2   Do crime culposo 136
    19.3   Crime preterdoloso 138
    19.4   Perdão judicial 139
    19.5   Erro sobre elementos do tipo 140
            19.5.1   Erro determinado por terceiro 141
            19.5.2   Erro sobre a pessoa 142

20. Das causas justificativas da antijuridicidade **143**
    20.1   Apresentação 143
    20.2   Do estado de necessidade.. 144
    20.3   Da legítima defesa 145
    20.4   Do estrito cumprimento de dever legal e do exercício regular de direito 146

21. Da imputabilidade **148**
    21.1   Noções introdutórias 148
    21.2   Inimputabilidade por menoridade 149
    21.3   Inimputabilidade por doença mental 149
    21.4   Inimputabilidade por embriaguez 150
    21.5   Emoção e paixão 151

22. Do concurso de pessoas **152**
    22.1   Noção de coautoria... 152
    22.2   Teoria unitária 153
    22.3   Participação por instigação.. 155

23. Das penas **157**
    23.1   Considerações introdutórias... 157
    23.2   Espécies de pena 157
        23.2.1   Das penas privativas de liberdade 158
            23.2.1.1   Pena de reclusão 158
            23.2.1.2   Pena de detenção 159
        23.2.2   Das penas restritivas de direitos.. 159
        23.2.3   Da pena de multa 161
    23.3   Da suspensão condicional da pena (*sursis*) 161
    23.4   Estabelecimentos penais.. 162
    23.5   Prisão domiciliar... 162
    23.6   Remissão 163

24. Das medidas de segurança **164**
    24.1   Considerações introdutórias... 164
    24.2   Conceito... 165
    24.3   Sujeito passivo da medida de segurança... 166
    24.4   Espécies de medida de segurança 166

25. Da ação penal **167**
    25.1   Considerações introdutórias... 167
    25.2   Espécies de ação penal 167
        25.2.1   Ação penal pública.. 168
            25.2.1.1   Ação penal pública incondicionada 168
            25.2.1.2   Ação penal pública condicionada................ 168
        25.2.2   Ação penal privada.. 169
            25.2.2.1   Ação penal privada exclusiva propriamente dita 169
            25.2.2.2   Ação penal privada subsidiária da ação pública 170
            25.2.2.3   Ação penal privada personalíssima............ 170
    25.3   O perdão do ofendido 171

26.	Da extinção da punibilidade..	**172**	
	26.1 Introdução..	172	
	26.2 Espécies de causas extintivas da punibilidade	173	
	26.2.1 Pela morte do agente..	173	
	26.2.2 Pela anistia, graça ou indulto....................................	173	
	26.2.3 Pela retroatividade de lei que não considera o fato como criminoso........	174	
	26.2.4 Pela prescrição, decadência ou perempção.....................	174	
	26.2.5 Pela renúncia do direito de queixa ou pelo perdão aceito, nos crimes de ação privada	175	
	26.2.6 Pela retratação do agente, nos casos em que a lei a admite...........	176	
	26.2.9 Pelo perdão judicial..	177	
27.	Da prescrição	**178**	
	27.1 Conceito..	178	
	27.2 Espécies de prescrição penal	179	
	27.3 Fixação do lapso prescricional	179	
	27.4 Interrupção da prescrição	181	
	27.5 Suspensão da prescrição	182	
	27.6 Termo inicial da prescrição	182	

PARTE III — DIREITO CIVIL

28.	Direito Civil...	**187**	
	28.1 Conceito de Direito Civil	187	
	28.2 Divisão do Código Civil	187	
	28.3 Breve histórico do Código Civil	188	
29.	Da pessoa natural	**189**	
	29.1 Conceito de pessoa natural	189	
	29.2 Início da existência da personalidade civil	189	
	29.3 Capacidade jurídica e capacidade de exercício	190	
	29.4 Os incapazes	190	
	29.4.1 Os absolutamente incapazes......................................	190	
	29.4.1.1 Os menores de 16 anos	191	
	29.4.2 Quem são os relativamente incapazes.........................	191	
	29.4.2.1 Os maiores de 16 e menores de 18 anos	191	
	29.4.2.2 Os ébrios habituais e os viciados em tóxico	193	
	29.4.2.3 Aqueles que por causa permanente não puderem exprimir a sua vontade	193	
	29.4.2.4 Aqueles que, por motivo transitório ou permanente, não puderem exprimir sua vontade	195	
	29.4.2.5 Os pródigos...	195	
	29.5 Proteção que o direito concede aos incapazes	195	
	29.6 Cessação da incapacidade..	196	
	29.7 Casos de emancipação	196	

		29.7.1	Emancipação por concessão dos pais	197
		29.7.2	Emancipação por sentença do juiz	197
		29.7.3	Emancipação pelo casamento	197
		29.7.4	Emancipação pelo exercício de emprego público efetivo	197
		29.7.5	Emancipação pela colação de grau em curso de ensino superior	198
		29.7.6	Emancipação pelo estabelecimento civil ou comercial, ou pela existência de relação de emprego, desde que, em função deles, tenha economia própria	198
	29.8	A comoriência		198

30. Da pessoa jurídica de direito privado **200**
    30.1 Noção inicial de pessoa jurídica de direito privado 200
    30.2 Constituição da pessoa jurídica 200
    30.3 Ente despersonalizado 201
    30.4 Começo da personalidade jurídica da pessoa jurídica de direito privado 202
    30.5 As pessoas dos sócios não se confundem com a pessoa jurídica 202
    30.6 Representação da pessoa jurídica de direito privado 203
    30.7 Classificação das pessoas jurídicas 203
    30.8 Pessoas jurídicas de direito privado 204

31. Das fundações privadas **205**
    31.1 Conceito 205
    31.2 Quem pode criar uma fundação 205
    31.3 Modalidades de formação 206
    31.4 Da elaboração do estatuto 206
    31.5 Da aprovação do estatuto 207
    31.6 Do momento em que a fundação adquire personalidade jurídica 207
    31.7 Funcionamento da fundação 208
    31.8 Extinção da fundação privada 208

32. Do domicílio **209**
    32.1 Introdução 209
    32.2 Caracterização da sede jurídica da pessoa física 210
    32.3 Distinção entre domicílio e residência 211
    32.4 Espécies de domicílio 211
    32.5 Casos de domicílio legal 211
        32.5.1 Domicílio dos incapazes 212
        32.5.2 Domicílio do servidor público 212
        32.5.3 Domicílio do militar 212
        32.5.4 Domicílio do preso 212
    32.6 Domicílio da pessoa jurídica de direito privado 212

33. Do objeto do direito **213**
    33.1 Bens jurídicos e o objeto do direito 213
    33.2 Classificação dos bens 213
        33.2.1 Bens considerados em si mesmos 213

		33.2.2	Bens móveis e bens imóveis..	214
			33.2.2.1 Transferência da propriedade de bem móvel......................	214
			33.2.2.2 Transferência da propriedade de bem imóvel....................	214
		33.2.3	Bens fungíveis e infungíveis	215
		33.2.4	Bens divisíveis e indivisíveis	215
		33.2.5	Bens singulares e coletivos...	215
	33.3	Bens reciprocamente considerados...		216
		33.3.1	Bens principais e acessórios..	216
	33.4	Em relação ao titular do domínio		216
		33.4.1	Bens públicos e particulares	216

34. Dos fatos jurídicos 218
    34.1   Considerações introdutórias.. 218

35. Dos atos e dos negócios jurídicos 220
    35.1   Dos atos jurídicos 220
    35.2   Requisitos para a validade do negócio jurídico 221
            35.2.1   Agente capaz.. 221
            35.2.2   A licitude... 221
            35.2.3   Forma prescrita ou não defesa em lei.. 221
    35.3   Dos defeitos do negócio jurídico.. 222
            35.3.1   Ausência total da vontade 222
            35.3.2   Existência de uma vontade livremente manifestada 222
    35.4   Vícios da vontade e vícios sociais 222
            35.4.1   Do erro ou ignorância... 223
            35.4.2   Do dolo civil.. 223
                    35.4.2.1   *Dolus bonus* e *dolus malus*... 224
            35.4.3   Da coação 225
                    35.4.3.1   As excludentes da coação.. 226
                              35.4.3.1.1   Exercício normal de um direito 226
                              35.4.3.1.2   Temor reverencial 226
            35.4.4   Do estado de perigo.. 226
            35.4.5   Da lesão.. 227
            35.4.6   Da fraude contra credores 227
            35.4.7   Da simulação 228
                    35.4.7.1   Simulação absoluta... 229
                    35.4.7.2   Simulação relativa... 229

36. Atos ilícitos 230
    36.1   Apresentação 230
    36.2   Conceito de ato ilícito 230
    36.3   Pressupostos da responsabilidade extracontratual 231
            36.3.1   Prova do dolo ou da culpa... 231
                    36.3.1.1   Negligência.. 232
                    36.3.1.2   Imprudência.. 233
                    36.3.1.3   Imperícia.. 233

	36.3.2	A prova dos prejuízos sofridos pela vítima	233
	36.3.3	Relação de causalidade ou nexo causal	234
36.4	Teoria da responsabilidade sem culpa		234
36.5	Atos contrários ao direito que não são ilícitos		235

37. Direito das obrigações ... **237**

37.1	Considerações preliminares		237
37.2	Evolução histórica		237
37.3	Relação jurídica		238
37.4	Conceito de obrigação jurídica		239
37.5	Elementos constitutivos da relação jurídica obrigacional		240
	37.5.1	Os sujeitos da relação jurídica	240
	37.5.2	Objeto das obrigações	240
	37.5.3	Vínculo jurídico	241
37.6	Fontes das obrigações segundo o Código Civil		241
	37.6.1	O contrato	241
	37.6.2	A declaração unilateral da vontade	241
	37.6.3	O ato ilícito	242
37.7	Algumas espécies de contrato		242
	37.7.1	Contrato de compra e venda	242
	37.7.2	Mandato	242
	37.7.3	Fiança	243

38. Direito das coisas ... **244**

38.1	Apresentação		244
38.2	Conceito de posse e sua classificação		244
	38.2.1	Posses direta e indireta	245
	38.2.2	Posses justa e injusta	246
	38.2.3	Posse de boa-fé e posse de má-fé	246
38.3	Da aquisição e da perda da posse		246
	38.3.1	Aquisição em consequência da manifestação da vontade	247
	38.3.2	Aquisição em função da origem da posse	247
	38.3.3	Perda da posse	247
38.4	Proteção possessória		247
38.5	Composse		248
38.6	Da propriedade		248
38.7	Proteção específica da propriedade		249
38.8	Aquisição da propriedade imóvel		249
	38.8.1	Da aquisição pelo registro do título	249
	38.8.2	Aquisição da propriedade pela acessão	249
	38.8.3	Aquisição da propriedade pelo usucapião	250
38.9	Aquisição da propriedade móvel		251
38.10	Direito real sobre coisas alheias		251
	38.10.1	Servidões prediais	252
	38.10.2	Usufruto	252
	38.10.3	Compromisso de compra e venda	253

	38.10.4	Direitos reais de garantia...	254
	38.10.5	Hipoteca..	254

39. Direito de família... 255

39.1	A família...		255
39.2	O casamento – conceito, características e finalidade.......................................		255
	39.2.1	Da união estável...	256
39.3	Preparação do casamento..		256
39.4	Os impedimentos matrimoniais..		257
39.5	Celebração do ato do casamento..		258
39.6	Os efeitos principais do casamento		259
39.7	Deveres recíprocos entre os cônjuges...		259
	39.7.1	Fidelidade recíproca entre os cônjuges..	260
	39.7.2	Vida em comum, no domicílio conjugal	260
	39.7.3	Mútua assistência..	260
	39.7.4	Sustento, guarda e educação dos filhos..	260
39.8	Dissolução da sociedade conjugal e do casamento...		261
	39.8.1	Da separação judicial	261
		39.8.1.1 Separação consensual ou por mútuo consentimento..........	262
		39.8.1.2 Separação litigiosa	262
		39.8.1.3 Separação consensual extrajudicial...................	262
	39.8.2	Do divórcio	263
		39.8.2.1 Dissolução pelo divórcio consensual extrajudicial ..	263
39.9	Das relações de parentesco		264
39.10	Os graus de parentesco		264
39.11	Da adoção		265
	39.11.1	Quem pode e quem não pode adotar	265
	39.11.2	A diferença de idade necessária entre o adotante e o adotado ...	266
	39.11.3	Do consentimento...	266
	39.11.4	Adoção por cônjuge ou por companheiros..................................	266
	39.11.5	Adoção por homossexuais..	266
	39.11.6	Direitos sucessórios do filho adotivo	267
	39.11.7	Efeito principal da adoção..	267
39.12	Do direito protetor dos incapazes		268
	39.12.1	Do poder familiar	268
	39.12.2	A quem compete o poder familiar	269
	39.12.3	Direitos e deveres dos pais em relação aos filhos menores	269
	39.12.4	Direitos e deveres dos pais em relação aos bens dos filhos menores..	270
	39.12.5	Suspensão, perda e extinção do poder familiar	270
	39.12.6	Da tutela	271
	39.12.7	Da tomada de decisão apoiada	271
	39.12.8	Da curatela	272

40.	**Direito das sucessões**		**273**
	40.1	Espécies de sucessão	273
	40.2	Ordem de vocação sucessória	273
	40.3	Sucessão testamentária	275
	40.4	Capacidade ativa para fazer testamento	275
	40.5	Formas de testamento	276
		40.5.1 Testamento público	276
		40.5.2 Testamento cerrado	276
		40.5.3 Testamento particular	277
		40.5.4 Codicilo	277
	40.6	Herdeiros necessários e seus direitos	277
	40.7	O testador pode estabelecer limitações sobre a legítima	277

PARTE IV — DIREITO DO TRABALHO

41.	**Introdução ao Direito do Trabalho**		**281**
	41.1	Trabalho humano	281
	41.2	Breve histórico do Direito do Trabalho	281
	41.3	Denominação	282
42.	**Contrato individual de trabalho**		**283**
	42.1	Definição legal	283
		42.1.1 Sujeitos do contrato individual de trabalho	284
		42.1.1.1 Empregado	284
		42.1.1.2 Empregador	284
	42.2	Requisitos essenciais para a caracterização do empregado	285
		42.2.1 Trabalho pessoal	285
		42.2.2 Serviços de natureza não eventual	285
		42.2.3 Trabalho subordinado	286
		42.2.4 Trabalho remunerado	286
	42.3	Empregado rural	287
	42.4	Trabalho do menor	287
	42.5	Trabalhador não incluído na proteção da legislação do trabalho	288
		42.5.1 Funcionário público	288
		42.5.2 Trabalhador autônomo	289
	42.6	Situação dos empregados domésticos	289
	42.7	Tipos de contrato de trabalho	291
		42.7.1 Contrato de trabalho por prazo indeterminado	291
		42.7.2 Contrato de trabalho por prazo determinado	291
	42.8	Contrato de experiência	293
	42.9	Prova do contrato individual de trabalho	294
43.	**Da remuneração**		**295**
	43.1	Conceito	295
	43.2	Composição da remuneração	295
		43.2.1 Salário fixo	295

	43.2.2	Salário mínimo	296
	43.2.3	Salário, pagamento em dinheiro	297
	43.2.4	Salário, pagamento em utilidades	297
	43.2.5	Vale-transporte	298
	43.2.6	Salário profissional	298
	43.2.7	Comissões	298
	43.2.8	Gratificações ajustadas ou habituais	299
		43.2.8.1 Gratificação ajustada	299
		43.2.8.2 Gratificação imposta por lei: décimo terceiro salário	299
	43.2.9	Diária para viagem e ajuda de custo	300
	43.2.10	Abono	301
	43.2.11	Gorjetas	301
43.3		Adicionais legais da remuneração	301
	43.3.1	Adicional de insalubridade	302
	43.3.2	Adicional de periculosidade	302
	43.3.3	Adicional de horas extras	303
	43.3.4	Adicional noturno	304
	43.3.5	Adicional de transferência	304
43.4		Proteção ao salário	305
	43.4.1	Proteção ao salário em relação ao empregador	305
		43.4.1.1 O salário é irredutível	305
		43.4.1.2 O salário deve ser pago diretamente ao empregado	306
		43.4.1.3 O salário deve ser pago em moeda de curso legal	306
		43.4.1.4 Pontualidade no pagamento do salário	307
		43.4.1.5 Obrigatoriedade de efetuar-se o pagamento em dia útil e no local de trabalho	307
	43.4.2	Proteção do salário em face dos credores do empregador	308
	43.4.3	Proteção contra credores do empregado	308
43.5		Equiparação salarial	308

44. Da alteração do contrato de trabalho 310

44.1	Apresentação	310
44.2	Princípio da inalterabilidade do contrato	311
44.3	Alterações admissíveis	311
	44.3.1	Alterações relativas à função	311
	44.3.2	Alterações relativas ao salário	312
	44.3.3	Alterações relativas ao lugar da prestação de serviços	312

45. Suspensão e interrupção do contrato de trabalho 314

45.1	Apresentação	314
45.2	Distinção entre suspensão e interrupção	314
45.3	Efeitos jurídicos da suspensão e da interrupção	315
45.4	Hipóteses de suspensão do contrato de trabalho	315
	45.4.1	Afastamento para serviço militar ou outro encargo público	315
	45.4.2	Período de suspensão disciplinar	316
	45.4.3	Auxílio-doença	316

		45.4.4	Aposentadoria por invalidez, nos cinco primeiros anos de afastamento	316
	45.5	Alguns casos de interrupção do contrato de trabalho		317
		45.5.1	Férias anuais remuneradas	317
		45.5.2	Dias de repouso semanal e feriados	317
		45.5.3	Licença à empregada gestante	317
		45.5.4	Período referente aos primeiros 15 dias do auxílio-doença	318
		45.5.5	Ausências autorizadas por lei	318

46. Término do contrato de trabalho 319

	46.1	Casos de término do contrato de trabalho		319
		46.1.1	Formas de contrato de trabalho	319
			46.1.1.1 Rescisão do contrato por tempo determinado	319
			46.1.1.2 Rescisão do contrato por tempo indeterminado	320
	46.2	Cessação do contrato de trabalho		320
		46.2.1	Morte do empregado	321
		46.2.2	Aposentadoria do empregado	321
		46.2.3	Prisão prolongada	322
		46.2.4	Falência do empregador	322
	46.3	Rescisão do contrato de trabalho		322
		46.3.1	Rescisão bilateral	322
		46.3.2	Rescisão unilateral	323
	46.4	Despedimento patronal		323
		46.4.1	Despedida por justa causa	323
		46.4.2	Despedida sem justa causa	324
	46.5	Demissão do empregado		324
	46.6	Despedimento indireto		325
	46.7	Homologação da rescisão		325

47. Da justa causa para a despedida 327

	47.1	Apresentação	327
	47.2	Despedida por justa causa por parte do empregado e do empregador	327
	47.3	Requisitos da justa causa	328
	47.4	Causas justas para dispensa do empregado	328
		47.4.1	Ato de improbidade	329
		47.4.2	Mau procedimento ou incontinência de conduta	330
		47.4.3	Negociação habitual	331
		47.4.4	Condenação criminal sem *sursis*	331
		47.4.5	Desídia no desempenho das respectivas funções	331
		47.4.6	Embriaguez habitual ou em serviço	332
		47.4.7	Violação de segredo da empresa	334
		47.4.8	Ato de indisciplina ou de insubordinação	334
		47.4.9	Abandono de emprego	334
		47.4.10	Ato lesivo da honra ou da boa fama	335
		47.4.11	Prática de jogos de azar	335
	47.5	Sanções aplicáveis ao empregado	335
	47.6	Falta cometida pelo empregador	336

		47.6.1	Exigir o empregador serviços superiores às forças, defesos por lei, contrários aos bons costumes, ou alheios ao contrato	336
		47.6.2	Tratar o empregado com rigor excessivo	337
		47.6.3	Correr o empregado perigo de mal considerável	337
		47.6.4	Não cumprir as obrigações do contrato	337
		47.6.5	Atos lesivos à honra ou à boa fama praticados pelo empregador ...	338
		47.6.6	Ofensa física	338
		47.6.7	Reduzir as tarefas do empregado, afetando a remuneração	338
	47.7	Rescisão indireta		339
	47.8	Culpa recíproca		339

48. Do aviso prévio 340
- 48.1 Conceito e finalidade 340
- 48.2 Forma 341
- 48.3 Falta do aviso 341
- 48.4 Horário de trabalho durante o aviso prévio 342
- 48.5 Reconsideração do aviso prévio 342
- 48.6 Quando uma das partes comete falta grave, no curso do aviso prévio, a lei dá direito à despedida por justa causa 343
- 48.7 Estabilidade à gestante em aviso prévio 343
- 48.8 Modelo de carta em que o empregado pede demissão 344
- 48.9 Modelo de carta em que o empregador dispensa o empregado 345

49. Da estabilidade 346
- 49.1 Conceito de estabilidade 346
- 49.2 Estabilidades especiais 346
- 49.3 Estabilidade e garantia de emprego 347

50. Do Fundo de Garantia por Tempo de Serviço (FGTS) 349
- 50.1 Apresentação 349
- 50.2 Campo de aplicação 350
- 50.3 Administração 350
- 50.4 Saques do FGTS 350

51. Da duração do trabalho 352
- 51.1 Jornada de trabalho 352
- 51.2 Tipos de jornada 353
  - 51.2.1 Jornada básica 353
  - 51.2.1 Jornada especial de trabalho 354
- 51.3 Trabalho extraordinário (horas extras) 355
  - 51.3.1 Horas extras 355
  - 51.3.2 Acréscimo de horas suplementares para atender ocorrência de necessidade imperiosa 356
  - 51.3.3 Horas de sobreaviso 357
  - 51.3.4 Escala de trabalho de 12 por 36 horas 357
- 51.4 Trabalho diurno e trabalho noturno 358
  - 51.4.1 Trabalho diurno 358

		51.4.2	Trabalho noturno	359
	51.5		Trabalho em regime de revezamento	360

52. Do repouso **361**
	52.1		Dos períodos de descanso	361
	52.2		Das férias	362
		52.2.1	Aquisição do direito	363
		52.2.2	Período concessivo	363
		52.2.3	Duração	363
		52.2.4	Perda do direito a férias	364
		52.2.5	Concessão de férias	365
		52.2.6	Remuneração de férias	369
		52.2.7	Abono de férias	370
		52.2.8	Efeitos da rescisão do contrato de trabalho	370
			52.2.8.1 Férias parciais	371
		52.2.9	Férias dos domésticos	372
		52.2.10	Prescrição da ação em relação a férias	374
		52.2.11	Férias coletivas	375
		52.2.12	Irrenunciabilidade do direito de férias	375

PARTE V — DIREITO DE EMPRESA

53. Direito empresarial **379**
	53.1		Surgimento do comércio	379
	53.2		A história da moeda	380
		53.2.1	Moeda não metálica	380
		53.2.2	Moeda metálica	381
	53.3		Evolução do comércio	381
	53.4		Conceito de Direito Empresarial	381
	53.5		O nome Direito Empresarial	382
	53.6		O Direito Empresarial no novo Código Civil	382

54. Do empresário **384**
	54.1		Apresentação	384
	54.2		Conceito de empresário	384
		54.2.1	Requisitos para a caracterização do empresário	385
	54.3		Tipos de empresário	385
	54.4		Matéria a ser estudada	386

55. Empresário individual **387**
	55.1		O empresário individual	387
		55.1.1	Composição da firma individual	388
		55.1.2	Da inscrição	388
	55.2		Da capacidade para a atividade de empresário individual	390
		55.2.1	Requisitos para o exercício da atividade de empresário individual	390
			55.2.1.1 Capacidade civil para o exercício da profissão	390
			55.2.1.1.1 Absolutamente incapazes	390

		55.2.1.1.2	Relativamente incapazes...............................	391
		55.2.1.2	Emancipação	392
	55.2.2	Os impedidos de exercer a atividade empresarial		392
55.3	Responsabilidade do empresário individual..			393
55.4	Perda da qualidade de empresário individual..			394

56. Da sociedade... **395**
56.1	Generalidade	395
56.2	Constituição de uma sociedade...	396
56.3	Distinção entre sociedade e associação	396
56.4	Os cônjuges podem contratar sociedade entre si	397
56.5	A mulher casada empresária ou sócia	397

57. Sociedades não personificadas... **398**
57.1	Apresentação	398

58. Sociedades personificadas **401**
58.1	Apresentação		401
58.2	Das sociedades personificadas		401
	58.2.1	Sociedade simples	401
	58.2.2	Sociedade empresária	402
58.3	Tipos de sociedade empresária		402
58.4	Classificação das sociedades quanto à responsabilidade dos sócios		403
58.5	Sociedade em nome coletivo		404
58.6	Sociedade em comandita simples		405
58.7	Da sociedade limitada..		406
	58.7.1	Limite de responsabilidade dos sócios	406
	58.7.2	Constituição da sociedade...	407
	58.7.3	Formação do seu nome social...	408
	58.7.4	Administração da sociedade	408
	58.7.5	Principal obrigação da sociedade limitada	409
	58.7.6	Transferência das quotas	409
	58.7.7	Conselho fiscal na sociedade limitada.....................................	409
58.8	Sociedade anônima		410
58.9	Sociedade em comandita por ações		410
58.10	Sociedade individual de responsabilidade limitada – Eireli...................		410

59. Sociedade anônima **412**
59.1	Apresentação		412
59.2	Características essenciais da sociedade anônima		413
	59.2.1	Divisão do capital social em ações..	413
	59.2.2	Responsabilidade limitada dos acionistas	413
	59.2.3	Livre cessibilidade das ações	413
59.3	Objeto social		414
59.4	Nome empresarial da companhia		414
59.5	Espécies de sociedades anônimas...		414
59.6	Os valores mobiliários...		416

59.7	Ações		416
59.8	Espécies de ações		416
	59.8.1	Quanto às vantagens que as ações conferem a seus titulares	416
		59.8.1.1 Ações ordinárias	417
		59.8.1.2 Ações preferenciais	417
		59.8.1.3 Ações de fruição ou de gozo	418
	59.8.2	Quanto à forma de sua circulação	418
59.9	Debêntures		419
59.10	Constituição das sociedades anônimas		420
	59.10.1	Constituição por subscrição particular ou simultânea	420
	59.10.2	Constituição sucessiva ou por subscrição pública	421
59.11	Acionistas		422
	59.11.1	Direitos do acionista	422
	59.11.2	O acionista controlador	422
	59.11.3	Deveres e responsabilidades do acionista controlador	423
59.12	Órgãos sociais		424
59.13	Assembleia geral		424
	59.13.1	Espécies de assembleias	424
		59.13.1.1 Assembleia geral ordinária	425
		59.13.1.2 Assembleia geral extraordinária	425
59.14	Procedimento		425
	59.14.1	*Quorum* de instalação da assembleia geral	426
59.15	Conselho de administração		426
	59.15.1	Composição do conselho de administração	427
	59.15.2	Competência do conselho de administração	427
59.16	Diretoria		427
59.17	Conselho fiscal		427

60. Do estabelecimento empresarial 429
60.1	Apresentação	429
60.2	A empresa e o estabelecimento empresarial	430
60.3	Composição do estabelecimento	430
60.4	Direito ao local ou ao ponto comercial	431
	60.4.1 Da locação predial	431

61. Títulos de crédito 434
61.1	Conceito de título de crédito		434
61.2	Principais características dos títulos de crédito		434
	61.2.1	Característica da literalidade	435
	61.2.2	Característica da autonomia	435
61.3	Classificação dos títulos de crédito quanto ao modo de sua circulação		436
61.4	Endosso e espécies		437
61.5	Do aval		438
61.6	Diferença entre o aval e a fiança		439
61.7	Protesto cambiário		439
61.8	Títulos de crédito conhecidos		440

62.	**Letra de câmbio**	**441**
	62.1 Origem	441
	62.2 Saque	441
	62.3 Conceito de letra de câmbio	442
	62.4 Requisitos da letra de câmbio	443
	62.5 Requisitos não essenciais da letra de câmbio	444
	62.6 Vencimento da letra de câmbio	444
	62.7 Aceite	444
	62.8 Endosso da letra de câmbio	445
	62.9 O aval da letra de câmbio	445
	62.10 Prescrição da letra de câmbio	446
63.	**Nota promissória**	**447**
	63.1 Noção	447
	63.2 As pessoas que intervêm na nota promissória	447
	63.3 Requisitos da nota promissória	448
	63.4 Emissão em branco e ao portador	449
	63.5 Formas de vencimento da nota promissória	449
	63.6 Da abdicação das normas sobre letra de câmbio às notas promissórias	449
	63.7 Prescrição	450
64.	**Duplicata**	**451**
	64.1 Apresentação	451
	64.2 Conceito de duplicata empresarial	451
	64.3 Duplicata como título de crédito	452
	64.3.1 Aceite	453
	64.4 Requisitos da duplicata	454
	64.5 Duplicata de prestação de serviços	455
	64.6 Perda ou extravio da duplicata	455
	64.7 Prazo prescritivo da duplicata e o protesto do título	455
65.	**Cheque**	**456**
	65.1 Conceito	456
	65.2 As pessoas que intervêm no cheque	456
	65.3 Divergência entre a importância por extenso e a quantia em algarismos	457
	65.4 Cheque pré-datado	457
	65.5 Apresentação do cheque	457
	65.6 O endosso no cheque	458
	65.7 Aval no cheque	458
	65.8 Espécies de cheque	458
	65.9 Prescrição do cheque	460
	65.10 Falta de fundos	460
66.	**Da falência**	**461**
	66.1 Apresentação	461
	66.2 Da recuperação da empresa	461
	66.2.1 Da recuperação extrajudicial	461

	66.2.2	Da recuperação judicial	462
	66.2.3	Recuperação judicial para microempresa e empresa de pequeno porte	462
66.3	Da falência		463
66.4	Configuração do estado de falência		464
66.5	Efeitos da sentença declaratória da falência		466
66.6	Do crime falimentar		467
	66.6.1	Prescrição	467

Referências **469**

Índice remissivo **473**

Introdução

INTRODUÇÃO AO ESTUDO DO DIREITO

1.1 NOÇÃO DE DIREITO

No início da civilização, imperava a lei do mais forte. O homem primitivo, para a própria defesa, aprendeu a morar em árvores, em cavernas e a colocar obstáculos à porta de sua moradia. A preocupação maior era aumentar, cada vez mais, os recursos para enfrentar seus inimigos naturais e, assim, aos poucos, os submeter ao seu domínio. A descoberta do fogo, a confecção do machado de sílex, de lanças com pontas de ossos ou pedras afiadas, de arcos e flechas tornaram-no superior aos animais.

Entre os pequenos grupos formados por parentes de sangue surgiam rivalidades envolvendo o patrimônio ou suas mulheres. E nessas lutas, os fracos fugiam para outras plagas, deixando o que tinham acumulado. Era a "lei do mais forte". Foi aí que apareceu o primeiro elemento do direito: "o respeito pela coisa alheia". O homem começou a compreender que o direito é o respeito à propriedade, à vida e à liberdade de outrem.

Aos poucos, houve a necessidade da imposição de determinadas regras para dirigir a conduta e o comportamento humano, disciplinando, assim, a vida social. Com essas normas, o Estado impõe um mandamento: uma proibição ou uma permissão, sem que sejam identificados o sujeito passivo ou ativo. Dessa forma, o Poder Público regula o estado de fatos hipotéticos e de fatos futuros na ordem social, prevendo uma relação entre pessoas ou entre pessoas e coisas, visando à paz e ao progresso na sociedade, bem como ao respeito mútuo entre as pessoas e a propriedade alheia, evitando atritos. Nessas condições, todos passam a ter direitos e deveres; portanto, para exigir seus direitos, é necessário cumprir suas obrigações.

Vivendo em sociedade, o homem encontra na ordem jurídica o instrumento para a própria sobrevivência. A proteção coercitiva é elemento essencial para que haja paz e ordem social efetiva; portanto, as necessidades dos grupos sociais levam o Estado a impor regras de conduta por meio de seus órgãos legislativos, as quais provêm, exclusivamente, das leis jurídicas. Este é o preceito do direito: a obediência às regras. Caso contrário, a sociedade pereceria pela violência, ou pelo arbítrio do mais forte sobre o mais fraco.

O direito, composto por um conjunto de normas jurídicas, equaciona a vida social, atribuindo aos indivíduos não só uma reciprocidade de poderes e faculdades, mas também de deveres e obrigações, visando a resolver os conflitos de interesses e a assegurar a ordem de maneira imperativa.

Todas essas regras jurídicas, existentes em determinado momento no país, constituem a ordem jurídica dominante e recebem o nome de *Direito Positivo*.

O Direito Positivo é, portanto, um sistema normativo, ou seja, um conjunto de normas jurídicas que zela pela paz e pela ordem na sociedade, cuja finalidade primordial é o bem-estar desta; vale dizer que seu fim principal é a ordem na sociedade. Por isso Maria Helena Diniz definiu o direito como "o conjunto de normas, estabelecidas pelo poder político, que se impõem e regulam a vida social de um dado povo em determinada época."[1] Essas normas jurídicas são apenas as leis jurídicas provenientes do Estado, de observância compulsória, não se conferindo qualquer valor às regras não originadas da estrutura estatal sem suporte de coerção.

1.2 DIREITO OBJETIVO E DIREITO SUBJETIVO

A norma jurídica, que forma o Direito Positivo do país, é a ordem social obrigatória. É a regra vigente positiva para reger as relações humanas, imposta coercitivamente à obediência de todos, a fim de disciplinar a atividade dos homens, instituindo e mantendo a ordem social. Os juristas também denominam de *direito objetivo* esse conjunto das normas jurídicas vigentes em determinado momento do país, regentes do comportamento humano, em contraposição ao *direito subjetivo*, que é a faculdade de as pessoas exigirem seu direito quando este for violado, ou seja, a competência ou a prerrogativa de invocar a norma jurídica na defesa de seus interesses. Assim, ao direito subjetivo de um indivíduo corresponde sempre o dever de outro que, se não o cumprir, poderá ser compelido a

---

[1] DINIZ, Maria Helena. *Curso de direito civil brasileiro*. 33 ed. São Paulo: Saraiva, 2016. v. I. p. 22.

fazê-lo por ordem do juiz. Por exemplo, o art. 1.228 do Código Civil assegura ao proprietário a faculdade de usar, gozar e dispor da coisa, e o direito de reavê-la do poder de quem injustamente a possua ou detenha. Se alguém se apoderar a *manu militari* (com mão militar) de um bem alheio, pode-se acionar o Poder Judiciário para o seu retorno. Essa faculdade de movimentar a máquina judiciária para o reconhecimento de um direito, que o direito objetivo concede à pessoa lesada, constitui o direito subjetivo.

Concluindo: o direito objetivo é o conjunto das leis jurídicas dirigidas a todos que vivem na sociedade, regendo o seu comportamento de modo obrigatório. Por isso, a norma jurídica contém uma sanção no caso de sua violação (*jus est norma agendi*[2]), ao passo que o direito subjetivo (*facultas agendi*[3]) é a faculdade de cada membro da sociedade invocar a lei jurídica a seu favor, sempre que houver violação de um direito por ela resguardado.

1.3 DIVISÃO DO DIREITO POSITIVO OU OBJETIVO

Apesar da unidade do sistema normativo, o direito divide-se em dois grandes ramos ou conjuntos de normas jurídicas, o *Direito Público* e o *Direito Privado*, os quais formam um aglomerado de leis jurídicas que lhe são inerentes. Uma lei não pode pertencer, simultaneamente, aos dois conjuntos.

1. O Direito Público é o conjunto de normas interligadas entre si, que regula as atividades do Poder Público, ou seja, a atividade da União, dos estados, do Distrito Federal, dos territórios, dos municípios, das autarquias e das demais entidades de caráter público criadas por lei.
2. O Direito Privado é o conjunto de normas interligadas entre si, que rege as atividades dos particulares.

Afinal, como saber se determinada lei pertence à massa do Direito Público ou à do Direito Privado?

O melhor critério para averiguar se a norma pertence ao Direito Público ou ao Direito Privado é o subjetivo, que está na verificação do sujeito da relação jurídica fixado pela lei, visto que esta a estabelece entre o poder atribuído ao sujeito ativo e o dever que incumbe ao sujeito passivo. Se, em um de seus polos,

---

[2] *Jus est norma agendi:* o direito é a norma de agir.
[3] *Facultas agendi:* faculdade de agir; *jus est facultas agendi:* o direito é a faculdade de agir.

estiver situado o Poder Público (a União, o Estado-membro, o Distrito Federal, o município e suas respectivas autarquias etc.), a lei consiste do conjunto de leis denominado Direito Público; não figurando o Estado ou o Poder Público como tal em um de seus polos, pertence ela ao Direito Privado. Por exemplo, a Lei do Imposto de Renda, de natureza tributária, pertence ao Direito Público, porque a União sempre aparece em um de seus polos para exigir o tributo; a Lei do Inquilinato consta do Direito Privado, por não considerar em um de seus polos o Poder Público.

1.3.1 Direito Público

Por figurar o Poder Público ou o Estado em um dos polos da relação jurídica, entende-se que as normas de Direito Público são destinadas a disciplinar os interesses gerais da coletividade. Esse conjunto de leis jurídicas que compõem o Direito Público,[4] por sua vez, se subdivide em outros dois complexos de leis, constando, de um lado, o Direito Externo e, de outro, o Direito Interno.

O Direito Externo trata da atividade entre os países. É um conjunto de regras, convenções ou tratados que disciplinam as relações entre as Nações, figurando, sempre, em um de seus polos, o Brasil, como país soberano, pessoa jurídica de Direito Público. Essas convenções ou tratados, colocados em um livro, formam o Código Internacional Público, que contém as normas do Direito Internacional Público.

No Direito Interno, que vigora somente dentro do Brasil, há diversos ramos do direito:

1. *Direito Constitucional* – visa a regulamentar a estrutura básica do Estado e suas metas, além de fixar os direitos fundamentais da pessoa;
2. *Direito Administrativo* – conjunto de regras destinadas ao funcionamento da administração pública no que concerne às relações entre a administração e os administrados;
3. *Direito Tributário* – cuida da forma de instituição e arrecadação de tributos e tem por escopo a obtenção da receita para o Estado;

---

[4] O Direito Público é formado por normas que tendem a regular um interesse, direto ou indireto, do próprio Estado.

4. *Direito Processual* – disciplina a atividade do Poder Judiciário e dos que a ele recorrem;
5. *Direito Penal* – visa à repressão dos delitos; é um conjunto de leis que define os crimes e estabelece as penas.

1.3.2 Direito Privado

O Direito Privado encontra-se subdividido em duas massas de leis: de um lado, o *Direito Comum* e, de outro, o *Direito Especial*.

Para saber se uma norma pertence ao Direito Comum ou ao Direito Especial, deve-se considerar primeiro o ramo componente do Direito Especial; se a norma não pertencer a este, será de Direito Comum, representado pelo *Direito Civil*.

Os ramos que formam o Direito Especial são o *Direito do Consumidor* e o *Direito do Trabalho*.

Direito do Consumidor é o conjunto de leis que trata das relações entre consumidor e fabricante;[5] Direito do Trabalho é o complexo de leis que remedia o vínculo entre empregado e empregador.

Se a norma de Direito Privado não possuir em um de seus polos o consumidor ou o empregado, ela pertence ao Direito Comum (Direito Civil). Na Figura 1.1, pode-se notar como o Direito Positivo ou Objetivo está dividido:

Figura 1.1 Divisão do Direito Positivo ou Objetivo

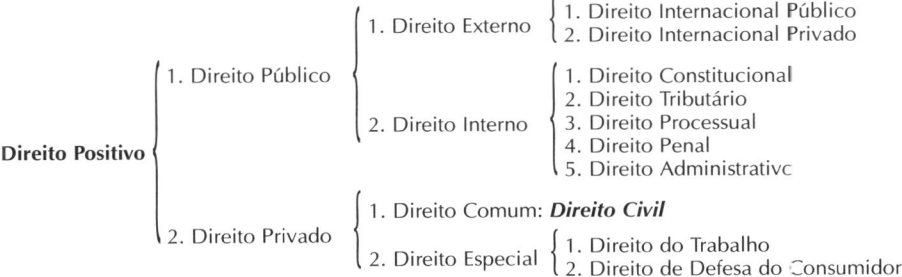

---

[5] "Adquirido veículo zero quilômetro com defeito de fábrica, é responsabilidade do fabricante entregar outro do mesmo modelo ou devolver a quantia paga sem prejuízo de eventuais perdas e danos se não sanado o vício no prazo de 30 dias, nos termos do art. 18, § 1º, do CDC. Se o fabricante demorou para cumprir com o seu dever, não pode alegar que não há como efetuar a substituição ou devolver a quantia paga pelo adquirente, sob pena de impor-se severo prejuízo ao consumidor." (RT 795/363).

Falou-se que o Direito Civil, o Constitucional, o Tributário etc. são ramos do direito, em razão das diversas divisões ou disciplinas em que este se divide.

Por associação de ideias, ramos sugerem a imagem de uma árvore. E é realmente como se considera o direito: uma árvore, de cujo tronco partem os ramos principais, que se subdividem em ramos secundários.

2

DA LEI JURÍDICA

2.1 APRESENTAÇÃO

Inicialmente, será examinada a lei jurídica, definindo-a. Depois será abordada sua vigência e revogação. Em seguida, tratar-se-á da impossibilidade de se alegar a sua ignorância.

2.2 CONCEITO DE LEI JURÍDICA

O *Direito Positivo* é o conjunto de todas as normas jurídicas que se encontram em vigor no país e que agem diretamente sobre o indivíduo, permitindo, proibindo ou impondo sanções. Esse número de leis jurídicas é incontável, pois, a cada instante, se promulgam novas leis. Todas as normas jurídicas existentes no país constituem, portanto, o sistema jurídico vigente, o qual varia de acordo com a época e com a política dominante.[1]

A lei jurídica ordinária é uma regra elaborada pelo legislador para ordenar e dirigir o comportamento do homem que vive em sociedade, determinando como deve ser sua conduta, podendo até proibir ou regular ações do homem. Esta é uma lei jurídica: *"Aquele que, por ação ou omissão voluntária, negligência, ou imprudência, violar direito e causar dano a outrem, ainda que exclusivamente moral, comete ato ilícito."* (CC, art. 186). O art. 927 do CC complementa: *"Aquele que, por ato ilícito (arts. 186 e 187), causar dano a outrem fica obrigado a repará-lo."*

---

[1] As normas jurídicas provêm apenas do Estado e são de observância compulsória.

Se não existisse essa regra imposta pelo Poder Público, a reparação de um dano, na condição acima, ficaria a critério da consciência de cada um. Mas, existindo essa lei, aquele que causar prejuízo a outrem, agindo com culpa, fica, coercitivamente, obrigado a repará-lo; basta, para tanto, requerer ao juiz e provar a culpa do agente e o prejuízo causado ou o dano moral.

A lei jurídica caracteriza-se por duas peculiaridades:

1. é *genérica*, pois não é feita para um grupo de pessoas, ou seja, não é dirigida individualmente a certas pessoas para resolver situações particulares; direciona-se a todos da sociedade, regulando o comportamento geral;
2. é *obrigatória*, pois age sobre todos os indivíduos, impondo indistintamente um dever; para que haja respeito entre os homens, a lei jurídica caracteriza-se pela coercibilidade, que é assegurada por meio da sanção.[2] A lei, portanto, é um comando, uma ordem imperativa.

Toda norma jurídica pretende uma eficácia plena, ou seja, a pronta obediência do destinatário. Caso ocorra a desobediência, há oportunidade à sanção nela contida.

A sanção é o elemento constrangedor de toda lei jurídica, por obrigar o indivíduo a fazer o que ela determina.

Há uma diferença entre a norma moral e a jurídica. Praticar a caridade – por exemplo – é uma norma de natureza puramente moral e, por isso mesmo, desamparada de qualquer norma jurídica. Assim, o seu descumprimento não admitirá nenhuma sanção de ordem econômico-financeira.

Apenas as leis jurídicas são dotadas de sanções para se evitar que aquelas sejam violadas. A sanção é uma consequência jurídica, prevista pela lei, para fazer os homens a respeitarem pelo temor às consequências de sua infração. Para exemplificar, o art. 814 do CC dispõe: "*As dívidas de jogo ou de aposta não obrigam a pagamento;* [...]." A sanção está em não autorizar o credor a exigir o seu adimplemento. Mas, se o devedor pagar a dívida voluntariamente, o próprio legislador prevê que aquele não poderá exigir a devolução, conforme está na segunda parte do artigo supra: "*As dívidas de jogo ou de aposta não obrigam a pagamento; mas não se pode recobrar a quantia, que voluntariamente se pagou, salvo se foi ganha por dolo, ou se o perdente é menor ou interdito.*" A sanção está, pois, na não obrigação de restituir a importância que se pagou.

---

[2] Sanção: aplicação das penas em si contra os infratores dela.

Fazendo-se um retrocesso, a lei jurídica é uma regra geral e obrigatória emanada pelo Poder Legislativo e editada no interesse do povo, mediante processo específico de elaboração.

No sistema constitucional brasileiro, o conceito de lei é de suma importância, pois dele dependem todas as garantias e direitos individuais estabelecidos no art. 5º, II, da Constituição Federal. Este princípio diz o seguinte: "***Ninguém será obrigado a fazer ou deixar de fazer alguma coisa senão em virtude de lei.***" Vale dizer, só a lei poderá obrigar alguém a fazer ou deixar de fazer algo.

2.3 QUANDO A LEI SE TORNA OBRIGATÓRIA

Quando uma lei é elaborada, após a sanção do projeto por parte do Presidente da República, ocorre a sua publicação no jornal oficial para divulgar a todos o texto legislativo. Sua força obrigatória está em função de sua vigência, ou seja, quando ela começar a vigorar ou produzir efeitos jurídicos; dia que pode ou não ser fixado pelo próprio texto legal. Muitas vezes, coincide com a própria data da publicação; em outras, a data é determinada pelo legislador e a lei passa a ser obrigatória a todos, tanto para os que estão dentro, como para os que estão fora do país e, ainda, para os estrangeiros que aqui estiverem.

O primeiro dia de sua obrigatoriedade nem sempre condiz com a data de publicação. Ao período que engloba a publicação da lei até a data de início de vigência, dá-se o nome de *vacatio legis*, fase de adaptação da nova lei, a qual geralmente é graduada, conforme a sua complexidade. Por exemplo, tratando-se de um Código, devido à sua complexidade, o legislador costuma fixar um período mais longo. Foi o que aconteceu com o atual Código Civil, que teve um ano de *vacatio legis*.

Caso não seja fixado período algum para o início da vigência da nova lei, ela começa a vigorar em todo o país 45 dias depois de oficialmente publicada. No sistema brasileiro, portanto, a *vacatio legis* é de 45 dias. "***Nos Estados estrangeiros, a obrigatoriedade da lei brasileira, quando admitida, se inicia três meses depois de oficialmente publicada.***" (LINDB, art. 1º, § 1º).

2.4 NINGUÉM SE ESCUSA DE CUMPRIR A LEI ALEGANDO QUE NÃO A CONHECE

A partir do momento em que a lei se torna obrigatória, há a presunção legal de que todos a conheçam, ou seja, é inaceitável a desculpa de que se deixou de cumpri-la por ignorar a sua existência. É o que está no art. 3º da Lei de Introdução às Normas do Direito Brasileiro (LINDB), *in verbis*: "***Ninguém se escusa de cumprir a lei, alegando que não a conhece.***"

Essa fórmula é uma necessidade para a estabilidade social e jurídica, pois, se fosse admitida a exceção da ignorância, haveria insegurança jurídica em todos os negócios, comprometendo-se, assim, a força imperativa da norma, com prejuízo para a comunidade. Fácil e cômodo ficaria safar-se de determinada situação jurídica com a simples alegação de desconhecimento da lei; portanto, não traz vantagem alguma a uma pessoa alegar abnegá-la.

Contudo, a citada regra não é absoluta, pois admite exceções. Por exemplo, o Código de Processo Civil, em seu art. 337, estabelece que a parte que alegar direito municipal, estatual, estrangeiro ou consuetudinário, caso o juiz determine, deverá provar o seu teor e sua vigência. Esse dispositivo desobriga o magistrado de ter conhecimento das referidas normas.

2.5 DA REVOGAÇÃO DA LEI

Revogação é o ato pelo qual ocorre a extinção da vigência e eficácia de uma lei, a qual é retirada de circulação, visto que uma lei só se revoga por outra. "*Não se destinando à vigência temporária, a lei terá vigor até que outra a modifique ou revogue.*" (LINDB, art. 2º). Vale dizer que, não existindo prazo de duração, prolonga-se a obrigatoriedade até que outra lei a modifique ou a revogue.

É princípio assente na teoria jurídica que não podem coexistir, dentro do mesmo ordenamento legal, normas contrárias ou incompatíveis. Isto porque, na própria noção do sistema jurídico, está inerente o princípio da exclusão da incompatibilidade entre as normas jurídicas. Havendo, portanto, normas incompatíveis, deve ser excluída a anterior, pois a lei antiga não pode subsistir sobre a nova.

A revogação pode ocorrer de forma expressa ou tácita. Expressa, quando a lei nova traz em seu conteúdo a previsão de revogação da lei antiga. Tácita, quando a lei nova for incompatível com a lei antiga, sem trazer previsão expressa de revogação. Foi o que ocorreu, por exemplo, com as leis que regulamentavam a União Estável (Leis nºs 8.971/94 e 9.278/96): elas sofreram revogação tácita em virtude do início da vigência do Código Civil de 2002, que passou a regular integralmente o instituto, sem prever expressamente a revogação das leis anteriores.

2.5.1 Derrogação e ab-rogação

O Código Civil de 2002 revogou a parte primeira do Código Comercial; é o que determina a parte final de seu art. 2045. Isto se denomina *derrogação*, que significa revogação parcial. Se a revogação for total, fazendo desaparecer a lei anterior, ela receberá o nome especial de *ab-rogação*, como ocorreu com o Código Civil de 1916 que foi integralmente revogado pelo Código de 2002. Vejamos o art. 2045 do CC: "*Revogam-se a Lei nº 3.071, de 1º de janeiro de 1916 – Código Civil e a Parte Primeira do Código Comercial, Lei nº 556, de 25 de junho de 1850.*"

3

DA APLICAÇÃO DA NORMA JURÍDICA NO TEMPO E NO ESPAÇO

3.1 INTRODUÇÃO

Em 11 de março de 1991 entrou em vigor o Código de Defesa do Consumidor alterando de maneira significativa as relações entre consumidores e fornecedores, buscando proteger a parte mais fraca nessa relação, notadamente, o consumidor.

A referida lei trouxe profundas mudanças nos contratos de consumo realizados entre os fornecedores de produtos e serviços e o consumidor, entendido como aquele que adquire ou utiliza produtos ou serviços como destinatário final, ou seja, aquele que consome os produtos e serviços. Alterações de cunho interpretativo, mas que modificam a força obrigatória desses contratos, como a determinação de que as cláusulas que coloquem o consumidor em nítida desvantagem perante o fornecedor são abusivas (CDC, art. 51) e não podem obrigá-lo ao seu cumprimento.

Os contratos de consumo (compra e venda, prestação de serviços, financiamento etc.) antes da vigência do CDC eram regulados pelo Código Civil e por leis esparsas. Mas, então, quais serão os efeitos dos contratos celebrados antes do CDC? Os da lei nova ou os da lei do tempo da assinatura do contrato?

Tal situação representa o chamado conflito das leis no tempo, que consiste na existência de duas leis com datas diferentes, regulando, de modo diverso, o mesmo assunto, havendo choque entre a lei revogada e a revogadora vigente, cada uma disputando a sua competência para reger determinada situação.

A razão deste fenômeno está na decomposição do tempo em três momentos: o presente, o passado e o futuro; havendo, portanto, três denominações e posições possíveis para a aplicação de uma lei no tempo:

1. retroatividade da lei nova: se a sua aplicação alcançar o passado, a lei nova tem efeito retroativo;
2. efeito imediato da lei nova: se a sua aplicação estiver no presente, seu efeito é imediato;
3. sobrevivência da lei antiga: se a lei antiga se projetar no futuro, já sob o império de outra lei, seu efeito é prorrogado.

3.2 DA RETROATIVIDADE DA LEI NOVA

A lei é feita para ter vigor somente no futuro. Pode ela retroagir ao passado para regular situação anteriormente constituída?

A Constituição Federal, no seu art. 5º, XXXVI, tratando do assunto, dispõe: *"A lei não prejudicará o direito adquirido, o ato jurídico perfeito e a coisa julgada."*

Essa fórmula, que proíbe expressamente as leis retroativas, ocorre desde a Constituição de 1891 (art. 11); todas as subsequentes mantêm esse mesmo princípio.

A lei nova, como regra, deve respeitar o direito adquirido, o ato jurídico perfeito e a coisa julgada.

3.2.1 Direito adquirido

A principal restrição à regra da aplicação imediata e geral da lei é o respeito aos direitos já adquiridos e, portanto, integrados ao patrimônio das partes.

Direito adquirido, como ensina De Plácido e Silva, é "derivado de *acquisitus*, do verbo latino *acquirere* (adquirir, alcançar, obter), *adquirido* quer dizer obtido, já conseguido, incorporado.

Por essa forma, *direito adquirido* significa o direito que já se incorporou ao patrimônio da pessoa, já é de sua propriedade, já constitui um bem e deve ser juridicamente protegido contra qualquer ataque exterior que ouse ofendê-lo ou turbá-lo."[1]

Oportuna é a conceituação oferecida por Clóvis Beviláqua: "direito adquirido é um bem jurídico, criado por um fato capaz de produzi-lo, segundo as prescrições da lei então vigente, e que, de acordo com os preceitos da mesma lei, entrou para o patrimônio do titular."[2] Nessa condição, não se deve perder de vista a seguinte decisão: "O magistrado aposentado com base em lei pretérita, que lhe assegurava o

---
[1] DE PLÁCIDO E SILVA. *Vocabulário jurídico*. Rio de Janeiro: Forense, 1982. v. II. p. 77.
[2] BEVILÁQUA, Clóvis. *Código civil comentado*. ed. histórica. [S.l.: s.n.], [18--?]. v. I. p. 101.

percentual definido de 10% para cada parcela quinquenal, como gratificação adicional por tempo de serviço, teve esse direito incorporado ao seu patrimônio jurídico e deve ser respeitado pela administração do pagamento. A lei nova preservará as garantias constitucionais, dentre elas a do direito adquirido" (RT 720/215).

3.2.2 Ato jurídico perfeito

O ato jurídico perfeito é definido pela legislação ordinária, nos precisos termos do art. 6º, § 1º, da LINDB: *"Reputa-se ato jurídico perfeito o já consumado segundo a lei vigente ao tempo em que se efetuou."*

Aliás, a lei nova não se aplica aos efeitos futuros de contrato celebrado que se ache em curso (RT 106/317). Em relação a contratos, o princípio fundamental determina que a lei reguladora será a do tempo em que eles foram celebrados. O contrato regula a situação dos direitos e obrigações durante a vigência normal de suas cláusulas, representando a lei das partes; portanto, lei nova pode, ordinariamente, afetar a situação contratual em curso, sob pena de violar ato jurídico perfeito e direito adquirido.

3.2.3 Coisa julgada

Além da proteção de caráter constitucional (art. 5º, XXXVI), a situação jurídica da coisa julgada é também definida pela legislação ordinária: *"Chama-se coisa julgada ou caso julgado a decisão judicial de que já não caiba recurso"* (art. 6º, § 3º, LINDB). Explicando melhor: a sentença, enquanto sujeita a recurso, não é ainda sentença por lhe faltar a qualidade de eficácia. No momento em que transitar em julgado, por não comportar mais recurso ordinário, especial ou extraordinário, faz-se lei entre as partes, nos limites da lide e das questões decididas, desde que tenha havido julgamento do mérito, ocorrendo, então, o que se chama coisa julgada; uma lei nova não pode, portanto, interferir na coisa julgada ou prejudicá-la.

3.3 EFEITO IMEDIATO DA NOVA LEI

Toda lei tem aplicação aos fatos futuros, isto é, àqueles que virão a ocorrer a partir da sua entrada em vigor. Tem caráter imediato e geral, e, em regra, não pode atingir situações jurídicas constituídas sob a égide da lei anterior.

O Código Civil de 2002 entrou em vigor em 10 de janeiro de 2003 e reduziu a maioridade civil de 21 para 18 anos. Assim, ao entrar em vigor, todas as pessoas maiores de 18 e menores de 21 anos, passaram a ser absolutamente capazes para responder por si mesmas, o que ocorreu graças ao efeito imediato da lei.

Se uma lei penal prevendo um novo tipo de crime e sua pena for aprovada, a partir do momento que ela entrar em vigor quem cometer o ato previsto nela descrito, estará cometendo crime e sofrerá a pena prevista na lei; porém, se a mesma conduta for praticada um dia antes da lei entrar em vigor, a pessoa não poderá ser punida, pois a lei ainda não estava produzindo efeitos.

3.4 SOBREVIVÊNCIA DA LEI ANTIGA

Da mesma forma que a lei nova não tem efeito retroativo sobre os atos praticados anteriormente, ela também não tolera a sobrevivência da lei antiga. É a regra geral.

Mas essa regra não é absoluta, pois existem hipóteses em que se admite a sobrevivência da lei antiga. São os casos, por exemplo, em que a lei nova reduz o prazo exigido para a prescrição e o prazo fixado pela antiga terminaria depois do prazo novo, contado a partir da lei nova. Evidentemente, a aplicação da lei antiga deverá ser mantida. Trata-se, portanto, de um caso de sobrevivência tácita da lei antiga, porque seria contraditório que uma lei cujo fim é diminuir a prescrição pudesse alongá-la (RT 418/160).

Outro exemplo de sobrevivência está relacionado ao testamento, ao qual se aplica a lei do tempo em que ele é aberto. Mas, se ele foi feito na vigência de uma lei que já não vigora, no momento da abertura da sucessão deve-se considerar a "validade da forma empregada ao emitir a declaração da última vontade, bem como de qualquer outro requisito não substancial."[3]

3.5 DA EFICÁCIA DA LEI NO ESPAÇO

Mostraram-se os princípios que norteiam a solução do conflito das leis no tempo, ou seja, a existência de duas leis com datas diferentes regulando o mesmo assunto entre leis nacionais, isto é, aquelas que travam dentro do país. Há, ainda, a questão do conflito das normas de países diferentes em face da situação dos estrangeiros em um país distinto. Pergunta-se: até onde a força das leis de um país

---

[3] DE RUGGIERO, Roberto. *Instituições de direito civil.* São Paulo: Saraiva, 1971. v. I. p. 160.

pode impor-se a um indivíduo, diante das leis de seu país de origem? As normas de um país podem ter eficácia fora de seu território?

O certo é que a Lei de Introdução adotou a Lei do Domicílio, como se vê pelo conteúdo do art. 7º, *in verbis*: "*A lei do país em que for domiciliada a pessoa determina as regras sobre o começo e o fim da personalidade, o nome, a capacidade e os direitos de família.*" Significa que todos aqueles que aqui chegam com ânimo de permanecer devem adaptar-se ao *modus vivendi* brasileiro, ou seja, aceitar as leis deste país. Entretanto, o art. 17 da LINDB estabelece um limite à eficácia da lei estrangeira dentro do território nacional. Analise o referido dispositivo: "*As leis, atos e sentenças de outro país, bem como quaisquer declarações de vontade, não terão eficácia no Brasil, quando ofenderem a soberania nacional, a ordem pública e os bons costumes.*"

Parte I

DIREITO PÚBLICO

4

DIREITO CONSTITUCIONAL

4.1 APRESENTAÇÃO

O nosso ordenamento jurídico é formado por um conjunto de normas dispostas segundo uma hierarquia. A lei constitucional ocupa, neste conjunto, o ponto mais elevado, o ápice da pirâmide jurídica, "fazendo com que todas as demais normas que vêm abaixo dela se encontrem subordinadas."[1] A Constituição é, pois, a lei máxima à qual se submetem todos os cidadãos e até o próprio Estado. Por este motivo, podemos dizer que a Constituição é a lei fundamental do país. "Sua presença é indispensável e confere unidade ao ordenamento normativo. Enfim, abstraindo-se a constituição de qualquer sistema jurídico – escreve Volney Z. de Oliveira Silva – é o mesmo que desarticular a ordem, fazer ruir a construção sistêmica que almeja assegurar a todos o equilíbrio social" (RT 717/77).

4.2 CONCEITO DE CONSTITUIÇÃO

As nações civilizadas, ao se constituírem em Estados, estabelecem as formas de governo e de Estado, ou seja, a sua estrutura política, delimitando o poder do Estado; limitando os direitos e deveres dos governantes e governados em uma Carta Magna, a *Constituição*.

A Constituição Federal é o código de leis máximas e fundamentais do país, sobre as quais todas as outras devem moldar-se. É o estatuto da nação que trata

---

[1] BASTOS, Celso Ribeiro. *Curso de direito constitucional*. São Paulo: Saraiva, 1992. p. 44.

dos direitos do ser humano, tanto os individuais como os sociais, da organização do Estado, ou seja, da ordenação dos poderes Executivo, Legislativo e Judiciário, da defesa do Estado e de suas instituições, bem como da ordem social, econômica e financeira. É o conjunto de normas escritas, impostas pelo Poder Constituinte, as quais têm o poder de dar ao Estado o estatuto fundamental para uma organização básica, que declara os direitos civis, sociais, políticos e econômicos da população e define a sua organização administrativa.

Não é demais relembrar que existem inúmeras normas jurídicas regulando os mais diversos setores do direito. Para que não haja contradição entre essas leis, é preciso que elas constem de um sistema hierarquicamente organizado.

As leis constitucionais, cujos princípios estão na Constituição Federal, situam-se no plano mais alto da hierarquia das normas. Por isso, elas não podem ser tão minuciosas como é a atual Constituição. Devem dizer o geral, para que outras leis, as complementares e as ordinárias, sempre se alicerçando nelas, regulamentem os pormenores. Todas as leis estão subordinadas às constitucionais e, se divergirem de seus princípios, não poderão vigorar e serão consideradas inconstitucionais.

4.3 A INSTITUIÇÃO DO ESTADO DEMOCRÁTICO DE DIREITO

A Constituição tem o seguinte preâmbulo:

"Nós, representantes do povo brasileiro, reunidos em Assembleia Nacional Constituinte para instituir um Estado Democrático, destinado a assegurar o exercício dos direitos sociais e individuais, a liberdade, a segurança, o bem--estar, o desenvolvimento, a igualdade e a justiça como valores supremos de uma sociedade fraterna, pluralista e sem preconceitos, fundada na harmonia social e comprometida, na ordem interna e internacional, com a solução pacífica das controvérsias, promulgamos, sob a proteção de Deus, a seguinte CONSTITUIÇÃO DA REPÚBLICA FEDERATIVA DO BRASIL."

Os nossos constituintes idealizaram, portanto, o Estado brasileiro como Estado Democrático de Direito. Muito oportuna a observação de Radbruch: "a democracia é a única forma de governo apropriada para se garantir o Estado de Direito."[2]

---

[2] *Apud* Vives Antós, Derecho Penal, t I/4.

O princípio estampado no preâmbulo está previsto pelo art. 1º da CF, *in verbis*:

"*A República Federativa do Brasil, formada pela união indissolúvel dos estados e municípios e do Distrito Federal, constitui-se em Estado Democrático de Direito e tem como fundamentos:*

I – a soberania;
II – a cidadania;
III – a dignidade da pessoa humana;
IV – os valores sociais do trabalho e da livre iniciativa;
V – o pluralismo político."

Por conseguinte, a República Federativa do Brasil constituiu-se com os princípios acima e tem como fundamento, entre outros, a dignidade do ser humano, o que significa respeitar os direitos fundamentais consagrados no art. 5º e ao longo da Constituição, que veremos mais adiante.

4.4 QUEM FAZ A CONSTITUIÇÃO FEDERAL

As Constituições podem ser outorgadas ou promulgadas. São outorgadas quando impostas por um governante, ou por grupo de pessoas que estão no poder. As promulgadas são elaboradas a partir de uma representatividade popular, mediante uma Assembleia Nacional Constituinte.

"O Poder Constituinte – na palavra de Alexandre de Moraes – é a manifestação soberana, a suprema vontade política de um povo juridicamente organizado."[3] Nessa condição, o Poder Constituinte pertence ao povo, sendo exercido por meio da escolha dos representantes no Congresso Nacional. Nas Constituições outorgadas, um governante, ou um grupo restrito de pessoas, avocam a representação do povo para o exercício do Poder Constituinte. Nas Constituições promulgadas, por seu turno, o próprio povo, titular do Poder Constituinte, entrega à Assembleia Nacional Constituinte o exercício de elaborar uma nova Constituição.

A atual Assembleia Nacional Constituinte é composta pelos representantes do povo, os quais elaboraram a Constituição Federal vigente, com capacidade de deliberação política, para dar uma organização político-jurídica aos governantes e aos governados. Portanto, o Poder Constituinte existe por vontade popular.

---

[3] MORAES, Alexandre de. *Direito constitucional*. São Paulo: Atlas, 1999. p. 51.

Feita a Constituição, surge o legislador ordinário a impor as leis ordinárias, permanecendo os titulares do Poder Constituinte em latência, até que apareça a oportunidade de criar uma Constituição nova ou até que seja necessária uma revisão, pois à medida que a vida cultural se transforma, a Constituição deve acompanhar as circunstâncias novas e suas consequências jurídicas.

4.4.1 Modificação da Constituição

Há o Poder Constituinte originário e o derivado. O originário é aquele que elabora uma nova Constituição, rompendo com o ordenamento jurídico até então existente. A modificação da Constituição é procedimento pertencente ao poder derivado, cuja competência para elaboração de emendas foi conferida ao Congresso Nacional. "Deu-se, assim – escreve José Afonso da Silva – a um órgão constituído o poder de emendar a Constituição. Por isso – continua – se lhe dá a denominação de *poder constituinte instituído ou constituído.*"[4] A modificação ou a alteração da Constituição ocorre por meio da chamada emenda à Constituição, a qual deve obedecer limitações impostas pelo Poder Constituinte Originário. Esse procedimento legislativo inicial está devidamente determinado pela própria Lei Maior, em seu art. 60, *in verbis*:

> "*A Constituição poderá ser emendada mediante proposta:*
>
> *I – de um terço, no mínimo, dos membros da Câmara dos Deputados ou do Senado Federal;*
> *II – do presidente da República;*
> *III – de mais da metade das Assembleias Legislativas das unidades da Federação, manifestando-se, cada uma delas, pela maioria relativa.*"

A proposta é discutida e votada em dois turnos, pela Câmara dos Deputados e pelo Senado Federal. Para ser aprovada, a emenda deverá receber três quintos dos membros de ambas as Casas do Congresso Nacional.

Durante a vigência da intervenção federal, em estado de sítio e de defesa, a Constituição não poderá ser emendada, conforme dispõe o § 2º do art. 60 da CF, tratando-se de uma limitação circunstancial ao Poder de Reforma.

---

[4] SILVA, José Afonso da. *Curso de direito constitucional positivo*. São Paulo: Malheiros Ed., 1994. p. 67.

4.4.1.1   Cláusulas pétreas

O Poder Constituinte originário, ao elaborar a atual Constituição, introduziu em seu texto um núcleo imutável denominado cláusulas pétreas, previstas no § 4º do art. 60 da CF:

"Não será objeto de deliberação a proposta de emenda tendente a abolir:

I – a forma federativa de Estado;
II – o voto direto, secreto, universal e periódico;
III – a separação dos poderes;
IV – os direitos e garantias individuais."

Qualquer emenda à Constituição que afronte o disposto no artigo supra, no seu parágrafo e incisos, é absolutamente inconstitucional e, por conseguinte, inexistente na ordem jurídica. Proposta de emenda tendente a abolir as cláusulas pétreas não poderá ser votada pelo plenário. Se a Mesa-Diretora admitir a deliberação de proposta que venha a abolir alguma das cláusulas pétreas, será possível a qualquer parlamentar impetrar mandado de segurança visando a obstar sua votação por flagrante inconstitucionalidade.

4.5   AS DIVERSAS CONSTITUIÇÕES BRASILEIRAS

O Brasil, após a sua independência, teve sete Constituições, sendo seis na fase republicana.

No tempo em que o Brasil era uma colônia, regíamo-nos pelas leis de Portugal. Após a nossa independência política, em 7 de setembro de 1822, formulou-se, em 1824, nosso primeiro código, nossa primeira Constituição: a *Constituição do Império*.

Essa Constituição foi outorgada pelo imperador D. Pedro I, ou seja, não foi votada por uma Assembleia Nacional Constituinte.

Esse estatuto impunha o seguinte:

1. Governo monárquico e hereditário.
2. Estado unitário, sem autonomia para as províncias.
3. Quatro Poderes: Executivo, Legislativo, Judiciário e Moderador.

O Poder Moderador garantia ao imperador a possibilidade de interferir nos outros poderes.

Durante a fase republicana, tivemos seis Constituições: em 1891, 1934, 1937, 1946, 1967 e 1988.

A primeira Constituição da fase republicana começou a ser idealizada logo após a proclamação da República, em 1889. No mesmo ano, elegeu-se uma Assembleia Nacional Constituinte para a elaboração do projeto e, em 24/2/1891, ele foi transformado em lei, originando, assim, a nossa primeira Constituição Republicana.

Essa Constituição foi votada por uma assembleia composta de representantes do povo, eleitos para essa finalidade. A forma de governo era Republicano-federalista e havia três poderes: o Executivo, o Legislativo e o Judiciário.

Com a Revolução de 1930, liderada por Getúlio Vargas, que tomou posse como presidente da República, fez-se a segunda Constituição Republicana, promulgada em 16 de julho de 1934.

Como a anterior, essa também foi uma Constituição votada; manteve a Federação, mas restringiu um pouco a autonomia dos estados-membros; e preocupou-se em estabelecer leis econômicas e sociais.

Em 10 de novembro de 1937, o então presidente Getúlio Vargas, sob a alegação de uma iminente guerra civil, decretou uma nova Constituição, a qual foi outorgada, ou seja, estabelecida sem a participação popular, por imposição do poder da época, ocasião em que se fortaleceu o Poder Executivo Federal e se criou a Legislação Trabalhista.

Em 1945, as Forças Armadas depuseram o então ditador Getúlio Vargas, entregando a chefia da nação ao presidente do Supremo Tribunal Federal, ministro José Linhares, que providenciou a eleição de uma Assembleia Nacional Constituinte. No ano seguinte, nascia a Constituição que restaurou a clássica formação do Estado: *República* como forma de governo; *Federalismo* como forma de Estado; *Presidencialismo* como regime de governo. Fortaleceu-se o regime democrático, assegurando-se o pluripartidarismo e o respeito aos direitos humanos.

Após a renúncia de Jânio Quadros em 25 de agosto de 1961, tomou posse seu vice, João Goulart, cujo governo foi derrubado em 1964 por um movimento militar. A Constituição até então vigente, de 1946, foi sistematicamente alterada, passando os militares a governar por meio de Atos Institucionais. Em dezembro de 1966, o Congresso Nacional foi convocado, extraordinariamente, para aprovar uma nova Constituição, promulgada em 24 de janeiro de 1967. Apesar de votada pelo Congresso Nacional, o entendimento doutrinário é o de que esta Constituição foi outorgada.

Tratava-se de uma Constituição votada para atender às exigências do movimento militar de 1964, fortalecendo o Poder Executivo Federal.

Em 31 de agosto de 1969, essa Constituição sofreu uma emenda tão profunda que diversos juristas a consideraram uma nova Constituição (Constituição de 1969). Mas foi apenas uma emenda (EC 1/69).

Iniciou-se, então, a ditadura militar, que durou 20 anos, até que, em 1984, houve eleição indireta para presidente da República; pela primeira vez, elegeu-se um civil, Tancredo Neves, que veio a falecer antes de tomar posse. Assumiu o cargo seu vice, José Sarney.

A essa altura, tornou-se necessária uma nova Constituição, que permitisse voltar à democracia plena. Um movimento denominado de "Nova República" culminou com a eleição, em 1986, de um novo Congresso, não só com função legislativa, mas com poder constituinte.

Em 1º de fevereiro de 1987 foi instalada a Assembleia Nacional Constituinte, composta de 559 membros (deputados federais e senadores); no ano seguinte, foi então votada a nossa atual Constituição, promulgada no dia 5 de outubro de 1988.

4.6 FORMAS DE ESTADO

A Constituição adotou, como forma de governo, o Federalismo, que é a união dos estados. O Brasil é Estado Federal, soberano, dotado de personalidade jurídica de direito público internacional, composto de estados-federados. Estes gozam de autonomia, ou seja, um autogoverno regido pela Constituição.

A Federação chegou ao Brasil simultaneamente à República, e o legislador constituinte determinou a impossibilidade de qualquer proposta de emenda constitucional tendente a abolir a Federação, uma cláusula pétrea (CF, art. 60, § 4º, I).

4.7 FORMAS DE GOVERNO

O art. 2º das Disposições Constitucionais Transitórias expressa que "no dia 7 de setembro de 1993, o eleitorado definirá, através de plebiscito,[5] a *forma* – República ou Monarquia Constitucional – e o *sistema de governo* – Parlamentarismo ou Presidencialismo – que devem vigorar no país". Assim, os constituintes transferiram diretamente para o povo a decisão de escolher a forma e o sistema de governo.

---

[5] Plebiscito: manifestação da vontade popular por meio de votação.

A *Republica* e o *Presidencialismo* foram aprovados como forma e sistema de governo, respectivamente.

Fazendo-se um retrospecto histórico, a partir da nossa independência, tivemos a forma monárquica de governo, representada na pessoa de D. Pedro I. O poder, então exercido pelo monarca, um imperador, era *vitalício*, ou seja, para toda a vida, e *hereditário*, pois era transmitido de pai para filho. Assim, em 1831, quando D. Pedro I abdicou, isto é, renunciou ao trono, transmitiu o poder a seu filho D. Pedro II, que reinou até 1889.

Com a proclamação da República, originou-se outra forma de governo: a republicana.

Na República, diferentemente do que ocorre na Monarquia, o chefe do Poder Executivo é o presidente da República, o qual exerce seu mandato por um período determinado pela Constituição e somente em dois casos excepcionais pode ser deposto:

1. pela prática de crime de responsabilidade, que o sujeita ao processo de *impeachment*;[6]
2. pela prática de crime comum.

Em suma, duas são as formas de governo:

1. *Monarquia* – em que o governo é exercido por uma única pessoa (rei ou imperador), cujo poder é vitalício e hereditário;
2. *República* – em que o povo outorga a um representante o direito de administrar, por meio de mandato e durante um certo período estipulado por lei.

4.7.1 Sistemas de governo: Presidencialismo e Parlamentarismo

Dois são os sistemas ou regimes de governo mais comuns:

1. *Presidencialismo* – em que o poder de representar e administrar o Estado se encontra nas mãos do presidente da República, que também é o chefe do governo;

---

[6] *Impeachment:* expressão inglesa que indica o procedimento parlamentar com a finalidade de apurar a responsabilidade criminal de qualquer membro do governo, aplicando-lhe a penalidade de destituição do cargo.

2. *Parlamentarismo* – em que o presidente da República ou o monarca se limita a presidir politicamente a nação, representando-a na área externa, enquanto a administração é atribuída a um Conselho de ministros, ou a um Gabinete. "Ultimamente, porém – avisa Manoel Gonçalves Ferreira Filho – à testa desse Conselho vêm as Constituições pondo um chefe, o primeiro-ministro, presidente do Conselho ou chanceler, como verdadeiro chefe do governo."[7]

Parlamentarismo é derivado de *Parlamento*, do italiano *parlare*, que significa "falar".

Segundo a doutrina, Parlamentarismo é o sistema de governo que dá ao Parlamento a primazia da política governamental. Dessa forma, o executivo é exercido mediante delegação da maioria do Parlamento, que elege um Conselho de ministros, sendo o primeiro-ministro o chefe do governo. Se o Conselho for incompetente ou corrupto, instala-se um remédio imediato: é derrubado, sendo rapidamente substituído por outro.

Não é demais lembrar que o Parlamentarismo pode ser republicano ou monárquico, enquanto o Presidencialismo não pode combinar com a Monarquia nem com o Parlamentarismo.

O Brasil adota, atualmente, o sistema Presidencialista, no qual o presidente é a figura mais importante do governo. Nesse sistema:

1. o presidente é o chefe do Estado e também o chefe do governo, pois é ele quem representa o Estado e exerce o Poder Executivo;
2. o presidente é escolhido por eleições populares e deve ter o apoio popular para ocupar esse elevado cargo.

4.7.2 Distinção entre governo parlamentar e governo presidencial

Em 25 de agosto de 1961, Jânio Quadros renunciou à presidência da República, alegando, em carta ao Congresso Nacional, ser vítima de pressões externas e internas. Como seu sucessor, João Goulart, se encontrava em visita à China Continental, quem assumiu provisoriamente a presidência foi Ranieri Mazzili, presidente da Câmara dos Deputados.

---

[7] FERREIRA FILHO, Manoel Gonçalves. *Curso de direito constitucional.* 40. ed. São Paulo: Saraiva, 2015. p. 180.

A essa altura, os três ministros – da Guerra, da Marinha e da Aeronáutica – solicitaram ao Congresso Nacional que declarasse João Goulart impedido de posse, com receio de entregar o governo a um político de tendência esquerdista, já que a Constituição lhe daria amplos poderes como presidente da República. Seu cunhado, Leonel Brizola, governador do Rio Grande do Sul, apoiado pelas guarnições do III Exército, organizou um movimento de resistência, gerando, assim, uma crise político-militar. Foi então que o Congresso Nacional, para resolver o impasse, aprovou uma *emenda constitucional*, estabelecendo o sistema *parlamentarista*, que restringiu os poderes do presidente da República.

Nessas condições, como chefe do Estado, João Goulart tinha apenas o direito de indicar por três vezes, no máximo, o primeiro-ministro, cabendo ao Congresso Nacional aprovar ou não. Se, após três indicações sucessivas, não conseguisse a aprovação do Parlamento, tal missão caberia aos próprios congressistas. Os demais ministros seriam indicados pelo primeiro-ministro e submetidos ao Parlamento, formando-se, assim, o governo, sendo esta a forma adotada pelo Brasil na ocasião.

O governo passou, portanto, a ser representado por um órgão coletivo, sendo o presidente da República apenas uma figura decorativa, que representava interna e externamente o Estado, a nação.

Se não tivesse ocorrido a mudança no sistema presidencialista, João Goulart teria o direito de ser o chefe do Estado e do governo. Como chefe de governo, controlaria a administração, além de poder nomear e demitir livremente seus ministros.

Um ano e meio depois, em 6 de janeiro de 1963, João Goulart conseguiu a restauração do sistema presidencialista por meio de um plebiscito, mas foi deposto pelo movimento militar de 31 de março de 1964, refugiando-se no Uruguai.

Em face do exposto, podemos estabelecer os traços distintivos de ambos os sistemas.

1. No *Parlamentarismo*, quem governa é um Gabinete ou um Conselho de ministros; o chefe do Estado é eleito, mas exerce apenas funções de representação. O governo, portanto, é um órgão coletivo chefiado pelo primeiro-ministro.
2. No *Presidencialismo*, o presidente da República escolhe livremente seus auxiliares (ministros) e demite-os quando quiser.
3. Tanto no *Presidencialismo* como no *Parlamentarismo*, os poderes do Estado (Legislativo, Executivo e Judiciário) devem ser, necessariamente, harmônicos e independentes.

Entre os países que adotam o Presidencialismo, estão: o Brasil, os Estados Unidos e a Argentina.

Entre os que atualmente adotam o Parlamentarismo monárquico, estão: a Inglaterra, o Japão e a Espanha.

Os que adotam o Parlamentarismo republicano são: a Itália, a França e a Alemanha.

4.8 CONTEÚDO DA ATUAL CONSTITUIÇÃO BRASILEIRA

A atual Constituição é composta por um preâmbulo, um corpo com 250 artigos e um Ato das Disposições Constitucionais Transitórias (ADCT), com 97 artigos.

O preâmbulo da Constituição evidencia valores e posicionamentos filosóficos que inspiraram os constituintes na elaboração da Constituição. O Supremo Tribunal Federal já se manifestou no sentido de o preâmbulo não ter força normativa (ADI 2.076, rel. min. Carlos Velloso, julgamento em 15-8-2002, Plenário, *DJ* de 8-8-2003).

O ADCT é composto por normas constitucionais, mas que se destinam a regular situações de transição entre uma Constituição "revogada" e uma nova. Algumas matérias que devem ser ordenadas pela legislação ordinária foram disciplinadas no ADCT até a edição da referida lei.[8]

O Corpo da Constituição apresenta oito divisões fundamentais:

    I – Dos princípios fundamentais;
   II – Dos direitos e garantias fundamentais;
  III – Da organização do Estado;
  IV – Da organização dos Poderes;
   V – Da defesa do Estado e das Instituições Democráticas;
  VI – Da tributação e do orçamento;
 VII – Da ordem econômica e financeira;
VIII – Da ordem social.

Analisaremos, sucintamente, cada uma das divisões em capítulos separados.

---

[8] Embora a Constituição tenha previsto o direito à licença paternidade (art. 7º, XIX), não definiu o prazo, delegando esta tarefa à lei ordinária. O art. 11, § 1º do ADCT determinou o prazo, até que sobrevenha referida lei: "Até que a lei venha a disciplinar o disposto no art. 7º, XIX, da Constituição, o prazo da licença-paternidade a que se refere o inciso é de cinco dias".

5

OS PRINCÍPIOS FUNDAMENTAIS DA CONSTITUIÇÃO

5.1 OS PRINCÍPIOS FUNDAMENTAIS

Assim como cada ciência é gerada por princípios[1] ou cânones, a Constituição oferece seus princípios fundamentais, sem os quais não se pode, de maneira alguma, interpretá-la. Destarte, a Constituição estabelece, como base de seu funcionamento, o sistema democrático, a forma federativa de Estado e a republicana de governo. Para tanto, não se deve perder de vista o seu art. 1º, *in verbis*: "*A República Federativa do Brasil, formada pela união indissolúvel dos estados e municípios e do Distrito Federal, constitui-se em Estado Democrático de Direito.*"

1. *Forma republicana de governo* – é aquela que investe no chefe do governo uma autoridade tal, que não sofre controle parlamentar. República é, portanto, a forma de governo em que o cargo de chefe da nação é atribuído à pessoa eleita pelo povo. Na República presidencialista, como é o Brasil, a chefia de Estado pertence ao presidente da República, eleito pelo povo por voto direto, exercendo o cargo por um prazo determinado pela Constituição, podendo ser reeleito. Como chefe de Estado, seus poderes principais incluem o comando das Forças Armadas e o controle sobre a política externa. O Brasil é republicano desde 1889.
2. *República Federativa* – o Brasil é uma República Federativa, pois adota a doutrina do federalismo como forma de Estado. Essa doutrina

---

[1] Princípio: do latim *principium, principii,* encerra a ideia de começo, origem, base, fundamento.

defende a autonomia dos estados-membros dentro do Estado Federal. Embora sua autonomia não seja absoluta, o estado-membro tem liberdade administrativa, econômica e política, desde que observe os princípios estabelecidos na Constituição Federal, ou seja, cada estado--federado se regerá pela sua Constituição e pelas leis que adotar, gozando de todos os poderes que não sejam vetados pela Carta Magna. Os municípios também têm certa autonomia.

3. *União indissolúvel dos estados-federados e municípios e do Distrito Federal* – união indissolúvel é aquela que não pode ser dissolvida. Portanto, pode-se afirmar que os estados-federados, os municípios e o Distrito Federal fazem parte de um todo, que é a República Federativa do Brasil, estando unidos sob o comando do governo federal. É inadmissível qualquer pretensão de separação de um estado-federado, do Distrito Federal ou de um município da Federação (CF, art. 60, § 4º, I), e qualquer tentativa permitirá a decretação de intervenção federal (CF, art. 34, I). Uma reunião de municípios forma um estado-federado e cada município é politicamente organizado, ou seja, possui dois poderes: o *Executivo*, exercido pelo prefeito, e o *Legislativo*, exercido pela Câmara dos Vereadores. O município goza apenas de certa liberdade administrativa, econômica e política; por não possuir Constituição própria, obedece aos limites traçados pela Constituição Federal e pela Constituição do respectivo estado, mas tem leis orgânicas. Tanto o estado-membro como o município não são soberanos. Poder-se-ia compará-los às colônias que eram dependentes do governo da metrópole. Soberano é o Estado brasileiro, tanto no plano interno (não necessitando dar satisfação a outros países a respeito das providências que toma internamente), como no plano externo. Sem soberania não se pode falar em Estado.

4. *Regime representativo* – o regime representativo é o democrático,[2] forma de governo na qual o poder é exercido pelo povo e para o povo, por meio de seus representantes legitimamente eleitos. O povo, como eleitor, escolhe o presidente da República, os senadores e os deputados, e estes exercem o poder por representação, governando o país em nome do povo e para o povo. É por isso que o parágrafo único do art. 1º da

---

[2] Democracia: o termo tem sua origem em duas palavras gregas: *demos*, que significa "povo", e *cratos*, que significa "poder" ou "governo". Democracia é a forma de governo na qual o poder é exercido pelo povo, por meio de seus representantes legitimamente escolhidos.

Constituição Federal diz que "*todo o poder emana do povo, que o exerce por meio de representantes eleitos, ou diretamente, nos termos da Constituição.*"

5.2 EXISTÊNCIA DE TRÊS PODERES

"*São poderes da União* – diz o art. 2º da CF – *independentes e harmônicos entre si, o Legislativo, o Executivo e o Judiciário.*" Essa separação visa a evitar que o poder se concentre nas mãos de uma só pessoa, como acontece na ditadura, em que todos os poderes do Estado – o Legislativo, o Executivo e o Judiciário – podem ser exercidos arbitrariamente por uma só pessoa.

Os estados modernos, em sua maioria, adotam o regime representativo e democrático, que é a antítese da forma ditatorial. A maior vantagem deste regime é a existência dos três poderes, independentes e harmônicos.

São três, portanto, os poderes no plano federal: o *Legislativo*, exercido pelo Congresso Nacional,[3] cuja missão principal é elaborar as leis jurídicas; o *Executivo*, exercido pelo presidente da República, que tem a incumbência de governar e administrar o Estado; e o *Judiciário*, exercido pelos juízes e Tribunais, que interpretam as leis jurídicas, aplicando-as para dirimir os litígios com definitividade.

O princípio da divisão dos poderes determina que cada um deles atue dentro de sua esfera de atribuições, harmonizando as suas atividades para atingirem um objetivo comum: o bem público. Enfim, esse princípio visa a evitar a interferência de um poder na esfera de atribuição do outro.

---

[3] Congresso Nacional: é o conjunto do Senado (composto por representantes dos estados) e da Câmara dos Deputados Federais (composta por representantes do povo), que deliberam por maioria de votos.

6

DOS DIREITOS E GARANTIAS FUNDAMENTAIS

6.1 APRESENTAÇÃO

Os direitos fundamentais do homem são oriundos da própria condição humana e previstos no ordenamento constitucional. Aliás, esses direitos não podem ser alterados ou abolidos. A própria Constituição o proíbe: "*Não será objeto de deliberação a proposta de emenda tendente a abolir: IV – os direitos e garantias individuais.*" (art. 60, § 4º, IV). Como o texto constitucional só pode sofrer alterações por meio das emendas à Constituição, e não é possível qualquer proposta tendente a alterar ou a abolir os direitos individuais, estes jamais serão suprimidos, a não ser por outra Assembleia Nacional Constituinte.

Além desses direitos, há os remédios constitucionais-processuais, também chamados garantias constitucionais, que são os meios oferecidos para a proteção dos direitos humanos.

A natureza desta obra não permite, como é compreensível, a análise exaustiva de todos os direitos. Destacaremos, portanto, apenas alguns deles, seguindo o roteiro da lei constitucional.

6.2 OS DIREITOS INDIVIDUAIS CONSTITUCIONAIS

A lei regula as relações dos homens em sociedade, e o Estado tem o dever de amparar e proteger a todos, sejam brasileiros ou estrangeiros que aqui residam. Por conseguinte, constitucionalmente, o Estado garante a todos: *a vida* (o Estado não pode tirar a vida do governado, o que talvez impeça a adoção da pena de morte no Brasil), *a liberdade* (proteção da liberdade, por exemplo, de locomoção, do exercício profissional e de reunião), *a igualdade* (todos são iguais perante a lei, sem distinção de sexo, raça, cor, trabalho, religião e convicções políticas), *a segurança* (proibição à tortura, inviolabilidade da moradia e da correspondência), *a propriedade* (proteção à propriedade – casa, carro etc.). A característica essencial desses direitos individuais é a *inviolabilidade*.

A atual Constituição Federal impôs nova ordem ao país, com mudanças profundas nos direitos individuais, as quais podemos verificar, de pronto, pelo elenco dos direitos humanos definidos em seu art. 5º. Vamos, portanto, reproduzir alguns incisos do referido artigo com sucintos comentários.

6.2.1 O homem e a mulher têm direitos e obrigações iguais

Art. 5º:

"Todos são iguais perante a lei, sem distinção de qualquer natureza, garantindo-se aos brasileiros e aos estrangeiros residentes no país a inviolabilidade do direito à vida, à liberdade, à igualdade, à segurança e à propriedade, nos termos seguintes:
I – homens e mulheres são iguais em direitos e obrigações, nos termos desta Constituição."

Este artigo é autoexplicativo, não sendo necessário discorrer sobre ele. Pessoas com os mesmos direitos ou deveres devem ser tratadas igualmente; pessoas com direitos e deveres desiguais terão tratamento que lhes corresponda. Para a Constituição, não há distinção entre as pessoas em razão do sexo, da cor, da raça, da religião, da opinião política, da profissão etc. Todos devem ter as mesmas oportunidades na sociedade.

Portanto, homens e mulheres devem ser tratados igualmente. Qualquer favorecimento ao homem ou à mulher viola o princípio da isonomia.[1] Não haverá, perante a lei, alguém que não tenha os mesmos direitos dos demais, pois a igualdade é um princípio universal de justiça.

6.2.2 A submissão e o respeito à lei. O princípio da legalidade

Nossa Constituição Federal consagrou o princípio da legalidade, pelo que se depreende do seu art. 5º, II, *in verbis*: **"ninguém será obrigado a fazer ou deixar de fazer alguma coisa senão em virtude de lei."**

---
[1] Isonomia: igualdade.

Esse artigo caracteriza o Estado de direito, que impõe o respeito à lei. Por isso, obriga os governados a fazer ou deixar de fazer alguma coisa somente por meio de leis estabelecidas pelo legislador. Qualquer ordem do poder estatal em suas funções executivas, por meio de decreto, de portaria ou de qualquer forma de direito administrativo, só terá valor se estiver amparada pela lei e de acordo com ela.

6.2.3 A manifestação do pensamento é livre; vedado o anonimato

"É livre a manifestação do pensamento, sendo vedado o anonimato." (art. 5º, IV).

Sendo capazes, todos podem, livremente, manifestar seus pensamentos por meio da palavra falada e escrita, respondendo, porém, pelos conceitos emitidos. O anonimato não é permitido, porque o desconhecido, como é óbvio, não poderá responder pelos abusos que cometer.

6.2.4 Liberdade de locomoção em tempo de paz

"É livre a locomoção no território nacional em tempo de paz, podendo qualquer pessoa, nos termos da lei, nele entrar, permanecer ou dele sair com seus bens." (art. 5º, XV).

Em tempo de paz, qualquer pessoa poderá circular livremente pelo território nacional. No que concerne à entrada e saída de pessoas e de bens do país, há limitações:

1. a imigração somente é possível com autorização do governo;
2. a entrada ou saída de bens está condicionada a algumas exigências e fiscalizações. Assim, por exemplo, proíbe-se o *contrabando* (trânsito de mercadoria ilegal) ou o *descaminho* (trânsito de mercadoria sem o pagamento dos direitos alfandegários). Caso típico desta última situação se verifica quando uma pessoa traz mercadorias de procedência estrangeira além da cota permitida. Apreendidas dentro do país, instaura-se o inquérito policial, que será analisado pela procuradoria da República, a fim de dar início a um processo criminal, visto que essa pessoa está sonegando imposto alfandegário. O descaminho representa fraude do contribuinte no pagamento de imposto devido à Fazenda.

6.2.5 Inviolabilidade da moradia

"A casa² é asilo³ inviolável do indivíduo, ninguém nela podendo penetrar sem consentimento do morador, salvo em caso de flagrante delito ou desastre, ou para prestar socorro, ou, durante o dia, por determinação judicial." (art. 5º, XI).

Exemplificando, um policial não pode invadir a moradia de pessoas suspeitas. Se for necessária uma busca domiciliar, deve o agente munir-se de autorização judicial e realizar a diligência durante o dia. Quando se tratar de período noturno, é preciso a autorização do morador. Somente quando um crime está sendo praticado ou na iminência de o ser, não constitui crime a entrada ou permanência em casa alheia. O art. 150 do CP descreve o crime de violação de domicílio como "*entrar ou permanecer, clandestina ou astuciosamente, ou contra a vontade expressa ou tácita de quem de direito, em casa alheia ou em suas dependências.*" A propósito, o Supremo Tribunal Federal tem entendido que o conceito "casa", para o citado dispositivo constitucional, é amplo, pois o que se tutela é a intimidade e a vida privada do cidadão:

> Para os fins da proteção jurídica a que se refere o art. 5º, XI, da CF, o conceito normativo de 'casa' revela-se abrangente e, por estender-se a qualquer aposento de habitação coletiva, desde que ocupado (CP, art. 150, § 4º, II), compreende, observada essa específica limitação espacial, os quartos de hotel. Doutrina. Precedentes. Sem que ocorra qualquer das situações excepcionais taxativamente previstas no texto constitucional (art. 5º, XI), nenhum agente público poderá, contra a vontade de quem de direito (*invito domino*), ingressar, durante o dia, sem mandado judicial, em aposento ocupado de habitação coletiva, sob pena de a prova resultante dessa diligência de busca e apreensão se reputar inadmissível, porque impregnada de ilicitude originária. Doutrina. Precedentes (STF).[4]

---

[2] Casa: moradia. Casa que não for moradia deixa de ser asilo inviolável.
[3] Asilo: lugar de proteção contra algum ataque.
[4] RHC 90.376, rel. min. Celso de Mello, julgamento em 3-4-2007, Segunda Turma, *DJ* de 18-5-2007.

6.2.6 A inviolabilidade de correspondência e comunicações telegráficas e telefônicas

"É inviolável o sigilo da correspondência e das comunicações telegráficas, de dados e das comunicações telefônicas, salvo, no último caso, por ordem judicial, nas hipóteses e na forma que a lei estabelecer para fins de investigação criminal ou instrução processual penal." (art. 5º, XII).

Sigilo significa segredo. Ninguém pode abrir a correspondência alheia para conhecer o seu conteúdo. A inviolabilidade do sigilo impede que o receptor o divulgue, ocasionando dano a outrem. A violação de correspondência ou de comunicações telegráficas, de dados radiofônicos e telefônicos (caso dos famosos grampos telefônicos) constitui crime (CP, art. 151).

6.2.7 O exercício de qualquer trabalho é livre

"É livre o exercício de qualquer trabalho, ofício ou profissão, atendidas as qualificações profissionais que a lei estabelecer." (art. 5º, XIII).

Quando a Constituição afirma que *"é livre o exercício de qualquer trabalho [...]"*, quer dizer que todos podem exercer a profissão que desejar. Entretanto, a liberdade profissional está limitada aos requisitos que a lei ordinária entender necessários para conferir a capacidade do indivíduo. Se fosse permitida a prática de determinadas profissões sem restrição alguma, qualquer leigo poderia exercer, por exemplo, a advocacia ou a medicina, o que geraria insegurança na sociedade.

O Supremo Tribunal Federal já se manifestou em relação à constitucionalidade da exigência legal de aprovação em exame de Ordem para o exercício da advocacia:

> Alcança-se a qualificação de bacharel em direito mediante conclusão do curso respectivo e colação de grau. [...]. O Exame de Ordem [...] mostra-se consentâneo com a CF, que remete às qualificações previstas em lei.[5]

---

[5] RE 603.583, rel. min. Marco Aurélio, julgamento em 26-10-2011, Plenário, *DJE* de 25-5-2012, com repercussão geral. No mesmo sentido: MI 2.342, rel. min. Ayres Britto, decisão monocrática, julgamento em 5-12-2011, *DJE* de 12-12-2011.

No entanto, o Supremo Tribunal Federal entendeu contrária aos preceitos constitucionais a exigência de diploma de bacharel para o exercício da profissão de jornalista:

> O jornalismo é uma profissão diferenciada por sua estreita vinculação ao pleno exercício das liberdades de expressão e de informação. O jornalismo é a própria manifestação e difusão do pensamento e da informação de forma contínua, profissional e remunerada. Os jornalistas são aquelas pessoas que se dedicam profissionalmente ao exercício pleno da liberdade de expressão. O jornalismo e a liberdade de expressão, portanto, são atividades que estão imbricadas por sua própria natureza e não podem ser pensadas e tratadas de forma separada. Isso implica, logicamente, que a interpretação do art. 5º, XIII, da Constituição, na hipótese da profissão de jornalista, se faça, impreterivelmente, em conjunto com os preceitos do art. 5º, IV, IX, XIV, e do art. 220, da Constituição, que asseguram as liberdades de expressão, de informação e de comunicação em geral. [...]. No campo da profissão de jornalista, não há espaço para a regulação estatal quanto às qualificações profissionais. O art. 5º, IV, IX, XIV, e o art. 220 não autorizam o controle, por parte do Estado, quanto ao acesso e exercício da profissão de jornalista. Qualquer tipo de controle desse tipo, que interfira na liberdade profissional no momento do próprio acesso à atividade jornalística, configura, ao fim e ao cabo, controle prévio que, em verdade, caracteriza censura prévia das liberdades de expressão e de informação, expressamente vedada pelo art. 5º, IX, da Constituição. A impossibilidade do estabelecimento de controles estatais sobre a profissão jornalística leva à conclusão de que não pode o Estado criar uma ordem ou um conselho profissional (autarquia) para a fiscalização desse tipo de profissão. O exercício do poder de polícia do Estado é vedado nesse campo em que imperam as liberdades de expressão e de informação.[6]

6.2.8 Reunião pacífica em locais abertos ao público

"Todos podem reunir-se pacificamente, sem armas, em locais abertos ao público, independentemente de autorização, desde que não frustrem outra reunião anteriormente convocada para o mesmo local, sendo apenas exigido prévio aviso à autoridade competente." (art. 5º, XVI).

---

[6] RE 511.961, rel. min. Gilmar Mendes, julgamento em 17-6-2009, Plenário, *DJE* de 13-11-2009.

É direito das pessoas reunirem-se em locais abertos ao público para discutir assunto de seu interesse. A lei exige que tais reuniões tenham caráter pacífico, não sendo permitido o uso de armas. Não há a necessidade de autorização, desde que não frustrem outra reunião anteriormente convocada para o mesmo local. Reuniões em plena via pública, prejudicando o tráfego, são proibidas.

6.2.9 Ninguém poderá ser compelido a associar-se ou a permanecer associado

"Ninguém poderá ser compelido a associar-se ou a permanecer associado." (art. 5º, XX).

Eis uma decisão do Supremo Tribunal Federal:

Art. 2º, IV, *a, b, c*, da Lei nº 10.779/2003. Filiação à colônia de pescadores para habilitação ao seguro-desemprego [...]. Viola os princípios constitucionais da liberdade de associação (art. 5º, XX) e da liberdade sindical (art. 8º, V), ambos em sua dimensão negativa, a norma legal que condiciona, ainda que indiretamente, o recebimento do benefício do seguro-desemprego à filiação do interessado à colônia de pescadores de sua região.[7]

Contra a vontade, ninguém pode ser forçado a permanecer em uma associação ou em uma sociedade empresarial. O homem é livre para pertencer a uma sociedade comercial, para criá-la ou dissolvê-la. Se, por exemplo, um sócio deseja retirar-se da sociedade empresarial, basta propor ação de dissolução parcial desta. Veja o que dispõe o art. 1.077 do CC:

"Quando houver modificação do contrato, fusão da sociedade, incorporação de outra, ou dela por outra, terá o sócio que dissentiu o direito de se retirar da sociedade, nos trinta dias subsequentes à reunião, aplicando-se, no silêncio do contrato social antes vigente, o disposto no art. 1.031."[8]

---

[7] ADI 3.464, rel. min. Menezes Direito, julgamento em 29-10-2008, Plenário, *DJE* de 6-3-2009.
[8] Art. 1.031: *"Nos casos em que a sociedade se resolver em relação a um sócio, o valor de sua quota, considerada pelo montante efetivamente realizado, liquidar-se-á, salvo disposição contratual em contrário, com base na situação patrimonial da sociedade, à data da resolução, verificada em balanço especialmente levantado."*

6.2.10 Garantia do direito de propriedade

Até o advento da Carta de 1934, o direito de propriedade era garantido em sua plenitude. O art. 72, § 17, da Carta republicana de 1891, dizia: "O direito de propriedade mantém-se em toda a sua plenitude, salvo a desapropriação por necessidade ou utilidade pública, mediante indenização prévia." A Carta de 1934 passou a condicionar o direito de propriedade privada ao cumprimento de sua função social.

A atual Constituição, em seu art. 5º, XXII e XXIII, dispôs, com muita clareza, a respeito da garantia do direito de propriedade, dizendo textualmente o seguinte:

> *"Todos são iguais perante a lei, sem distinção de qualquer natureza, garantindo-se ao brasileiros e aos estrangeiros residentes no país a inviolabilidade do direito à vida, à liberdade, a igualdade, à segurança e à propriedade, nos termos seguintes:*
>
> *XXII – é garantido o direito de propriedade;*
> *XXIII – a propriedade atenderá a sua função social."*

Isto posto, conclui-se que a Constituição garante o direito de propriedade, mas também dispõe que "a propriedade atenderá a sua função social", ou seja, todo o direito de propriedade está condicionado ao cumprimento de sua função social. Nesse sentido, o posicionamento do Supremo Tribunal Federal:

> O direito de propriedade não se reveste de caráter absoluto, eis que, sobre ele, pesa grave hipoteca social, a significar que, descumprida a função social que lhe é inerente (CF, art. 5º, XXIII), legitimar-se-á a intervenção estatal na esfera dominial privada, observados, contudo, para esse efeito, os limites, as formas e os procedimentos fixados na própria CR. O acesso à terra, a solução dos conflitos sociais, o aproveitamento racional e adequado do imóvel rural, a utilização apropriada dos recursos naturais disponíveis e a preservação do meio ambiente constituem elementos de realização da função social da propriedade.[9]

---

[9] ADI 2.213-MC, rel. min. Celso de Mello, julgamento em 4-4-2002, Plenário, *DJ* de 23-4-2004. No mesmo sentido: MS 25.284, rel. min. Marco Aurélio, julgamento em 17-6-2010, Plenário, *DJE* de 13-8-2010).

6.2.11 Impenhorabilidade da pequena propriedade rural

Pela penhora, os bens são tirados do poder do devedor para servirem de garantia à execução; a penhora abrange apenas os bens alienáveis do devedor, ou seja, nem todos eles são penhoráveis. Há os impenhoráveis, isto é, aqueles que não podem fazer parte da penhora. Portanto, é fundamental lembrar que "a impenhorabilidade deve constar taxativamente da lei, pois tem caráter excepcional, e as exceções devem ser sempre expressas" (RT 655/153).

À guisa de exemplo, a Constituição indica um caso em que o bem não pode ser penhorado:

"a pequena propriedade rural, assim definida em lei, desde que trabalhada pela família, não será objeto de penhora para pagamento de débitos decorrentes de sua atividade produtiva, dispondo a lei sobre os meios de financiar o seu desenvolvimento." (art. 5º, XXVI).

O legislador constituinte tornou a pequena propriedade rural, "*desde que trabalhada pela família*", um bem impenhorável unicamente para fixar o pequeno proprietário rural à terra. Assim procedendo, colabora para reduzir o êxodo rural e beneficiar a produção.

Impenhorabilidade da pequena propriedade rural de exploração familiar (CF, art. 5º, XXVI): aplicação imediata. A norma que torna impenhorável determinado bem desconstitui a penhora anteriormente efetivada, sem ofensa de ato jurídico perfeito ou de direito adquirido do credor: precedentes sobre hipótese similar. A falta de lei anterior ou posterior necessária à aplicabilidade de regra constitucional – sobretudo quando criadora de direito ou garantia fundamental – pode ser suprida por analogia: donde, a validade da utilização, para viabilizar a aplicação do art. 5º, XXVI da CF, do conceito de 'propriedade familiar' do Estatuto da Terra.[10]

6.2.12 O acesso às informações

"Todos têm direito a receber dos órgãos públicos informações de seu interesse particular, ou de interesse coletivo ou geral, que serão prestadas no prazo da lei, sob pena de responsabilidade, ressalvadas aquelas cujo sigilo seja imprescindível à segurança da sociedade e do Estado." (art. 5º, XXXIII).

---

[10] RE 136.753, rel. min. Sepúlveda Pertence, julgamento em 13-2-1997, Plenário, *DJ* de 25-4-1997.

Todos têm direito a receber dos órgãos públicos informações de interesse particular, coletivo ou geral. O Poder Judiciário garantirá o exercício desse direito, até mesmo se for negado pela administração. A lei constitucional, assim procedendo, indiretamente concede a qualquer cidadão o poder de acompanhar a atividade pública, conferindo maior transparência à administração e facilitando a fiscalização dos atos administrativos.

6.2.13 O direito de petição e de obtenção de certidões em repartições públicas

"São a todos assegurados, independentemente do pagamento de taxas:

a) o direito de petição aos Poderes Públicos em defesa de direitos ou contra ilegalidade ou abuso de poder;
b) a obtenção de certidões em repartições públicas, para defesa de direitos e esclarecimento de situações de interesse pessoal." (art. 5º, XXXIV).

A todos os cidadãos é assegurado o direito de petição ao Poder Público para reclamar dos abusos praticados por seus agentes, ou por maus funcionários do serviço público. É o direito de demandar, de apresentar sua pretensão em juízo e obter uma resposta ou despacho. Também é garantido o direito de obter qualquer certidão, em repartição pública, quando necessária, para a defesa de direitos e esclarecimentos de situações de interesse pessoal. Certidão é a transcrição do que está escrito no documento, firmada por quem de direito. A administração não pode negá-la, a menos que se trate de matéria sigilosa. Caso haja recusa, o interessado pode lançar mão até do mandado de segurança, pois se trata de um direito líquido e certo, não cabendo *habeas data*.

Por conseguinte,

"as certidões para a defesa de direitos e esclarecimento de situações, requeridas aos órgãos da administração centralizada ou autárquica, às empresas públicas, às sociedades de economia mista e às fundações públicas da União, dos estados, do Distrito Federal e dos municípios, deverão ser expedidas no prazo improrrogável de quinze dias, contados do registro do pedido no órgão expedidor." (Lei nº 9.051/1995, art. 1º).

O saudoso Hely Lopes Meirelles, a propósito, escreve: "O não atendimento do pedido ou a procrastinação[11] da entrega das certidões, além da responsabilidade do faltoso, enseja a sua obtenção por mandado de segurança, como tem sido reconhecido pela justiça."[12]

6.2.14 Princípio do controle do Judiciário[13]

Todos têm direito de fazer passar pelo crivo do Judiciário a lesão a seus direitos. A Constituição, no seu art. 5º, XXXV e LIV, dispõe, com muita clareza, a respeito do assunto, dizendo textualmente o seguinte: *"a lei não excluirá da apreciação do Poder Judiciário lesão ou ameaça a direito."* (art. 5º, XXXV) ou *"ninguém será privado da liberdade ou de seus bens sem o devido processo legal."* (art. 5º, LIV).

Todos os litígios entre os homens só poderão, portanto, ser resolvidos pelos juízes e pelos tribunais do Poder Judiciário. Basta qualquer indivíduo invocar uma lesão ou ameaça para contar com o pronunciamento do Judiciário, o qual, por sua vez, garantirá sempre o acesso à justiça.

Ao contrário do que determinava a Constituição anterior, a de 1988 não admite a chamada jurisdição condicionada, ou instância administrativa de recurso forçado, prevista no art. 153, § 4º da CF/69. Para se buscar uma manifestação do Poder Judiciário, portanto, não é necessário o esgotamento das vias administrativas.

Como exceção a este direito individual, o Poder Constituinte Originário aborda a questão da Justiça Desportiva, prevista no art. 217, § 1º: *"O Poder Judiciário só admitirá ações relativas à disciplina e às competições desportivas após esgotarem as instâncias da justiça desportiva reguladas em lei"*, conforme já decidiu o Supremo Tribunal Federal:

> No inciso XXXV do art. 5º, previu-se que "a lei não excluirá da apreciação do Poder Judiciário lesão ou ameaça a direito." [...]. O próprio legislador constituinte de 1988 limitou a condição de ter-se o exaurimento da fase administrativa para chegar-se à formalização de pleito no Judiciário. Fê-lo no tocante ao desporto [...] no § 1º do art. 217 [...].

---

[11] Procrastinação: transferência para outro dia, adiamento.
[12] MEIRELLES, Hely Lopes. *Direito municipal brasileiro*. 4. ed. São Paulo: Editora Revista dos Tribunais, 1981. p. 647.
[13] Também conhecido como "princípio da inafastabilidade do Judiciário".

Vale dizer que, sob o ângulo constitucional, o livre acesso ao Judiciário sofre uma mitigação e, aí, consubstanciando o preceito respectivo de exceção, cabe tão só o empréstimo de interpretação estrita. Destarte, a necessidade de esgotamento da fase administrativa está jungida ao desporto e, mesmo assim, tratando-se de controvérsia a envolver disciplina e competições, sendo que a chamada justiça desportiva há de atuar dentro do prazo máximo de sessenta dias, contados da formalização do processo, proferindo, então, decisão final. Art. 217, § 2º da CF.[14]

6.2.15 O direito adquirido, o ato jurídico perfeito e a coisa julgada

"A lei não prejudicará o direito adquirido, o ato jurídico perfeito e a coisa julgada." (art. 5º, XXXVI).

1. *Direito adquirido* – é o direito de qualquer natureza que já se incorporou ao patrimônio da pessoa. O que já foi feito ou realizado, de acordo com a lei antiga, não será modificado pela lei nova.
2. *Ato jurídico perfeito* – é a manifestação da vontade do agente segundo as prescrições de direito. A lei também assegura, em sua plenitude, o ato jurídico perfeito, ou seja, a lei nova não pode atingir situações já consolidadas sob o império da lei antiga, resguardando-se o ato jurídico perfeito.
3. *Coisa julgada* – é a situação decorrente da sentença judicial contra a qual não caiba recurso. Assim, uma lei nova que modificasse a sentença transitada em julgado criaria uma instabilidade tal, que levaria a Justiça ao descrédito.

6.2.16 A punição no racismo

"A prática do racismo constitui crime inafiançável e imprescritível, sujeito à pena de reclusão, nos termos da lei." (art. 5º, XLII).

O racismo é uma doutrina que admite a superioridade de certas raças humanas. Os crimes de racismo, ou seja, resultantes de discriminação ou preconceito de raça, cor, etnia, religião ou procedência nacional são *imprescritíveis* (a pena é perene, não ficando o Estado impedido de punir a qualquer tempo o autor do

---

[14] ADI 2.139-MC e ADI 2.160-MC, voto do rel. para o ac. min. Marco Aurélio, julgamento em 13-5-2009, Plenário, *DJE* de 23-10-2009.

delito) e *inafiançáveis* (a prisão não será relaxada em favor do criminoso). Quem o praticar corre o risco de ser preso sem possibilidade de fiança. A pena privativa de liberdade é de reclusão ou de reclusão e multa, mas não inclui detenção.

O Supremo Tribunal Federal já decidiu que o termo racismo deve ser compreendido em sua acepção ampla, incluindo etnias e quaisquer outras formas de discriminação:

> Escrever, editar, divulgar e comerciar livros "fazendo apologia de ideias preconceituosas e discriminatórias" contra a comunidade judaica (Lei nº 7.716/1989, art. 20, na redação dada pela Lei nº 8.081/1990), constitui crime de racismo sujeito às cláusulas de inafiançabilidade e imprescritibilidade (CF, art. 5º, XLII). Aplicação do princípio da prescritibilidade geral dos crimes: se os judeus não são uma raça, segue-se que contra eles não pode haver discriminação capaz de ensejar a exceção constitucional de imprescritibilidade. Inconsistência da premissa.[15]

6.2.17 A prática de tortura, o tráfico ilícito de entorpecentes, o terrorismo, os hediondos

"A lei considerará crimes inafiançáveis e insuscetíveis de graça ou anistia a prática da tortura, o tráfico ilícito de entorpecentes e drogas afins, o terrorismo e os definidos como crimes hediondos, por eles respondendo os mandantes, os executores e os que, podendo evitá-los, se omitirem." (art. 5º, XLIII).

Embora os crimes de tortura e terrorismo não fossem previstos nas Constituições anteriores, hoje são crimes inafiançáveis e imprescritíveis, bem como o tráfico ilícito de entorpecentes e drogas afins e os crimes hediondos.

A Lei nº 8.072, de 1990, modificada pelas Leis nºs 8.930/1994 e 9.677/1988, considera crimes hediondos:

1. homicídio (CP, art. 121), quando praticado em atividade típica de grupo de extermínio, ainda que cometido por um só agente, e homicídio qualificado (CP, art. 121, §2º, I, II, III, IV e V);
2. latrocínio;

---

[15] HC 82.424, rel. p/ o ac. min. presidente Maurício Corrêa, julgamento em 17-9-2003, Plenário, *DJ* de 19-3-2003.

3. extorsão qualificada por morte;
4. extorsão mediante sequestro e na forma qualificada;
5. estupro;
6. estupro de vunerável;
7. epidemia com resultado morte;
8. falsificação, corrupção, adulteração ou alteração de produto destinado a fins terapêuticos ou medicinais;
9. crime de genocídio, previsto nos arts. 1º, 2º e 3º da Lei nº 2.889/1956.

Inicialmente, a Lei nº 8.072/1990 previa a impossibilidade de progressão de regime para os crimes hediondos. O Supremo Tribunal Federal, no entanto, julgou inconstitucional esta vedação, nos seguintes termos:

> Pena – Regime de Cumprimento – Progressão – Razão de ser. A progressão no regime de cumprimento da pena, nas espécies fechado, semiaberto e aberto, tem como razão maior a ressocialização do preso que, mais dia ou menos dia, voltará ao convívio social. Pena – Crimes Hediondos – Regime de Cumprimento – Progressão – Óbice – art. 2º, § 1º, da Lei nº 8.072/90 – Inconstitucionalidade – Evolução jurisprudencial. Conflita com a garantia da individualização da pena – art. 5º, XLVI, da Constituição Federal – a imposição, mediante norma, do cumprimento da pena em regime integralmente fechado. Nova inteligência do princípio da individualização da pena, em evolução jurisprudencial, assentada a inconstitucionalidade do art. 2º, § 1º, da Lei nº 8.072/90.[16]

A decisão do Supremo Tribunal Federal em relação à progressão de regime de pena aplicável aos crimes hediondos motivou a edição da Lei nº 11.464/2007, exigindo o cumprimento de 2/5 da pena em se tratando de réu primário, e 3/5, se reincidente para a progressão da pena.

6.2.18 A individualização da pena

"Nenhuma pena passará da pessoa do condenado, podendo a obrigação de reparar o dano e a decretação do perdimento de bens ser, nos termos da lei, estendidas aos sucessores e contra eles executadas, até o limite do valor do patrimônio transferido." (art. 5º, XLV).

---

[16] HC 82.959-7, rel. min. Marco Aurélio, julgamento em 23-2-2006, Plenário, *DJ* de 1-9-2006.

A pena deve incidir unicamente sobre a pessoa do delinquente; não pode ser estendida aos seus descendentes ou ascendentes.

No que tange à reparação do dano, possibilita-se a propositura ou o prosseguimento da ação ou execução contra os sucessores do autor do ilícito. A responsabilidade destes, porém, não pode ultrapassar o patrimônio adquirido com a sucessão.

6.2.19 Não haverá pena de morte, de caráter perpétuo, de trabalhos forçados, de banimento e penas cruéis

"Não haverá penas:

a) de morte, salvo em caso de guerra declarada, nos termos do art. 84, XIX;
b) de caráter perpétuo;
c) de trabalhos forçados;
d) de banimento;
e) cruéis." (art. 5º, XLVII).

Não haverá pena de morte, prisão de caráter perpétuo, bem como será vedada a pena de trabalhos forçados. Também não ocorrerá banimento, que é exílio ou desterro, nem penas cruéis.

6.2.20 O contraditório e a ampla defesa

"Aos litigantes, em processo judicial ou administrativo, e aos acusados em geral são assegurados o contraditório e a ampla defesa, com os meios e recursos a ela inerentes." (art. 5º, LV).

Em qualquer processo judicial, o juiz sempre deverá ouvir o réu. É a aplicação do chamado princípio do contraditório, segundo o qual qualquer pessoa tem o direito de defender-se, de maneira ampla, com os recursos a ela inerentes, tanto no campo civil como na esfera penal. Em outras palavras, o contraditório é o "direito de alegar e produzir provas contrárias às da outra parte" em todo e qualquer procedimento proposto contra qualquer pessoa.

A ampla defesa é uma decorrência do princípio do contraditório. De que adiantaria ouvir a parte se não lhe desse a oportunidade de se defender de maneira ampla?

6.2.21 A não submissão à identificação

"O civilmente identificado não será submetido à identificação criminal, salvo nas hipóteses previstas em lei." (art. 5º, LVIII).

A polícia, muitas vezes, submete uma pessoa à identificação criminal datiloscópica para constrangê-la. A Constituição proíbe tal situação, desde que essa pessoa esteja identificada para os efeitos da vida civil, isto é, tenha carteira de identidade, CPF, ou outro documento legal.

6.2.22 A prisão em flagrante ou por ordem judicial

"Ninguém será preso senão em flagrante delito ou por ordem escrita e fundamentada de autoridade judiciária competente, salvo nos casos de transgressão militar ou crime propriamente militar, definidos em lei." (art. 5º, LXI).

Uma pessoa só poderá ser presa no momento em que o crime for praticado (flagrante delito) ou logo em seguida, caso em que se considera a prisão feita "em flagrante", ou por ordem judicial fundamentada. Referindo-se especificamente à autoridade judiciária, a Constituição proíbe a chamada prisão administrativa, determinada, por exemplo, por ministro de Estado.

Dependendo do tipo de crime cometido, mesmo preso em flagrante, pode o indivíduo defender-se em liberdade, por meio da prestação de fiança, que é um *quantum* em dinheiro dado à autoridade como garantia.

6.2.23 A comunicação da prisão ao juiz e à família do preso ou à pessoa por ele indicada

"A prisão de qualquer pessoa e o local onde se encontre serão comunicados imediatamente ao juiz competente e à família do preso ou à pessoa por ele indicada." (art. 5º, LXII).

É de nível constitucional a obrigação do agente policial comunicar imediatamente ao juiz competente, à família do preso ou à pessoa indicada pelo preso a prisão deste, sob pena de constituir crime de abuso de autoridade se não o fizer.

6.2.24 O preso será informado de seus direitos

"O preso será informado de seus direitos, entre os quais o de permanecer calado, sendo-lhe assegurada a assistência da família e de advogado." (art. 5º, LXIII).

A exigência de informar ao preso ou detido que ele tem o direito de permanecer calado e de se comunicar com sua família ou advogado origina-se do direito norte-americano.

Certa vez, um cidadão do estado de Arizona sofreu torturas para confessar um crime e foi impedido de se comunicar com parentes e com o advogado. O caso foi levado a julgamento e, a partir daí, a Suprema Corte determinou que, ao efetuar a prisão de qualquer indivíduo, a autoridade deve informar seus direitos, dentre eles o de permanecer calado – pois tudo que disser poderá servir como prova em juízo – e de comunicar-se com seus familiares e com o advogado.

6.2.25 A identificação dos autores da prisão

"O preso tem direito à identificação dos responsáveis por sua prisão ou por seu interrogatório policial." (art. 5º, LXIV).

A prisão e autuação em flagrante são determinadas pela autoridade policial e poderão constituir abuso de poder. Identificados os responsáveis pela prisão ou pelo interrogatório policial, e havendo estes cometido abuso, será permitido ao preso defender seus interesses e providenciar a responsabilidade daqueles que cometeram a arbitrariedade.

6.2.26 A inexistência de prisão por dívida

"Não haverá prisão civil por dívida, salvo a do responsável pelo inadimplemento voluntário e inescusável de obrigação alimentícia e a do depositário infiel." (art. 5º, LXVII).

Respondem pela minha dívida meus bens penhoráveis. Se não os tenho ou não desejo pagá-los por livre e espontânea vontade, não pago; mas, se os possuo, o Judiciário os penhora e os coloca em leilão, entregando ao meu credor o produto da venda. A Constituição deixa bem claro que, somente em duas ocasiões, uma pessoa pode ser presa por dívida: em caso de *débito de prestação alimentar* e em caso de *depositário não fiel* (pessoa a quem se entrega uma coisa em depósito e que não a devolve quando pedida a sua restituição legal).

Como os tratados internacionais de direitos humanos, dos quais o Brasil é signatário, proíbem a prisão do depositário infiel, o Supremo Tribunal Federal considerou impossível esta modalidade de prisão. O posicionamento da Suprema Corte foi de que os tratados internacionais de direitos humanos, em razão da matéria, quando incorporados ao ordenamento jurídico interno, adquirem *status* de normas supralegais, estando abaixo da Constituição, mas acima de todas as demais normas jurídicas. Desta forma,

> [...] desde a adesão do Brasil, sem qualquer reserva, ao Pacto Internacional dos Direitos Civis e Políticos (art. 11) e à Convenção Americana sobre Direitos Humanos – Pacto de San José da Costa Rica (art. 7º, 7), ambos no ano de 1992, não há mais base legal para prisão civil do depositário infiel, pois o caráter especial desses diplomas internacionais sobre direitos humanos lhes reserva lugar específico no ordenamento jurídico, estando abaixo da Constituição, porém acima da legislação interna. O *status* normativo supralegal[17] dos tratados internacionais de direitos humanos subscritos pelo Brasil, dessa forma, torna inaplicável a legislação infraconstitucional com ele conflitante, seja ela anterior ou posterior ao ato de adesão. Assim ocorreu com o art. 1.287 do CC de 1916 e com o DL 911/1969, bem como em relação ao art. 652 do novo CC (Lei nº 10.406/2002).[18]

Decisões reiteradas do Supremo Tribunal Federal no sentido da impossibilidade jurídica da prisão civil do depositário infiel levou à edição da Súmula Vinculante nº 25: "É ilícita a prisão civil de depositário infiel, qualquer que seja a modalidade do depósito".

---

[17] A emenda constitucional 45 introduziu o § 3º no art. 5º da Constituição Federal: "*Os tratados e convenções internacionais sobre direitos humanos que foram aprovados, em cada Casa do Congresso Nacional, em dois turnos, por três quintos dos votos dos respectivos membros, serão equivalentes às emendas constitucionais.*" Os tratados internacionais de direitos humanos, portanto, se aprovados nos termos do § 3º no art. 5º, serão equivalentes às emendas constitucionais. Mas sem este procedimento, serão normas supralegais, conforme decidiu o Supremo Tribunal Federal.

[18] RE 466.343, rel. min. Cezar Peluso, voto do min. Gilmar Mendes, julgamento em 3-12-2008, Plenário, *DJE* de 5-6-2009, com repercussão geral. No mesmo sentido: HC 98.893-MC, rel. min. Celso de Mello, decisão monocrática, julgamento em 9-6-2009, *DJE* de 15-6-2009; RE 349.703, rel. p/ o ac. min. Gilmar Mendes, julgamento em 3-12-2008, Plenário, *DJE* de 5-6-2009.

Destaca-se a importância da prestação alimentar por ser essencial à vida do alimentando, justificando a exceção à regra de não haver prisão por dívida. Qualquer outra forma de prisão por dívida será inconstitucional.

6.3 AS GARANTIAS CONSTITUCIONAIS

Vimos, anteriormente, os direitos fundamentais do homem. Agora, trataremos das garantias fundamentais, que se traduzem em remédios processuais constitucionais para a defesa dos direitos individuais do ser humano. A pessoa lesionada em seus direitos poderá buscar o restabelecimento do estado anterior ou sanar a violação.

A Carta Magna de 1967 citava os seguintes remédios constitucionais-processuais (garantias constitucionais):

1. mandado de segurança;
2. *habeas corpus*;
3. ação popular.

A atual Constituição Federal consagra as mesmas garantias do ordenamento anterior, e mais o *mandado de segurança coletivo*, o *mandado de injunção* e o *habeas data*. Estabeleceu, ainda, que a ação popular protegeria, também, a moralidade administrativa.

6.3.1 Mandado de segurança

O objeto do mandado de segurança é a correção de ato comissivo ou omissivo de autoridade, marcado pela ilegalidade ou abuso de poder.[19]

"Conceder-se-á mandado de segurança para proteger direito líquido e certo, não amparado por **habeas corpus** *ou* **habeas data***, quando o responsável pela ilegalidade ou abuso de poder for autoridade pública ou agente de pessoa jurídica no exercício de atribuições do Poder Público."* (CF, art. 5º, LXIX).

---

[19] MEIRELLES, Hely Lopes. *Mandado de segurança, ação popular e ação civil pública*. São Paulo: Revista dos Tribunais, 1987. p. 14.

São pressupostos do mandado de segurança:

1. direito líquido e certo, não amparado por *habeas corpus;*
2. ato praticado por autoridade pública ou agente de pessoa jurídica no exercício de atribuições públicas.

O prazo para impetrá-lo é de 120 dias após o desrespeito do direito líquido e certo do interessado. Se este deixar passar o prazo, opera-se de pleno direito a decadência.

O mandado de segurança é a defesa mais eficaz contra qualquer ilegalidade ou abuso do poder por parte de autoridade, que possa atingir os direitos fundamentais do homem.

6.3.2 Habeas corpus

"Conceder-se-á habeas corpus *sempre que alguém sofrer ou se achar ameaçado de sofrer violência ou coação em sua liberdade de locomoção, por ilegalidade ou abuso de poder."* (CF, art. 5º, LXVIII).

O *habeas corpus* é um remédio para proteger a liberdade de locomoção, ou ameaça de privação dela, por violência ou coação, consequência de ilegalidade ou abuso de poder. Configura-se abuso de poder quando a autoridade utilizar indevidamente o poder que possui ou quando alguém usurpar o poder que não possui.

O *habeas corpus* é uma ordem dirigida contra o Poder Público. Qualquer brasileiro, em favor de algum compatriota ou estrangeiro, poderá impetrá-lo, antes ou depois da ocorrência da coação ou da violência.

6.3.3 Ação popular

"Qualquer cidadão é parte legítima para propor ação popular que vise a anular ato lesivo ao patrimônio público ou de entidade de que o Estado participe, à moralidade administrativa, ao meio ambiente e ao patrimônio histórico e cultural, ficando o autor, salvo comprovada má-fé, isento de custas judiciais e do ônus da sucumbência." (CF, art. 5º, LXXIII).

Ação popular é um remédio constitucional que permite a qualquer cidadão eleitor obter a invalidade de atos ou contratos administrativos ilegais do Estado, ou de entidade de que o Estado participe, lesivos ao patrimônio público, ao patrimônio das entidades autárquicas ou das sociedades de economia mista. Há que se frisar que, sem o binômio "legalidade-lesividade", não cabe ação popular. Visa, ainda, por expressa recomendação constitucional, à defesa da moralidade administrativa, do meio ambiente e do patrimônio histórico e cultural.

6.4 DOS DIREITOS SOCIAIS

A Constituição do Brasil consagra os chamados direitos sociais, ou seja, os deveres do Estado em prol do indivíduo, que estão elencados no art. 6º, cujos titulares são todos:

"São direitos sociais a educação, a saúde, a alimentação, o trabalho, a moradia, o lazer, a segurança, a previdência social, a proteção à maternidade e à infância, a assistência aos desamparados, na forma desta Constituição."

Os direitos sociais consagrados no art. 7º da Constituição são assegurados aos trabalhadores urbanos e rurais. Destacamos alguns:

1. a demissão sem justa causa obriga o empregador a pagar indenização compensatória;
2. seguro-desemprego, em caso de desemprego involuntário;
3. Fundo de Garantia por Tempo de Serviço (todos passam a pertencer ao regime do FGTS);
4. salário-mínimo, fixado em lei, nacionalmente unificado, capaz de atender às necessidades vitais básicas e às da família, como moradia, alimentação, educação, saúde, lazer, vestuário, higiene, transporte e previdência social, com reajustes periódicos que preservem o poder aquisitivo, sendo vedada sua vinculação para qualquer fim;
5. irredutibilidade do salário, salvo o disposto em convenção ou acordo coletivo;
6. décimo terceiro salário com base na remuneração integral ou no valor da aposentadoria;
7. repouso semanal remunerado, preferencialmente aos domingos;
8. em caso de serviço extraordinário, remuneração pelo menos cinquenta por cento superior à normal;

9. gozo de férias anuais remuneradas com, no mínimo, um terço a mais do que o salário normal;
10. licença à gestante, sem prejuízo do emprego e do salário, com a duração de 120 dias;
11. licença-paternidade nos termos fixados em lei;
12. aviso prévio proporcional ao tempo de serviço, sendo no mínimo de 30 dias, nos termos da lei;
13. assistência gratuita aos filhos e dependentes, desde o nascimento até os 6 anos de idade, em creches e pré-escolas;
14. proibição de diferença de salários, de exercício de funções e de critério de admissão do trabalhador portador de deficiência.

Não é demais frisar que a própria Constituição Federal estabelece limitações temporais para a exigência judicial desses direitos, de modo que, se não exercidos nos prazos de prescrição, tornam-se inexigíveis.

A emenda constitucional 72, de 2013, produziu significativa modificação nos direitos sociais, ao alterar o teor do parágrafo único, consagrando os direitos dos empregados domésticos:

"São assegurados à categoria dos trabalhadores domésticos os direitos previstos nos incisos IV, VI, VII, VIII, X, XIII, XV, XVI, XVII, XVIII, XIX, XXI, XXII, XXIV, XXVI, XXX, XXXI e XXXIII e, atendidas as condições estabelecidas em lei e observada a simplificação do cumprimento das obrigações tributárias, principais e acessórias, decorrentes da relação de trabalho e suas peculiaridades, os previstos nos incisos I, II, III, IX, XII, XXV e XXVIII, bem como a sua integração à previdência social."

7 DA ORGANIZAÇÃO DO ESTADO

7.1 DA DIVISÃO TERRITORIAL ADMINISTRATIVA DO PAÍS

A atual Constituição Federal preocupa-se com a divisão territorial administrativa do país. A República Federativa do Brasil compreende 26 estados e o Distrito Federal, tendo este o mesmo tratamento dispensado à unidade federada. Os eleitores de cada estado e do Distrito Federal elegem seus governadores, três senadores e deputados, cujo número é proporcional ao de eleitores. Os Estados têm autonomia para se auto-organizarem.

A República Federativa do Brasil é, pois, um Estado Federal, uma união de estados-federados sob a égide da Constituição Federal. Tem-se, então, a organização constitucional federalista.

Os estados-federados, por sua vez, dividem-se em municípios. "*A organização político-administrativa da República Federativa do Brasil* – diz o art. 18 da CF – *compreende a União, os estados, o Distrito Federal e os municípios, todos autônomos, nos termos desta Constituição.*"

São três, portanto, os governos que administram a República Federativa do Brasil: federal, estadual e municipal.

Três também são os poderes na área federal: Legislativo, Executivo e Judiciário. O primeiro é exercido pelo Congresso Nacional, o segundo, pelo presidente da República, e o último, pelos juízes e Tribunais.

Na esfera estadual, também são três os poderes: o Legislativo, exercido pela Assembleia Legislativa; o Executivo, pelo governador; o Judiciário, pelos juízes e Tribunais estaduais.

O município tem somente dois poderes: o Legislativo, exercido pela Câmara dos Vereadores, e o Executivo, pelo prefeito municipal. Aliás, este é um dos motivos de muitos doutrinadores excluírem o município do pacto federal.

7.2 ESTADO DESCENTRALIZADO POLITICAMENTE

A República Federativa do Brasil é formada pela união indissolúvel dos estados, Distrito Federal e municípios, por abraçar o federalismo. Existem três níveis na composição do nosso Estado Federal: a União, ordem total; os estados-federados, ordens regionais; e os municípios, ordens locais. É, portanto, um tipo de Estado politicamente descentralizado: sobre um mesmo território e uma mesma população, incidem várias ordens estatais, de modo a evitar que o poder de cada um dos governantes se concentre nas mãos de uma única pessoa jurídica de direito público interno, mas reparta-se entre os diversos entes coletivos que o compõem.[1] Isto significa – repita-se – que a República Federativa do Brasil é um tipo de Estado politicamente descentralizado, no qual a competência de cada ente federativo decorre de previsão constitucional.

7.3 A UNIÃO

Da aliança dos estados, sob o império de uma única Constituição, nasce a União.[2] Esta é um ente federativo, uma pessoa jurídica de direito público, ou seja, uma entidade capaz de adquirir direitos e assumir obrigações como qualquer sujeito de direito, tudo para alcançar os seus fins. Autônoma em relação aos estados-membros e aos municípios, ela age tanto em nome próprio como em nome da Federação.[3]

Não se confunde com o Estado Federal, que é pessoa jurídica de Direito Internacional, formado pelo conjunto de União, estados-federados, Distrito Federal e municípios. "Ressalte-se, porém, que a União poderá agir em nome próprio, ou em nome de toda a Federação, quando, neste último caso, se relaciona internacionalmente com os demais países".[4]

---

[1] FERRARI, Regina Maria Macedo Nery. *Efeitos da declaração de inconstitucionalidade*. São Paulo: Revista dos Tribunais, 1992. p. 166.
[2] TEMER, Michel. *Elementos de direito constitucional*. 12. ed. São Paulo: Malheiros Editores. p. 76.
[3] Ibid., p. 77.
[4] MORAES, Alexandre de. *Direito constitucional*. São Paulo: Atlas, 1999. p. 251.

Tanto a União como os estados-membros e os municípios devem atuar dentro de competências determinadas pela Constituição Federal. Assim, repartem-se as competências entre as pessoas jurídicas de direito público interno.

7.4 DA COMPETÊNCIA DA UNIÃO

O ordenamento da União estende-se por todo o território nacional, embora limitado quanto à sua competência, definida constitucionalmente.

Competência vem do latim *competentia*, que significa "pertencer". Cabem à União as matérias de interesse nacional. Quando o art. 21 da CF diz "[...] *compete à União* [...]", exclui a pretensão dos estados-federados ou do Distrito Federal em manifestar-se sobre os assuntos ali especificados. É a chamada competência exclusiva,[5] que pode ser não legislativa ou legislativa.

7.4.1 Competência exclusiva não legislativa

A Constituição prevê, taxativamente, a competência exclusiva não legislativa da União. Enumero alguns casos previstos pelo art. 21 da CF:

1. manter relações com os estados estrangeiros e participar de organizações internacionais;
2. declarar a guerra e celebrar a paz;
3. assegurar a defesa nacional;
4. permitir, nos casos previstos em lei complementar, que forças estrangeiras transitem pelo território nacional ou nele permaneçam temporariamente;
5. emitir moeda;
6. administrar as reservas cambiais do país e fiscalizar as operações de natureza financeira, especialmente as de crédito, câmbio e capitalização;
7. manter o serviço postal e o correio aéreo nacional.

7.4.2 Competência exclusiva legislativa

Determina o art. 22 da CF:

"Compete privativamente à União legislar sobre [transcrevo apenas alguns incisos]:

---

[5] Conferida à União com exclusividade.

1. *direito civil, comercial, penal, processual, eleitoral, agrário, marítimo, aeronáutico, espacial e do trabalho;*
2. *águas, energia, informática, telecomunicações e radiodifusão;*
3. *política de crédito, câmbio, seguros e transferência de valores;*
4. *jazidas, minas, outros recursos minerais e metalurgia;*
5. *nacionalidade, cidadania e naturalização;*
6. *emigração e imigração, entrada, extradição e expulsão de estrangeiros;*
7. *sistema de poupança, captação e garantia da poupança popular;*
8. *sistemas de consórcios e sorteios;*
9. *competência da polícia federal e das polícias rodoviária e ferroviária federais;*
10. *seguridade social."*

Nenhum Estado-federado ou o Distrito Federal pode legislar sobre a matéria acima descrita, a não ser que lei complementar os autorize. "*Lei complementar poderá autorizar os estados a legislar sobre questões especificadas das matérias relacionadas neste artigo*" (art. 22, parágrafo único). É a chamada competência suplementar, conferida à União, mas passível de delegação aos estados-federados.

7.5 DOS ESTADOS-FEDERADOS

"Os estados são as unidades federadas que formam a união indissolúvel da pessoa de direito internacional público denominada 'Brasil', perante a Organização das Nações Unidas".[6]

Os estados-membros são pessoas jurídicas de direito público interno.

"*São pessoas jurídicas de direito público interno:*

I – a União;
II – os estados, o Distrito Federal e os territórios;
III – os municípios;
IV – as autarquias;
V – as demais entidades de caráter público criadas por lei." (CC, art. 41).

Os estados-federados compõem, portanto, a União, a República Federativa do Brasil. Ou seja, a União encontra-se subdividida em unidades federadas, e cada estado-membro possui seus representantes no Legislativo, no Executivo e no Judiciário.

---

[6] OLIVEIRA FILHO, João de. *Conceito da ordem pública*. São Paulo: [s.n.], 1934. p. 85.

"*Os estados organizam-se e regem-se pelas Constituições e leis que adotarem, observados os princípios desta Constituição.*" (CF, art. 25). Vale dizer, os estados-membros se auto-organizam por meio de suas respectivas Constituições e legislação, mas são subordinados à Constituição da República Federal do Brasil.

7.5.1 Composição

É permitido que cada estado elabore a sua Constituição, com a presença dos poderes Legislativo, Executivo e Judiciário. O Poder Legislativo é função dos deputados estaduais, que formam a Assembleia Legislativa de cada estado.

"*O número de deputados à Assembleia Legislativa corresponderá ao triplo da representação do estado na Câmara dos Deputados e, atingido o número de trinta e seis, será acrescido de tantos quantos forem os deputados federais acima de doze.*" (CF, art. 27).

"*Será de quatro anos o mandato dos deputados estaduais [...].*" (CF, art. 27, § 1º).

"*A eleição do governador e do vice-governador de estado, para mandato de quatro anos,*[7] *realizar-se-á no primeiro domingo de outubro, em primeiro turno, e no último domingo de outubro, em segundo turno, se houver, do ano anterior ao do término do mandato de seus antecessores, e a posse ocorrerá em primeiro de janeiro do ano subsequente, observado, quanto ao mais, o disposto no art. 77.*" (CF, art. 28).

7.5.2 Competência dos estados

"*São reservadas aos estados as competências que não lhes sejam vedadas por esta Constituição.*" (CF, art. 25, § 1º). Vale dizer, cabem-lhe todas as competências que não forem da União ou dos municípios.

Explicando melhor: a União tem competências exclusivas, como vimos; os municípios também as têm (CF, art. 30). Tudo o que não foi deferido com exclusividade à União e aos municípios pertence aos estados-federados. É a chamada competência remanescente.

---

[7] "*O presidente da República, os governadores de estado e do Distrito Federal, os prefeitos e quem os houver sucedido ou substituído no curso dos mandatos poderão ser reeleitos para um único período subsequente.*" (emenda constitucional 16, art. 14, § 5º).

7.6 DO DISTRITO FEDERAL

O Distrito Federal é a sede do governo da União, capital da República Federativa do Brasil. *"Brasília é a capital federal."* (CF, art. 18, § 1º). Apesar de não ser estado-membro, nem município, lhe são atribuídas as competências legislativas reservadas a estes, nos termos do art. 32, parágrafo § 1º.

A Constituição Federal veda a divisão do Distrito Federal em municípios. (art. 32). Como ente federativo, o Distrito Federal é dotado de autonomia, a qual, no entanto, é parcialmente tutelada pela União, pois a Constituição determina que o Poder Judiciário, o Ministério Púbico, a Defensoria Pública, a Polícia Militar e o Corpo de Bombeiros do Distrito Federal sejam organizados e mantidos pela União.

7.7 DO MUNICÍPIO

O estado-membro é dividido em municípios e estes, em distritos. Com o advento da atual Constituição Federal, os municípios passaram a integrar a Federação, sendo unidades territoriais com autonomia política, administrativa e financeira, limitadas pelos princípios contidos na Constituição Federal e por aqueles previstos nas Constituições Estaduais.

O município é governado pelo prefeito e pela Câmara dos Vereadores, ambos eleitos pelo povo, por um período de quatro anos. O número de vereadores será de acordo com o de habitantes de cada cidade.

A sede do município lhe dá o nome e tem a categoria de cidade. O distrito tem a categoria de bairro ou vila.

> *"O município reger-se-á por lei orgânica, votada em dois turnos, com o interstício mínimo de dez dias, e aprovada por dois terços dos membros da Câmara Municipal, que a promulgará, atendidos os princípios estabelecidos nesta Constituição (federal), na Constituição do respectivo estado e nos seguintes preceitos:*
>
> *I – eleição do prefeito, do vice-prefeito e dos vereadores, para mandato de quatro anos, mediante pleito direto e simultâneo realizado em todo o país;*
>
> *II – eleição do prefeito e do vice-prefeito realizada no primeiro domingo de outubro do ano anterior ao término do mandato dos que devam suceder,*

aplicadas as regras do art. 77[8] no caso de municípios com mais de duzentos mil eleitores;

III – posse do prefeito e do vice-prefeito no dia 1º de janeiro do ano subsequente ao da eleição;

IV – número de vereadores proporcional à população do município, observados os seguintes limites:
   a) mínimo de nove e máximo de vinte e um nos municípios de até um milhão de habitantes;
   b) mínimo de trinta e três e máximo de quarenta e um nos municípios de mais de um milhão e menos de cinco milhões de habitantes;
   c) mínimo de quarenta e dois e máximo de cinquenta e cinco nos municípios de mais de cinco milhões de habitantes." (CF, art. 29).

O município é uma pessoa jurídica de direito público e, como tal, exerce direitos e assume obrigações.

7.8 COMPETÊNCIA DOS MUNICÍPIOS

"Compete aos municípios [cito apenas alguns casos]:

1. *legislar sobre assuntos de interesse local;*
2. *instituir e arrecadar os tributos de sua competência, bem como aplicar suas rendas, sem prejuízo da obrigatoriedade de prestar contas e publicar balancetes nos prazos fixados em lei;*
3. *criar, organizar e suprimir distritos, observada a legislação estadual;*
4. *prestar, com a cooperação técnica e financeira da União e do estado, serviços de atendimento à saúde da população;*
5. *promover, no que couber, adequado ordenamento territorial, mediante planejamento e controle do uso, do parcelamento e da ocupação do solo urbano (aqui é competência própria e exclusiva do município, não comportando interferência da União nem do estado-membro);*
6. *promover a proteção do patrimônio histórico-cultural local, observada a legislação e a ação fiscalizadora federal e estadual."* (CF, art. 30).

---

[8] Art. 77: *"A eleição do presidente e do vice-presidente da República realizar-se-á, simultaneamente, no primeiro domingo de outubro, em primeiro turno, e no último domingo de outubro, em segundo turno, se houver, do ano anterior ao do término do mandato presidencial vigente."*

7.9 COMPETÊNCIA CONCORRENTE

A Constituição disciplina matérias cuja competência é, simultaneamente, de todos os entes federativos; são as chamadas competências comuns ou concorrentes, elencadas no art. 23:

"É competência comum da União, dos estados, do Distrito Federal e dos municípios:
I – zelar pela guarda da Constituição, das leis e das instituições democráticas e conservar o patrimônio público;
II – cuidar da saúde e assistência pública, da proteção e garantia das pessoas portadoras de deficiência;
III – proteger os documentos, as obras e outros bens de valor histórico, artístico e cultural, os monumentos, as paisagens naturais notáveis e os sítios arqueológicos;
IV – impedir a evasão, a destruição e a descaracterização de obras de arte e de outros bens de valor histórico, artístico ou cultural;
V – proporcionar os meios de acesso à cultura, à educação e à ciência;
VI – proteger o meio ambiente e combater a poluição em qualquer de suas formas;
VII – preservar as florestas, a fauna e a flora;
VIII – fomentar a produção agropecuária e organizar o abastecimento alimentar;
IX – promover programas de construção de moradias e a melhoria das condições habitacionais e de saneamento básico;
X – combater as causas da pobreza e os fatores de marginalização, promovendo a integração social dos setores desfavorecidos;
XI – registrar, acompanhar e fiscalizar as concessões de direitos de pesquisa e exploração de recursos hídricos e minerais em seus territórios;
XII – estabelecer e implantar política de educação para a segurança do trânsito.

Parágrafo único. *Leis complementares fixarão normas para a cooperação entre a União e os estados, o Distrito Federal e os municípios, tendo em vista o equilíbrio do desenvolvimento e do bem-estar em âmbito nacional."*

8

DA ORGANIZAÇÃO DOS PODERES

8.1 DIVISÃO DOS PODERES

Poder significa força, autoridade para realizar certas coisas. Não há Estado sem poder. O poder deve mostrar-se presente na vida dos governados para manter, principalmente, a ordem social, a segurança e as liberdades individuais.

O exercício do poder está concentrado em diversos órgãos estatais. "*São poderes da União, independentes e harmônicos entre si* – determina o art. 2º da CF –, *o Legislativo, o Executivo e o Judiciário*." Sendo independentes, evitam-se eventuais abusos, ficando cada um dentro da esfera de ação que lhe é traçada pela Lei Maior, porém agindo harmonicamente no desempenho das finalidades que lhes são próprias.

1. O *Poder Legislativo* tem a função principal de criar as leis jurídicas.
2. O *Poder Executivo* tem a função de governar e administrar o Estado, agindo de acordo com a lei.
3. O *Poder Judiciário* tem a função de aplicar as leis, dirimindo os litígios com definitividade.

A divisão de poderes é própria dos regimes democráticos, não existindo, portanto, nos regimes autoritários.

8.2 PODER LEGISLATIVO

A função precípua do Poder Legislativo é elaborar normas jurídicas. Ele "*é exercido pelo Congresso Nacional, que se compõe da Câmara dos Deputados e do*

Senado Federal." (CF, art. 44). Cada estado-membro e o Distrito Federal elegerão três senadores com mandato de oito anos, renovando-se a representação a cada quatro anos, alternadamente por um e por dois terços, eleitos pelo princípio majoritário.

A Câmara dos Deputados compõe-se de representantes do povo, eleitos por quatro anos, por voto direto e secreto, em cada estado e no Distrito Federal (CF, art. 45). O número total de deputados federais será estabelecido por lei complementar, proporcionalmente à população, procedendo-se aos ajustes necessários, no ano anterior às eleições, para que nenhuma das unidades da Federação tenha menos de oito ou mais de 70 deputados.

Os deputados e os senadores gozam de dois tipos de imunidade parlamentar: imunidade material e imunidade formal.

1. Imunidade material é o beneplácito que o congressista consegue ao cometer ato antijurídico por suas opiniões. "*Os deputados e senadores são invioláveis, civil e penalmente, por quaisquer de suas opiniões, palavras ou votos.*" (art. 53, *caput*).
2. Imunidade formal diz respeito à prisão e aos processos a serem instaurados contra os deputados e senadores a partir da sua diplomação. Apenas serão presos se forem pegos em flagrante delito de crime inafiançável. Se isso ocorrer, a autoridade responsável deverá enviar os autos relativos à prisão dentro de 24 horas à respectiva Casa, para que, pelo voto secreto da maioria de seus membros, se decida sobre a prisão e se autorize ou não a formação de culpa (art. 53, § 2º). Recebida a denúncia contra senador ou deputado, por crime ocorrido após a sua diplomação, o Supremo Tribunal Federal dará ciência para a respectiva Casa, que poderá sustar o andamento da ação (art. 53, § 3º). Nos termos do § 5º, "a sustação do processo suspende a prescrição, enquanto durar o mandato". "*Os deputados e senadores serão submetidos a julgamento perante o Supremo Tribunal Federal.*" (CF, art. 53, § 4º).

"*O Congresso Nacional reunir-se-á, anualmente, na capital federal, de 15 de fevereiro a 30 de junho e de 1º de agosto a 15 de dezembro.*" (CF, art. 57). Esses períodos de funcionamento se chamam legislativos ordinários. Fora desse tempo, nos meses de recesso, o Congresso não poderá funcionar, exceto se houver convocação para sessão extraordinária pelo presidente da República, pelos presidentes da Câmara dos Deputados e do Senado Federal, ou por meio de requerimento da maioria dos membros de ambas as Casas, em caso de urgência ou interesse público relevante.

O recesso, que corresponde a um período sem atividades na Casa, não é destinado às férias dos parlamentares. Esse período deve ser dedicado ao contato com os eleitores, para que conheçam as necessidades e os anseios da população.

8.3 A TAREFA PRINCIPAL DO PODER LEGISLATIVO

A principal tarefa do Poder Legislativo é editar regras jurídicas. No âmbito federal, as leis ordinárias ou comuns situam-se em 4º lugar no quadro da hierarquia legislativa[1] e são aquelas que seguem o processo legislativo comum para a respectiva aprovação, como veremos em seguida.

8.3.1 Procedimento de elaboração de uma lei jurídica ordinária

O procedimento de elaboração de uma lei jurídica ordinária consiste de várias fases:

8.3.1.1 Primeira fase: da iniciativa

Inicialmente, cria-se um projeto de lei (uma proposta de texto de futura lei), que deverá ser submetido à aprovação dos deputados federais e senadores. A iniciativa de apresentá-lo cabe:

> "1. a qualquer membro da Câmara dos Deputados ou do Senado Federal;
> 2. ao presidente da República;
> 3. ao Supremo Tribunal Federal;
> 4. aos Tribunais Superiores com jurisdição em todo o território nacional (por exemplo, o Superior Tribunal de Justiça);
> 5. ao procurador-geral da República;
> 6. aos cidadãos, desde que a proposta seja subscrita por 1% do eleitorado nacional, distribuído em pelo menos cinco estados e com o mínimo de 0,3% dos eleitores de cada um deles." (CF, art. 61).

---

[1] Hierarquia das normas jurídicas: "*1ª) Leis Constitucionais; 2ª) Emendas à Constituição; 3ª) Leis Complementares; 4ª) Leis Ordinárias; 5ª) Leis Delegadas; 6ª) Medidas Provisórias; 7ª) Decretos Legislativos.*" (CF, art. 59).

A Constituição reserva, no entanto, matérias cuja iniciativa para o processo legislativo é privativa ao presidente da República (CF, art. 61, §1º):

"1. que fixem ou modifiquem os efetivos das Forças Armadas;
2. que disponham sobre:
   a) criação de cargos, funções ou empregos públicos na administração direta e autárquica ou aumento de sua remuneração;
   b) organização administrativa e judiciária, matéria tributária e orçamentária, serviços públicos e pessoal da administração dos territórios;
   c) servidores públcios da União e territórios, seu regime jurídico, provimento de cargos, estabilidade e aposentadoria;
   d) normas gerais para a organização do Ministério Público e da Defensoria Pública dos estados, do Distrito Federal e dos territórios;
   e) criação e extinção de Ministérios e órgãos da Administração Pública, observando-se o disposto no art. 84, VI;
   f) regime jurídico, provimento de cargos, promoções, estabilidade, remuneração, reforma e transferência para a reserva de militares das Forças Armadas."

8.3.1.2 Segunda fase: da aprovação

Como o legislativo federal é bicameral, formado por duas casas legislativas (a Câmara dos Deputados, que representa a população; e o Senado Federal, que representa os estados), o projeto de lei deverá passar por ambas. Na Casa Iniciadora, o projeto de lei será apresentado, e, na Casa Revisora, será apreciado posteriormente.

O projeto de lei, antes de entrar em pauta para ser apreciado pelo plenário das Câmaras, será examinado pelas diversas comissões existentes.[2] Se todas derem parecer contrário quanto ao mérito do projeto, este será rejeitado; se algumas o aprovarem e outras o rejeitarem, ele será submetido à discussão e à votação pela respectiva Câmara.

---

[2] O projeto de lei será apreciado por comissões temáticas relacionadas ao assunto discutido na proposta legislativa, como "Comissão de Educação e Cultura" e Comissão de Direitos Humanos e Minorias". Todo projeto de lei, no entanto, indepentente da matéria, é apreciado pela "Comissão de Constituição e Justiça", existente tanto na Câmara dos Deputados, como no Senado Federal, que realiza o chamado controle peventivo de constitucionalidade das leis, cuja função é examinar se o projeto de lei está em conformidade com a Constituição Federal.

Quando o projeto de lei for enviado por um senador, sua discussão e votação terá início no Senado. Caso não seja, a tramitação inicial ocorrerá na Câmara dos Deputados.

Para que haja sessão nas Câmaras, é necessário um *quorum*, isto é, um número mínimo de membros presentes à reunião, para que a votação seja válida. Normalmente, o mínimo necessário é mais da metade dos membros componentes da Câmara. Se não houver *quorum*, não ocorrerá sessão, reunião ou assembleia.

Durante a tramitação de um projeto de lei, os congressistas podem sugerir modificações nos interesses da matéria nele contida. São as emendas, faculdade dos membros de cada uma das Casas do Congresso Nacional.

Sendo o projeto emendado, voltará à Casa iniciadora, apenas para apreciação e votação dele. Concluída a votação e sendo aprovado pelas duas Casas, o projeto será enviado ao presidente da República, que, aquiescendo, o sancionará. Posteriormente, vem o ato da promulgação, momento em que o projeto se torna lei.

Sanção[3] – a sanção é ato exclusivo do presidente da República para aprovar, expressa ou tacitamente, o projeto. Ocorre a aprovação tácita se, no espaço de 15 dias, o presidente não usar da prerrogativa do veto ou da sanção expressa. "***Decorrido o prazo de quinze dias*** – diz o § 3º do art. 66 da CF –, ***o silêncio do presidente da República importará sanção***."

Promulgação – havendo a sanção, ato contínuo, dar-se-á a promulgação. É o momento em que o projeto se transforma em lei, a qual o presidente da República ordena que se ponha em execução. A promulgação, escreve Celso Ribeiro Basto, "é que faz nascer a lei".

Publicação – ocorre, em seguida, a publicação no *Diário Oficial*, para que o povo tome conhecimento de sua criação.

Vigência – finalmente, é preciso saber quando ela entrará em vigor, ou seja, o dia de início de vigência. Geralmente o próprio corpo da lei informa sobre a data de vigor. Se o texto da lei determinar que a vigência terá início com sua publicação, coincidirá com o dia desta no *Diário Oficial*. Também existe a possibilidade de que entre em vigor 30 ou 60 dias após sua publicação, dependendo do que dispuser o texto da lei, geralmente em seu último artigo.

Assim como o presidente da República tem o direito de sancionar um projeto de lei, também tem a prerrogativa de discordar, no todo ou em parte.

"***Se o presidente da República considerar o projeto, no todo ou em parte, inconstitucional ou contrário ao interesse público, vetá-lo-á total ou parcialmente,***

---

[3] A palavra *sanção* tem dois significados: 1) aprovação dada a um projeto de lei pelo chefe de Estado; 2) pena, medida repressiva imposta por uma autoridade.

no prazo de quinze dias úteis, contados da data do recebimento, e comunicará, dentro de quarenta e oito horas, ao presidente do Senado Federal os motivos do veto." (CF, art. 66, § 1º).

Veto – o veto é o oposto da sanção. É ato exclusivo do presidente da República e tem o efeito de interromper o processo legislativo, levando à nova discussão e votação.

"*Cabe ao Congresso Nacional[4] apreciar o veto, e este só será rejeitado pelo voto da maioria absoluta dos deputados e senadores, em escrutínio secreto.*" (CF, art. 66, § 4º). "*Se o veto não for mantido, o projeto será enviado ao presidente da República, para promulgação.*" (CF, art. 66, § 5º). Este dispõe de 48 horas para o fazer, mas não tem obrigação legal. O projeto será, então, promulgado pelo presidente do Senado e, se este não o fizer em igual prazo, caberá ao vice-presidente do Senado fazê-lo, tendo este obrigação legal.

"*A matéria constante de projeto de lei rejeitado somente poderá constituir objeto de novo projeto, na mesma sessão legislativa, mediante proposta da maioria absoluta dos membros de qualquer das Casas do Congresso Nacional.*" (CF, art. 67).

8.4 MEDIDA PROVISÓRIA COM FORÇA DE LEI

O art. 55 da Constituição anterior permitia ao presidente da República, em caso de urgência ou de interesse público relevante, e desde que não houvesse aumento de despesa, expedir *decretos-leis*. Assim, o presidente da República, do dia para a noite, poderia mandar publicar um decreto-lei, que era uma lei com a mesma eficácia de uma lei ordinária. No prazo de 60 dias, o Congresso Nacional poderia aprová-lo ou rejeitá-lo. Aprovado, passaria a ser lei definitiva; rejeitado, não implicaria nulidade dos atos praticados durante a sua vigência.

Em substituição ao decreto-lei, a atual Constituição Federal criou a *medida provisória*, que tem força de lei.

A medida provisória, como o próprio nome indica, não é lei. Tem apenas força de lei, cuja autoria é do presidente da República. É o que dispõe o seu art. 62: "*Em caso de relevância e urgência, o presidente da República poderá adotar medidas provisórias, com força de lei, devendo submetê-las de imediato ao Congresso Nacional.*"

---

[4] O Congresso Nacional compõe-se da Câmara dos Deputados e do Senado Federal, integrados respectivamente por deputados federais e senadores.

Uma vez publicada, será imediatamente submetida ao Congresso Nacional, para a aprovação ou rejeição, sendo certo que ela entrará em vigor, imediatamente, e qualquer norma a ela incompatível ficará revogada condicionalmente. "*As medidas provisórias perderão a eficácia, desde a edição, se não forem convertidas em lei no prazo de 60 dias, prorrogável uma vez por igual período.*" (art. 62, § 3). O prazo de 60 dias contar-se-á da publicação da medida provisória, suspendendo-se durante os períodos de recesso do Congresso Nacional.

"*Se a medida provisória não for apreciada em até quarenta e cinco dias contados de sua publicação, entrará em regime de urgência, subsequentemente, em cada uma das Casas do Congresso Nacional, ficando sub-restadas, até que se ultime a votação, todas as demais deliberações legislativas da Casa em que estiver tramitando.*" (art. 62, § 6º).

"*Prorrogar-se-á uma única vez por igual período a vigência de medida provisória que, no prazo de sessenta dias, contado de sua publicação, não tiver a sua votação encerrada nas duas Casas do Congresso Nacional.*" (art. 62, § 7º).

"*As medidas provisórias terão sua votação iniciada na Câmara dos Deputados.*" (art. 62, § 8º).

"*Caberá à comissão mista de deputados e senadores examinar as medidas provisórias e sobre elas emitir parecer, antes de serem apreciadas, em sessão, separadas, pelo plenário de cada uma das Casas do Congresso Nacional.*" (art. 62, § 9º).

"*É vedada a reedição, na mesma sessão legislativa, de medida provisória que tenha sido rejeitada ou que tenha perdido sua eficácia por decurso de prazo.*" (art. 62, § 10).

Rejeitada expressamente, a norma que havia sido revogada pela medida provisória volta a ter vigência, recompondo toda a situação anterior à sua edição. Nesse caso, o Congresso Nacional deverá regulamentar todas as consequências decorrentes da medida que funcionou com força de lei.

8.5 PODER EXECUTIVO

O Brasil adota o Presidencialismo como regime de governo, por conferir a chefia do Estado e do governo a um órgão unipessoal, a Presidência da República. "*O Poder Executivo é exercido pelo presidente da República* – diz o art. 76 da CF –, *auxiliado pelos ministros de Estado.*" Portanto, a chefia do Poder Executivo pertence ao presidente da República, que exerce duas funções: a de chefe de Estado e a de chefe do governo.

1. *Chefia de Estado* – na chefia de Estado, em nome do país, o presidente da República representa o Brasil na comunidade internacional dos estados soberanos, com a tarefa principal da defesa externa.
2. *Chefia do governo* – na chefia do governo, o presidente da República tem como principal tarefa dirigir a máquina administrativa, sempre auxiliado pelos seus ministros.

Para ser presidente da República, é preciso ser brasileiro nato. Aos naturalizados, embora possam votar e ser votados, é vetado o direito de ocupar os cargos de presidente ou vice-presidente, presidente da Câmara ou do Senado, chegar a ministro do Supremo Tribunal Federal ou fazer carreira diplomática e militar.

"*A idade mínima para ser presidente é 35 anos; o qual poderá ser reeleito para mais um mandato.*" (CF, art. 14, § 5º).

"*A eleição do presidente e do vice-presidente da República realizar-se-á, simultaneamente, no primeiro domingo de outubro, em primeiro turno, e no último domingo de outubro, em segundo turno, se houver, do ano anterior ao do término do mandato presidencial vigente.*" (CF, art. 77). "*O mandato do presidente da República é de quatro anos e terá início em primeiro de janeiro do ano seguinte ao da sua eleição.*" (CF, art. 82). "*O presidente e o vice-presidente da República tomarão posse em sessão do Congresso Nacional, prestando o compromisso de manter, defender e cumprir a Constituição, observar as leis, promover o bem geral do povo brasileiro, sustentar a união, a integridade e a independência do Brasil.*" (CF, art. 78).

8.6 PODER JUDICIÁRIO

O Poder Legislativo tem por missão principal fazer as leis para o Judiciário aplicá-las, administrando a justiça. Com isso, o Poder Judiciário soluciona os conflitos de interesses em cada situação específica com definitividade.

O Poder Judiciário tem como principal função ditar o direito e interpretá-lo, para pôr fim a um litígio.

8.7 ORGANIZAÇÃO DO PODER JUDICIÁRIO

De acordo com a Constituição Federal, o Poder Judiciário é exercido pelos seguintes órgãos:

1. o Supremo Tribunal Federal;
2. o Superior Tribunal de Justiça;
3. os Tribunais Regionais Federais e juízes federais;
4. os Tribunais e juízes do trabalho;
5. os Tribunais e juízes eleitorais;
6. os Tribunais e juízes militares;
7. os Tribunais e juízes dos estados e do Distrito Federal e territórios.[5]

8.7.1 Supremo Tribunal Federal

É o mais alto pretório, a mais alta corte de justiça do Brasil. Sua sede está na capital federal e sua jurisdição se estende por todo o território nacional. Compõe-se de onze ministros.

"*Os ministros do Supremo Tribunal Federal são nomeados pelo presidente da República, depois de aprovada a escolha pela maioria absoluta do Senado Federal* (CF, art. 101, parágrafo único), *entre os brasileiros com mais de 35 anos e menos de 65 anos de idade, de notável saber jurídico e reputação ilibada.*" (CF, art. 101).

Ao Supremo Tribunal Federal compete, precipuamente, a guarda da Constituição, ou seja, garantir a supremacia da Constituição, evitando que seja aviltada por leis e atos contrários aos seus princípios abalizados.

8.7.2 Superior Tribunal de Justiça

O Superior Tribunal de Justiça compõe-se de, no mínimo, 33 ministros. Esta quantidade poderá ser maior, de acordo com eventuais necessidades do órgão. São nomeados pelo presidente da República, dentre brasileiros com mais de 35 anos e menos de 65, de notável saber jurídico e reputação ilibada, depois de aprovada a escolha pelo Senado Federal, sendo:

1. um terço dentre juízes dos Tribunais Regionais Federais e um terço dentre desembargadores dos Tribunais de Justiça dos estados, indicados em lista tríplice, elaborada pelo próprio Tribunal;

---

[5] Atualmente, não há mais territórios.

2. um terço, em partes iguais, dentre advogados e membros do Ministério Público Federal, Estadual, do Distrito Federal e territórios, alternadamente.

O Superior Tribunal de Justiça julga, principalmente, questões que contrariem tratado ou lei federal. É dotado de competência privativa, enumerada de forma exaustiva no art. 105 da CF, por exemplo, a de julgar em recurso especial as causas decididas, em única ou última instância, pelos Tribunais Regionais Federais, ou pelos Tribunais dos estados, do Distrito Federal e dos territórios, quando a decisão recorrida:

1. contrariar tratados ou lei federal, ou negar-lhes vigência;
2. julgar válida lei ou ato do governo local contestado em face de lei federal;
3. der à lei federal interpretação divergente da que lhe haja atribuído outro Tribunal.

8.7.3 Tribunais Regionais Federais e juízes federais

"São órgãos da Justiça Federal:

1. os Tribunais Regionais Federais;
2. os juízes federais." (CF, art. 106).

Os Tribunais Regionais Federais compõem-se de, no mínimo, sete juízes, recrutados, quando possível, na respectiva região e nomeados pelo presidente da República dentre brasileiros com mais de 30 anos e menos de 65, sendo:

1. um quinto dentre advogados com mais de dez anos de efetiva atividade profissional e membros do Ministério Público Federal com mais de dez anos de carreira;
2. os demais, mediante promoção de juízes federais com mais de cinco anos de exercício, por antiguidade e merecimento, alternadamente.

Com a existência de Tribunais Regionais, haverá a descentralização do Judiciário Federal. Assim, a capital de cada estado e o Distrito Federal será a sede de cada Tribunal.

Os juízes federais funcionam como Juízo de primeira instância, enquanto os Tribunais Regionais serão órgãos de instância superior com o fim de rever as decisões proferidas por aqueles.

8.7.4 Tribunais e juízes do trabalho

São órgãos da Justiça do Trabalho:

1. o Tribunal Superior do Trabalho;
2. os Tribunais Regionais do Trabalho;
3. as Varas do Trabalho.

Tribunal Superior do Trabalho – este Tribunal compor-se-á de 17 ministros, togados e vitalícios, escolhidos dentre brasileiros com mais de 35 e menos de 65 anos, nomeados pelo presidente da República, após aprovação pelo Senado Federal, sendo:

1. onze escolhidos dentre juízes dos Tribunais Regionais do Trabalho, integrantes da carreira da magistratura trabalhista;
2. três dentre advogados do Trabalho;
3. três dentre membros do Ministério Público do Trabalho.

"*O Tribunal encaminhará ao presidente da República listas tríplices, observando-se, quanto às vagas destinadas aos advogados e aos membros do Ministério Público, o disposto no art. 94; as listas tríplices para o provimento de cargos destinados aos juízes da magistratura trabalhista de carreira deverão ser elaboradas pelos ministros togados e vitalícios.*" (art. 111, § 2º).

Tribunais Regionais do Trabalho – os estados da Federação e o Distrito Federal terão, cada um, pelo menos um Tribunal Regional do Trabalho, que é um órgão de instância superior com o fim de rever as decisões das Varas do Trabalho.

Varas do Trabalho – nestas, a jurisdição será exercida por um juiz singular, com a finalidade de conciliar e julgar os dissídios individuais e coletivos entre empregados e empregadores, abrangidos os entes de direito público externo e da administração pública direta e indireta dos municípios, do Distrito Federal, dos estados e da União (CF, art. 114). Nas comarcas onde não existirem as Varas do Trabalho, a atribuição de sua jurisdição pertencerá aos juízes de direito (CF, art. 112).

8.7.5 Tribunais e juízes eleitorais

São órgãos da justiça eleitoral:

1. o Tribunal Superior Eleitoral;
2. os Tribunais Regionais Eleitorais;
3. os juízes eleitorais;
4. as Juntas Eleitorais.

Tribunal Superior Eleitoral – compor-se-á de, no mínimo, sete membros, sendo escolhidos:

1. três juízes dentre os ministros do Supremo Tribunal Federal;
2. dois juízes dentre os ministros do Superior Tribunal de Justiça;
3. por nomeação do presidente da República, dois juízes dentre seis advogados de notável saber jurídico e idoneidade moral, indicados pelo Supremo Tribunal Federal.

Tribunais Regionais Eleitorais – haverá um Tribunal Regional Eleitoral na capital de cada estado e no Distrito Federal.

Os Tribunais Regionais Eleitorais compor-se-ão, mediante eleição, pelo voto secreto:

1. de dois juízes, dentre os desembargadores do Tribunal de Justiça;
2. de dois juízes dentre juízes de direito, escolhidos pelo Tribunal de Justiça;
3. de um juiz do Tribunal Regional Federal com sede na capital do Estado ou no Distrito Federal, ou, não havendo, de juiz federal, escolhido, em qualquer caso, pelo Tribunal Regional Federal respectivo;
4. e, por nomeação do presidente da República, de dois juízes dentre seis advogados de notável saber jurídico e idoneidade moral, indicados pelo Tribunal de Justiça.

O Tribunal Regional Eleitoral escolherá seu presidente e vice-presidente dentre os desembargadores.

Juízes eleitorais – cabe ao juiz de direito em efetivo exercício a jurisdição da zona eleitoral. Quando houver mais de uma vara, o Tribunal Regional Eleitoral designará aquele que fará o serviço eleitoral.

O processo eleitoral, a qualificação, a inscrição eleitoral, a expedição de títulos e os demais atos, inclusive a nomeação de presidentes e mesários para as mesas eleitorais, são da competência do juiz eleitoral.

Juntas Eleitorais – possuem três membros nomeados pelo Tribunal Regional Eleitoral, e quem as preside é o mais antigo, cuja função é apurar as eleições das zonas sob sua jurisdição e expedir os diplomas.

8.7.6 Tribunais e juízes militares

Cabe à justiça militar processar e julgar os crimes militares definidos em lei. São órgãos da justiça militar:

1. o Superior Tribunal Militar;
2. os Tribunais e juízes militares instituídos por lei.

O Superior Tribunal Militar compor-se-á de 15 ministros vitalícios, nomeados pelo presidente da República, depois de aprovada a indicação pelo Senado Federal, sendo três dentre oficiais-generais da Marinha, quatro dentre oficiais-generais do Exército, três dentre oficiais-generais da Aeronáutica, todos da ativa e do posto mais elevado da carreira; e cinco dentre civis.

Os ministros civis serão escolhidos pelo presidente da República, dentre brasileiros maiores de 35 anos, sendo:

1. três advogados de notório saber jurídico e conduta ilibada com mais de dez anos de efetiva atividade profissional;
2. dois, por escolha paritária, dentre juízes auditores e membros do Ministério Público da Justiça Militar.

8.7.7 Tribunais e juízes dos estados

"*Os estados organizarão sua justiça, observados alguns princípios estabelecidos na Constituição.*" (CF, art. 125).

De qualquer maneira, são órgãos da justiça comum, juízes singulares e o Tribunal de Justiça. A Constituição permite (art. 96, II, *c*) a criação de Tribunais de alçada inferior à dos Tribunais de Justiça.

Nessas condições, cada estado possuirá a sua lei de organização judiciária de iniciativa do Tribunal de Justiça.

8.7.8 Conselho Nacional de Justiça (CNJ)

A reforma do Judiciário (emenda constitucional 45/2004) instituiu o Conselho Nacional de Justiça (CNJ), composto por quinze membros, com mandato de dois anos, podendo haver uma recondução.

Nos termos do art. 103 B da Constituição Federal, compõem o CNJ:

1. o presidente do Supremo Tribunal Federal;
2. um ministro do Superior Tribunal de Justiça, indicado pelo respectivo Tribunal;
3. um ministro do Tribunal Superior do Trabalho, indicado pelo respectivo Tribunal;
4. um desembargador de Tribunal de Justiça, indicado pelo Supremo Tribunal Federal;
5. um juiz estadual, indicado pelo Supremo Tribunal Federal;
6. um juiz de Tribunal Regional Federal, indicado pelo Superior Tribunal de Justiça;
7. um juiz federal, indicado pelo Superior Tribunal de Justiça;
8. um juiz de Tribunal Regional do Trabalho, indicado pelo Tribunal Superior do Trabalho;
9. um juiz do trabalho, indicado pelo Tribunal Superior do Trabalho;
10. um membro do Ministério Público da União, indicado pelo procurador-geral da República;
11. um membro do Ministério Público estadual, escolhido pelo procurador-geral da República dentre os nomes indicados pelo órgão competente de cada instituição estadual;
12. dois advogados, indicados pelo Conselho Federal da Ordem dos Advogados do Brasil;
13. dois cidadãos, de notável saber jurídico e reputação ilibada, indicados um pela Câmara dos Deputados e outro pelo Senado Federal.

O CNJ será sempre presidido pelo presidente do Supremo Tribunal Federal (CF, art. 103 B, § 1º). Deve-se frisar que o CNJ não possui função jurisdicional nos termos do § 4º do artigo 103 B da Constituição e realiza o controle da atuação administrativa e financeira do Poder Judiciário e do cumprimento dos deveres funcionais dos juízes.

8.8 JUIZADOS ESPECIAIS

A Constituição Federal criou os Juizados Especiais.

"A União, no Distrito Federal e nos territórios, e os estados criarão:

I – juizados especiais, providos por juízes togados, ou togados e leigos, competentes para a conciliação, o julgamento e a execução de causas cíveis de menor complexidade e infrações penais de menor potencial ofensivo, mediante os procedimentos oral e sumaríssimo, permitidos, nas hipóteses previstas em lei, a transação e o julgamento de recursos por turmas de juízes de primeiro grau." (CF, art. 98).

Parágrafo único. *"Lei federal disporá sobre a criação de juizados especiais no âmbito da justiça federal."*

A definição das causas acima mencionadas e a forma de funcionamento dos Juizados Especiais são encontradas nas Leis nºs 9.099 de 1995 e 12.259 de 2001, sendo a primeira no âmbito das Justiças Estaduais, e a segunda no âmbito da Justiça Federal.

8.9 DO MINISTÉRIO PÚBLICO, DA ADVOCACIA GERAL DA UNIÃO E DA DEFENSORIA PÚBLICA

"O Ministério Público é instituição permanente, essencial à função jurisdicional do Estado, incumbindo-lhe a defesa da ordem jurídica, do regime democrático e dos interesses sociais e individuais indisponíveis." (CF, art. 127).

Por oportuno, merecem transcrição as ponderações de Alexandre de Moraes sobre o instituto em apreço: "O órgão do Ministério Público é independente no exercício de suas funções, não ficando sujeito às ordens de quem quer que seja, somente devendo prestar contas de seus atos à Constituição, às leis e à sua consciência."[6]

Os membros do Ministério Público, assim como os do Poder Judiciário, não podem exercer a advocacia, participar de sociedade empresária e, ainda, de atividade política partidária, devendo somente exercer a magistratura.

---

[6] MORAES, Alexandre de. *Direito constitucional*. São Paulo: Atlas, 1999. p. 458.

A Constituição prevê a existência de um Ministério Público da União, que compreenda o Ministério Público Federal, do trabalho, militar, do Distrito Federal e do território, e cuja organização, atribuições e estatuto dependerão de lei complementar de iniciativa do procurador-geral.

1. *Ministério Público da União* – a chefia do Ministério Público da União cabe ao procurador-geral da República, que deverá ser, necessariamente, um membro de carreira, com idade superior a 35 anos, cuja nomeação é de competência do presidente da República, mas dependerá de autorização do Senado, pelo voto da maioria absoluta.
2. *Ministério Público do Estado* – cada estado poderá organizar o seu Ministério Público, mediante lei complementar de iniciativa dos procuradores-gerais.

A chefia do Ministério Público Estadual cabe a integrante da carreira escolhida pelo governador, em lista tríplice formada pelos componentes da instituição. Se o mandato é de dois anos, a exoneração, antes do seu término, depende de manifestação, por maioria absoluta, da Assembleia Legislativa.

8.9.1 Advocacia Geral da União

A Advocacia Geral da União representa a União judicial e extrajudicialmente. Cabem-lhe, também, as atividades de consultoria e assessoramento jurídico do Poder Executivo.

A chefia é de livre escolha do presidente da República, sendo exigida a idade de 35 anos, notável saber jurídico e reputação ilibada. Os estados e o Distrito Federal terão sua representação exercida pelos respectivos procuradores.

8.9.2 Da Defensoria Pública

A Defensoria Pública tem a função de orientar e defender as pessoas que comprovarem insuficiência de recursos, já que é dever do Estado prover a assistência judiciária aos necessitados.

O acesso aos cargos da Defensoria Pública deverá ser feito mediante concurso público de provas e títulos. Os defensores públicos estão impedidos de exercer a advocacia.

9

DO ESTADO DE DEFESA E DO ESTADO DE SÍTIO

9.1 DO ESTADO DE DEFESA

Diante de crises político-sociais perturbadoras da ordem pública, que possam ameaçar a legalidade democrática, ou calamidades de grandes proporções na natureza, o presidente da República pode, ouvindo o Conselho da República e o Conselho de Defesa Nacional, decretar *estado de defesa* para preservar ou prontamente restabelecer, em locais restritos e determinados, a ordem pública ou a paz social (CF, art. 136).

O estado de defesa é um instrumento constitucional que o presidente da República tem nas mãos para enfrentar as situações de crise, suspendendo temporariamente, e em determinadas circunstâncias, os direitos fundamentais do homem e as garantias constitucionais, possibilitando ampliação do poder repressivo do Estado, objetivando com isso a garantia de estabilidade do país. É uma medida de emergência para restabelecer a ordem pública ou a paz social ameaçadas, em locais restritos e determinados, em face de uma crise de menor gravidade ou de pequena expressão.

Para que o estado de defesa seja implantado, mister se faz um decreto do presidente da República, não havendo necessidade de autorização do Congresso Nacional, que determinará a duração do estado de defesa, especificando as áreas a serem abrangidas, e indicará, ainda, as medidas coercitivas a vigorarem, dentre elas as seguintes:

"*I – restrições aos direitos de:*
 a) reunião, ainda que exercida no seio de associações;
 b) sigilo de correspondência;
 c) sigilo de comunicação telegráfica e telefônica;

> *II – ocupação e uso temporário de bens e serviços públicos, na hipótese de calamidade pública, respondendo a União pelos danos e custos decorrentes."* (CF, art. 136, § 1º).

O tempo de duração do estado de defesa não será superior a 30 dias, podendo ser prorrogado uma vez, por igual período, se persistirem as razões que justificaram a sua decretação (CF, art. 136, § 2º).

Decretado o estado de defesa, o presidente da República, dentro de 24 horas, submeterá o ato ao Congresso Nacional, que o apreciará dentro de 10 dias, rejeitando-o ou não. Se o rejeitar, o estado de defesa cessará imediatamente.

Estando em vigência o estado de defesa, a prisão ou detenção de qualquer pessoa determinada pelo executor da medida constitucional será comunicada imediatamente ao juiz competente, que a relaxará se não for legal. A prisão ou detenção não poderá ser superior a 10 dias, salvo quando autorizada pelo Poder Judiciário.

9.2 DO ESTADO DE SÍTIO

Se a crise desestabilizadora for de maior gravidade, como o caso de comoção grave de repercussão nacional ou a ocorrência de fatos que comprovem a ineficácia de medida tomada durante o estado de defesa, ou ainda, no caso de declaração de estado de guerra ou resposta à agressão armada estrangeira, o presidente da República pode decretar o *estado de sítio*. Antes, obrigatoriamente, ouvirá o Conselho de Defesa Nacional e, mediante prévia autorização do Congresso Nacional, assinará o decreto.

O estado de sítio é medida extrema tomada pelo governo, "a fim de combater o perigo interno ou externo que ameaça o país, em virtude do qual assume o governo poderes excepcionais".

O decreto de estado de sítio indicará sua duração, as normas necessárias à sua execução e as garantias constitucionais que ficarão suspensas, entre as quais o direito de reunião.

10

DA TRIBUTAÇÃO E DO ORÇAMENTO

10.1 APRESENTAÇÃO

É importante deixar muito bem sublinhado que são mencionadas, neste capítulo ou em nossa Constituição, várias regras de Direito Tributário.

10.2 RECEITA E DESPESAS PÚBLICAS

O Estado regulamenta a vida do homem em sociedade e presta serviços que este não pode fazer por si mesmo. Necessita o Estado de meios financeiros para atingir seus fins. Esses meios são a sua receita, que é toda e qualquer importância recebida pelo Estado, principalmente pela arrecadação dos tributos, para atender as despesas públicas.

Há duas espécies de receita pública: a *originária* e a *derivada*.

1. *Receita originária* é aquela obtida pelo poder público por suas atividades industriais, comerciais ou por meio de qualquer outra atividade que se sirva de seus bens.
2. *Receita derivada* é a obtida compulsoriamente, pelo exercício do poder de império. O Estado retira dos particulares as prestações tributárias, que são arrecadadas compulsoriamente, ou seja, os *tributos*.

10.3 SISTEMA TRIBUTÁRIO NACIONAL

O Sistema Tributário Nacional, previsto pela Constituição Federal, é um conjunto de normas que distribui o poder de tributar entre os entes políticos que compõem a Federação (União, estado-federado, Distrito Federal e município), de forma que cada um deles tenha tributos próprios, possibilitando a manutenção de sua autonomia perante os demais membros da Federação. Essas normas jurídicas abrangem a totalidade dos tributos existentes e a coordenação deles entre si.

10.4 TRIBUTOS

O Estado necessita de meios materiais para atingir seus fins; boa parte desses meios vem dos tributos.

"*Tributo* – como diz o art. 3º do Código Tributário Nacional (CTN) – *é toda prestação pecuniária compulsória, em moeda ou cujo valor nela se possa exprimir, que não constitua sanção de ato ilícito, instituída em lei e cobrada mediante atividade administrativa plenamente vinculada.*" Trata-se de "prestação pecuniária compulsória" porque a obrigação de pagar o tributo em dinheiro não depende da vontade do contribuinte, desde que imposta pela lei. O Tribunal já decidiu que "nenhum tributo deve ser cobrado ou majorado sem prévia lei que o estabeleça." (RT 759/369). Vale dizer, nenhum tributo pode ser exigido, instituído ou aumentado sem o respaldo de uma lei. Trata-se do princípio da legalidade. "É defeso ao município atualizar tributo, mediante decreto, em percentual superior ao índice de correção monetária – decidiu o Tribunal – pois nos termos dos arts. 150, I, da CF, e 97, II, do CTN, somente a lei pode criar ou aumentar tributo." (RT 752/206).

"*Os tributos são impostos, taxas e contribuições de melhoria*", diz o art. 5º do CTN, em consonância com o art. 145 da Constituição Federal.

10.4.1 Imposto

O imposto é espécie do gênero tributo; é a principal fonte da receita do Estado. Por isso, é uma prestação pecuniária exigida dos particulares pela autoridade pública competente. O fato gerador independe de qualquer atividade estatal específica em favor do contribuinte. Sua principal finalidade é, pois, prover os gastos da administração pública, desempenhando, consequentemente, relevante papel econômico e social. Vale lembrar que é também utilizado para alcançar o equilíbrio orçamentário do Estado, pois, se a receita for menor do que as despesas, gera o *déficit*.

10.4.2 Taxa

A Constituição Federal diz que taxas poderão ser instituídas *"em razão do exercício do poder de polícia ou pela utilização, efetiva ou potencial, de serviços públicos específicos e divisíveis, prestados ao contribuinte ou postos a sua disposição."* (art. 145, II). O fato gerador é, pois:

1. *o exercício do poder de polícia*, que "é a faculdade que tem a Administração de intervir na atividade privada, para regulamentá-la com o objetivo de assegurar o bem-estar geral. Através desse poder – segundo A. Theodoro Nascimento – o Estado impõe limitações a qualquer atividade, embora lícita, toda vez que o exigirem a segurança, a paz, a saúde pública, a preservação da liberdade, a organização do trabalho etc."[1]

    Quando a taxa tem por fato gerador o poder de polícia, não há que se falar em "contraprestação", em "utilização" ou "possibilidade de utilização" de serviços particulares, "mas de sujeição deste à fiscalização do poder público, que cobra taxa para manter os instrumentos necessários para que essa fiscalização se consume."[2]

2. *a prestação de serviço público*, desde que específico e divisível.

    "Dizem-se específicos" – observa o saudoso Celso Ribeiro Bastos – "os serviços que podem ser destacados em unidades autônomas de intervenção, de utilização ou de necessidades públicas, e divisível, quando passíveis de utilização separadamente por parte de cada um dos usuários."[3]

    Bastos fornece o seguinte exemplo: a água levada até a casa do usuário é exemplo de serviço público específico e divisível.

10.4.3 Contribuição de melhoria

Contribuição de melhoria é a que confere ao Poder Público o direito de se ressarcir dos gastos realizados com obras públicas que impliquem a valorização de

---

[1] NASCIMENTO, A. Theodoro. *Tratado de direito tributário brasileiro.* Rio de Janeiro: Forense, 1977. p. 116.
[2] Ibid., p. 118.
[3] BASTOS, Celso Ribeiro. *Curso de direito constitucional.* São Paulo: Saraiva, 1996. p. 391.

imóvel. É instituída para fazer face ao custo de obras públicas das quais decorre valorização imobiliária. A propósito, será mostrado neste capítulo o exemplo fornecido por Gil de Almeida e Celso Manzano de Godoy.

Suponhamos que o município decida realizar o desenvolvimento de um plano paisagístico (decreto-lei 195/67, art. 2º, VII) e, em razão disso, obedecendo às disposições legais (art. 5º e segs.), promova, com um complexo de obras, o embelezamento de uma área que até então era um simples pântano. Suponhamos ainda que o custo dessas obras, em área previamente delimitada, alcançou R$ 100.000,00.

Com a contribuição de melhoria, o município poderá obter de volta parte da soma investida. Para isso, verificará quais imóveis, dentro da área delimitada previamente, sofreram valorização e em que proporção ela se deu, e cobrará de cada proprietário de imóvel.[4]

Outro exemplo é o asfaltamento de rua, que implica valorização dos imóveis servidos pela melhoria, e autoriza a municipalidade responsável pela obra a ser reembolsada pela soma gasta. O requisito justificador e o fato gerador são, portanto, a valorização de imóveis do contribuinte em função da execução de obras públicas. Entretanto, o simples recapeamento no leito de via pública, em pavimentação preexistente, desgastada pelo uso e ação do tempo – decidiu o Tribunal – constitui simples serviço de manutenção e conservação, não sendo possível o lançamento da contribuição de melhoria:

> *"Taxa de pavimentação asfáltica. [...]. Tributo que tem por fato gerador benefício resultante de obra pública, próprio de contribuição de melhoria, e não a utilização, pelo contribuinte, de serviço público específico e divisível, prestado ao contribuinte ou posto a sua disposição. Impossibilidade de sua cobrança como contribuição, por inobservância das formalidades legais que constituem o pressuposto do lançamento dessa espécie tributária."*[5]

10.5 LIMITAÇÕES AO PODER DE TRIBUTAR

A Constituição Federal confere à União, aos estados, ao Distrito Federal e aos municípios o direito de criar os tributos que estão dentro de sua competência.

---

[4] ALMEIDA, Gil de; GODOY, Celso Manzano de. *Noções de direito tributário*. São Paulo: Nelpa, 1974. p. 20.
[5] RE 140.779, rel. min. Ilmar Galvão, julgamento em 2-8-1995, Plenário, *DJ* de 8-9-1995.

É o exercício do poder tributário, pelo qual os entes públicos obterão os recursos materiais necessários à realização de suas funções. Mas o exercício da tributação está sujeito a certas limitações, as quais podemos constatar com os seguintes princípios:

10.5.1 Princípio da legalidade

O *princípio da legalidade* determina que nenhum tributo poderá ser instituído ou aumentado sem lei anterior que o legalize. *Nullum tributum sine lege* (Não há tributo sem lei). Nesse sentido, o art. 150, I, da CF é expresso:

> *"Sem prejuízo de outras garantias asseguradas ao contribuinte, é vedado à União, aos estados, ao Distrito Federal e aos municípios:*
>
> *I – exigir ou aumentar tributo sem lei que o estabeleça."*

Somente por meio de lei é que as entidades políticas podem exigir ou aumentar seus tributos, não podendo fazê-lo mediante decreto ou qualquer ato normativo.

10.5.2 Princípio da isonomia

O *princípio da igualdade,* que está no art. 150, II, da CF, deixa claro ser proibido:

> *"Instituir tratamento desigual entre contribuintes que se encontrem em situação equivalente, proibida qualquer distinção em razão de ocupação profissional ou função por eles exercida, independentemente da denominação jurídica dos rendimentos, títulos ou direitos."*

Depreende-se deste artigo que foi abolido o tratamento diferenciado quanto ao imposto geral, especialmente o de renda, agora também obrigatório para os militares e os membros dos poderes Judiciário e Legislativo. Toda pessoa que se enquadre na hipótese legalmente descrita pela lei ficará sujeita ao imposto, não podendo as entidades tributantes instituir tratamento desigual entre os contribuintes.

10.5.3 Princípio da anterioridade

Este princípio determina que é vedado ao Poder Público exigir tributo novo ou aumentar o existente, no mesmo exercício orçamentário em que foi publicada a lei que o criou ou o aumentou. Assim, a cobrança do imposto criado ou majorado só ocorrerá no ano seguinte, levando-se em consideração mais 90 dias a partir da publicação da lei (CF, art. 150, III, *c*). Por exemplo, se uma lei foi publicada em novembro de 2005, só será possível a cobrança do tributo a partir de fevereiro do ano seguinte.

Todos esses princípios, inclusive o da irretroatividade da lei[6] (vide item 4.2), representam garantias constitucionais dos contribuintes. São princípios gerais porque se referem a todos os tributos e contribuições do sistema tributário.

10.5.4 Proibição de limitação ao tráfego

É vedado à União, aos estados, ao Distrito Federal e aos municípios, diz o art. 150, V, da CF,

> *"estabelecer limitações ao tráfego de pessoas ou bens, por meio de tributos interestaduais ou intermunicipais, ressalvada a cobrança de pedágio pela utilização de vias conservadas pelo Poder Público."*

Com isso, procura o legislador constituinte evitar que, com tributos, sejam criados obstáculos para a circulação de pessoas e de mercadorias no território nacional, atravancando o progresso igualitário de toda unidade geográfica e econômica do país.

10.6 DA IMUNIDADE TRIBUTÁRIA

Imunidade significa limitação à competência impositiva, vedação ao poder de tributar certas pessoas ou certos bens. O que é imune não pode ser tributado, desobrigando o contribuinte de pagar imposto. Prescreve o art. 150, VI, da CF que, à União, aos estados, ao Distrito Federal e aos municípios é vedado instituir

---

[6] O princípio da irretroatividade tributária veda cobrar tributos antes do início da vigência da lei que os instituiu.

impostos sobre livros, jornais, periódicos e sobre o papel destinado à sua impressão. Em verdade, o livro, como objeto da imunidade tributária, não é apenas o produto acabado, mas o conjunto de serviços que o realizaram, desde a redação até a revisão da obra, conforme já decidiu o Supremo Tribunal Federal: *"A imunidade tributária relativa a livros, jornais e periódicos é ampla, total, apanhando produto, maquinário e insumos. A referência, no preceito, a papel é exemplificativa, e não exaustiva."*[7]

Não somente os livros, jornais e periódicos são imunes. A Constituição também prevê a imunidade do patrimônio, renda ou serviços entre os entes da Federação; dos templos, não podendo incidir imposto sobre os templos de qualquer culto; do patrimônio, renda ou serviço dos partidos políticos, inclusive suas fundações, das entidades sindicais dos trabalhadores, das instituições de educação e de assistência social, sem fins lucrativos, atendidos os requisitos legais.

10.7 UNIFORMIDADE DOS TRIBUTOS FEDERAIS

Estabelece o inciso I do art. 151 da CF que é vedado à União instituir tributo que não seja uniforme em todo o território nacional, ou que implique distinção ou preferência em relação ao estado, ao Distrito Federal ou ao município, em detrimento de outro, admitida a concessão de incentivos fiscais destinados a promover o equilíbrio do desenvolvimento socioeconômico entre as diferentes regiões do país.

10.8 DOS IMPOSTOS EXCLUSIVOS DA UNIÃO

São impostos que competem exclusivamente à União os aplicados sobre:

1. importação de produtos estrangeiros;
2. exportação de produtos nacionais ou nacionalizados;
3. renda e proventos de qualquer natureza;
4. produtos industrializados;

---

[7] RE 202.149, rel. p/ o ac. min. Marco Aurélio, julgamento em 26-4-2011, Primeira Turma, *DJE* de 11-10-2011. Em sentido contrário: RE 324.600-AgR, rel. min. Ellen Gracie, julgamento em 3-9-2002, Primeira Turma, *DJ* de 25-10-2002. Vide: RE 178.863, rel. min. Carlos Velloso, julgamento em 25-3-1997, Segunda Turma, *DJ* de 30-5-1997.

5. operações de crédito, câmbio e seguro, ou relativas a títulos ou valores mobiliários;[8]
6. propriedade territorial rural;
7. grandes fortunas.

O *Imposto sobre a Renda* (IR) e ou sobre proventos de qualquer natureza constitui a principal fonte de recursos da União. Provém do rendimento do capital, do trabalho ou da combinação de ambos, assim como do acréscimo ao patrimônio das pessoas físicas ou jurídicas.

Destaca-se, ainda, o *Imposto sobre Produtos Industrializados* (IPI), que tem alíquotas diferenciadas (é seletivo), variando de acordo com a essencialidade do produto. Este imposto, exercido sobre a produção industrial, geralmente alcança o produto no momento em que sai do estabelecimento industrial.

Finalmente, destaca-se o *Imposto Territorial Rural* (ITR), que não incide sobre a pequena propriedade rural e cujas alíquotas são diferenciadas, com o fim de desestimular a terra improdutiva.

Pode ainda a União instituir:

1. contribuições sociais;
2. tributos em favor de suas autarquias, as contribuições de seguridade social;
3. empréstimo compulsório.

Realmente, a Lei Maior permite à União cobrar contribuição em três hipóteses:

1. contribuição social destinada a custear a seguridade social;
2. contribuição na qual a União intervém no domínio econômico, para fazer face aos custos específicos dessa intervenção;
3. contribuição destinada a satisfazer os interesses das categorias profissionais ou econômicas, como, por exemplo, as contribuições recolhidas à Ordem dos Advogados.

Por oportuno, cabe lembrar que a União poderá instituir impostos extraordinários na iminência ou no caso de guerra externa (CF, art. 154).

---

[8] Súmula Vinculante nº 32: "O ICMS não incide sobre alienação de salvados de sinistro pelas seguradoras".

10.9 DOS IMPOSTOS DOS ESTADOS E DO DISTRITO FEDERAL

São impostos que competem aos estados e ao Distrito Federal:

1. sobre a transmissão *causa mortis* e a doação de quaisquer bens ou direitos;
2. sobre operações relativas à circulação de mercadorias e sobre prestações de serviços de transporte interestadual e intermunicipal e de comunicação;
3. sobre a propriedade de veículos automotores (IPVA), conforme o disposto no art. 155 da CF.

No que concerne à tributação da herança e das doações, o imposto incide sobre dois modos de transmissão da propriedade:

a) quando morre o titular do bem;
b) quando há a liberalidade por parte do dono do bem, que o transmite gratuitamente a outrem.

10.10 DOS IMPOSTOS DOS MUNICÍPIOS

São impostos que competem aos municípios os de:

1. propriedade predial e territorial urbana;
2. transmissão *inter vivos*, a qualquer título, por ato oneroso, de bens imóveis, por natureza ou acessão física, e de direitos reais sobre imóveis, exceto os de garantia, bem como cessão de direitos a sua aquisição;
3. serviços de qualquer natureza, não compreendidos na competência tributária dos estados, definidos em lei complementar. (CF, art. 156).

O Imposto sobre Propriedade Predial e Territorial Urbana (IPTU) pode ser progressivo, de forma a assegurar o cumprimento de função social da propriedade (CF, art. 156, § 1º).

10.11 PODER DE TRIBUTAR

Além dos tributos privativos atribuídos a cada entidade política, só a União tem a faculdade de criar novos tributos, como os dos empréstimos compulsórios com a aprovação de dois terços dos membros do Congresso Nacional, para atender despesas extraordinárias decorrentes de calamidade ou investimento público de caráter urgente. Os estados, o Distrito Federal ou os municípios não têm essa faculdade e só poderão legislar sobre tributos de que são titulares, conforme se expôs anteriormente.

Só a União, portanto, pode instituir outros impostos, além daqueles que lhe são atribuídos privativamente. Assim age o legislador constitucional para evitar a bitributação, a qual só se verifica entre impostos; não ocorre entre um imposto e uma taxa ou entre um imposto e uma contribuição de melhoria.

Tanto a União como os estados, o Distrito Federal e os municípios podem criar taxas e contribuições de melhoria. Como se trata também de uma espécie de tributo, a sua cobrança depende de lei que o institua (princípio da legalidade). Por exemplo, suponhamos que um município realize, em certo local, uma obra pública. A cobrança da contribuição de melhoria dos proprietários dos imóveis beneficiados pela valorização ocorrida em razão da obra pública dependerá de lei que institua o tributo. O valor a ser arrecadado não pode ultrapassar a despesa realizada com as obras, e o proprietário não deve pagar acima da valorização que teve o seu imóvel.

11

DA ORDEM ECONÔMICA E FINANCEIRA

11.1 INTRODUÇÃO

A ordem econômica é a intervenção do Estado nos negócios privados com o fim de realizar o desenvolvimento nacional, assegurando a todos uma existência digna, conforme os ditames da justiça social, mediante a valorização do trabalho e da livre iniciativa. Por isso, a Constituição Federal, em seu art. 170, estatui que os fins da ordem econômica se baseiam nos seguintes princípios:

1. soberania nacional;
2. propriedade privada;
3. função social da propriedade;
4. livre concorrência;
5. defesa do consumidor;
6. defesa do meio ambiente;
7. redução das desigualdades regionais e sociais;
8. busca do pleno emprego;
9. tratamento favorecido para as empresas de pequeno porte constituídas sob as leis brasileiras e que tenham sua sede e administração no país.

Destacam-se os princípios da soberania nacional, da propriedade privada, da função social da propriedade e do tratamento favorecido para as empresas de pequeno porte, porque são eles os valores fundamentais do capitalismo.

1. *Soberania nacional* – embora a economia se encontre integrada no plano mundial, o Brasil não está sujeito aos ditames estrangeiros na área

econômica, exatamente por ser ele soberano. Como tal, reprime os abusos do poder econômico, com fundamento na valorização do trabalho humano e na livre iniciativa, cabendo, então, ao Estado uma posição secundária, só intervindo na economia quando não houver observância dos princípios acima.

2. *Propriedade privada* – atualmente, a organização da vida econômica está calcada na propriedade privada, razão pela qual o Estado a protege. "Propriedade é a situação social do indivíduo ter o direito de usar, gozar e dispor de bens exclusivos, materiais, e de reavê-los de quem quer que injustamente os detenha."[1]

3. *Função social da propriedade* – "consiste em fazer com que a propriedade fique produtiva pelo trabalho de todos quantos possam nela exercer sua atividade."[2]

4. *Tratamento favorecido para as empresas de pequeno porte* – entre as empresas privadas são vedados quaisquer privilégios, principalmente os fiscais. Todas devem disputar o mercado sujeitas às mesmas regras. Contudo, algumas exceções se mostram necessárias. A própria lei constitucional, por meio de um dos princípios gerais da atividade econômica, dá tratamento especial às empresas de pequeno porte constituídas sob as leis brasileiras e que tenham sua sede e administração no país. É o caso, por exemplo, da microempresa e de empresas de pequeno porte. Analise o princípio do art. 179 da CF:

"A União, os estados, o Distrito Federal e os municípios dispensarão às microempresas e às empresas de pequeno porte, assim definidas em lei, tratamento jurídico diferenciado, visando a incentivá-las pela simplificação de suas obrigações administrativas, tributárias, previdenciárias e creditícias, ou pela eliminação ou redução destas por meio de lei."

A Constituição não rompeu com o sistema capitalista. Pelo contrário, consagra o capitalismo como conselheiro da ordem econômica, humanizando-o ao propor a valorização do trabalho humano.

11.2 A INTERVENÇÃO DO ESTADO NA ECONOMIA

A atividade econômica é inteiramente entregue aos particulares, ou é assumida por inteiro pelo Estado.

---

[1] OLIVEIRA FILHO, João de. *Conceito da ordem pública*. São Paulo: [s.n.], 1934. p. 411.
[2] Ibid., p. 453.

Está mais do que provado que a intervenção do Estado na economia não traz benefícios à nação. Por isso, a Constituição, em seu art. 173, esclarece:

"Ressalvados os casos previstos nesta Constituição, a exploração direta de atividade econômica pelo Estado só será permitida quando necessária aos imperativos da segurança nacional ou a relevante interesse coletivo, conforme definidos em lei."

Cabe, pois, à iniciativa dos particulares movimentar a economia, reservando-se ao Estado o direito de intervir na ordem econômica somente quando essa liberdade não for utilizada com justiça. Eis o que dispõe, então, o parágrafo único do art. 170 da CF: *"É assegurado a todos o livre exercício de qualquer atividade econômica, independentemente de autorização de órgãos públicos, salvo nos casos previstos em lei."* Somente em caráter suplementar da iniciativa privada, o Estado organizará e explorará diretamente a atividade econômica. Aliás, está predominando no sistema o princípio da "subsidiariedade", segundo o qual o Estado só intervirá na atividade econômica quando a atividade de particular se mostrar insuficiente, ou quando interesses superiores estiverem comprometidos. Dentro deste princípio, constituem monopólio da União:

"I – a pesquisa e a lavra das jazidas de petróleo e gás natural e outros hidrocarbonetos fluidos;
II – a refinação do petróleo nacional ou estrangeiro;
III – a importação e exportação dos produtos e derivados básicos resultantes das atividades previstas nos incisos anteriores;[3]

---

[3] Art. 176. *"As jazidas, em lavra ou não, e demais recursos minerais e os potenciais de energia hidráulica constituem propriedade distinta da do solo, para efeito de exploração ou aproveitamento, e pertencem à União, garantida ao concessionário a propriedade do produto da lavra.*

§ 1º A pesquisa e lavra de recursos minerais e o aproveitamento dos potenciais a que se refere o caput deste artigo somente poderão ser efetuados mediante autorização ou concessão da União, no interesse nacional, por brasileiros ou empresa brasileira de capital nacional, na forma da lei, que estabelecerá as condições específicas quando essas atividades se desenvolverem em faixa de fronteira ou terras indígenas.

§ 2º É assegurada participação ao proprietário do solo nos resultados da lavra, na forma e no valor que dispuser a lei.

§ 3º A autorização de pesquisa será sempre por prazo determinado, e as autorizações e concessões previstas neste artigo não poderão ser cedidas ou transferidas, total ou parcialmente, sem prévia anuência do poder concedente.

§ 4º Não dependerá de autorização ou concessão o aproveitamento do potencial de energia renovável de capacidade reduzida."

IV – o transporte marítimo do petróleo bruto de origem nacional ou de derivados básicos de petróleo produzidos no país, bem assim o transporte, por meio de conduto, de petróleo bruto, seus derivados e gás natural de qualquer origem;

V – a pesquisa, a lavra, o enriquecimento, o reprocessamento, a industrialização e o comércio de minérios e minerais nucleares e seus derivados."
(CF, art. 177).

Excetuados esses casos, o monopólio não é mais admitido em relação a qualquer atividade econômica. Aliás, tais monopólios devem ser reduzidos, em face do que apregoa a Constituição. Tanto que, neste particular, o preceito que segue complementa, ipsis litteris: *"A União poderá contratar com empresas estatais ou privadas a realização das atividades previstas nos incisos I a IV deste artigo, observadas as condições estabelecidas em lei."* (art. 177, § 1º).

11.3 FORMAS DE PRESTAÇÃO DE SERVIÇO PÚBLICO

A prestação do serviço público será feita diretamente pelo Poder Público ou sob regime de concessão ou permissão.

O regime de concessão consiste na autorização que o Estado dá às empresas para explorar certos serviços públicos. As principais vantagens são:

1. Por serem particulares, os administradores da concessionária zelam e fiscalizam melhor os seus funcionários, para que os serviços saiam a contento e de acordo com o contrato de concessão.
2. Os serviços tornam-se menos onerosos, uma vez que, atualmente, os fornecedores costumam cobrar mais caro por serviços fornecidos ao governo.
3. Para explorar o serviço permitido, o particular sempre dispõe de capital suficiente para adquirir, de pronto, os materiais de que necessita, enquanto o Poder Público, além de necessitar de empréstimo, age por meio de licitação, sistema muito moroso e complicado, e que induz os fornecedores a aumentar seus preços.

11.4 O DONO DO SOLO NÃO O SERÁ DO SUBSOLO

"As jazidas, em lavra ou não, e demais recursos minerais e os potenciais de energia hidráulica constituem propriedade distinta da do solo, para efeito de exploração ou aproveitamento, e pertencem à União, garantida ao concessionário a propriedade do produto da lavra." (CF, art. 176).

"A concessão para pesquisa e lavra de jazidas, minas e demais recursos minerais é somente dada a brasileiros ou à empresa constituída sob as leis brasileiras e que tenha sua sede e administração no país." (CF, art. 176, § 1º). "É assegurada participação ao proprietário do solo nos resultados da lavra, na forma e no valor que dispuser a lei." (CF, art. 176, § 2º).

Dentro de toda essa conjuntura, o abuso do poder econômico será reprimido. A lei a ser elaborada proverá punições a ações que visem à dominação de mercado, à eliminação da concorrência e ao aumento arbitrário de lucros.

11.5 DA POLÍTICA URBANA

Cada município deverá promover seu próprio desenvolvimento para pôr fim ao agravamento das diferenças sociais e econômicas. Assim, todo município com mais de 20 mil habitantes, deve ter um plano diretor de desenvolvimento urbano aprovado pela Câmara Municipal. O plano diretor, conforme ensina o saudoso Hely Lopes Meirelles, é um "complexo de normas legais e diretrizes técnicas para o desenvolvimento global e constante do município, sob os aspectos físico, social, econômico e administrativo, desejado pela comunidade legal."[4]

Na palavra do prof. Celso Ribeiro Bastos:

[...]plano diretor vem a ser o instrumento pelo qual os municípios definirão os objetivos a serem atingidos, assim como as regras básicas, as diretrizes, as normas do desenvolvimento urbano, estabelecendo, portanto, o zoneamento, as exigências quanto às edificações e um sem-número de outras matérias fundamentalmente pertinentes ao uso do solo.[5]

O plano deverá estabelecer, principalmente, o imposto progressivo sobre terrenos ociosos. Veja o que determina a Constituição em seu art. 182, § 4º:

---

[4] MEIRELLES, Hely Lopes. *Direito municipal brasileiro*. São Paulo: Revista dos Tribunais, 1981. p. 396.
[5] BASTOS, Celso Ribeiro. *Curso de direito constitucional*. São Paulo: Saraiva, 1992. p. 414.

"É facultado ao Poder Público municipal, mediante lei específica para área incluída no plano diretor, exigir, nos termos da lei federal, do proprietário do solo urbano não edificado, subutilizado ou não utilizado, que promova seu adequado aproveitamento, sob pena, sucessivamente de:

I – parcelamento ou edificação compulsórios;
II – imposto sobre a propriedade predial e territorial urbana progressivo no tempo;
III – desapropriação com pagamento mediante títulos da dívida pública de emissão previamente aprovada pelo Senado Federal, com prazo de resgate de até dez anos, em parcelas anuais, iguais e sucessivas, assegurados o valor real da indenização e os juros legais."

11.5.1 Usucapião constitucional urbano

O usucapião é a aquisição da propriedade por posse prolongada. É um dos modos de aquisição da propriedade pela posse contínua por certo lapso de tempo marcado em lei. *"Aquele que possuir como sua área urbana de até duzentos e cinquenta metros quadrados, por cinco anos, ininterruptamente e sem oposição, utilizando-a para sua moradia ou de sua família* – diz o art. 183 da CF – *adquirir-lhe-á o domínio, desde que não seja proprietário de outro imóvel urbano ou rural."* É o chamado usucapião constitucional de área urbana. Os imóveis públicos não serão adquiridos por usucapião.

11.6 DA POLÍTICA AGRÍCOLA E FINANCEIRA E DA REFORMA AGRÁRIA

A desapropriação para fins de reforma agrária é de competência exclusiva da União e deve ser realizada por interesse social.

Toda propriedade rural que não esteja cumprindo sua função social está sujeita à desapropriação, cuja indenização deve ser prévia e justa, *"em títulos da dívida agrária, com cláusula de preservação do valor real, resgatáveis no prazo de até vinte anos, a partir do segundo ano de sua emissão"*, embora as benfeitorias úteis e necessárias sejam indenizadas em dinheiro (CF, art. 184, § 1º).

A pequena e a média propriedades rurais não serão desapropriadas, bem como as terras produtivas. Diz o art. 187 da CF:

"A política agrícola será planejada e executada na forma da lei, com a participação efetiva do setor de produção, envolvendo produtores e trabalhadores rurais, bem como dos setores de comercialização, de armazenamento e de transportes, levando em conta, especialmente:

I – os instrumentos creditícios e fiscais;
II – os preços compatíveis com os custos de produção e a garantia de comercialização;
III – o incentivo à pesquisa e à tecnologia;
IV – a assistência técnica e extensão rural;
V – o seguro agrícola;
VI – o cooperativismo;
VII – a eletrificação rural e irrigação;
VIII – a habitação para o trabalhador rural."

11.6.1 Usucapião rural constitucional

"Aquele que, não sendo proprietário imóvel rural ou urbano, possua como seu, por cinco anos ininterruptos, sem oposição, área de terra, em zona rural, não superior a cinquenta hectares, tornando-a produtiva por seu trabalho ou de sua família, tendo nela sua moradia, adquirir-lhe-á a propriedade." (CF, art. 191).

Dá-se, então, o chamado usucapião *pro labore*, ou usucapião constitucional de área rural. É denominado *pro labore* porque se trata da aquisição de imóvel rural por uma pessoa que nele trabalha.

11.7 DO SISTEMA FINANCEIRO NACIONAL

"O Sistema Financeiro Nacional, estruturado de forma a promover o desenvolvimento equilibrado do país e a servir aos interesses da coletividade, em todas as partes que o compõem, abrangendo as cooperativas de crédito, será regulado por leis complementares que disporão, inclusive, sob a participação do capital estrangeiro nas instituições que o integram." (CF, art. 192).

12

DA ORDEM SOCIAL

12.1 INTRODUÇÃO

É conveniente frisar que são mencionadas, neste capítulo ou em nossa Constituição, várias regras de direiro da Seguridade Social (a qual engloba a previdência social, a saúde e a assistência social).

12.2 DA ORDEM SOCIAL

Ordem social é o corpo de normas fundamentais que a Constituição edita a fim de fixar as bases da sociedade e realizar a justiça social. A base principal da ordem social consiste no *trabalho*, por isso deve a lei lhe dar proteção e garantia. Sem trabalho não há bem-estar ou justiça social.

No capitalismo, dos três elementos da produção – natureza, capital e trabalho – deu-se ênfase ao capital e desvalorizou-se o trabalho, de tal maneira que o trabalhador é marginalizado. Por isso, a Constituição Federal (art. 7º) contempla os direitos do trabalhador, dos quais destacamos alguns:

1. décimo terceiro salário;
2. descanso semanal remunerado;
3. Fundo de Garantia por Tempo de Serviço (FGTS);
4. salário-mínimo;
5. irredutibilidade do salário;
6. dispensa sem justa causa agravada com multa de 40% sobre o saldo do FGTS;

7. aviso prévio proporcional ao tempo de serviço e no mínimo de 30 dias;[1]
8. férias anuais de 30 dias remunerados em um terço a mais que o salário normal;
9. licença-maternidade de 120 dias (a empregada gestante tem estabilidade no emprego desde a confirmação da gravidez até cinco meses após o parto);
10. licença-paternidade de cinco dias;
11. assistência gratuita em creches e pré-escolas para filhos e dependentes de até 6 anos de idade;
12. participação nos lucros da empresa, de acordo com a lei;
13. hora extra remunerada em 50% sobre a normal.

12.3 DA SEGURIDADE SOCIAL

A seguridade social consiste em um conjunto de normas que asseguram e disciplinam as ações do Poder Público e da sociedade, destinadas a garantir os direitos concernentes à *saúde*, à *previdência social* e à *assistência social*. Objetiva garantir o bem-estar de todos, fazendo o Estado e a sociedade protejerem os direitos da população, sob tríplice base: saúde, previdência e assistência social.

A seguridade social será financiada por toda a sociedade, de forma direta ou indireta, mediante recursos provenientes dos orçamentos das entidades estatais, além dos oriundos das contribuições sociais de empregadores e empregados e da receita de concursos de prognósticos (Loteria Esportiva, Loto, Sena etc.). A lei poderá, ainda, instituir outras fontes destinadas a garantir a manutenção ou a expansão da "seguridade social".

12.4 DA SAÚDE

A saúde é direito de todos e dever do Estado. Este tem o dever de proteger a saúde de todos os cidadãos, de forma igualitária, seja ele contribuinte ou não do sistema.

Proteção, recuperação e redução do risco de doença deve ser a meta do Estado, e o financiamento será feito com recursos do orçamento da "seguridade social".

---

[1] A proporcionalidade pelo tempo de serviço para o valor do aviso prévio indenizado foi regulamentado pela Lei nº 12.506/2011.

Para proteger a saúde do cidadão, é permitida a participação de empresas privadas de forma complementar, mediante contrato ou convênio, tendo prioridade as empresas filantrópicas.

O Estado tem a incumbência de fiscalizar a produção de medicamentos de toda espécie e, principalmente, de alimentos e outros produtos, com a finalidade de proteger o meio ambiente, a qualidade de vida e a saúde da população.

12.5 DA PREVIDÊNCIA SOCIAL

"A previdência social cuida da cobertura pecuniária a que terá direito o segurado e seus dependentes, em caso da ocorrência de doença, invalidez, morte e idade avançada. Cuida, ainda, dos segurados de baixa renda, dando salário--família e auxílio-reclusão para os seus dependentes; dá proteção à maternidade, especialmente à gestante; dá proteção ao trabalhador em situação de desemprego involuntário; e dá pensão por morte de segurado, homem ou mulher, ao cônjuge ou companheiro e dependentes." (CF, art. 201).

A previdência social será organizada sob a forma de regime geral, de caráter contributivo e de filiação obrigatória, observados critérios que preservem o equilíbrio financeiro e atuarial.[2]

Qualquer pessoa, mesmo sem vínculo empregatício, pode participar dos benefícios da previdência, desde que contribua de acordo com os planos previdenciários.

Os homens podem se aposentar com 35 anos de contribuição ou aos 65 anos de idade; as mulheres, com 30 anos de contribuição ou aos 60 anos de idade. Para os trabalhadores rurais e para os que exerçam suas atividades em regime de economia familiar, nestes incluídos o produtor rural, o garimpeiro e o pescador artesanal, a idade será de 60 anos, se homem, e 55 anos, se mulher.

Os professores do primeiro e segundo graus podem se aposentar com 30 anos de contribuição, se homem, e 25 anos de contribuição, se mulher – desde que comprovem tempo de efetivo exercício de funções exclusivamente de magistério na educação infantil e no ensino fundamental e médio.

"Nenhum benefício terá seu valor inferior ao do salário-mínimo." (CF, art. 201, § 2º).

---

[2] Atuarial: parte da estatística que investiga problemas relacionados com a teoria e o cálculo de seguros em uma coletividade.

"A gratificação natalina (décimo terceiro salário) do aposentado ou pensionista será igual ao valor do benefício do mês de dezembro de cada ano." (CF, art. 201, § 6º).

12.6 DA ASSISTÊNCIA SOCIAL

"A assistência social será prestada a quem dela necessitar independentemente da contribuição à seguridade social", diz o art. 203 da CF, protegendo principalmente a família, a maternidade, a infância, a adolescência e a velhice. A Constituição ampara, ainda, as crianças e os adolescentes carentes, e garante um salário-mínimo de benefício mensal à pessoa portadora de deficiência e ao idoso que comprovarem não possuir meios de prover a própria manutenção.

A execução dos programas de assistência social caberá ao município e ao Estado, juntamente a entidades assistenciais particulares.

12.7 DA EDUCAÇÃO, DA CULTURA E DO DESPORTO

Dentro do presente capítulo, o legislador constituinte prevê uma política educacional, cultural e desportista, visando ao desenvolvimento do país e da sociedade como um todo e, ao mesmo tempo, à formação educacional do cidadão.

Diga-se de início que a educação será o meio de transformar o educando em sujeito do seu próprio desenvolvimento, criando-se, assim, um novo tipo de sociedade, em que haja mais respeito à dignidade humana e, consequentemente, maior desenvolvimento para o país.

É sobre pessoas responsáveis e desenvolvidas mentalmente que se pretende edificar a nação. É preciso formar o homem de amanhã. Educação e caráter têm a sua base na família; o conhecimento bem dirigido adquire-se na escola. Ambos, quando alicerçados em preceitos firmes, produzem cidadãos que engrandecem a pátria em todos os campos.

Em suma, a família e o Estado são os que, prioritariamente, devem prestar à educação toda a atenção possível, contando ainda a cooperação de toda a sociedade nesse processo. Essa é a razão pela qual a Constituição, ao tratar da parte educacional, dispõe (art. 205):

"A educação, direito de todos e dever do Estado e da família, será promovida e incentivada com a colaboração da sociedade, visando ao pleno

desenvolvimento da pessoa, seu preparo para o exercício da cidadania e sua qualificação para o trabalho."

Portanto, o direito à educação é garantido a todas as pessoas que vivem no Brasil; o Estado tem o dever de prepará-las para o exercício da cidadania (participação na vida pública) e qualificá-las para o trabalho, formando-as para que produzam mais, de forma melhor e em menos tempo, adequando-as à revolução tecnológica em desenvolvimento.

Atualmente, a União aplicará no mínimo 18% da receita resultante de imposto na manutenção e no desenvolvimento do ensino (CF, art. 212), enquanto os estados, o Distrito Federal e os municípios deverão aplicar, ao menos, 25%.

Além do dever do Estado com a educação, oferecendo gratuitamente o ensino fundamental obrigatório, há o ensino entregue à iniciativa privada, que deve respeitar a lei que o regulamenta para poder funcionar (CF, art. 209).

Em relação à cultura, o Estado, cumprindo um dever seu, "*garantirá a todos o pleno exercício dos direitos culturais e acesso às fontes da cultura nacional, e apoiará e incentivará a valorização e a difusão das manifestações culturais.*" (CF, art. 215).

A emenda constitucional 71/2012 introduziu o art. 216-A no texto constitucional, estabelecendo um Sistema Nacional de Cultura, nos seguintes termos:

"O Sistema Nacional de Cultura, organizado em regime de colaboração, de forma descentralizada e participativa, institui um processo de gestão e promoção conjunta de políticas públicas de cultura, democráticas e permanentes, pactuadas entre os entes da Federação e a sociedade, tendo por objetivo promover o desenvolvimento humano, social e econômico com pleno exercício dos direitos culturais."

O desporto também assume grande relevância no contexto mundial por transmitir uma imagem do desenvolvimento de um país. Uma nação também se destaca por suas conquistas desportivas, pois o esporte está relacionado à saúde da população e exerce influência na formação educacional do cidadão.

É sobejamente conhecida a importância que o esporte tem na construção pessoal de cada indivíduo. Pelo desporto, o homem exterioriza suas habilidades de liderança, superando dificuldades e aprendendo a conhecer a si próprio. Por isso, é dever do Estado fomentar práticas desportivas formais e não formais, como direito de cada um (CF, art. 217).

12.8 DA FAMÍLIA, DA CRIANÇA, DO ADOLESCENTE E DO IDOSO

"A família, base da sociedade, tem especial proteção do Estado." (CF, art. 226), pois ela é o núcleo fundamental em que se alicerça toda a organização social.

Pelo nosso direito, um homem e uma mulher que se unem conforme manda a lei, para se reproduzirem ou se ajudarem mutuamente e criarem seus filhos, realizam o que chamamos de *casamento*.

O casamento civil, que surgiu com o advento da República, é gratuito; o casamento religioso, observando determinados requisitos da lei, também é válido, produzindo efeitos civis.

Para efeito da proteção do Estado, o legislador constituinte reconhece a família de fato, resultante do concubinato puro. Assim, na órbita do mundo jurídico, o casamento é uma instituição legal, sendo a união estável[3] um instituto natural. O legislador ordinário dá regulamentação legislativa ao concubinato puro, concedendo-lhe garantias legais como as do casamento.

No que diz respeito à sua dissolução, o art. 226, § 6º da Constituição Federal, alterado pela emenda constitucional 66/2010, assevera que *"o casamento civil pode ser dissolvido pelo divórcio."* A Constituição não exige, portanto, prévia separação judicial para o divórcio, tampouco prazo para a utilização deste como dissolução do casamento.

O Supremo Tribunal Federal entendeu que as uniões homoafetivas, entre pessoas do mesmo sexo, têm amparo constitucional, e devem receber, da legislação ordinária, o mesmo tratamento das uniões estáveis heterossexuais:

> *"[...] Ante a possibilidade de interpretação em sentido preconceituoso ou discriminatório do art. 1.723 do CC, não resolúvel à luz dele próprio, faz-se necessária a utilização da técnica de 'interpretação conforme à Constituição'. Isso para excluir do dispositivo em causa qualquer significado que impeça o reconhecimento da união contínua, pública e duradoura entre pessoas do mesmo sexo como família. Reconhecimento feito segundo as mesmas regras e com as mesmas consequências da união estável heteroafetiva."*[4]

O Conselho Nacional de Justiça publicou a Resolução 175, proibindo os Cartórios de Registro Civil de todo o Brasil a se recusarem a realizar casamento civil entre pessoas do mesmo sexo.

---

[3] *"Para efeito da proteção do Estado, é reconhecida a união estável entre o homem e a mulher como entidade familiar, devendo a lei facilitar sua conversão em casamento."* (CF, art. 226, § 3º).
[4] ADI 4.277 e ADPF 132, rel. min. Ayres Britto, julgamento em 5-5-2011, Plenário, *DJE* de 14-10-2011.

Além da defesa do casamento, exige a Constituição a elaboração de leis de proteção à criança e ao adolescente,[5] de forma prioritária. O motivo dessa atenção é que os adultos de amanhã serão o reflexo dos menores e dos adolescentes de hoje.

"Os pais têm o dever de assistir, criar e educar os filhos menores, e os filhos maiores têm o dever de ajudar e amparar os pais na velhice, carência ou enfermidade." (CF, art. 229).

"A família, a sociedade e o Estado têm o dever de amparar as pessoas idosas, assegurando sua participação na comunidade, defendendo sua dignidade e bem-estar e garantindo-lhes o direito à vida." (CF, art. 230).

"Aos maiores de sessenta e cinco anos é garantida a gratuidade dos transportes coletivos urbanos." (CF, art. 230, § 2º).

---

[5] "Considera-se criança, para os efeitos desta Lei, a pessoa até 12 anos de idade incompletos, e adolescente entre 12 e 18 anos de idade."(art. 2o da Lei nº 8.069 de 1990, Estatuto da Criança e do Adolescente).

Parte II

DIREITO PENAL

13

INTRODUÇÃO AO DIREITO PENAL

13.1 CONCEITO E FINS DO DIREITO PENAL

De acordo com a lei, a prática do aborto, ou seja, provocar a morte do feto, é crime contra a vida. "*Provocar aborto* – diz o art. 124 do Código Penal – *em si mesma ou consentir que outrem lho provoque: Pena – detenção de 1 (um) a 3 (três) anos.*" Vale dizer, ocasionar a morte do feto pela interrupção da gravidez é um fato ilícito que a lei taxa de "crime de aborto". Há, todavia, duas exceções expressas no art. 128 do Código Penal, que isentam da pena:[1]

1. quando houver risco de morte para a gestante, ou seja, quando o aborto for necessário para salvar a vida desta (aborto necessário);
2. quando a gravidez for resultado de estupro[2] (aborto sentimental).

A lei penal descreve os comportamentos criminosos e define-os: "crimes são os chamados fatos puníveis contra os quais o Estado se arma com severas sanções, que representam as punições pela violação da norma penal". Magalhães Noronha escreve que o "Direito Penal é o conjunto de normas jurídicas que regulam o poder punitivo do Estado, tendo em vista os fatos de natureza criminal e as medidas aplicáveis a quem os pratica."[3] "O Direito Penal – salienta Aníbal Bruno – apresenta-se como o conjunto de normas jurídicas, pelas quais se

---

[1] Somente quando praticado por médico.
[2] O estupro, nos termos da Lei nº 12.015/2009, consiste em constranger alguém à conjunção carnal ou qualquer ato libidinoso, mediante violência ou grave ameaça (CP, art. 213). Também pode ser praticado contra vulnerável (CP, art. 217-A). É considerado crime hediondo.
[3] NORONHA, Magalhães. *Direito penal*. 38. ed. São Paulo: Saraiva, 2004. v. 1. p. 4.

exerce a função do Estado de prevenir e reprimir os crimes, por meio de sanções cominadas aos seus autores."[4] E continua: "O fim do Direito Penal é, portanto, a defesa da sociedade, pela proteção de bens jurídicos fundamentais, como a vida humana, a integridade corporal do homem, a honra, o patrimônio, a segurança da família, a paz pública etc."[5]

13.2 BREVE HISTÓRIA DO DIREITO PENAL

Antes da nossa independência, as leis penais portuguesas eram muito cruéis, com execuções das penas por açoitamento, mutilações e até por queimaduras (ferro em brasa). Basta recordar a pena de Tiradentes, condenado à morte por enforcamento e depois esquartejado, tendo seus bens confiscados e seus descendentes declarados infames até a quarta geração.

Depois da proclamação da independência, a Constituição de 1824 determinou que se organizasse o Código Criminal e declarou que nenhuma pena passaria da pessoa do criminoso. Também aboliu o açoite, o ferro em brasa e as demais penas cruéis.

Em 1830 surgiu o Código Criminal. Embora acolhesse a pena de morte por enforcamento, estabeleceu a individualização e o caráter liberal da pena, em respeito à Constituição.

Com a República, em 1890 foi feito o Código Penal, que aboliu a pena de morte, embora a Constituição atual a preveja em caso de guerra declarada. É o que está no inc. XLVII, letra a, do art 5º: *"Não haverá penas: a) de morte, salvo em caso de guerra declarada, nos termos do art. 84, XIX."*[6]

Em 1942, entrou em vigor o novo Código Penal, promulgado em 1940.

13.3 CÓDIGO PENAL (CONTEÚDO)

Em um dado momento, o legislador agrupa em um livro todas as leis de natureza penal existentes e faz a devida classificação. Este livro, que recebeu o

---

[4] BRUNO, Aníbal. *Direito penal*; parte geral. [Rio de Janeiro]: Nacional de Direito, 1956. t. 1. p. 27-28.
[5] Ibid., p. 28.
[6] Art. 84: *"Compete privativamente ao presidente da República: XIX – declarar guerra, no caso de agressão estrangeira, autorizado pelo Congresso Nacional ou referendado por ele, quando ocorrida no intervalo das sessões legislativas, e, nas mesmas condições, decretar, total ou parcialmente, conforme redação do artigo 84, XIX (Site JusBrasil) a mobilização nacional."*

nome de Código Penal, entrou em vigência no dia 1º de janeiro de 1942, embora promulgado em 1940.

O Código Penal encontra-se dividido em duas partes: *Parte Geral* e *Parte Especial*. A Geral, como o próprio nome indica, disciplina os princípios gerais relativos ao crime, à pena e às medidas de segurança aplicáveis a todos os fatos puníveis, ou seja, a todos os crimes que se situam na Parte Especial, na qual, por sua vez, está o elenco descritivo dos fatos incriminados, ou seja, os preceitos que tratam de cada delito em particular.

Trataremos, aqui, da Parte Geral, seguindo o roteiro do Código, composto de 120 artigos.

Não é demais lembrar que, em 11/7/1984, a Parte Geral foi modificada pela Lei nº 7.209, passando a conter muitos pontos inovadores. Além dos institutos do Código Penal, há, ainda, a Lei das Contravenções Penais (Decreto-lei nº 3.688, de 1941), que disciplina os ilícitos penais de menor gravidade em relação aos crimes, tratada em diploma legislativo distinto.

13.4 FONTES DO DIREITO PENAL

Fonte é o lugar onde nasce alguma coisa. A fonte do Direito Penal é o órgão estatal do qual provém a lei penal. É o Poder Legislativo que está encarregado de produzir as leis penais.

A propósito, consoante determina a nossa Constituição Federal, art. 22, compete privativamente à União legislar sobre Direito Penal.[7] Isto significa que somente a União pode legislar sobre matéria penal.

É, pois, no Legislativo da União que encontramos a fonte de produção do Direito Penal.

---

[7] Embora o parágrafo único do art. 22 assim preveja: "*Lei complementar poderá autorizar os estados a legislar sobre questões específicas das matérias relacionadas neste artigo.*"

14

DA APLICAÇÃO DA LEI PENAL

14.1 A LEI PENAL

Quem cria a lei penal é o legislador federal. Somente ele tem competência para legislar sobre Direito Penal. Este, por meio da norma penal, define os crimes e impõe a pena. Por exemplo, quando ele diz *"Provocar aborto em si mesma ou consentir que outrem lho provoque."* (CP, art. 124), está definindo o comportamento criminoso e, ao mesmo tempo, está tutelando interesses indisponíveis. *"Pena – detenção de 1 (um) a 3 (três) anos."* Aí está a pena para aquele que pratica o crime de aborto, pois a proibição se encontra implícita na própria lei.

Sempre que há previsão da pena para determinada situação, *ipso facto*, proibida está essa conduta. Ora, se a lei descreve que, por exemplo, roubar é conduta sujeita a punição, obviamente está proibindo roubar.

Portanto, entende-se ser a lei penal aquela que define atos proibidos e comina penas a todos que os praticarem.

14.2 DO PRINCÍPIO DA LEGALIDADE

A lei penal descreve uma conduta ilícita e impõe uma sanção. Por exemplo, o art. 282 do CP descreve como fato punível o exercício, ainda que a título gratuito, da *"profissão de médico, dentista ou farmacêutico, sem autorização legal ou excedendo-lhe os limites: Pena – detenção, de 6 (seis) meses a 2 (dois) anos."* Se alguém, não sendo médico, exercer essa profissão, será punido por tal conduta. Se não existisse tal lei, qualquer pessoa poderia exercer essa profissão sem ser punida. *"Não há crime sem lei anterior que o defina. Não há pena sem prévia cominação legal."* (CP, art. 1º). A nossa Constituição Federal menciona o mesmo princípio: *"não há crime sem lei anterior que o defina, nem pena sem prévia cominação legal."* (art. 5º, XXXIX) ou *"ninguém será obrigado a fazer ou deixar de fazer alguma coisa senão em virtude de lei."* (art. 5º, II).

O princípio previsto pelo art. 1º do CP, transcrito anteriormente, é denominado "princípio da legalidade" ou "princípio da reserva legal", determina que ninguém poderá ser responsabilizado se não houver uma lei que, anteriormente à prática do fato, o defina como crime. Somente a lei penal, conforme prevê o "princípio da reserva legal", poderá definir os crimes e cominar sanções, ou seja, o princípio em tela é um direito de tipos, isto é, o legislador penal, pela lei, cria um elenco de fórmulas descritivas (tipos) e somente se cogitará a existência de crime se o indivíduo realizar a conduta descrita no tipo. Se não existir a fórmula descritiva criminal, obviamente ninguém estará cometendo crime algum.

Portanto, não há crime se, anteriormente à prática da conduta delinquente, não existir a fórmula descrita no tipo.

14.3 DA VIGÊNCIA E REVOGAÇÃO DA LEI PENAL

A publicação de uma lei em um jornal oficial implica, apenas, dar conhecimento a todos do texto legislativo. Sua força obrigatória está em função do início de sua vigência, ou seja, do dia em que ela começa a vigorar. Esse dia pode ou não ser fixado pelo próprio texto legal. Muitas vezes, coincide com a própria data da publicação; outras vezes, a data é determinada pelo legislador e a lei passa a ser obrigatória a todos, tanto para os que estão no país como para os que se encontram fora dele e, ainda, para os estrangeiros que aqui estiverem. Em caso de omissão da data em que a lei penal começa a vigorar, o prazo será de 45 dias após a publicação, dentro do país, e de 3 meses, no exterior (Lei de Introdução às Normas do Direito Brasileiro (LINDB), art. 1º, § 1º).

Normalmente, uma lei não tem uma data definida para o término. Ela vigorará até que outra lei a revogue expressamente, ou até que disponha de forma contrária à lei antiga. *"Não se destinando a vigência temporária, a lei terá vigor até que outra a modifique ou revogue."* (LINDB, art. 2º). Portanto, não existindo prazo de duração, uma lei só será revogada por outra lei. Revogar uma lei significa torná-la sem efeito.

A revogação pode ser expressa ou tácita.

Revogação expressa é aquela declarada pela própria lei. Isto acontece quando a lei posterior, em um de seus artigos, diz expressamente o seguinte: "fica revogada tal lei" ou "revogam-se os dispositivos de tal lei".

Revogação tácita ocorre quando o legislador coloca em circulação uma lei que trata de toda a matéria versada na legislação anterior, sem a declaração expressa de que essa lei elimina a outra. Ou, então, quando a lei nova se mostra incompatível com a antiga, sem fazer menção a esta. Veja o art. 2º, § 1º, da LINDB: *"A lei posterior revoga a anterior quando expressamente o declare, quando seja com ela incompatível ou quando regule inteiramente a matéria de que tratava a lei anterior."*

Retornando ao problema da eficácia da lei, dois aspectos são abordados. O primeiro é o da sua vigência no tempo, ou seja, se uma lei é criada para vigorar apenas no futuro, ou se, por outra, pode retroagir, para alcançar situações ocorridas no passado. O segundo é o da vigência da lei no espaço, isto é, se a lei de um país pode viger e incidir sobre situações que ocorreram em outro país. É o que veremos em seguida em relação à lei penal.

14.4 DA VIGÊNCIA DA LEI PENAL NO TEMPO

"Habeas corpus. Penal e Processo Penal. Lei nº 10.259/2001. Delitos de menor potencial ofensivo. Competência. Processos iniciados antes do advento da nova lei. Direito Material: Retroatividade. Direito Processual: *Tempus regit actum*. Precedentes. 1. As normas de Direto Penal retroagem para beneficiar o réu. As de Direito Processual Penal, entretanto, são regidas pelo princípio do *tempus regit actum*, nos termos do art. 2º do Código de Processo Penal. 2. É entendimento desta Corte Superior, em concordância com o Excelso Pretório, que, iniciado processo penal no Juízo Comum antes do advento da Lei nº 10.259/2001, não há que se falar em sua redistribuição para o Juizado Especial (Lei nº 10.259/2001, art. 25 c/c Lei nº 9.099/95, art. 90). 3. As regras de Direito Penal da Lei nº 10.259/2001 devem ser observadas nos processos de delitos de menor potencial ofensivo, inclusive naqueles em curso nos Juízos Comuns. 4. Ordem denegada. (STJ, HC 41166 / RJ, julgado em 30/06/2005)."

A ementa do acórdão destacado retrata um caso em que a lei penal nova alcançou fatos que foram praticados antes de sua vigência, trazendo aspectos benignos para o réu. *"A lei posterior, que de qualquer modo favorecer o agente –* dispõe o parágrafo único do art. 2º do CP –, *aplica-se aos fatos anteriores, ainda que decididos por sentença condenatória transitada em julgado."*

Foi a atual Constituição Federal, de 1988, que previu a criação de juizados especiais para julgamento e execução de infrações penais de menor potencial ofensivo, mediante os procedimentos oral e sumaríssimo, permitidos, nas hipóteses previstas em lei, a transação e o julgamento de recursos por turmas de juízes de primeiro grau (art. 98, inc. I). Nessas condições, em 1995, pela Lei nº 9.099, o legislador ordinário criou o Juizado Especial Criminal, com competência para a conciliação, o processo, o julgamento e a execução das infrações penais de menor potencial ofensivo. O art. 61 dessa lei trouxe a definição do que são infrações penais de menor potencial ofensivo: as *contravenções penais* e os *crimes* a que a lei comine pena máxima não superior a 2 (dois) anos, cumulada ou não com multa (conforme redação dada pela Lei nº 11.313/2006).

Com relação às contravenções penais, não há limitação de pena, pois a contravenção, por sua natureza, já é uma infração menor.

Quando se trata de vigência da lei no tempo, a primeira indagação que surge é se a lei penal foi criada para vigorar apenas no futuro, ou se pode retroagir para incidir sobre fatos ocorridos no passado.

Em matéria penal, a eficácia no tempo é regida pelos princípios dos fatos que foram praticados antes de sua vigência, ou seja, se a lei nova revoga a anterior, de sorte que essa lei não se aplica aos fatos puníveis já findos ou que não eram considerados delitos. Entretanto, há exceção, conforme mostra o art. 2º do CP: **"Ninguém pode ser punido por fato que lei posterior deixa de considerar crime, cessando em virtude dela a execução e os efeitos penais da sentença condenatória."** Vale dizer, a lei penal que beneficiar o acusado retroage. Aliás, tal princípio é previsto pela nossa Constituição Federal: **"A lei penal não retroagirá, salvo para beneficiar o réu."** (art. 5º, XL). Mesmo se houver sentença condenatória transitada em julgado, deverá o réu ser colocado em liberdade se surgir lei posterior deixando de considerar delito o fato punível.

Em conclusão, se a lei nova deixar de considerar o fato como delito, será aplicada por favorecer o réu; ou seja, a lei penal só retroage quando beneficia o réu. Veja o que já decidiu o Superior Tribunal de Justiça sobre o assunto em tela: "Enquanto a Carta Magna não condiciona temporalmente a retroatividade da lei penal mais benigna, o CP ressalta que, mesmo na hipótese de trânsito em julgado da decisão condenatória, de qualquer modo, a lei posterior mais favorável deve ser aplicada aos fatos anteriores" (STJ, HC 171699/DF, julgado em 20/03/2012).

Em conclusão, a própria Constituição Federal e o CP acolhem o princípio da retroatividade da lei mais benigna.

14.5 DA VIGÊNCIA DA LEI PENAL NO ESPAÇO

A vigência da lei penal no espaço diz respeito ao território em que ela vai ser aplicada. Nossa lei penal é elaborada para vigorar dentro do nosso território, tanto para os brasileiros como para os estrangeiros que aqui vivem, não podendo ser aplicada fora de seus limites. Por exemplo, não se aplicam as nossas leis para um crime praticado por um brasileiro no exterior, pois o Estado tem sobre seu território e seus habitantes um poder chamado *soberania*. Tem, ainda, poder normativo, ou seja, o poder de editar leis para todos que estão em seu território. *Mutatis mutandi*,[1] se o estrangeiro, de passagem aqui no Brasil, pratica um crime, aplicam-se as nossas leis. Em matéria penal, prevalece o princípio da territorialidade, isto é, dentro do território, os fatos puníveis são regidos pelas leis penais do lugar, tanto para nacionais quanto para estrangeiros. Segundo o art. 5º do CP[2], *"Aplica-se a lei brasileira sem prejuízo de convenções, tratados e regras de direito internacional, ao crime cometido no território nacional."*

O princípio da territorialidade é, portanto, a regra; as exceções possibilitam a renúncia de jurisdição em face da existência de tratados, convenções e regras de Direito Internacional, permitindo até que a lei penal brasileira seja aplicada a delitos praticados no exterior.

14.5.1 Do lugar do crime

Procura-se determinar o lugar em que o crime foi praticado para a fixação da competência penal internacional. *"Considera-se praticado o crime no lugar em que ocorreu a ação ou omissão, no todo ou em parte, bem como onde se produziu ou deveria produzir-se o resultado."* (CP, art. 6º).

Praticado o crime dentro do nosso país, a competência para apuração dele será do lugar em que se consumou a infração (CPP, art. 70); praticado o crime em outro país, ou concomitantemente aqui e em outro país, a competência, segundo

---

[1] *Mutatis mutandi*: mudando o que deve ser mudado.
[2] Art. 5º, § 1º: *"Para os efeitos penais, consideram-se como extensão do território nacional as embarcações e aeronaves brasileiras, de natureza pública ou a serviço do governo brasileiro, onde quer que se encontrem, bem como as aeronaves e as embarcações brasileiras, mercantes ou de propriedade privada, que se achem, respectivamente, no espaço aéreo correspondente ou em alto mar."*
§ 2º: *"É também aplicável a lei brasileira aos crimes praticados a bordo de aeronaves ou embarcações estrangeiras de propriedade privada, achando-se aquelas em pouso no território nacional ou em voo no espaço aéreo correspondente, e estas em porto ou mar territorial do Brasil."*

a teoria da ubiquidade, será dos dois países, situação adotada pelo legislador pátrio, como indica o art. 6º do CP, transcrito anteriormente. "Assim" – escreve Damásio de Jesus –, "quando o crime tem início em território estrangeiro e se consuma no Brasil, é considerado praticado no Brasil. Nestes termos, aplica-se a lei penal brasileira ao fato de alguém, em território boliviano, atirar na vítima que se encontra em nosso território, vindo a falecer, bem como o caso de um estrangeiro expedir a uma pessoa que viva no Brasil um pacote de doces envenenados, ou uma carta injuriosa. Do mesmo modo, tem eficácia a lei penal nacional quando os atos executórios do crime são praticados em nosso território e o resultado se produz em país estrangeiro."[3] Contudo, a questão em pauta é complexa e nebulosa, e para os crimes a distância, a competência da autoridade judiciária brasileira é fixada pelos parágrafos 1º e 2º do art. 70 do CPP: *"Se, iniciada a execução no território nacional, a infração se consumar fora dele, a competência será determinada pelo lugar em que tiver sido praticado, no Brasil, o último ato de execução."* (§ 1º). *"Quando o último ato de execução for praticado fora do território nacional, será competente o juiz do lugar em que o crime, embora parcialmente, tenha produzido ou devia produzir seu resultado."* (§ 2º).

---

[3] JESUS, Damásio E. de. *Código penal anotado*. 23. ed. São Paulo: Saraiva, 2016. p. 42.

15

DO CRIME

15.1 CONCEITO DO CRIME

Certo advogado orientou e incentivou seu irmão à fuga logo após ter este cometido um delito. Indaga-se: o advogado cometeu algum crime? O fato imputado parece enquadrar-se na figura típica de crime, prevista pelo art. 348 do CP, que assim diz: *"Auxiliar a subtrair-se à ação de autoridade pública autor do crime a que é cominada pena de reclusão: Pena – detenção, de 1 (um) a 6 (seis) meses, e multa."*

Bem se pode ver que apenas a orientação ou o incentivo à fuga dado ao seu irmão não se encaixa no tipo referido no art. 348 do CP, acima transcrito. Há de se ter em vista, por outro lado, que, mesmo que o fato imputado se enquadrasse na figura típica do dispositivo mencionado, o § 2º deste deixa claro ficar isento da pena um irmão que auxilia o irmão criminoso a se subtrair à ação da autoridade pública. Ei-lo: *"Se quem presta o auxílio é ascendente, descendente, cônjuge ou irmão do criminoso, fica isento de pena."* Aliás, nada mais humano e compreensível do que o auxílio que um irmão preste ao outro, a fim de livrá-lo das consequências nefastas de seus atos.

Fora o caso acima, todo aquele que praticar uma ação ou omissão enquadrável em um tipo penal previsto pela lei está cometendo um crime. Esse "tipo" descreve o que é proibido. Aliás, o crime é um fenômeno social de alta relevância, com graves consequências para a sociedade. Diariamente, empresários inescrupulosos estão vendendo remédios falsos ou carne deteriorada, adulterando mercadorias, praticando os mais variados crimes contra a economia popular. Afinal, o que vem a ser o crime?

O crime ou delito encontra-se descrito pela lei penal como sendo um fato humano sujeito a uma sanção. Sem definição legal, nenhum fato pode ser considerado crime, como vimos no capítulo anterior. Portanto, basicamente, o crime é uma ação ou omissão, um comportamento positivo ou negativo que se ajusta a um tipo penal. Esse fato típico, esse comportamento, deve ser antijurídico, pois descreve o que é proibido. Assim, se o agente pratica uma ação lesiva a alguém, está contrariando um preceito jurídico-penal. Seu comportamento é contrário ao direito, um comportamento ilícito ou antijurídico. A propósito, escreve Damásio E. de Jesus: "para que haja crime, é preciso, em primeiro lugar, uma conduta humana positiva ou negativa (ação ou omissão). Mas nem todo comportamento do homem constitui delito. Em face do princípio de reserva legal, somente os descritos pela lei penal podem assim ser considerados."[1] E, em seguida, fornece um exemplo da vida real: "A esfaqueia B, matando-o. O sujeito, por meio de uma ação, lesou um bem jurídico, qual seja, a vida de um homem. A conduta de A, portanto, deve achar correspondência a um fato que a lei penal descreve como crime. No Código Penal, encontramos, no art. 121, *caput*, que para o fato de se matar alguém com o *nomen juris* 'homicídio simples', a pena é de seis a 20 anos de reclusão."[2] Porém – insiste-se – não basta apenas a referida conduta típica do agente para a ocorrência do crime. É necessário, ainda, que a conduta seja antijurídica, contrária ao direito, à norma, ao ordenamento jurídico, pois existem condutas proibidas que o legislador acolhe, não permitindo a aplicação da sanção. É o caso da legítima defesa,[3] que não constitui crime, ou seja, o fato enquadra-se no fato típico descrito pela lei, mas a antijuridicidade é excluída. "Recurso em sentido estrito. Homicídio simples. Pronúncia legítima defesa. Própria absolvição art. 411 CPP Recurso provido, à unanimidade. Quando a prova é cristalina, indiscutível e configurada a exclusão de ilicitude prevista no art. 25, do Código Penal, impõe-se a absolvição sumária do acusado, a teor do disposto no art. 411, do Código de Processo Penal. Recurso a que se dá provimento, à unanimidade" (TJES – RESE 35000004412, Relator Sérgio Luiz Teixeira Gama, julgado em 10/04/2002, v.u.).

Para que haja a caracterização do crime, não basta somente a ação, a tipicidade e a antijuridicidade do agente; é preciso ainda que se atribua ao indivíduo a culpa ou o dolo, ou seja, que uma ação seja culpável. Por oportuno, merece transcrição o ensinamento do prof. Damásio E. de Jesus: "De ver-se, porém, que não

---

[1] JESUS, Damásio E. de. *Código penal anotado*. 23. ed. São Paulo: Saraiva, 2016, p. 54.
[2] Ibid. p. 55.
[3] Entende-se por *"legítima defesa quem, usando moderadamente dos meios necessários, repele injusta agressão, atual ou iminente, a direito seu ou de outrem."* (CP, art. 25).

basta seja o fato típico e antijurídico. Exige-se, ainda, que o agente seja culpável. Ex.: A atira em B, matando-o. Prova-se que A, por erro de proibição invencível, acreditava-se achar na iminência de uma agressão injusta. Ocorre uma causa de exclusão da culpabilidade, chamada erro de proibição (descriminante putativa versando sobre a ilicitude da agressão). Aplica-se o art. 21, *caput*, 2ª parte, do CP. O fato é típico e antijurídico, mas não incide o juízo de reprovação social (culpabilidade)". E arremata: "O crime existe, mas o sujeito não sofre pena, uma vez que está ausente a culpabilidade, pressuposto da imposição da sanção penal."[4]

Concluindo, tem-se que o crime é uma ação típica, antijurídica ou ilícita e culpável e, quando ele for praticado, todos esses elementos constitutivos devem estar presentes.

15.2 CRIME POR OMISSÃO

À guisa de exemplo, tomemos para análise o art. 168-A do CP: "*Deixar de repassar à previdência social as contribuições recolhidas dos contribuintes, no prazo e forma legal ou convencional*".

A leitura do dispositivo em evidência convence tratar-se de tipo omissivo, caracterizando o crime de apropriação indébita previdenciária. O sujeito ativo deixa de praticar uma ação, que é o recolhimento de contribuições previdenciárias arrecadadas dos segurados. Apropriar-se é fazer sua a coisa alheia. Mas a jurisprudência tende neste sentido: "O fato de ser permitido ao acusado o recolhimento parcelado das contribuições descontadas dos funcionários e devidas à Previdência Social, descaracteriza o crime de apropriação indébita por indemonstrado o *animus rem sibi habendi*"[5] (RT 717/466). E o § 2º, de referido art. 168-A, considera causa extintiva da punibilidade "*se o agente, espontaneamente, declara, confessa e efetua o pagamento das contribuições, importâncias ou valores e presta as informações devidas à previdência social, na forma definida em lei ou regulamento, antes do início da ação fiscal*".

Ao cometer um fato definido pela lei como crime, o agente sujeita-se a uma punição. No caso citado acima, o crime deve ser praticado por omissão.

O crime omissivo ocorre quando o fato constitutivo for representado por uma omissão em que o agente, ante um comando, deixa de agir. "*A omissão é

---

[4] JESUS, Damásio E. de. *Código penal anotado*. São Paulo: Saraiva, 1995, p. 152.
[5] *Animus rem sibi habendi*: intenção de ter a coisa para si.

penalmente relevante – diz o § 2º do art. 13 do CP – *quando o omitente devia e podia agir para evitar o resultado. O dever de agir incumbe a quem:*

   a) *tenha por lei obrigação de cuidado, proteção ou vigilância;*
   b) *de outra forma, assumiu a responsabilidade de impedir o resultado;*
   c) *com seu comportamento anterior, criou o risco de ocorrência do resultado."*

Por conseguinte, o dever de agir incumbe:

1. *a quem tenha por lei a obrigação de cuidado, proteção ou vigilância* – o art. 244 do CP serve como exemplo: *"Deixar, sem justa causa, de prover a subsistência do cônjuge, ou de filho menor de 18 (dezoito) anos ou inapto para o trabalho, ou de ascendente inválido ou valetudinário,*[6] *não lhes proporcionando os recursos necessários ou faltando ao pagamento de pensão alimentícia judicialmente acordada, fixada ou majorada; deixar, sem justa causa, de socorrer descendente ou ascendente, gravemente enfermo: Pena – detenção, de 1 (um) a 4 (quatro) anos, e multa, de uma a dez vezes o maior salário mínimo vigente no país."* Esse dever, determinado pela lei civil, se descumprido, caracteriza delito omissivo;
2. *a quem assumiu a responsabilidade de impedir o resultado* – o dever de atuar pode advir de uma relação contratual ou de uma profissão. Por exemplo, se o enfermeiro, durante sua atividade profissional, deixa intencionalmente de ministrar ao paciente o remédio receitado, com a finalidade de matá-lo, caracterizado estará o crime omissivo;
3. *a quem, com seu comportamento anterior, criou o risco de ocorrência do resultado* – por exemplo, quem provoca incêndio tem o dever de agir, impedindo que ele se propague. Se for omisso, caracterizado estará o delito.

15.3 DO TIPO

Quando determinada ação ou omissão foi praticada e for igual à descrita pela lei penal, diz-se que é uma ação típica. O tipo é, pois, um modelo legal de ação ou omissão, descrito pelo legislador penal, ao qual corresponde uma conduta punível, desde que seja ilícita, embora nem toda ação típica seja ilícita, como é o caso da legítima defesa.

---

[6] Valetudinário: indivíduo doentio, de compleição muito fraca ou até inválido.

Além do mais, há sempre a necessidade de identificar a natureza da ação praticada pelo agente. E esta é determinada pelo verbo, ou seja, o núcleo que é um dos elementos do tipo.

Com efeito, todo crime é uma ação ou omissão humana e tem o seu verbo específico. É que a lei penal inicia a descrição do fato pelo verbo que indica a ação. Não há tipo sem o seu verbo, podendo haver tipo com mais de um verbo. A partir do art. 121 do CP, encontraremos a descrição das condutas, as quais sempre começam pelo respectivo verbo.

Concluindo, todo tipo tem o seu verbo específico, que define a ação praticada pelo agente.

15.4 CRIME E CONTRAVENÇÃO

Um fato punível pode ser considerado crime ou contravenção. Quando o Código Penal descrever o tipo de crime, o modelo legal da ação proibida, tem-se aí um crime. Quando a Lei das Contravenções Penais (DL 3688/41) definir o tipo de crime, tem-se uma contravenção penal, que é uma violação de menor gravidade, quando comparada ao crime. Consequentemente, a punição da contravenção é menos severa que a do crime. Essa é a única diferença. Ontologicamente, não há diferença entre essas duas espécies de infração.

Concluindo: o legislador brasileiro optou por enquadrar os crimes ou delitos no Código Penal, e as contravenções, na Lei das Contravenções Penais. Entretanto, o Código Penal não é a única legislação de caráter repressivo que descreve o crime. Outras leis existem, de caráter especial, como o é a Lei de Trânsito (9.503/97), a Lei de Crimes Ambientais (9.605/98), a Lei de Drogas (11.343/2006) etc.

16

DOS SUJEITOS DO DELITO

16.1 OS SUJEITOS DO CRIME

A esfaqueia B, vindo este a morrer. Esse acontecimento se enquadra na descrição legal prevista pelo art. 121 do CP: *"Matar alguém: Pena – reclusão de 6 (seis) a 20 (vinte) anos."* Houve uma conduta humana proibida e descrita pela lei penal. É o chamado fato típico, por se ajustar à norma penal descrita como crime. Quem praticou esse fato foi uma pessoa natural, sujeito ativo do crime.

Sujeito ativo é aquele que comete o delito, que pratica a conduta descrita pelo verbo típico, enquanto o sujeito passivo material do crime é a vítima ou o ofendido; quem sofre a ação direta do sujeito ativo, ou que tem seu bem jurídico tutelado lesado ou atingido pela conduta praticada.

Não somente a pessoa física tem capacidade para delinquir. A lei prevê a responsabilidade penal das pessoas jurídicas no âmbito social. Assim, a Lei nº 9.605/98 impõe responsabilidade penal às pessoas jurídicas com relação aos delitos ambientais.

16.2 A CAPACIDADE CRIMINAL DA PESSOA JURÍDICA

O § 3º do art. 225 da Constituição Federal, ao tratar do meio ambiente, envolve a pessoa jurídica em responsabilidade penal. Eis seu conteúdo: *"As condutas e atividades consideradas lesivas ao meio ambiente sujeitarão os infratores, pessoas físicas ou jurídicas, a sanções penais e administrativas, independentemente da obrigação de reparar os danos causados."* A Lei nº 9.605, de 12/2/1998, também é expressa nesse sentido: *"As pessoas jurídicas serão responsabilizadas administrativa, civil e penalmente conforme o disposto nesta lei, nos casos em que a infração seja cometida por decisão de seu representante legal ou contratual, ou de seu órgão colegiado, no interesse ou benefício da sua entidade."* Veja, ainda, o art. 19, § 2º, da Lei nº 8.213, de 1991: *"Constitui contravenção penal, punível com multa, deixar a empresa de cumprir as normas de segurança e higiene do trabalho."* Portanto, os crimes podem ser praticados também pelas pessoas jurídicas, embora sejam elas entes fictícios. Mas a pena a elas imposta poderá limitar-se a multas, isto porque as pessoas jurídicas não podem ser presas, por serem – repita-se – entes fictícios. Analise o art. 173, § 5º, da CF: *"A lei, sem prejuízo da responsabilidade individual dos dirigentes da pessoa jurídica, estabelecerá a responsabilidade desta, sujeitando-a às punições compatíveis com sua natureza, nos atos praticados contra a ordem econômica e financeira e contra a economia popular."*

Claramente demonstrada fica a responsabilidade penal da pessoa jurídica e, assim, ela pode ser sujeito ativo de certos crimes, puníveis com multa ou com a interdição do estabelecimento, ou, ainda, com a suspensão de suas atividades por determinado período.

Quando a pessoa jurídica se envolve em atos criminosos, com pena privativa da liberdade (prisão), a responsabilidade recai sobre seus diretores ou seus gerentes. Por exemplo, o art. 171, VI, do CP prevê como crime de estelionato *"emitir cheque, sem suficiente provisão de fundos em poder do sacado, ou lhe frustrar o pagamento. Pena – reclusão, de 1 (um) a 5 (cinco) anos, e multa."* Se uma pessoa jurídica emite um cheque sem fundos, a responsabilidade penal é do sócio que o assinou, sendo este o sujeito ativo do crime. Quando o juiz decreta a falência de uma pessoa jurídica, esta é a falida. Se esta cometer crime falimentar, responderão os sócios. A ementa que segue é esclarecedora: "o delito de omissão dos documentos contábeis obrigatórios (Lei nº 11.101/05, art. 178) consumou-se com a entrega parcial dos livros de escrituração contábil obrigatória, não socorrendo os apelantes a alegação de que os livros entregues eram os únicos que detinham, pois constitui obrigação do empresário e da sociedade empresária promover a regular escrituração dos livros exigidos por lei, bem como conservá-los em boa guarda" (in TJDF – Ap. 0028816-29.2010.807.0015 – Relator Humberto Adjuto Ulhôa – j. 24/05/2012, v.u.). *"Será punido com detenção* – diz o art. 178, da Lei nº 11.101, de 2005 (Lei de Falências) – *de 1 (um) a 2 (dois) anos, quando deixar de elaborar, escriturar ou autenticar, antes ou depois da sentença que decretar a falência, conceder a recuperação judicial ou homologar o plano de recuperação extrajudicial, os documentos de escrituração contábil obrigatórios."*

16.3 A INCAPACIDADE CRIMINAL DO MENOR

A lei estabelece regras de proteção integral à pessoa menor de 18 anos. Lê-se, então, no art. 1º do Estatuto da Criança e do Adolescente (ECA): *"Esta lei dispõe sobre a proteção integral à criança e ao adolescente."* Além do mais, os menores de 18 anos são inimputáveis, ou seja, não respondem criminalmente pelos seus atos. Contudo, a inimputabilidade não é sinônimo de impunidade. Há, sim, punidade ao menor infrator, e a principal é a privação temporária da sua liberdade. Analise o que determina o art. 106 do ECA: *"Nenhum adolescente será privado de sua liberdade senão em flagrante de ato infracional ou por ordem escrita da autoridade judiciária competente."* Portanto, a apreensão ilegal do adolescente constitui crime com detenção de seis meses a dois anos, por submissão do menor a vexame ou constrangimento (ECA, art. 232). Por exemplo, quando um adolescente é encontrado perambulando pelas ruas ou dormindo ao relento nas praças, mesmo após o uso de drogas, o atendimento dispensado a ele deve ser apenas assistencial, e não policial. Quando o menor infrator atua em concurso com adultos infratores, à autoridade policial cabe apenas proceder às investigações e remeter o relatório e os documentos ao representante do Ministério Público. Nesta investigação, como o menor deve ser ouvido, a autoridade policial utilizará os mesmos mecanismos legais que usaria caso o suspeito fosse maior. Este é o motivo, notoriamente conhecido, pelo qual o policial se recusa a "pôr a mão" no menor quando este não está cometendo ato infracional em flagrante.

Havendo prisão legal do menor por ordem escrita da autoridade judicial, ou em razão de apreensão em flagrante de ato infracional, e comparecendo *"qualquer dos pais ou responsável"* – diz o art. 174 do ECA –, *"o adolescente será prontamente liberado pela autoridade policial, sob termo de compromisso e responsabilidade de sua apresentação ao representante do Ministério Público, no mesmo dia ou, sendo impossível, no primeiro dia útil imediato, exceto quando, pela gravidade do ato infracional e sua repercussão social, deva o adolescente permanecer sob internação para garantia de sua segurança pessoal ou manutenção da ordem pública."* Vale dizer, em situações em que a liberação aos pais não pode ocorrer, deverá o menor ser internado por meio do Ministério Público. *"Em caso de não liberação"* – dispõe o art. 175 do ECA –, *"a autoridade policial encaminhará, desde logo, o adolescente ao representante do Ministério*

Público, juntamente com cópia do auto de apreensão ou boletim de ocorrência." A internação ocorre na entidade de atendimento da Fundação Casa, anteriormente chamada Febem.[1]

16.4 DO SUJEITO PASSIVO DO CRIME

Consumada a conduta punível, o Estado passa a ter o direito de punir. Na verdade, ele atua em defesa da sociedade, impondo uma sanção, uma pena prevista pela norma penal. Formalmente, é o Estado o sujeito passivo do crime. Esse entendimento é de Damásio E. de Jesus. Eis suas palavras: "Assim, sempre há um sujeito passivo juridicamente *formal* em todo crime, pelo simples fato de ter sido praticado, independentemente de seus efeitos. Este sujeito passivo formal é o Estado, titular do mandamento proibitivo não observado pelo sujeito ativo."[2]

---

[1] Casa: Centro de Atendimento Socioeducativo ao Adolescente.
Febem: Fundação Estadual do Bem-Estar do Menor.
[2] JESUS, Damásio E. de. *Código penal anotado*. São Paulo: Saraiva, 1995, p. 169.

17

DA RELAÇÃO DE CAUSALIDADE

17.1 A RELAÇÃO DE CAUSALIDADE

Imagine-se certa passageira de um trem sendo vigiada pelo seu ex-namorado, que deseja matá-la e a está seguindo por vários lugares. Suponhamos que, de fato, ela venha a ser morta no trem, mas por um assaltante. Observamos que não há qualquer nexo de causalidade entre a atividade do ex-namorado e a morte ocorrida.

Se o ex-namorado tivesse sido o autor do crime, aí sim haveria o nexo causal. O comportamento é a causa, e o efeito, a morte. O resultado tem de advir da ação ou omissão do agente, resultado este lesivo ou de perigo para determinado bem jurídico. A própria lei, no art. 13 do CP, é peremptória nesse sentido: *"O resultado, de que depende a existência do crime, somente é imputável a quem lhe deu causa. Considera-se causa a ação ou omissão sem a qual o resultado não teria ocorrido."*

Portanto, entre a causa e o efeito deve haver uma relação de causalidade, um vínculo de causa e efeito, pois a morte foi o resultado da conduta do agente. A ação ou o comportamento figura como causa; a morte, como consequência. O nexo de causalidade, é, portanto, o liame entre a causa e o efeito, o vínculo entre o comportamento humano descrito no tipo e o resultado, a morte, por exemplo. Não devemos esquecer que o crime é, basicamente, uma ação ou omissão que se ajusta a um tipo, a um modelo legal.

17.2 TEORIA ADOTADA PELO CÓDIGO

Quando o nosso Código Penal, art. 13, Segunda Parte, expressamente considera causa do crime a ação ou a omissão sem a qual o resultado não teria ocorrido, adotou a chamada teoria da *conditio sine qua non* ou da *equivalência dos antecedentes causais*, que tem como base a teoria de que tudo o que acontece para o resultado é causa, tenha o agente agido isoladamente ou não. Causa é, pois, toda condição do resultado, ou seja, o crime é conceituado, basicamente, como sendo uma ação ou uma omissão que se ajusta a um tipo, a um modelo legal. Ele pode ser praticado ou por ação, que é um movimento corpóreo de fazer, ou por omissão, uma abstenção, um não fazer. O art. 13 do CP analisa a ação e a omissão como causas do resultado, ou seja, a relação entre a ação ou a omissão (causa) e o efeito (resultado). A teoria acima referida "atribui aptidão causal a antecedentes distantes desde que, sem eles, não se daria o resultado."[1] "Tudo o que contribuiu para o resultado é causa deste."[2]

17.3 CAUSALIDADE NA OMISSÃO

A *Revista dos Tribunais*, v. 757, p. 641, publicou a seguinte ementa: "Caracteriza-se a figura do delito de maus-tratos, com resultado morte, e não o crime de homicídio, a conduta dos pais que privam o filho de alimentação e cuidados indispensáveis à sua saúde, se não demonstrado nos autos a intenção de matar a indefesa vítima".

No relatório do acórdão, consta o seguinte: nascida no dia 11/11/1994, a vítima foi privada pelos seus pais de alimentação e cuidados indispensáveis à sua saúde. Em estado de subnutrição e sem qualquer assistência, a vítima foi entregue à terceira acusada, sua avó, que deu continuidade aos maus-tratos praticados pelos dois primeiros denunciados, alegando falta de tempo para cuidar do recém-nascido e, assim, em razão da omissão existente, a vítima veio a falecer.

Discutiu-se, então, se o delito foi de maus-tratos ou de homicídio. O Tribunal, como mostra a ementa acima, decidiu que ocorreu o crime previsto no § 2º do art. 136 do CP: *"Expor a perigo a vida ou a saúde de pessoa sob sua autoridade, guarda ou vigilância, para fim de educação, ensino, tratamento ou custódia, quer privando-a de alimentação ou cuidados indispensáveis, quer sujeitando-a a trabalho excessivo ou inadequado, quer abusando de meios de correção ou disciplina. § 2º Se resulta a morte: Pena – reclusão, de 4 (quatro) a 12 (doze) anos. § 3º Aumenta-se a pena de um terço, se o crime é praticado contra pessoa*

---

[1] BEMFICA, Francisco Vani. *Da teoria do crime*. São Paulo: Saraiva, 1990. p. 47.
[2] VARGAS, José Cirilo de. *Instituições de direito penal*; parte geral. Belo Horizonte: Del Rey, 1997. t. I. p. 234.

menor de 14 (catorze) anos." E concluiu o Tribunal: "Seria homicídio se a mãe, o pai, a avó ou qualquer pessoa deixassem de alimentar a vítima com a deliberada vontade de matá-la de fome, o que não restou provado nos autos".

O crime também pode advir da omissão, que pode ser a causa do resultado. A parte final do artigo acima transcrito assim dispõe: ***"Considera-se causa a omissão sem a qual o resultado não teria ocorrido."*** Portanto, não há crime sem resultado jurídico e somente pratica o crime por omissão quem tem o dever de agir e não age. É o caso da mãe que deixou de alimentar o filho recém-nascido, causando-lhe a morte, ou do advogado que retira com carga o processo e, quando intimado a devolvê-lo no prazo determinado, deixa de restituí-lo.[3] O art. 135 do CP também mostra que é crime *"Deixar de prestar assistência, quando possível o fazer sem risco pessoal, à criança abandonada ou extraviada, ou à pessoa inválida ou ferida, ao desamparo ou em grave e iminente perigo; ou não pedir, nesses casos, o socorro da autoridade pública."* Veja, ainda, o art. 269 do CP: *"Deixar o médico de denunciar à autoridade pública doença cuja notificação é compulsória."*

17.4 SUPERVENIÊNCIA DA CAUSA RELATIVAMENTE INDEPENDENTE

O exemplo que a doutrina indica soluciona o problema em tela: B fere A, que vem a falecer no hospital, em decorrência de um incêndio. B não é excluído da imputação que irá responder pelos ferimentos em A; não pela morte. Diz, a propósito, o § 1º do art. 13 do CP: *"A superveniência da causa relativamente independente exclui a imputação quando, por si só, produziu o resultado."*

Com efeito, B não é excluído da imputação pelo simples fato de que foi responsável por A se encontrar no hospital, ferido; se assim não fosse, A não teria sido vítima do incêndio. Por conseguinte, existe uma relação entre o ferimento sofrido e o acidente que vitimou A, ou seja, para o resultado morte concorreram de forma indireta os ferimentos e, por isso, a causa superveniente não é considerada relativa.

Causa superveniente é aquela que ocorre após o agente ter praticado a ação. É o acontecimento que vem depois de outro fato.

A causa relativamente independente, referida pelo dispositivo acima transcrito, é aquela que guarda alguma relação com o acontecimento anterior, diferentemente

---

[3] Art. 356 do CP: *"Inutilizar, total ou parcialmente, ou deixar de restituir autos, documento ou objeto de valor probatório, que recebeu na qualidade de advogado ou procurador: Pena – detenção, de 6 (seis) meses a 3 (três) anos e multa."*

da causa absolutamente independente, que não guarda liame algum com o acontecimento anterior, quebrando o nexo causal. É o caso da nossa motivação inicial, em que o assaltante, que surgiu posteriormente à perseguição do ex-namorado à antiga namorada, comete homicídio. Neste exemplo, a causa superveniente é considerada absoluta por não ter concorrido para o resultado morte, excluindo da imputação o ex-namorado. *In casu*, aplica-se o *caput* do art. 13 do CP: *"O resultado, de que depende a existência do crime, somente é imputável a quem lhe deu causa."*

18

DO CRIME CONSUMADO E DA TENTATIVA

18.1 CONSIDERAÇÕES INTRODUTÓRIAS

Conjecturemos uma situação em que alguém deseja, intencionalmente, matar certa pessoa. Primeiramente, aquela pessoa imagina como irá tirar a vida da outra e prepara-se, buscando os elementos necessários para atingir seu intento. Imaginemos que o agente, para cometer o crime, pretenda usar um revólver. Se não o possui, precisa comprá-lo. Finalmente, programa-se buscando condições necessárias para alcançar seu objetivo: aponta o revólver e puxa o gatilho, deixando a vítima sem vida. O fato criminoso está consumado.

Observamos que houve um caminho a seguir, desde a ideia da prática do crime até a sua plena execução, passando por diversas fases. É o chamado *iter criminis*, ou seja, o caminho do crime.

18.2 FASES DE *ITER CRIMINIS*, TAMBÉM DENOMINADO CAMINHO DO CRIME

O *iter criminis*, ou seja, o caminho do crime, "é o conjunto de fases pelas quais passa o delito."[1] Em todo crime existe um caminho, que se inicia com a cogitação e pode ir até a consumação. Pode haver, inclusive, interrupções que mudem o curso dos acontecimentos. Alguns delitos apresentam *iter criminis* maiores, outros menores.

---

[1] JESUS, Damásio E. de. *Código penal anotado*. 23. ed. São Paulo: Saraiva, 2016. p. 74.

Na trajetória normal, existem quatro fases que o agente deve percorrer para chegar à consumação do delito:

1. *Fase da cogitação ou da ideação* – é a fase em que o crime é idealizado mentalmente. O agente planeja no interior da mente o caminho a seguir, escolhendo os meios que considera mais adequados à consecução do fim almejado; portanto, nesta fase ainda não pode ser objeto de punição.
2. *Fase de atos preparatórios* – quando uma pessoa pretende, por exemplo, matar alguém, passa a realizar os atos preparatórios, adquirindo a arma e a munição, dirigindo-se ao local e aguardando a vítima. Esta fase não interessa ao direito punitivo por não estar prevista pela lei; é a fase da preparação para o crime, cujos atos não são puníveis (em regra).
3. *Fase de atos de execução* – é a etapa em que o agente dá início à execução de um delito, à realização da conduta descrita no tipo. Enfim, é a realização do crime de acordo com o plano arquitetado.
4. *Fase de consumação* – é a etapa final do *iter criminis*, em que o agente consegue, de modo efetivo, o resultado almejado, realizando a figura típica descrita no artigo da lei penal, atacando o bem jurídico.

18.3 CRIME CONSUMADO

A *Revista dos Tribunais*, v. 740, p. 684, publicou a seguinte situação: determinado empresário fez anúncio, em um jornal de grande circulação, oferecendo a venda de lajes pré-fabricadas.

Atraído pela publicação, certo consumidor comprou determinada quantia do vendedor e por ela pagou, mas este, por não ter a mercadoria oferecida, deixou de entregá-la.

O Tribunal decidiu conforme se vê pela ementa do acórdão que segue: "Comete o delito de afirmação falsa ou enganosa contra relações de consumo, em prejuízo de clientes, agente que faz publicar em jornal de grande circulação anúncio de material de construção para atraí-los, recebendo importância e não o entregando, porque não o detinha. A consumação da infração penal ocorre com a publicação enganosa, pois o consumidor, que é atraído para comprar, supõe que o comerciante detém a mercadoria para entrega imediata ou a seguir". Portanto, a consumação da infração penal ocorreu com a publicação enganosa, ou seja, o crime é consumado por ocasião da publicação no jornal. Antes, podemos facilmente mentalizar as demais fases deste crime.

Quando o agente percorre todo o caminho do delito, encerrando-o com a consumação, dá-se o crime como consumado. A consumação implica a realização integral do tipo, ou como diz a lei: *"Diz-se crime: I – consumado, quando nele se reúnem todos os elementos de sua definição legal."* (CP, art. 14, I).

Tratando-se de um crime material, a consumação coincide com a ocorrência do evento. No homicídio, por exemplo, a consumação se dá no momento da morte. Tratando-se de crime formal, como é o caso da injúria, o momento consumativo é quando o sujeito passivo ouve a expressão injuriosa. "O crime de falso testemunho, sendo de natureza formal, consuma-se com o encerramento do depoimento e perfecciona-se no instante em que a testemunha mente." (RT 747/725).

18.4 DA TENTATIVA

Na trajetória do crime, na fase em que o agente inicia a execução, se, logo em seguida, houver uma interrupção não voluntária, estará caracterizada a tentativa. A esse propósito, o art. 14, II, do CP, é expresso: *"Diz-se crime: II – tentado, quando, iniciada a execução, não se consuma por circunstâncias alheias à vontade do agente."* Ou seja, não há a fase da consumação; o agente inicia a execução de um crime e, por circunstâncias alheias à sua vontade, não chega a consumá-lo. Por exemplo, no momento do disparo da arma, uma terceira pessoa empurra a vítima, impedindo que o projétil a atinja mortalmente. Ou alguém a socorre, levando-a para um hospital e, assim, impede sua morte. *"Salvo disposição em contrário, pune-se a tentativa com a pena correspondente ao crime consumado, diminuída de um a dois terços."* (CP, art. 14, parágrafo único). Vale dizer, para efeitos legais, que a tentativa e o crime consumado devem ser equiparados, sendo o fato tentado menos apenado. "Nos termos do art. 14, inciso II, do Código Penal, só há tentativa quando, iniciada a conduta delituosa, o crime não se consuma por fatores alheios à intenção do agente" (STJ, CC 56209/MA, Rel. Min. Laurita Vaz, S3, DJ 06/02/2006, p. 196). Em outra decisão "Por ocasião da análise do *quantum* a ser arbitrado à tentativa (CP, art. 14, II), cabe verificar o caminho inverso do *iter criminis*, no sentido de que, quanto mais próximo da consumação, menor deve ser a redução. Assim sendo, em tendo o acusado se aproximado das vias finais de consumação do crime, deve-se reduzir a reprimenda em proporção inferior ao limite máximo estabelecido pelo art. 14, parágrafo único, do Código Penal" (TJSC, ACr 2009.024655-5, Rel. Des. Salete Silva Sommariva, DJSC 21/07/2010, p. 389). Quando o crime é consumado, a punibilidade encontra-se na lei penal que o enuncia, ao passo que, na tentativa, como diz o artigo anteriormente transcrito, há diminuição de um a dois terços em relação à punibilidade do crime consumado.

O delito da tentativa pode não se consumar por circunstâncias alheias à vontade do agente, mas se não ocorrer a consumação por vontade própria, estaremos diante da desistência voluntária ou do arrependimento eficaz.

Alguns crimes não admitem tentativa, devido à impossibilidade de fracionamento da fase executiva. Quando a ação e o resultado ocorrem quase ao mesmo tempo, não há a tentativa. Um exemplo é a injúria verbal, em que a ação e o resultado ocorrem quase ao mesmo tempo. Somente haverá a tentativa quando a execução comportar interrupção da execução iniciada pelo agente. O crime demonstrado pela nossa motivação é um caso típico em que não há a tentativa.

Quando o agente, podendo prosseguir na execução do crime, o interrompe por ato próprio, somente será punido pelo fato a que correspondam os atos por ele já praticados. É o que diz o art. 15 do CP: *"O agente que, voluntariamente, desiste de prosseguir na execução ou impede que o resultado se produza só responde pelos atos já praticados."*

19

DO CRIME DOLOSO E DO CRIME CULPOSO

19.1 DO CRIME DOLOSO

Em uma cirurgia, ao introduzir a cânula de lipoaspiração, um cirurgião perfura o peritônio do paciente, vindo este a falecer posteriormente. Discutiu-se no STF se ocorreu homicídio doloso ou culposo.

A minoria do Tribunal entendeu ter ocorrido homicídio culposo. Eis a ementa do acórdão do voto vencido: "As complicações resultantes da intervenção cirúrgica que venham a ocasionar a morte do paciente não caracterizam o dolo, em nenhuma de suas formas, do profissional da medicina; no máximo poderá o mesmo incidir em culpa, sendo possível a desclassificação do crime para o homicídio culposo qualificado".

A maioria do Tribunal entendeu tratar-se de homicídio doloso, na modalidade de dolo eventual.

"Finda a operação, Válter foi levado ao quarto para recuperação.

Ocorre que, ao invés de melhorar, o paciente teve seu estado de saúde agravado. Iniciou-se forte processo hemorrágico em decorrência da perfuração peritoneal, passando Válter a sofrer dores violentas, processo supurativo intenso na região abdominal, incapacidade urinária, além de edema do pênis e escroto, originário de traumatismo cirúrgico.

Não obstante seu grave estado, não recebeu qualquer assistência de profissional habilitado, sendo que os indiciados Antônio Carlos e José Peres não lhe deram qualquer acompanhamento pós-operatório.

Na noite do dia 4 de julho, Válter recebeu a visita de sua mulher, Tereza Cristina, e dos amigos.

Todos perceberam nitidamente as péssimas condições de saúde de Válter. Ele reclamava de fortes dores, não conseguia urinar, apresentava acentuada hemorragia no local da cirurgia, o sangue escorrendo por suas vestes. Notaram os circunstantes, ainda, forte odor fétido, característico de processo infeccioso.

Nestas circunstâncias, clamaram pela presença de um médico. Nenhum apareceu. Veio apenas o indiciado Teófilo, o qual, mesmo não sendo profissional habilitado, passou a dizer que 'tudo estava bem', 'dentro da normalidade', 'aquilo era assim mesmo' e que 'ele ia sair excelente'.

Embora fosse proprietário da clínica, não convocou qualquer médico, subordinado à empresa, para examinar o paciente. Agindo levianamente, preferiu afiançar que ele iria melhorar, para, em seguida, o abandonar à própria sorte.

No dia seguinte (5/7), o denunciado, Antônio Carlos, compareceu à clínica por volta das 15h40. Dirigiu-se ao quarto da vítima e, indagando sobre seu estado, recebeu como resposta que estava bastante ruim, as dores haviam aumentado, nenhuma melhora, valendo destacar que, a esta altura, o processo infeccioso já estava bastante adiantado.

Malgrado esta verificação, Antônio Carlos não procedeu a qualquer exame no ofendido. Sequer olhou o curativo. Simplesmente lhe deu alta, mandando-o para casa com a receita.

Válter foi colocado no veículo dirigido por sua esposa e, no percurso até sua residência, veio a falecer, em decorrência da septicemia, conforme demonstra o laudo necroscópico de f." (RT 743/546).

Nos termos do art. 18, I, do CP, o crime é *"doloso, quando o agente quis o resultado ou assumiu o risco de produzi-lo."* Portanto, o dolo é a vontade de executar um fato que a lei tem como crime, ou o agente assume conscientemente o risco pelo resultado do delito. Por exemplo, se um indivíduo sai de sua casa para matar determinada pessoa, e a mata, comete homicídio doloso porque teve a vontade de realizar a conduta e quis o resultado. No caso narrado acima, a maioria dos ministros entendeu que houve homicídio doloso pelo fato de o médico "não ter prestado assistência adequada à vítima, no pós-operatório, apesar de ter sido informado da gravidade de seu estado de saúde, assumindo, assim, conscientemente, o risco pelo resultado morte" (RT 743/546). Dolo, por conseguinte, é também a aceitação do risco do resultado, chamado pela doutrina de dolo eventual.

19.2 DO CRIME CULPOSO

Pela nossa motivação acima, o ministro Marco Aurélio entendeu não ter configurado o homicídio doloso:

[...] na verdade, o quadro revela possível ocorrência de imperícia, negligência do profissional da medicina. Como todos nós sabemos, o médico tem como atribuição precípua salvar vidas. No caso, não cabe sequer cogitar de dolo eventual. A vítima internou-se para, mediante ajuste no campo econômico-profissional, fazer uma lipoaspiração.

No pós-operatório da intervenção cirúrgica, houve complicações, resultando em inflamação generalizada. A assistência médica não teria sido a desejável, porque não foi realizado acompanhamento maior. Indaga-se: o profissional teria assumido, intencionalmente, o risco culposamente, mostrando-se negligente? (RT 743/547).

Outra situação em que o STF desclassificou o delito da forma dolosa para a culposa (RT, 751/537): Certo indivíduo, sob o pretexto de proteger a sua residência da entrada de ladrões, instalou vergalhões eletrificados em volta do quintal. Esta providência, à época, gerou protestos da vizinhança, porque ali transitavam e brincavam menores impúberes. Em face disso, o proprietário desmontou a "armadilha" por entender que aquele "engenho" poderia eletrocutar pessoa inocente. Posteriormente, o proprietário reativou o sistema e uma criança vizinha foi eletrocutada e teve morte instantânea.

O então ministro Sepúlveda Pertence entendeu não justificar o crime doloso por não haver a vontade dirigida ao fim colimado. O que houve foi uma conduta imprudente, o proprietário réu agiu com imprudência.

Houve *"crime culposo* – dispõe o nosso Código Penal, no art. 18, II – *quando o agente deu causa ao resultado por imprudência, negligência ou imperícia."* A lei não definiu a culpa. Apenas diz que o crime será culposo quando o agente der causa ao resultado por imprudência, negligência ou imperícia, ou seja, no crime culposo, o resultado é indesejado pelo agente, que não o quer nem assume o risco de produzi-lo.

Imprudência, negligência e imperícia são os elementos formadores da culpa.

1. *Imprudência* – "derivado do latim *imprudentia* (falta de atenção, imprevidência, descuido)."[1] "Em sede de responsabilidade penal por acidente de trânsito – decidiu o Tribunal – é indiscutível a culpa do condutor de veículo que se desvia do seu curso e adentra a contramão, vindo a colidir com veículo que trafegava em sentido contrário.

---

[1] DE PLÁCIDO E SILVA. *Vocabulário jurídico*. Rio de Janeiro: Forense, 1984. v. I. p. 433.

A circunstância de o condutor do outro veículo não possuir carteira de habilitação é irrelevante no caso, pois o nosso sistema penal não contempla a responsabilidade objetiva nem a compensação de culpa" (RT 745/533).
2. *Negligência* – é uma forma de omissão; é a ausência de precaução. "É devida indenização por danos morais à mãe parturiente cujo filho nasce morto por respirar mecônio no útero em razão do retardamento do parto, por negligência e omissão médica" (RT 729/290). Decidiu, ainda, o Tribunal, pela ocorrência de crime, determinando o processamento.
3. *Imperícia* – é o que se faz sem conhecimento da arte ou da técnica.[2] "Consiste na incapacidade, na falta de conhecimento para o exercício de determinadas atividades, já que pressupõe arte ou profissão."[3] Enfim, é a demonstração de inaptidão técnica da profissão. Por oportuno, cabe lembrar o § 4º do art. 121 do CP: *"no homicídio culposo a pena é aumentada de um terço, se o crime resulta de inobservância de regra técnica da profissão, arte ou ofício, ou se o agente deixa de prestar imediato socorro à vítima, não procura diminuir as consequências de seu ato, ou foge para evitar prisão em flagrante."*

Considerando que o crime é uma ação ou uma omissão que se ajusta a um tipo, a um modelo legal, ninguém responderá pelo seu resultado se não agiu com dolo ou culpa. Para que um fato seja típico, é preciso que haja dolo ou culpa, sem o que não há crime. Não há pena sem culpabilidade.[4]

19.3 CRIME PRETERDOLOSO

Um indivíduo desfere um soco em outrem sem a intenção de matá-lo. Entretanto, a vítima cai no solo, bate a cabeça em uma pedra e morre. O homicídio é preterdoloso, uma figura dolosa e culposa ao mesmo tempo. O resultado final (morte) não é desejado, ou seja, existe dolo quanto ao delito anterior e culpa ao consequente. O resultado final vai além do desejado pelo agente. Essa espécie

---

[2] DE PLÁCIDO E SILVA. *Vocabulário jurídico*. Rio de Janeiro: Forense, 1984. v. III. p. 238.
[3] SALLES JÚNIOR, Romeu de Almeida. *Homicídio culposo e a lei nº. 4611/65:* comentários, doutrina, jurisprudência, prática. 3. ed. São Paulo: Saraiva, 1986. p. 55.
[4] O Código Penal desloca o dolo e a culpa do terreno da culpabilidade para o campo do tipo penal.

de crime é prevista pelo art. 129, § 3º, do CP: *"Se o resultado morte e as circunstâncias evidenciam que o agente não quis o resultado, nem assumiu o risco de produzi-lo: Pena – reclusão, de 4 (quatro) a 12 (doze) anos."*

Segundo Damasio E. de Jesus, "Crime preterdoloso ou preterintencional é aquele em que a conduta produz um resultado mais grave que o pretendido pelo sujeito. É a chamada 'preterintencionalidade substitutiva'. O agente quer um *minus* e seu comportamento causa um *majus*, de maneira que se conjugam o dolo na conduta antecedente e a culpa no resultado (consequente). Daí falar-se que o crime preterdolo é um misto de dolo e culpa: dolo no antecedente e culpa no consequente."[5]

19.4 PERDÃO JUDICIAL

Um pai, agindo com culpa, atropela o próprio filho, matando-o. Tem o infeliz pai direito ao perdão judicial?

O perdão judicial, escreve Flávio Augusto Monteiro de Barros, "é ato do magistrado que deixa de aplicar a pena ao réu em virtude da presença de determinadas circunstâncias expressamente previstas em lei."[6] O § 5º do art. 121 do CP, a propósito, dispõe que *"na hipótese de homicídio culposo, o juiz poderá deixar de aplicar a pena, se as consequências da infração atingirem o próprio agente, de forma tão grave, que a sanção penal se torne desnecessária."* Uma decisão do Tribunal: "Para a concessão do perdão judicial, em sede de delito culposo de trânsito, é necessário que o agente tenha sofrido de tal maneira, que torne dispensável a pena, não bastando o grau de parentesco entre a vítima e o réu ou a natureza isolada do lesionamento" (RT 757/660).

Apesar de o perdão judicial ser ato exclusivo do magistrado, ficando ao seu prudente critério, "há de se nortear em superior compreensão a respeito da gravidade experimentada pelo agente, física ou moral, a tornar a punição maior que a impunidade."[7]

---

[5] In *Revista dos Tribunais*. v. 747. p. 522.
[6] BARROS, Flávio A. Monteiro de. *Crimes contra a pessoa*. São Paulo: Saraiva, 1997. p. 41.
[7] TACrim-SP – AC – rel. Gonçalves Nogueira – JUTACrim 87/429.

19.5 ERRO SOBRE ELEMENTOS DO TIPO

"Se o recorrente sequer tinha conhecimento que a área por ele alugada era considerada de preservação permanente, acreditando piamente tratar-se de área destinada ao plantio, configurado está o erro de tipo, pois o agente nem ao menos sabia que estava, por meio de sua atividade agrícola, impedindo ou dificultado a regenaração de florestas e demais formas de vegetação, elementares do tipo penal insculpido no art. 48 da Lei nº 9.605/98, cuja inexistência de forma culposa impõe a decretação da absolvição" (TJMG, AC 1.0024.06.106430-9/001, rel. des. Judimar Biber, DJ 30/05/2007).

A ementa do acórdão destacado retrata uma hipótese de erro sobre o elemento do tipo ou, simplesmente, erro de tipo. O agente laborou em erro sobre algum elemento do tipo, ou seja, acreditava estar plantando normalmente, sem praticar qualquer conduta ilícita, por desconhecer o crime ambiental que praticava (Lei de Crimes Ambientais, art. 48). Ocorreu uma causa de exclusão da culpabilidade, chamada erro de proibição (erro sobre a ilicitude do fato). *"O desconhecimento da lei é inescusável.* – determina o art. 21 do CP – *O erro sobre a ilicitude do fato, se inevitável, isenta de penas; se evitável, poderá diminuí-la de um sexto a um terço."* "Se vencível, ou seja, se pudesse ter sido evitado com as cautelas próprias do homem médio, apenas o dolo ficaria excluído, abrindo-se a possibilidade de punição a título de culpa, se houver a punibilidade a esse título."[8] *"O erro sobre elemento constitutivo do tipo legal de crime exclui o dolo, mas permite a punição por crime culposo, se previsto em lei."* (CP, art. 20).

Erro, nas palavras de Euclides Ferreira da Silva Júnior, "é a falsa ideia ou o falso conhecimento de um fato ou de uma norma jurídica."[9] "O erro é a representação em desacordo com a realidade. É o conhecimento falso, equivocado."[10] Se soubesse a verdade, não teria praticado o crime. Erro de tipo ocorre quando o agente labora em erro sobre algum elemento do tipo. Por exemplo, o agente que casa com pessoa já casada, sem conhecer essa circunstância, não responde pelo crime de bigamia, porque, se soubesse da verdade, não teria casado.

O erro de tipo pode ser dividido em erro essencial e erro acidental.

---

[8] VARGAS, José Cirilo de. *Instituições de direito penal:* parte geral. Belo Horizonte: Del Rey, 1997. t. I. p. 303.
[9] SILVA JR., Euclides Ferreira da. *Lições de direito penal*. São Paulo: Juarez de Oliveira, 1999. p. 130.
[10] Ibid., p. 302.

"O erro essencial é o que recai sobre um elemento do tipo, ou seja, sobre fato constitutivo do crime, e sem o qual o crime não existiria", escreve Júlio Fabrini Mirabete.[11] O erro de tipo essencial pode ser invencível ou escusável e vencível ou inescusável.

O erro de tipo invencível ou escusável é aquele que não pode ser evitado. O agente atua com erro apesar dos cuidados objetivos.[12] O agricultor, sem instrução alguma e que somente faz a plantação agrícola, não tinha condições de saber que praticava um crime ambiental e age amparado por erro de tipo invencível ou escusável.

"O erro de tipo vencível ou inescusável – ensina Euclides Ferreira da Silva Júnior – é aquele no qual o agente, mediante um certo e determinado cuidado, poderia evitar o delito." E fornece o seguinte exemplo: "Alguém, pretendendo dar cabo de seu inimigo, entrega ao agente uma arma de fogo carregada, dizendo erroneamente que ela se encontra descarregada e o convence a atirar na vítima, seu inimigo, para fazer uma brincadeira e assustá-la. Acaba o agente, assim, por matar a vítima."[13]

O erro de tipo é acidental quando recai sobre os elementos secundários ou estranhos do tipo. Por exemplo, um indivíduo pretende subtrair sal, mas acaba por subtrair açúcar. Responde pelo crime de furto, visto que o erro quanto ao objeto, *in casu*, é irrelevante. O erro é acidental.

O erro de tipo distingue-se do erro de proibição. "Enquanto o primeiro exclui o dolo" – escreve Mirabete[14] –, "o segundo afasta a compreensão da antijuridicidade." E continua: "O erro de tipo dá-se quando 'o homem não sabe o que faz'; o erro de proibição quando 'sabe o que faz', mas acredita que não é contrário à ordem jurídica", exatamente como foi o caso de nossa motivação inicial.

19.5.1 Erro determinado por terceiro

Oportuno é o exemplo fornecido por Mirabete: "Suponha-se que o médico, desejando matar o paciente, entrega à enfermeira uma injeção que contém veneno, afirmando que se trata de um anestésico e a faz aplicar". E continua: "A enfermeira agiu por erro determinado por terceiro, e não dolosamente, respon-

---

[11] MIRABETE, Júlio Fabrini. *Manual de direito penal*; parte geral. São Paulo: Atlas, 1999. p. 171.
[12] Ibid., p. 171.
[13] SILVA JR., Euclides Ferreira da. *Lições de direito penal*. São Paulo: Juarez de Oliveira, 1999. p. 132.
[14] MIRABETE, 1999, p. 171.

dendo apenas o médico."[15] *"Responde pelo crime o terceiro que determina o erro."* (CP, art. 20, § 2º). Trata-se da chamada autoria mediata.

19.5.2 Erro sobre a pessoa

A lição de Jair Leonardo Lopes é esclarecedora: "O erro quanto à pessoa contra a qual fora praticado o crime não isenta de pena, sendo esta aplicada como se atingida tivesse sido a pessoa realmente visada (art. 20, § 3º). Assim sendo, levar-se-ão em conta não as qualidades da pessoa atingida, mas aquelas da pessoa contra a qual o agente queria, efetivamente, praticar o crime."[16]

---

[15] MIRABETE, 1999, p. 172.
[16] LOPES, Jair Leonardo. *Curso de direito penal:* parte geral. 2. ed. São Paulo: Revista dos Tribunais, 1996. p. 129.

20

DAS CAUSAS JUSTIFICATIVAS DA ANTIJURIDICIDADE

20.1 APRESENTAÇÃO

Todo comportamento do homem que coincide com o descrito pela lei penal constitui fato típico. Portanto, para que haja crime é preciso a ocorrência de uma conduta humana, positiva ou negativa, definida pela lei penal. Por exemplo, o art. 121 do CP é expresso: *"Matar alguém: Pena – reclusão, de 6 (seis) a 20 (vinte) anos."* Se uma pessoa esfaquear outra, matando-a, cometeu um crime.

Contudo, não basta a referida conduta típica. É necessário, ainda, que a conduta seja antijurídica, isto é, contrária ao direito, um comportamento que viole a norma penal, pois existem condutas típicas que o legislador acolhe, não permitindo a aplicação da sanção prevista pela lei penal, ou seja, será antijurídica a ação que não encontrar, na própria lei, uma causa que a justifique como excludente da ilicitude. Assim, se uma ação adequar-se a um certo tipo legal mas, excepcionalmente, estiver autorizada pela própria lei, não há a ilicitude.

O nosso Código Penal, no seu art. 23, apresenta um elenco de causas que afastam a antijuridicidade da ação:

"Não há crime quando o agente pratica o fato:

I – em estado de necessidade;
II – em legítima defesa;
III – em estrito cumprimento de dever legal ou no exercício regular de direito."

Vejamos cada excludente da ilicitude.

20.2 DO ESTADO DE NECESSIDADE

O Tribunal de Justiça do Estado de Goiás considerou como não crime a seguinte situação, da Apelação Criminal nº 35.148-7/2013 (200804995740), de Uruaçu, sob a relatoria do desembargador Jamil Pereira de Macedo, em março de 2009: "Fineias, de 25 anos, que é deficiente visual, foi condenado pelo juízo de Uruaçu a dois anos de reclusão, em regime aberto, e 20 dias-multa, por comercializar CDs e DVDs piratas. Por ocasião da defesa, foi alegado o reconhecimento do estado de necessidade, visto que, apesar do agente ter cometido o delito, expondo à venda vários CDs e DVDs na feita local da cidade, praticou o crime para prover seu sustento e o de sua família, já que não lhe restou alternativa senão o mundo do 'subemprego'. De um lado, encontra-se o direito do autor e, de outo, a necessidade de sobrevivência do apelante. Para o reconhecimento de necessidade, não basta a mera alegação de dificuldade de ordem financeira, havendo de se comprovar situação de perito atual ou inevitável, de modo a não permitir outra opção que não a prática do ilícito, como no referido caso".

"Estado de necessidade é uma situação de perigo atual de interesses protegidos pelo direito" – escreve Damásio E. de Jesus –, "em que o agente, para salvar um bem próprio ou de terceiro, não tem outro meio senão o de lesar o interesse de outrem."[1] Confira pelo art. 24 do CP: *"Considera-se em estado de necessidade quem pratica o fato para salvar de perigo atual, que não provocou por sua vontade, nem podia de outro modo evitar, direito próprio ou alheio, cujo sacrifício, nas circunstâncias, não era razoável exigir-se."*

Portanto, o pressuposto principal para a caracterização da excludente é a ocorrência de uma situação atual de perigo, que ameaça um bem jurídico próprio ou de terceiro, pondo em risco de lesão somente evitável pelo cometimento do fato típico. É o que ocorre, à guisa de ilustração, quando "dois náufragos disputam a mesma tábua que suporta apenas o peso de um. Verifica-se a eliminação de um pelo outro, para resguardo da vida."[2] No exemplo de Damásio E. de Jesus, "dois alpinistas percebem que a corda que os sustenta está prestes a romper-se. Para salvar-se, A atira B num precipício."[3] Note que ocorre o fato típico (matar alguém), entretanto, não é antijurídico pela presença do estado de necessidade. O fato, apesar de típico, não é criminoso.

---

[1] JESUS, Damásio E. de. *Código penal anotado*. 23. ed. São Paulo: Saraiva, 2016. p. 144.
[2] SALLES JÚNIOR, Romeu de Almeida. *Homicídio culposo e a lei nº 4611/65*: comentários, doutrina, jurisprudência, prática. 3. ed. São Paulo: Saraiva, 1986. p. 61.
[3] JESUS, Damásio E. de. *Código penal anotado*. São Paulo: Saraiva, 1995. p. 367.

Não se deve perder de vista a observação de Jair Leonardo Lopes de que "não pode alegar estado de necessidade quem tinha o dever legal de enfrentar o perigo, por exemplo, o militar do Corpo de Bombeiros que, em face do incêndio, para evitar queimar-se, causasse dano a alguém."[4]

O estado de necessidade é uma das causas que afasta a antijuridicidade, conferindo feição de legalidade à ação praticada pelo agente. *"Não há crime –* dispõe o art. 23 do CP – *quando o agente pratica o fato: I – em estado de necessidade",* desde que presentes todos os seus requisitos:

1. a existência de uma situação de perigo atual e iminente para um bem jurídico do agente ou de outrem;
2. que a situação de perigo não tenha sido provocada, voluntariamente, pelo agente;
3. a inevitabilidade do perigo por outro modo, que não seja o sacrifício do direito alheio.

20.3 DA LEGÍTIMA DEFESA

É comum a seguinte situação: "Age em legítima defesa o vigia que, temendo por sua vida, abate o ladrão que em alta madrugada invade o estabelecimento comercial com o propósito de ali cometer furto ou roubo" (RT 713/337). Dentro dessa realidade, a excludente da legítima defesa, no fundo, é uma atitude de defesa. Qualquer homem médio, dominado pelo temor, agiria da forma como o vigia agiu, defendendo bem alheio injustamente atacado. Defendeu-se, pois, de uma agressão atual em face de um perigo concreto. *"Não há crime quando o agente pratica o fato: II – em legítima defesa."* (CP, art. 23, II). Desde que presentes os requisitos para a caracterização da legítima defesa, tem-se, então, uma causa que afasta a antijuridicidade. *"Entende-se em legítima defesa –* diz o art. 25 do CP – *quem, usando moderadamente dos meios necessários, repele injusta agressão, atual ou iminente, a direito seu ou de outrem."*

São seus requisitos:

1. *moderação no emprego dos meios de defesa*, ou seja, exige-se o uso moderado de meios necessários. Se com um tiro imobiliza a vítima, não pode o agente exceder com diversos tiros. Tudo está em função da

---

[4] LOPES, Jair Leonardo. *Curso de direito penal:* parte geral. 2. ed. São Paulo: Revista dos Tribunais, 1996. p. 132-133.

intensidade da agressão e, quando o agente age com imoderação, sujeita-se às penas do excesso doloso. "É nula a decisão do júri – decidiu o Tribunal – por ser manifestamente contrária à prova dos autos, que reconhece a legítima defesa no crime de homicídio, quando a reação do acusado é exagerada, violenta e descabida, caracterizando falta de moderação na repulsa" (RT 758/602);

2. *agressão injusta e atual ou iminente*, ou seja, a agressão deve ser contra o direito e deve se dar no momento em que a ofensa está se realizando. "Agressão atual – explica Francisco Vani Bemfica – é agressão já em curso no momento da reação defensiva. Agressão iminente é a que está para acontecer."[5] "Não se constata a apontada contradição na decisão do Conselho de Sentença que, embora tenha reconhecido que o paciente agiu em defesa própria, entendeu que a agressão da vítima não era atual ou imintente, afastando, nos termos do art. 25 do Código Penal, a caracterização da legítima defesa, por ausência de um dos seus elementos" (STJ, HC 89513/SP, relª minª Laurita Vaz, 5ª T., DJe 08/02/2010);

3. *agressão a direito próprio ou alheio*, como mostra a nossa motivação.

Faltando qualquer desses requisitos, não haverá legítima defesa, e o fato será criminoso.

20.4 DO ESTRITO CUMPRIMENTO DE DEVER LEGAL E DO EXERCÍCIO REGULAR DE DIREITO

A *Revista dos Tribunais*, v. 716, p. 476, relatou a seguinte situação: estava-se realizando uma festa junina em um conjunto habitacional e, na oportunidade, chegaram dois irmãos embriagados, que foram impedidos de entrar no recinto, gerando, então, certa confusão.

O responsável pelos festejos solicitou o comparecimento da polícia para controlar o conflito, tendo acorrido ao local três policiais.

Ao tentar contornar a situação, um dos policiais foi agredido com um tapa no rosto por um dos irmãos embriagados; o policial fez dois disparos de revólver, sem que atingisse qualquer dos presentes.

Logo em seguida, o agressor, provavelmente temendo ser preso, conseguiu correr do local, perseguido pelo militar, e, ao se aproximar de uma esquina, foi

---

[5] BEMFICA, Francisco Vani. *Da teoria do crime*. São Paulo: Saraiva, 1990. p. 145.

atingido com um tiro de revólver, disparado pelo referido militar agredido, caindo ao solo.

O Tribunal decidiu o seguinte: "O estrito cumprimento do dever legal, para ser reconhecido, deve ser cumprido sem exorbitância, obedecendo aos limites traçados pela lei". O militar foi condenado pelo cumprimento exorbitante do dever legal, mas um lutador de boxe, por exemplo, que, na observância das regras do esporte, fere seu oponente, não responde pelo delito de lesões corporais (embora típico o fato, não é antijurídico). *"Não há crime quando o agente pratica o fato: III – em estrito cumprimento de dever legal ou no exercício regular de direito."* Ou seja, quem exerce um direito assegurado por lei, ainda que, ao fazê-lo, realize uma conduta típica, esta não será ilícita. O policial tem o dever legal de prender em flagrante o criminoso; é necessário que o agente pratique o fato no estrito cumprimento do dever legal e, assim agindo, apesar de atingir o direito de liberdade deste, não pratica crime algum.

Em países que adotam a pena capital (pena de morte), o carrasco que executa o condenado tem uma conduta amparada pela excludente do dever legal imposto pela lei penal e, assim, não comete crime algum, porque cumpre dever que lhe é imposto por lei: o cumprimento do dever legal. Mas o agente *"responderá pelo excesso doloso ou culposo"* (CP, art. 23, parágrafo único), pois não pode ultrapassar as medidas do razoável para o cumprimento do dever.

21

DA IMPUTABILIDADE

21.1 NOÇÕES INTRODUTÓRIAS

O agente que pratica o crime de estupro de vulnerável (CP, art. 217-A) comete tal delito e, por se tratar de crime hediondo, impõe o cumprimento da pena em regime inicialmente fechado, conforme disposto no art. 2º, § 1º da Lei nº 8.072/90. "Em sede de inimputabilidade ou semi-imputabilidade, vigora, entre nós, o critério biopsicológico normativo. Dessa maneira, não basta simplesmente que o agente padeça de alguma enfermidade mental, faz-se mister, ainda, que exista prova (v.g., perícia) de que este transtorno realmente afetou a capacidade de compreensão do caráter ilícito do fato (requisito intelectual) ou de determinação, segundo esse conhecimento (requisito volitivo) à época do fato, i.e., no momento da ação criminosa" (STJ, HC 33401/RJ, ministro Feliz Fischer, 5ª T., DJ 03/11/2004, p. 212).

Imputabilidade, portanto, é a capacidade de entender o caráter ilícito do fato punível. Só pode ter consciência da ilicitude quem seja capaz de entender o caráter ilícito do fato criminoso. Quem tem esse entendimento possui imputabilidade; é pessoa dotada de maturidade e sanidade mental. Nessas condições, o imputável responde criminalmente pelo que fez, por dispor de sua vontade consciente. Já o inimputável é isento de pena: *"É isento de pena* – diz o art. 26 do CP – *o agente que, por doença mental ou desenvolvimento mental incompleto ou retardado, era, ao tempo da ação ou da omissão, inteiramente incapaz de entender o caráter ilícito do fato ou de determinar-se de acordo com esse entendimento."*

21.2 INIMPUTABILIDADE POR MENORIDADE

Imputável é o homem que tem condições de entender o caráter criminoso do seu ato. Quem não tem essa consciência é inimputável. A lei, conforme expresso no art. 27 do CP, entende que o menor de 18 anos é inimputável: *"Os menores de dezoito anos são penalmente inimputáveis, ficando sujeitos às normas estabelecidas na legislação especial."* Portanto, a lei presume que o imaturo, menor de 18 anos, não tem capacidade de entender o caráter criminoso de sua conduta e será, então, irresponsável perante a legislação penal. É uma presunção que não admite prova em contrário, ou seja, não tendo 18 anos, sem qualquer indagação, não será punido, não estará sujeito à lei penal.

No entanto, há menores com 16 ou 17 anos cometendo os mais variados crimes, matando abusiva e conscientemente, por saber que são inimputáveis. O anteprojeto Hungria, de 1962, viria sanar essa distorção: *"O menor de dezoito anos é penalmente irresponsável, salvo se, já tendo completado 16 anos, revela suficiente desenvolvimento psíquico para entender o caráter ilícito do fato e governar a própria conduta. Neste caso, a pena aplicável é diminuída de um terço até metade."* (art. 32).

21.3 INIMPUTABILIDADE POR DOENÇA MENTAL

"A teor do art. 149 do CPP, tendo o juiz dúvida razoável sobre a integridade mental do acusado, poderá, de ofício, submetê-lo a exame médico-legal para a constatação do incidente" (RT 749/590).

Só a perícia pode dizer se o agente é ou não doente mental e, se confirmada a doença, o juiz absolve-o do crime, aplicando-lhe a medida de segurança de internação; se o crime for punível com detenção, poderá o julgador submetê-lo a tratamento ambulatorial.

Se, por meio do exame pericial, o juiz constata que a capacidade de entendimento da ilicitude não é completa, ou era retardada ao tempo da ação ou omissão, ele não exclui a pena, mas pode atenuá-la, reduzindo-a de um a dois terços. *"A pena pode ser reduzida de um a dois terços, se o agente, em virtude de perturbação de saúde mental ou por desenvolvimento mental incompleto ou retardado, não era inteiramente capaz de entender o caráter ilícito do fato ou de determinar-se de acordo com esse entendimento."* (CP, art. 26, parágrafo único).

21.4 INIMPUTABILIDADE POR EMBRIAGUEZ

A seguinte pergunta foi feita ao dr. Marcelo Quiroga Obregon[1]: "Quais os efeitos da cocaína no usuário?" Sua resposta é reproduzida a seguir.

"Os efeitos do consumo de cocaína são mortais. Em primeiro lugar, o consumidor fica excitado, extremamente extrovertido, com facilidade para falar, compreender e sente, ao mesmo tempo, sensação de euforia e diminuição do cansaço físico. Passado o efeito da droga, entretanto, o consumidor entra em estado de depressão muito grande e perigoso, só conseguindo superá-lo consumindo mais cocaína e, logicamente, sentindo efeitos ainda piores.

O usuário de cocaína tem como característica principal a compulsão em continuar usando a droga e obtê-la a qualquer preço. A tendência natural é aumentar a dose cada vez mais e, por consequência, chegar à dependência física e psíquica. É por isso que a cocaína pode levar o indivíduo à morte. Se não for internado em instituições especializadas para recuperação de drogados, o viciado fatalmente acabará morrendo por *overdose*."

À pergunta: "Com o tratamento nas clínicas especializadas, o drogado consegue obter a plena recuperação?", Obregon respondeu o seguinte: "Eu, particularmente, não acredito que, estando ele numa fase adiantada, o tratamento possa resultar em cura, uma vez que o ácido e os produtos que compõem a cocaína destroem irremediavelmente as células cerebrais".

Nova pergunta: "Depois que passa o efeito da cocaína, o viciado entra em depressão. O que ocorre com ele nesse período depressivo?" Eis a resposta: "Esse estado de depressão é perigoso para o viciado. Ele sente medo e desconfiança de tudo e de todos e tem fortes alucinações, ficando numa paranoia muito grande, com atitudes agressivas e antissociais que podem levá-lo a cometer uma série de delitos e até suicídio".

Outra indagação: "O que é a chamada *overdose* de cocaína?" "A *overdose* é o consumo excessivo da cocaína ou sua associação com o álcool. Seu efeito é a parada cardíaca ou então o desespero do consumidor, levando-o ao suicídio. Por isso afirmo que os efeitos da cocaína são mortais. É uma estrada sem volta."[2]

Não somente a cocaína produz a desordem mental. O ópio, o éter, a morfina e, principalmente, o álcool diminuem no agente a sua capacidade de entender o fato punível.

---

[1] Cônsul da Bolívia no Brasil, nos anos de 1990 a 1993; ex-presidente da Comissão de Luta Contra o Narcotráfico da Câmara de Deputados da Bolívia.
[2] *Revista Literária de Direito*. nov./dez. de 1994.

A embriaguez pode ser completa ou incompleta. Somente a completa, constatada pela perícia, pode aniquilar a inteligência, tornando o agente inimputável. *"É isento de pena* – diz o § 1º do art. 28 do CP – *o agente que, por embriaguez completa, proveniente de caso fortuito*[3] *ou força maior, era, ao tempo da ação ou da omissão, inteiramente incapaz de entender o caráter ilícito do fato ou de determinar-se de acordo com esse entendimento."*

A embriaguez simples, incompleta, voluntária ou culposa, diz o art. 28, II, do CP, não exclui a imputabilidade penal. Ela apenas pode facultar ao juiz a aplicação de diminuição de pena. *"A pena pode ser reduzida de um a dois terços* – diz o § 2º do art. 28 do CP – *se o agente, por embriaguez, proveniente de caso fortuito ou força maior, não possuía, ao tempo da ação ou da omissão, a plena capacidade de entender o caráter ilícito do fato ou de determinar-se de acordo com esse entendimento."*

21.5 EMOÇÃO E PAIXÃO

A emoção e a paixão produzem perturbações capazes de privar o agente do pleno entendimento do fato punível. Mas não é excludente da imputabilidade. Conforme o art. 28, I, do CP: *"Não excluem a imputabilidade penal: I – a emoção ou a paixão."* No caso de homicídio, por exemplo, se o agente comete o crime "impelido por motivo de relevante valor social ou moral, ou sob o domínio de violenta emoção, logo em seguida à injusta provocação da vítima – diz o § 1º do art. 121 do CP – o juiz pode reduzir a pena de um sexto a um terço".

---

[3] "Por embriaguez fortuita entende-se aquela que o agente contrai sem saber, como a ingestão de substância alcoólica sem que disso tenha conhecimento; a motivada por força maior, a que lhe é imposta, contra a própria vontade." (RT 728/663).

22

DO CONCURSO DE PESSOAS

22.1 NOÇÃO DE COAUTORIA

Rumorosa morte aconteceu em Brasília, capital do país, em 1997. Cinco jovens, sendo um menor, passeando de carro pelas ruas da cidade, à noite, em um dado momento, resolveram fazer uma "brincadeira", pondo fogo num suposto mendigo que dormia no banco de um ponto de ônibus. Foram a um posto de gasolina e compraram dois litros de álcool; rodaram pela cidade e, por volta das 5h, dirigiram-se ao local onde a vítima se encontrava. Esconderam o automóvel e, depois de atravessarem a rua, derramaram um litro de álcool em Galdino Jesus dos Santos, indígena Pataxó–Há-Há-Hãe, que dormia. Riscaram fósforos e incendiaram-no, causando-lhe a morte. Portanto, houve um crime e vários autores. Quando duas ou mais pessoas, cientes e de forma voluntária, participam da mesma infração delituosa, tem-se aí o concurso de pessoas. Veja o que diz o art. 29 do CP: *"Quem, de qualquer modo, concorre para o crime incide nas penas a estes cominadas, na medida de sua culpabilidade."*

Se vários autores concorrem para o crime de homicídio, todos respondem pelo resultado alcançado, pouco importando a atuação de cada agente, pois nessa espécie de crime todos respondem pelo delito, mesmo que apenas um agente seja o seu executor. Os rapazes reuniram-se para planejar um crime; um deles adquiriu o álcool; outro embebeu a vítima com o combustível; outro, finalmente, riscou o fósforo. Todos participaram do evento. Todos tiveram a mesma pretensão. Todos são responsáveis. Todos aderiram, de modo definitivo, a tudo o que estava sendo ali praticado, e como no direito brasileiro vige o princípio da teoria monista ou unitária, o fato de um deles ter ateado o fogo em nada modifica a situação jurídica dos demais, pois todos que integraram o crime estão sujeitos à sanção respectiva.

22.2 TEORIA UNITÁRIA

A *Revista dos Tribunais*, v. 740, p. 582, narrou o seguinte fato: um casal de namorados, ela com 19 anos de idade, estava no interior de um automóvel, na noite de 3/7/1993, em uma rua de certa cidade do interior do estado de São Paulo, quando foi surpreendido por quatro indivíduos encapuzados, portando, pelo menos dois deles, armas de fogo.

Dominando o casal de namorados, colocaram ambos no banco traseiro daquele veículo, junto a dois dos meliantes, enquanto um terceiro assumiu a direção do carro, levando ao lado um dos comparsas.

Perto da represa do Barro Preto, pararam em uma estrada de terra, à beira de um canavial. Três deles despiram a moça, colocaram-na no capô do carro, e a estupraram, ao passo que o quarto delinquente manteve o namorado sob seu domínio, no interior do carro.

Saíram dali e foram a um matagal, onde aqueles mesmos três agentes estupraram, outra vez a moça, enquanto o quarto subjugava o namorado dentro do automóvel.

Desse lugar tomaram outro rumo, circulando com o Fiat até pararem e colocarem o namorado no porta-malas do veículo.

Voltaram a rodar com o automóvel e pararam em uma estrada de terra, perto de certa empresa, em Limeira, onde a moça foi novamente estuprada por aqueles três algozes, permanecendo o namorado dentro do veículo, sob a custódia do quarto indivíduo.

Por fim, abandonaram o casal. Posteriormente, os malfeitores foram localizados, presos e condenados a nove anos de reclusão, em regime fechado.

Tratando-se de concurso de pessoas no delito, o nosso Código Penal adotou a chamada teoria unitária ou monista. O autor do crime é o seu executor, ou seja, o que pratica o núcleo do tipo penal, isto é, a ação ou a omissão, e que, muitas vezes, tem a cooperação ou o auxílio de outras pessoas para a realização do fato criminoso. Cada participante dá a sua cota de contribuição, ou seja, uns fazem a execução material e direta para o cometimento da empreitada criminosa; outros, na cobertura de alcance cautelar, para evitar surpresas, com tarefa secundária no ato principal; enfim, uma verdadeira divisão de tarefas. Contudo, todos os que praticam a conduta descrita no tipo penal serão considerados coautores, respondendo pelo mesmo crime. A presença de vários delinquentes com diversas condutas não constitui obstáculo à unidade do delito, como os partícipes, ou seja, aqueles que não praticam a conduta descrita no tipo penal, mas participam de tal modo para que aconteça o resultado danoso. O crime é, pois, único; não uma multiplicidade de delitos por participarem diversas pessoas, como deseja a teoria pluralística. Cada participante adquire um valor no relacionamento, ou seja, nem todos os autores praticam a mesma ação: para a prática do delito, uns concorrem de um modo, outros diferentemente. Por exemplo, um é o autor intelectual do delito, outro atrai a vítima para determinado local, outro segura a vítima, enquanto o executor a esfaqueia, finalizando o crime. Do ponto de vista técnico-jurídico, o crime é indivisível, e quem participa com qualquer atividade da realização do evento criminoso se torna responsável. Todos respondem pelo resultado, pelo mesmo delito, incidindo nas penas cominadas ao crime, "na medida de sua culpabilidade" (CP, art. 29). A graduação da pena é medida pela culpabilidade de cada participante, tanto que, *"se a participação for de menor importância, a pena pode ser diminuída de um sexto a um terço."* (CP, art. 29, § 1º). "Forçoso reconhecer que a conduta de parte dos corréus foi notadamente de menor importância – decidiu certa vez o Tribunal – permitindo a redução da pena" (RT 723/625). O certo é que, quanto mais a conduta se aproximar da execução do crime, maior deverá ser a pena. Suponhamos a realização de um furto em uma residência que se pensava estar abandonada. Há o que permanece fora da residência, aquele que penetra na casa e o que comete o latrocínio. A pena para aquele que ficou de fora será menor, não respondendo pelo homicídio, se este não sabia que haviam pessoas no imóvel, bem como desconhecia a existência da arma pelo outro agente. Analise a nossa motivação: todos são participantes responsáveis pelo crime porque agiram diretamente para que ele acontecesse. A ideia de queimar o índio foi aceita por todos, embora um deles tenha comprado o álcool, outro tenha derramado o combustível e, finalmente, outro tenha acendido o fogo. Pouco importa quem riscou o fósforo ou derramou o álcool. Todos são responsáveis pelo delito em sua totalidade. *In casu*, não há o participante de menor importância, ou seja, a pena é igual para todos. Mas, se um deles permaneceu no carro, à espera dos companheiros, aí sim, "a pena pode ser diminuída de um sexto a um terço". "A turma entendeu, entre outras questões, que o paciente condenado por roubo armado seguido de morte responde como coautor, ainda que não tenha sido o responsável pelos disparos que resultaram no óbito da vítima. Na espécie, ficou demonstrado que houve prévio ajuste entre o paciente e os outros agentes, assumindo aquele o risco do evento morte" (STJ, HC 185.167/SP, rel. min. Og Fernandes, 6ª T. julgado 15/03/2011).

Concluindo: o ordenamento jurídico brasileiro adotou, como regra, a teoria unitária ou monista, segundo a qual todos os agentes que contribuem para a integração do crime estarão sujeitos à sanção respectiva. "O delito de falso testemunho é uma exceção pluralística à teoria monista concernente à natureza jurídica do concurso de agentes prevista no art. 29 do CP. Assim, a testemunha que faz afirmação falsa responde pelo delito do art. 342 e quem dá, oferece ou promete dinheiro ou outra vantagem para que aquela cometa o falso testemunho no processo penal incide nas penas do parágrafo único do art. 343, ambos também do CP" (RT 755/590). Vale dizer que, *in casu*, tratando-se da aplicação da teoria pluralística, os vários autores, em vez de se verem processar por um único crime, respondem por delitos diversos, especificamente definidos e tipificados na lei. Nessa linha de pensamento, oportuna é a lição de Damásio E. de Jesus: "Há hipóteses, porém, em que o estatuto repressivo acatou a teoria pluralística, em que a conduta do partícipe constitui outro crime. Há, então, um crime do autor e outro do partícipe, sendo que ambos são descritos pelas normas como delitos autónomos."[1]

22.3 PARTICIPAÇÃO POR INSTIGAÇÃO

Um crime pode ser praticado por mais de uma pessoa, um concorrendo de algum modo na ação criminosa, e o outro executando materialmente o delito. Todos são responsáveis, desde que tenham concorrido para o crime com vontade e consciência.

O concurso de pessoas pode dar-se ou por coautoria ou por participação.

1. *Por coautoria* – o coautor é aquele que realiza com o autor a execução material do crime. Pode haver a distribuição das tarefas de execução, como mostramos na nossa motivação inicial. Mas todos os agentes que contribuem diretamente para o crime estão sujeitos à sanção respectiva.
2. *Por participação* – a participação ocorre quando o agente, embora não realize a ação indicada pelo tipo, concorre para o resultado mediante outra ação ou omissão. Por exemplo, a empregada que deve fechar a casa no fim de semana enquanto a família foi para o litoral, mas deixa a porta aberta para que o amante entre e furte, também está participando do crime e sujeita à sanção respectiva. "Aquele que, conscientemente, oculta a droga para que seu comparsa mantenha a posse sobre a substância entorpecente – decidiu o Tribunal – também pratica o crime previsto no art. 16 da Lei nº 6.368/76, conforme a regra prevista no art. 29 do CP" (RT 757/546).

"Há coautoria quando mais de uma pessoa pratica o comportamento proibido; há participação quando não pratica tal conduta, mas concorre, de alguma forma, para a realização do crime" (STF, RTJ 106/544).

---
[1] JESUS, Damásio E. de. *Código penal anotado*. São Paulo: Saraiva, 1995. p. 407.

Quando uma pessoa incumbe alguém de executar o crime, está, também, participando indiretamente dele. Geralmente, há o pagamento pelo serviço encomendado. É o chamado crime do "pistoleiro". Pode não haver o pagamento quando o crime for do interesse de ambos.

Outra forma muito comum de participação é como mandante, ou seja, quem dá a ordem para cometer um crime. Normalmente, há uma relação hierárquica entre o autor da ordem e o executor. Ambos integram o crime e estão sujeitos à sanção respectiva, com base no concurso de agentes e na modalidade da participação.

23

DAS PENAS

23.1 CONSIDERAÇÕES INTRODUTÓRIAS

Por oportuno, merece transcrição o teor da segunda parte do dispositivo 1º do CP: *"Não há pena sem prévia cominação legal."* Por isso, a punibilidade do crime encontra-se na sua descrição típica, ou seja, no artigo da lei penal que o enuncia, no seu limite mínimo e máximo. Nesse particular, veja o art. 121, situado na Parte Especial: *"Matar alguém: Pena – reclusão de 6 (seis) a 20 (vinte) anos."* Nessas condições, devido ao princípio da legalidade, somente a pena cominada na lei penal pode ser objeto de imposição pela prática de determinado crime.

"Pena é a sanção aflitiva imposta pelo Estado, mediante ação penal, ao autor de uma infração (penal), como retribuição de seu ato ilícito, consistente na diminuição de um bem jurídico, e cujo fim é evitar novos delitos."[1] Isso significa que os crimes ou delitos são punidos com penas impostas pela sentença em uma ação penal, como se fosse um castigo pelo mal praticado.

23.2 ESPÉCIES DE PENA

O Código Penal adotou as seguintes espécies de pena:

1. as privativas de liberdade;
2. as restritivas de direitos;
3. as de multa. (art. 32).

---

[1] JESUS, Damásio E. de. *Código penal anotado*. 23. ed. São Paulo: Saraiva, 2016. p. 197.

23.2.1 Das penas privativas de liberdade

As penas privativas de liberdade retiram do condenado o direito à liberdade, para que fique isolado da sociedade. Incluem a reclusão e a detenção; a primeira para os crimes mais graves e a segunda para os mais leves. A primeira, pode-se iniciar pelo regime fechado, o que não acontece na segunda, que pode se iniciar pelo regime semiaberto ou aberto. Há, ainda, a pena de prisão simples para as contravenções penais.

23.2.1.1 Pena de reclusão

Determina a lei, conforme o art. 33 do CP: *"A pena de reclusão deve ser cumprida em regime fechado, semiaberto ou aberto."* Por conta da alteração introduzida pela Lei nº 11.464/2007, quando se tratar de crime hediondo ou equiparado, o agente condenado pela prática, por exemplo, de tráfico de drogas, deverá cumprir a pena em regime fechado, conforme disposição do art. 2º, § 1º, da Lei nº 8.072/90. Portanto, quando a pena for de reclusão, existe a possibilidade de iniciá-la pelo regime fechado. Aos condenados reincidentes[2], a pena será de reclusão; aos condenados a pena superior a oito anos, obrigatoriamente, deverá ser imposto o regime inicial fechado. Esse regime consiste no cumprimento da pena em estabelecimento de segurança máxima ou média. *"Considera-se: a) regime fechado a execução da pena em estabelecimento de segurança máxima ou média."* (CP, art. 33, § 1º).

"O condenado fica sujeito a trabalho no período diurno e a isolamento durante o repouso noturno." (CP, art. 34, § 1º). *"O trabalho será em comum dentro do estabelecimento, na conformidade das aptidões ou ocupações anteriores do condenado, desde que compatíveis com a execução da pena."* (CP, art. 34, § 2º).

Quando o agente for condenado a pena de reclusão superior a quatro anos e inferior ou igual a oito anos, desde que não reincidente, poderá iniciar o cumprimento da pena em regime semiaberto. *"O condenado fica sujeito a trabalho em comum durante o período diurno, em colônia agrícola, industrial ou estabelecimento similar."* (CP, art. 35, § 1º). Vale dizer, o condenado já não mais fica segregado em um estabelecimento de segurança máxima ou média; mas em uma colônia agrícola, industrial ou estabelecimento similar. *"O trabalho externo é admissível, bem como a frequência a cursos supletivos profissionalizantes, de instrução de segundo grau ou superior."* (CP, art. 35, § 2º).

---

[2] Reincidente é aquele que a) já foi condenado com trânsito em julgado por crime anterior ao crime pelo qual está sendo condenado; b) aquele que antes de cinco anos, a contar da extinção de sua punibilidade, cometeu qualquer outro delito.

Quando o agente for condenado a pena igual ou inferior a quatro anos, desde que não reincidente, poderá, desde o início, cumpri-la em regime aberto. Nessas condições, a pena é cumprida em casa de albergado ou similar. O albergado trabalhará fora do estabelecimento e sem vigilância, permanecendo recolhido no período noturno ou de folga. Assim prevê a Súmula 269 do Superior Tribunal de Justiça: "É admissível a adoção do regime prisional semiaberto aos reincidentes condenados a pena igual ou inferior a quatro anos, se favoráveis as circunstâncias judiciais".

Consoante observa o prof. Euclides Ferreira da Silva Júnior, a falta de estabelecimentos prisionais suficientes para atender a demanda das condenações e imposições dos regimes abertos "levou a jurisprudência a uma interpretação bastante prática para solucionar o problema, criando a prisão albergue domiciliar. Nesta situação o condenado cumpre a pena em sua casa, saindo somente para trabalhar ou estudar."[3]

O condenado deixará o regime aberto nas seguintes situações: *"O condenado será transferido do regime aberto, se praticar fato definido como crime doloso, se frustrar os fins da execução ou se, podendo, não pagar a multa cumulativamente aplicada."* (CP, art. 36, § 2º).

23.2.1.2 Pena de detenção

A pena de reclusão é a única que permite o regime fechado, diferentemente da pena de detenção, que pode iniciar-se pelo regime semiaberto ou aberto. *"A de detenção* – diz a segunda parte do art. 33 do CP – *deve ser cumprida em regime semiaberto, ou aberto, salvo necessidade de transferência a regime fechado."*

O regime semiaberto poderá ser imposto aos condenados não reincidentes quando a pena for superior a quatro anos e inferior a oito anos; os condenados não reincidentes cuja pena for inferior ou igual a quatro anos poderão iniciar o cumprimento da pena em regime aberto.

23.2.2 Das penas restritivas de direitos

A pena privativa da liberdade, cujo cumprimento tenha pouca duração (menos de um ano) ou quando o crime for culposo, pode ser convertida em pena restritiva de direito, desde que o réu seja primário e a culpabilidade, a personalidade

---

[3] SILVA JR., Euclides Ferreira da. *Lições de direito penal.* São Paulo: Juarez de Oliveira, 1999. p. 205.

do condenado, a conduta social e outras semelhantes, bem como os motivos e as circunstâncias, indiquem que esta pena é suficiente. Assim prevê o art. 44 do Código Penal:

"As penas restritivas de direitos são autônomas e substituem as privativas de liberdade, quando:

I – aplicada pena privativa de liberdade não superior a quatro anos e o crime não for cometido com violência ou grave ameaça à pessoa ou, qualquer que seja a pena aplicada, se o crime for culposo;
II – o réu não for reincidente em crime doloso;
III – a culpabilidade, os antecedentes, a conduta social e a personalidade do condenado, bem como os motivos e as circunstâncias indicarem que essa substituição seja suficiente."

"As penas restritivas de direitos são:

I – prestação pecuniária;
II – perda de bens e valores;
III – (vetado);
IV – prestação de seviço à comunidade ou a entidade públicas; [4]
V – interdição temporária de direitos;
VI – limitação de fim de semana." (CP, art. 43).

Preenchendo os pressupostos legais, a substituição da pena é obrigatória, assim como a pena restritiva de direitos obrigatoriamente a converte em privativa de liberdade, pelo tempo da pena aplicada, quando:

---

[4] Art. 46 do CP: *"A prestação de serviços à comunidade ou a entidades públicas é aplicável às condenações superiores a seis meses de privação da liberdade. § 1º A prestação de serviços à comunidade ou a entidades públicas consiste na atribuição de tarefas gratuitas ao condenado. § 2º A prestação de serviço à comunidade dar-se-á em entidades assistenciais, hospitais, escolas, orfanatos e outros estabelecimentos congêneres, em programas comunitários ou estatais. § 3º As tarefas a que se refere o § 1º serão atribuídas conforme as aptidões do condenado, devendo ser cumpridas à razão de uma hora de tarefa por dia de condenação, fixadas de modo a não prejudicar a jornada normal de trabalho. § 4º Se a pena substituída for superior a um ano, é facultado ao condenado cumprir a pena substitutiva em menor tempo (art. 55), nunca inferior à metade da pena privativa de liberdade fixada"*. Com relação às penas de interdição temporária de direitos e a limitação de fim de semana, veja, respectivamente, os artigos 47 e 48 do CP.

1. sobrevier condenação por outro crime (CP, art. 44, § 5º);
2. ocorrer o descumprimento injustificado da restrição imposta (CP, art. 44, § 4º).

23.2.3 Da pena de multa

"A pena de multa consiste no pagamento ao fundo penitenciário da quantia fixada na sentença e calculada em dias-multa. Será, no mínimo, de 10 (dez) dias e, no máximo, de 360 (trezentos e sessenta) dias-multa." § 1º "O valor do dia-multa será fixado pelo juiz, não podendo ser inferior a um trigésimo do maior salário-mínimo mensal vigente ao tempo do fato, nem superior a 5 (cinco) vezes esse salário." (CP, art. 49). Como se pode perceber, a quantidade dos dias-multa não é definida pela norma penal incriminadora, mas pelo juiz, que deverá fixá-la prudentemente na sentença.

A pena de multa não pode ser convertida em privativa de liberdade. A cobrança da multa deve ser feita pela Fazenda Pública, porque a Lei nº 9.268, de 1996, modificou a forma de execução da pena de multa aplicada aos autores de ilícitos penais (CP, art. 51). Antes desta lei, convertia-se a pena de multa em pena de detenção quando o condenado solvente deixava de pagá-la. Hoje, no entanto, quando não quitada, passa a ser considerada dívida de valor, cuja cobrança ocorre segundo a legislação relativa à Dívida Ativa da Fazenda Pública.

23.3 DA SUSPENSÃO CONDICIONAL DA PENA (*SURSIS*)

Para melhor entendimento deste assunto, faz-se mister a transcrição do art. 77 do CP, que é esclarecedor:

"A execução da pena privativa de liberdade, não superior a 2 (dois) anos, poderá ser suspensa, por 2 (dois) a 4 (quatro) anos, desde que: I – o condenado não seja reincidente em crime doloso; II – a culpabilidade, os antecedentes, a conduta social e personalidade do agente, bem como os motivos e as circunstâncias autorizem a concessão do benefício; III – não seja indicada ou cabível a substituição prevista no art. 44 deste Código."

Conclui-se daí que a concessão do *sursis* está subordinada à verificação de determinadas condições, as principais sendo: que a pena imposta não seja superior a dois anos e que o condenado não seja reincidente em crime doloso. "O benefício da suspensão condicional da pena estende-se aos partícipes do crime, quando as circunstâncias e condições objetivas em que o mesmo foi praticado são elementares do tipo" (STJ, RHC 6870/SP, rel. min. Cid Flaquer Scartezzini, 5ª T., RT 758, p. 496).

"Durante o prazo da suspensão, o condenado ficará sujeito à observação e ao cumprimento das condições estabelecidas pelo juiz." (CP, art. 78). *"A sentença poderá especificar outras condições a que fica subordinada a suspensão, desde que adequadas ao fato e à situação pessoal do condenado."* (CP, art. 79).

"A execução da pena privativa de liberdade, não superior a 4 (quatro) anos, poderá ser suspensa, por quatro a seis anos, desde que o condenado seja maior de 70 (setenta) anos de idade, ou razões de saúde justifiquem a suspensão." (CP, art. 77, § 2º).

O *sursis* deixou de ser um mero incidente da execução para tornar-se uma espécie de pena. "A imposição, na sentença, de prestação de serviços à comunidade ou a limitação de fim de semana como condição do *sursis* – decidiu o STJ – não é compatível com o atual sistema penal."[5]

23.4 ESTABELECIMENTOS PENAIS

"O condenado a pena superior a 8 anos deverá cumpri-la em regime fechado, na penitenciária." (LEP, art. 87).

"O condenado não reincidente, cuja pena seja superior a 4 anos e não exceda 8 anos, deverá cumpri-la em reclusão ou detenção em regime semiaberto, em colônia agrícola, industrial ou similar." (LEP, art. 91).

"O condenado não reincidente, cuja pena não exceda a 4 anos, deverá cumpri-la em reclusão ou detenção em regime aberto, na casa do albergado." (LEP, art. 93).

"A cadeia pública destina-se apenas ao recolhimento de presos provisórios." (LEP, art. 102).

23.5 PRISÃO DOMICILIAR

O condenado não reincidente, cuja pena não exceda a quatro anos, poderá cumpri-la em regime aberto, em casa do albergado. Poderá o condenado, fora do

---

[5] Resp. 61.900-9-SP, rel. min. Jesus Costa Lima, *DJU* 15.05.1995, p. 13.438.

estabelecimento e sem vigilância, trabalhar, frequentar cursos ou exercer outra atividade autorizada e, à noite, recolher-se na casa do albergado. Se o condenado possuir 70 anos ou mais, ou for acometido de doença grave, será recolhido em sua residência. É a chamada *prisão domiciliar*, prevista no art. 117 da Lei de Execuções Penais. A prisão domiciliar cabe, também, no caso de mulher gestante, de mulher com filho menor ou com filho deficiente físico ou mental.

Vale lembrar que a Lei nº 12.403/2011 também introduziu a possibilidade da prisão domiciliar nos arts. 317 e 318 do Código de Processo Penal, podendo ser aplicado aos presos provisórios e não apenas aos com pena em definitivo.

23.6 REMISSÃO

O condenado em regime fechado ou semiaberto poderá remir ou resgatar, pelo trabalho e pelo estudo, parte do tempo de execução da pena. A contagem do tempo dar-se-á de um dia de pena por três de trabalho, ou seja, a cada três dias trabalhados desconta-se um dia da pena.

24

DAS MEDIDAS DE SEGURANÇA

24.1 CONSIDERAÇÕES INTRODUTÓRIAS

A ementa que segue, do STF, é esclarecedora: "Com a reforma penal de 1984, a medida de segurança passou a ser aplicada somente aos inimputáveis e aos semi-imputáveis, podendo substituir a pena privativa de liberdade, quando for o caso, conforme inteligência dos arts. 97 e 98 do CP." (RT 749/590). O louco ou o retardado são inimputáveis por doença mental e, portanto, isentos de pena. *"É isento de pena o agente que, por doença mental ou desenvolvimento mental incompleto ou retardado, era, ao tempo da ação ou da omissão, inteiramente incapaz de entender o caráter ilícito do fato ou de determinar-se de acordo com esse entendimento."* (CP, art. 26). Vale dizer, não se aplica pena privativa de liberdade aos inimputáveis; pode-se aplicar medida de segurança. "A medida de segurança deve atender a dois interesses: a segurança social e, principalmente, o interesse da obtenção da cura daquele a quem é imposta, ou a possibilidade de um tratamento que minimize os efeitos da doença mental, não implicando, necessariamente, internação. Não se tratando de delito grave, mas necessitando o paciente de tratamento que lhe possibilite viver socialmente, sem oferecer risco para a sociedade e a si próprio, a melhor medida de segurança é o tratamento ambulatorial, em meio livre" (STJ, HC 113016/MS, relª minª Jane Silva, 6ª T., DJe 09/12/2008). *"Se o agente for inimputável* – diz o art. 97 do CP –, *o juiz determinará sua internação (art. 26). Se, todavia, o fato previsto como crime for punível com detenção, poderá o juiz submetê-lo a tratamento ambulatorial. A internação, ou tratamento ambulatorial, será por tempo indeterminado, perdurando enquanto não for averiguada, mediante perícia médica, a cessação de periculosidade. O prazo mínimo deverá ser de um a três anos."* (art. 97, § 1º).

24.2 CONCEITO

A medida de segurança é uma medida defensiva da sociedade. Em face da periculosidade do agente, por ter cometido crime, ela consiste na internação em hospital de custódia e tratamento psiquiátrico, para fazer cessar sua temibilidade e, assim, para que não volte ele a delinquir. Nessas condições, esclarece o art. 96 do CP: *"As medidas de segurança são: I – internação em hospital de custódia e tratamento psiquiátrico, ou, à falta, em outro estabelecimento adequado; II – sujeição a tratamento ambulatorial."* Os doentes mentais, por exemplo, por serem inimputáveis, não podem ser condenados por pena privativa da liberdade, mas sujeitos às medidas de segurança. Há os semidoentes mentais, que são semi-imputáveis, mas não isentos de pena, que pode ser reduzida de um a dois terços. *"A pena pode ser reduzida de um a dois terços, se o agente, em virtude de perturbação de saúde mental ou por desenvolvimento mental incompleto ou retardado, não era inteiramente capaz de entender o caráter ilícito do fato ou de determinar-se de acordo com esse entendimento."* (CP, art. 26, parágrafo único). Nada impede a substituição da pena por medida de segurança. Analise o art. 98 do CP: *"Na hipótese do parágrafo único do art. 26 deste código e necessitando o condenado de especial tratamento curativo, a pena privativa de liberdade pode ser substituída pela internação, ou tratamento ambulatorial, pelo prazo mínimo de um a três anos, nos termos do artigo anterior e respectivos §§ 1º a 4º."*

A medida de segurança não é pena. Esta é uma sanção baseada na culpabilidade do agente. O doente mental age sem culpa; portanto, a medida de segurança fundamenta-se na periculosidade do agente.

A medida de segurança procura indicar um tratamento médico para o agente, para que este perca a sua periculosidade e não volte a delinquir, podendo retornar ao convívio social. "A medida de segurança tem finalidade preventiva e assistencial, não sendo, portanto, pena, mas instrumento de defesa da sociedade, por um lado, e de recuperação social do inimputável, por outro. Tendo em vista o propósito curativo, destina-se a debelar o desvio psiquiátrico acometido ao inimputável, que era, ao tempo da ação, inteiramente incapaz de entender o caráter ilícito do fato ou de determinar-se de acordo com esse entendimento." (STJ, HC 108517/SP, rel. min. Arnaldo Esteves Lima, 5ª T, *DJe* 20/10/2008).

24.3 SUJEITO PASSIVO DA MEDIDA DE SEGURANÇA

A medida de segurança, sendo uma providência de caráter preventivo, somente é permitida aos inimputáveis e aos semi-imputáveis; não aos imputáveis.[1]

Os *inimputáveis* são aqueles que, no momento da ação ou da omissão, apresentam desenvolvimento mental retardado, revelando-se incapazes de entender o caráter criminoso do fato. Nessas condições, eles estão totalmente isentos de pena prevista pela lei, mas, por presunção absoluta de periculosidade, sujeitam-se à medida de segurança. Os *semi-imputáveis* situam-se na zona entre a normalidade e a doença mental. Para estes o legislador também previu a imposição de medida de segurança ou a aplicação de pena reduzida, dependendo do reconhecimento da periculosidade. No caso da periculosidade dos inimputáveis ou semi-imputáveis, sujeitos ativos de infração penal, punida com pena reclusiva, a internação é obrigatória quando se aplica medida de segurança, pois objetiva esta a submissão deles a tratamento médico que os leve à cura do mal que os acometeu ou que, pelo menos, os deixe em condições mínimas de convivência em sociedade.

24.4 ESPÉCIES DE MEDIDA DE SEGURANÇA

Há duas espécies de medida de segurança:

1. *detentiva* – o agente é internado em hospital de custódia para tratamento psiquiátrico;
2. *restritiva* ou *não detentiva* – o agente é apenas submetido a tratamento ambulatorial, comparecendo ao hospital nos dias que lhe forem determinados pelo médico.

"A internação, ou tratamento ambulatorial, será por tempo indeterminado, perdurando enquanto não for averiguada, mediante perícia médica, a cessação de periculosidade." (CP, art. 97, § 1º). *"A desinternação, ou a liberação, será sempre condicional devendo ser restabelecida a situação anterior se o agente, antes do decurso de um ano, pratica fato indicativo de persistência de sua periculosidade."* (art. 97, § 3º).

---

[1] Imputável é a pessoa que possui inteira capacidade de entendimento. Inimputável é o indivíduo incapaz de entender o caráter criminoso do fato ocorrido; é portador de deficiência mental.

25

DA AÇÃO PENAL

25.1 CONSIDERAÇÕES INTRODUTÓRIAS

O delito é um ato humano que ofende os direitos das pessoas que vivem em sociedade. O Estado, por isso, opõe-se ao crime, reprimindo-o e punindo o seu autor. E o faz por meio da ação penal, invocando a jurisdição, por via do devido processo legal, contra o acusado.

Qualquer indivíduo penalmente capaz, que comete um ato definido pela lei como crime, se sujeita a uma punição, cabendo ao Estado, com a aplicação da lei penal, impor a pena, que é uma sanção correspondente ao delito então praticado.

Na vida prática, cometido o delito, normalmente a autoridade policial procede às investigações com a finalidade de apurar a ocorrência do fato, definido pela lei como crime, localizando, ainda, o seu provável autor. Esta etapa representa a fase do inquérito policial, uma fase de coleta de informações e de material acerca da infração e de sua provável autoria.

Encerrada esta fase preparatória da ação, os autos do inquérito policial serão remetidos ao representante do Ministério Público. Este, se convencendo da ocorrência do fato criminoso e de que seu autor deve ser a pessoa indicada, proporá a denúncia. Caso a denúncia seja recebida pelo juiz, inicia-se a ação penal, na qual será confirmada a ocorrência ou não do crime, seu autor e a punição a lhe ser imputada.

25.2 ESPÉCIES DE AÇÃO PENAL

Faz-se a classificação da ação penal levando-se em conta o sujeito que a promove.

Nos termos do art. 100 do CP, a *"ação penal é pública, salvo quando a lei expressamente a declara privativa do ofendido."* Ou seja, em regra, a ação penal compete, de modo privativo, ao Estado, representado em juízo pelo Ministério Público. Excepcionalmente, o direito de acusar, o *jus accusationis*, cabe ao ofendido. Portanto, há duas espécies de ação penal: a *ação penal pública* e a *ação penal privada*.

25.2.1 Ação penal pública

A ação penal pública é promovida, privativamente, pelo Ministério Público, que tem a iniciativa da ação penal, oferecendo a denúncia,[1] levando ao conhecimento do Estado-juiz o fato delituoso, apontando o seu autor e pedindo a aplicação da lei penal para a punição do culpado.

A ação penal pública subdivide-se em:

1. ação penal pública incondicionada;
2. ação penal pública condicionada.

25.2.1.1 Ação penal pública incondicionada

O titular da ação penal pública, seja ela incondicionada ou condicionada, é o Ministério Público, que a promove por meio de denúncia. *"A ação pública é promovida pelo Ministério Público* – diz o § 1º do art. 100 do CP –, *dependendo, quando a lei o exige, de representação do ofendido ou de requisição do ministro da justiça."* Para o Ministério Público iniciar ação pública incondicionada, não depende da manifestação de vontade da vítima do crime ou de qualquer outra pessoa.

25.2.1.2 Ação penal pública condicionada

É fácil reconhecer no Código Penal um crime de ação penal pública condicionada; é quando na lei aparece: *"Somente se procede mediante representação."* (CP, art. 147, parágrafo único). Quando na lei nada é mencionado, será pública incondicionada.

Representação é a manifestação da vontade do ofendido ou de seu representante legal, permitindo ao Estado a promoção da ação penal. Assim, a ação

---

[1] Denúncia: requerimento que narra os fatos delituosos, assinado pelo promotor de justiça.

penal pública é condicionada quando não pode a denúncia ser oferecida sem a provocação da vítima.

Havendo manifestação do ofendido ou de seu representante legal, objetivando que o autor do crime seja punido, o Ministério Público oferecerá a denúncia, promovendo a ação penal pública nos crimes em que esta dependa de representação.

Portanto, na ação penal condicionada, para o Ministério Público oferecer a denúncia, dependerá do consentimento do ofendido ou do seu representante legal. O Estado respeita o interesse da vítima, pois pode ser mais conveniente para ela não entrar com a ação do que a publicidade do processo. O estupro é crime de ação pública condicionada, como regra geral (CP, art. 225), pois o que importa é o interesse da vítima. Nesse caso, o silêncio pode ser melhor para ela, que pode ser tanto o homem, quanto a mulher, do que a exposição pública decorrente do processo, ainda que o estupro seja crime taxado como hediondo (CP, art. 213).

"A representação será irretratável depois de oferecida a denúncia." (CP, art. 102). Ou seja, antes do oferecimento da denúncia, pode o ofendido ou seu representante retratar-se, retirando a representação.

25.2.2 Ação penal privada

A ação penal privada subdivide-se em:

1. ação penal privada propriamente dita;
2. ação penal privada subsidiária da ação pública; e
3. ação penal privada personalíssima.

25.2.2.1 Ação penal privada exclusiva propriamente dita

O titular da ação penal privada exclusiva é o ofendido ou seu representante legal, que a promove com a *queixa*[2], requerimento com as mesmas características da denúncia. *"A ação de iniciativa privada é promovida mediante queixa do ofendido ou de quem tenha qualidade para representá-lo."* (CP, art. 100, § 2º).

---

[2] É importante não confundir as duas acepções da palavra *queixa*: 1. notícia do crime que a vítima leva ao conhecimento da autoridade policial para a abertura do inquérito policial; 2. requerimento do ofendido para promover a ação penal. Esta última é ato privativo de advogado com poderes específicos para propor a ação penal.

O próprio ofendido, com seu advogado, elabora a petição de queixa dirigida ao juiz. O ofendido é denominado *querelante* e o ofensor, *querelado*. "A persecução penal para apuração do crime de injúria depende da iniciativa do ofendido, devendo o processo ser anulado *ab initio* quando proposto pelo Ministério Público, que é parte ilegítima, conforme disposto no art. 564, II, do CPP." (RT 752/594).

A ação penal privada está sujeita à decadência, que é a perda do direito de queixa por não ter sido exercido no prazo de seis meses, contado do dia em que o ofendido veio a saber quem era o autor do crime (CP, art. 103). *"O direito de queixa não pode ser exercido quando renunciado expressa ou tacitamente."* (CP, art. 104). Aliás, a renúncia opera antes de iniciada a ação penal privada, para impedir que o querelante a inicie. *"O perdão do ofendido, nos crimes em que somente se procede mediante queixa, obsta ao prosseguimento da ação."* (CP, art. 105).

25.2.2.2 Ação penal privada subsidiária da ação pública

"A ação de iniciativa privada pode intentar-se nos crimes de ação pública, se o Ministério Público não oferece denúncia no prazo legal." (art. 100, § 3º). Vale dizer, nos crimes de ação pública, quando o promotor de justiça deixa de oferecer denúncia no prazo legal, o ofendido ou seu representante legal a promove por meio de queixa.

É fácil reconhecer no Código Penal um crime de ação privada. A própria lei assim menciona: *"Nos crimes previstos neste Capítulo somente se procede mediante queixa."* (CP, art. 145). Veja, ainda, o conteúdo do parágrafo único do art. 345: *"Se não há emprego de violência, somente se procede mediante queixa."*

Em verdade, o que se transfere ao particular é o direito de acusar, e não o direito de punir. Promovida a ação pelo ofendido, uma vez condenado o agente, o Estado retoma sua posição, cuidando da execução da pena.

Concluindo, de forma geral: a ação penal pública é movida pelo Ministério Público por meio da denúncia; a ação penal privada é promovida pelo particular, pela queixa.

25.2.2.3 Ação penal privada personalíssima

Trata-se de hipótese exclusiva do art. 236 do CP (induzimento a erro essencial ou ocultação de impedimento), cuja sucessão ao ofendido é inaplicável, pois o direito de propor a ação é intransferível, personalíssimo à vítima enganada.

25.3 O PERDÃO DO OFENDIDO

Se o ofendido, no curso da ação penal privada, resolve perdoar o ofensor, e este aceita, o juiz declara extinta a punibilidade. *"O perdão do ofendido, nos crimes em que somente se procede mediante queixa, obsta ao prosseguimento da ação."* (CP, art. 105). *"Não é admissível o perdão depois que passa em julgado a sentença condenatória."* (CP, art. 106, § 2º).

26

DA EXTINÇÃO A PUNIBILIDADE

26.1 INTRODUÇÃO

O Estado é detentor do *jus puniendi*.[1] É ele, pois, o titular da ação penal, promovendo-a por denúncia, com o objetivo de apurar os fatos delituosos, determinar a autoria e punir o respectivo autor. Uma vez condenado o agente, o próprio Estado promove a execução da pena.

O agente pode praticar uma ação ajustada a um modelo descritivo de conduta antijurídica e não ser punido? Pode não ser punido mesmo depois de ser condenado? Sim, existem essas possibilidades, desde que haja uma das causas extintivas da punibilidade enumeradas no art. 107 do CP:

> "*Extingue-se a punibilidade:*
>
> *I – pela morte do agente;*
> *II – pela anistia, graça ou indulto;*
> *III – pela retroatividade de lei que não mais considera o fato como criminoso;*
> *IV – pela prescrição, decadência ou perempção;*
> *V – pela renúncia do direito de queixa ou pelo perdão aceito, nos crimes de ação privada;*
> *VI – pela retratação do agente, nos casos em que a lei a admite;*
> *VII – (revogado pela Lei nº 11.106, de 2005);*
> *VIII – (revogado pela Lei nº 11.106, de 2005);*
> *IX – pelo perdão judicial, nos casos previstos em lei.*"

---

[1] *Jus puniendi:* direito de punir.

Essa enumeração não é taxativa; outras existem apontadas em outros dispositivos legais, como na Parte Especial do CP ou em leis penais extracódigo.

26.2 ESPÉCIES DE CAUSAS EXTINTIVAS DA PUNIBILIDADE

Analisemos algumas causas enumeradas pelo artigo supra transcrito:

26.2.1 Pela morte do agente

A morte do agente faz o juiz decretar a extinção da punibilidade. Se ela ocorreu antes do início da ação, não haverá processo e, *ipso facto*, não haverá punição. Mesmo durante o desenrolar do processo, *"o juiz* – diz o art. 62 do CPP –, *à vista da certidão de óbito, e depois de ouvido o Ministério Público, declarará extinta a punibilidade"*, perdendo o Estado o *jus puniendi*. Ocorrendo a morte após o processo, a pena deixa de existir. Oportuna a transcrição do art. 5º, XLV, da CF: *"nenhuma pena passará da pessoa do condenado, podendo a obrigação de reparar o dano e a decretação do perdimento de bens ser, nos termos da lei, estendidas aos sucessores e contra eles executadas, até o limite do valor do patrimônio transferido."* Vale dizer, com a morte do agente, a responsabilidade penal não é transmitida a seus herdeiros, mesmo que o falecido tenha sido condenado a pagar multa. Somente é cabível a execução contra os herdeiros ou sucessores universais do condenado falecido para efeito de reparação do dano, mesmo assim até o limite do valor do patrimônio transferido.

26.2.2 Pela anistia, graça ou indulto

1. *Anistia* – preciso o escólio de De Plácido e Silva, ao enfatizar que a "anistia é termo que se usa na linguagem jurídica, para significar o perdão concedido aos culpados por delitos coletivos, especialmente de caráter político, para que cessem as sanções penais contra eles e se ponha em perpétuo silêncio o acontecimento apontado como criminoso."[2] Tem, pois, caráter de generalidade, compreendendo todos quantos se envolveram no delito. É atribuição do Congresso Nacional (CF, art. 48, VIII), que normalmente o faz espontaneamente.

---

[2] DE PLÁCIDO E SILVA. *Vocabulário jurídico*. Rio de Janeiro: Forense, 1982. v. II. p. 155.

2. *Graça* – "é espécie de *indulgentia principis* de ordem individual"[3], provocada por petição do condenado e concedida pelo presidente da República.
3. *Indulto* – é doação presidencial, um benefício, um perdão que vem liberar o condenado do cumprimento parcial ou total da pena. A Constituição Federal é clara: *"Compete privativamente ao presidente da República: conceder indulto e comutar penas, com audiência, se necessário, dos órgãos instituídos em lei."* (art. 84, XII). Destina-se a um grupo específico de pessoas condenadas (não confundir com as chamadas saídas temporárias de Natal, por exemplo).

26.2.3 Pela retroatividade de lei que não considera o fato como criminoso

Em regra, uma lei é criada para vigorar apenas no futuro, ou seja, a lei criada não pode retroagir para alcançar fatos ocorridos no passado, ou melhor, a lei não alcança os atos que foram praticados antes de sua vigência. Porém, em matéria penal, há uma exceção: se a lei nova beneficiar o agente, retroagirá. Analise o art. 2º do CP: *"Ninguém pode ser punido por fato que lei posterior deixa de considerar crime, cessando em virtude dela a execução e os efeitos penais da sentença condenatória."* Ora, como a nova lei suprimiu a norma incriminadora que existia anteriormente, em face da retroatividade para beneficiar o agente, resta evidente que a ação ou omissão então praticada passou a ser considerada lícita, e o fato ocorrido como criminoso deixou de existir. É a chamada *abolitio criminis*. *"A lei posterior, que de qualquer modo favorecer o agente, aplica-se aos fatos anteriores, ainda que decididos por sentença condenatória transitada em julgado."* (art. 2º, parágrafo único). Aplica-se, pois, a lei nova, mais benigna.

26.2.4 Pela prescrição, decadência ou perempção

A prescrição examinaremos no próximo capítulo.

1. *Decadência* – é a perda do direito de ação penal privada ou de representação, por inação do titular, que não o exerceu no prazo legal. Decadência é prazo extintivo. O titular perde o direito porque não o exerceu no

---

[3] NORONHA, Magalhães. *Direito penal*. São Paulo: Saraiva, 1991. v. 1. p. 340.

prazo legal. *"Salvo disposição expressa em contrário* – diz o art. 103 do CP – *o ofendido decai do direito de queixa ou de representação se não o exerce dentro do prazo de seis meses, contado do dia em que veio a saber quem é o autor do crime, ou, no caso do § 3º do art. 100*[4] *deste código, do dia em que se esgota o prazo para oferecimento da denúncia."* Portanto, em regra, o prazo é de seis meses para o exercício do direito de queixa ou de representação (ação pública condicionada), e conta-se a partir do dia em que a pessoa ofendida teve conhecimento da identidade do autor do delito. A Lei nº 5.250/67 (Lei de Imprensa), art. 41, § 1º, fixa o prazo de três meses para o exercício do direito de representação, sob pena de decadência, a contar da data da publicação.

2. *Perempção* – "a falta não justificada do querelante ou de seu patrono à audiência de inquirição de testemunhas – decidiu o Tribunal – enseja a perempção da Ação Penal." (STJ, Resp. 45743/RJ, rel. min. Pedro Acioly, 6ª T., RT 712, p.478).

Tratando-se de ação penal privada, que o ofendido promove por meio de queixa, pode este ou seu representante legal perder o direito ao prosseguimento da ação, por algum fato previsto na lei. Um deles é o que consta na ementa acima destacada, ou, como diz o art. 60, III, do CPP: *"quando o querelante deixar de comparecer, sem motivo justificado, a qualquer ato do processo a que deva estar presente, ou deixar de formular o pedido de condenação nas alegações finais."*

Perempção, portanto, é a perda do direito de prosseguir na ação penal privada, e isto acontece quando: o querelante deixa de movimentar o processo por mais de 30 dias consecutivos ou há o falecimento ou a interdição do querelante e seu representante não se apresenta no processo, no prazo de 60 dias, para dar prosseguimento; ou o querelante simplesmente deixa de comparecer. O art. 60 do CPP relaciona os diversos casos de perempção.

26.2.5 Pela renúncia do direito de queixa ou pelo perdão aceito, nos crimes de ação privada

Nos crimes de ação privada, o ofendido ou o seu representante legal promove a ação pela queixa – se assim o desejar, pois muitas vezes o ofendido pode optar pelo silêncio, desistindo do *jus accusationis*. Portanto, nos crimes de ação

---

[4] § 3º do art. 100: *"A ação de iniciativa privada pode intentar-se nos crimes de ação pública se o Ministério Público não oferece denúncia no prazo legal."*

penal privada o ofendido pode abrir mão do direito de promover a ação, renunciando, assim, ao direito de queixa. A calúnia, por exemplo, pode ser crime de ação privada (CP, art. 145.)[5]

A renúncia pode ser expressa ou tácita. *"O direito de queixa* – diz o art. 104 do CP – *não pode ser exercido quando renunciado expressa ou tacitamente." "Importa renúncia tácita ao direito de queixa a prática de ato incompatível com a vontade de exercê-lo."* (art. 104, parágrafo único). Tácita é a renúncia extraível da postura do ofendido. Há renúncia tácita, por exemplo, quando o ofendido vai a uma festa na casa do ofensor.

Se a ação penal privada já se encontra iniciada, o ofendido pode perdoar o agente, revogando os atos praticados, embora a sua eficácia esteja subordinada à aceitação da outra parte. Por isso, o perdão é ato bilateral, diferentemente da renúncia, que é ato unilateral. *"O perdão, no processo ou fora dele, expresso ou tácito: III – se o querelado o recusa, não produz efeito"*, dispõe o art. 106, III, do CP.

"Não é admissível o perdão depois que passa em julgado a sentença condenatória." (CP, art. 106, § 2º).

26.2.6 Pela retratação do agente, nos casos em que a lei a admite

"Não é admissível a retratação quando a ofensa irrogada configura crime de injúria que, nos termos do art. 143 do CP, está exceptuado, prevista aquela forma de isenção de pena tão-somente para calúnia e difamação." (RT 717/430).

A ementa do acórdão em destaque apresenta uma hipótese da inadmissibilidade de retratação. Se o querelado tivesse cometido o crime de calúnia ou de difamação, aí sim, poderia retratar-se, arrepender-se do crime praticado. Retratação, nas palavras de De Plácido e Silva, "é o desmentido público feito pelo ofensor ou pelo caluniador às calúnias ou injúrias[6] assacadas contra o ofendido". E continua o insigne autor: "Praticamente, é a satisfação pública dada ao ofendido, como o desdizimento de tudo que dissera a seu respeito."[7] *"O querelado que, antes da sentença, se retrata cabalmente da calúnia[8] ou da difamação[9]* – diz o art. 143

---

[5] **"Art. 145.** *Nos crimes previstos neste capítulo, somente se procedem mediante queixa, salvo quando, no caso do art. 140, § 2º, da violência resulta lesão corporal."* – A calúnia é um deles (CP, art. 138).
[6] Creio que o mestre quis referir-se à difamação.
[7] DE PLÁCIDO E SILVA. *Vocabulário jurídico*. Rio de Janeiro: Forense, 1985. p. 135.
[8] Calúnia: "imputação falsa e maliciosa feita a alguém de crime que não cometera" (Ibid., v. I. p. 355).
[9] Difamação: "consiste em fato ofensivo à reputação" (Ibid., v. I. p. 355).

do CP – *fica isento da pena.*" Não da injúria, que é uma ofensa de ordem física ou moral, que pode "atingir ou ferir a pessoa, em desrespeito ao seu decoro, à sua honra, aos seus bens ou à sua vida."[10] "A bofetada identifica-se como *injúria real*, pois que, aviltante como é, traz humilhação para o esbofeteado."[11]

26.2.7 Pelo perdão judicial

João conduzia um carrinho de tração animal, em período noturno e em estrada oficial, sem sinais luminosos, levando esposa e dois filhos, quando recebeu violento impacto de uma camioneta, morrendo sua mulher e um filho.

A denúncia atribuiu os fatores de imprudência e negligência à conduta de João e, assim, foi ele apenado com um ano e dois meses de detenção. Mas o Tribunal entendeu ser aplicável o perdão judicial.

"O fundamento do perdão judicial é a autossuficiência da dor moral suportada pelo agente, como meio punitivo a dispensar o cumprimento da pena aplicável. Quem perde esposa e filho e vê sua filha de 2 anos com fraturas graves, por acidente de trânsito decorrente de sua culpa, já foi definitivamente punido pelo próprio destino e não merece ver agravada sua penosa situação pessoal com as penas restritivas aplicadas." (RT 718/420).

"O perdão judicial" – escreve Magalhães Noronha – "pode ser traduzido como uma faculdade dada pela lei ao juiz de, declarada a existência de uma infração penal e sua autoria, deixar de aplicar a pena em razão do reconhecimento de certas circunstâncias excepcionais e igualmente declinadas pela própria lei."[12] O perdão judicial, portanto, é fator de extinção de punibilidade. É "o instituto pelo qual o juiz, não obstante comprovada a prática da infração penal pelo sujeito culpado, deixa de aplicar a pena em face de justificadas circunstâncias."[13] "Se o agente padeceu gravíssimas e algumas incontornáveis sequelas em acidente a que deu causa, e procurou, por todos os meios possíveis, reparar os danos materiais derivados do mesmo, é de se lhe conceder o perdão judicial, nos termos do que dispõe o § 5º do art. 121 do CP." (RT 712/442).

---

[10] Ibid., v. II. p. 472.
[11] Ibid., p. 472.
[12] NORONHA, Magalhães. *Direito penal*. 38. ed. São Paulo: Saraiva, 2004. v. 1. p. 371.
[13] JESUS, Damásio E. de. *Código penal anotado*. 23. ed. São Paulo: Saraiva, 2016. p. 410.

27

DA PRESCRIÇÃO

27.1 CONCEITO

Certo governador, ao assumir o exercício do cargo, em seu discurso de posse, injuriou o seu antecessor. Eis parte do discurso, publicado pela *Revista dos Tribunais,* v. 714, p. 419:

> Estou aqui mais feliz do que em qualquer momento, porque recebo o governo do povo, não do meu antecessor, cujas mãos estão sujas com o dinheiro público. Ele dilapidou o erário em benefício próprio, como será provado na justiça, para mostrar que a justiça existe para os pobres e para os ricos.

O Tribunal absteve-se na configuração do crime por ter decorrido o prazo de prescrição, pois o prazo para o crime de injúria é de seis meses, por ser ação penal privada (CP, art. 103). Prescreve em três anos, diz o art. 109, VI, do CP: *"em três anos, se o máximo da pena é inferior a um ano."* A prescrição é prazo extintivo. Extingue a punibilidade por não ter o Estado exercido seu direito de punir dentro dos prazos legais, atingindo os crimes de ação pública e privada. Se a pena não for imposta ou executada dentro de determinado prazo previsto em lei, é eliminado o *jus puniendi* do Estado, perdendo ele o interesse pela punição.

As pessoas não podem ficar eternamente sob ameaça da ação penal, ou sujeitas indefinidamente aos seus efeitos.[1] Essa é a principal razão da existência do instituto, que é a extinção da punibilidade baseada na fluência do tempo.

---

[1] NORONHA, Magalhães. *Direito penal.* São Paulo: Saraiva, 1991. v. 1. p. 347.

"No nosso direito positivo tudo prescreve: o crime, a ação, a pena (o ato, a pretensão punitiva e a pretensão executória). É matéria de ordem pública. O réu não pode renunciar à prescrição adquirida e pedir para ser julgado ou punido."[2]

27.2 ESPÉCIES DE PRESCRIÇÃO PENAL

Com a prescrição, o Estado perde o direito de punir ou, como diz Damásio E. de Jesus, "a prescrição penal é a perda da pretensão punitiva ou executória do Estado pelo decurso do tempo sem o seu exercício."[3] Existem duas formas de prescrição penal: a *prescrição da pretensão punitiva* e a *prescrição da pretensão executória*.

1. *Prescrição da pretensão punitiva* – é a prescrição ocorrida antes do trânsito em julgado da sentença, extinguindo a pretensão punitiva e, consequentemente, perdendo o Estado o direito de exercer a ação penal. É a chamada prescrição para a ação.
   Por exemplo, no crime de furto, a pena é de, no mínimo, um ano e, no máximo, quatro. Aplicando a tabela prevista pelo art. 109 do CP, o Estado tem oito anos para promover a percussão penal contra o agente do crime e, se não o condenar, prolatando a respectiva sentença condenatória dentro desse espaço de tempo, consuma-se a prescrição da ação.
2. *Prescrição da pretensão executória* – é a prescrição que ocorre a partir da primeira causa interruptiva da prescrição, havendo trânsito em julgado da sentença condenatória. É a prescrição da condenação, e verifica-se no mesmo tempo fixado pela sentença, devendo ser aplicada a tabela do art. 109 do CP, transcrita mais adiante. Essa espécie de prescrição extingue a pena imposta, livrando o condenado do seu cumprimento.

27.3 FIXAÇÃO DO LAPSO PRESCRICIONAL

Selma Regina estava convencida de que seu primeiro casamento fora anulado, devido ao fato de, na época, ter idade inferior a 18 anos, sendo relativamente incapaz. Assim, contraiu novas núpcias, configurando o delito de bigamia.

---

[2] ROSA, Antônio José Miguel F. *Comentários ao código penal:* parte geral. São Paulo: Revista dos Tribunais, p. 558.
[3] JESUS, Damásio E. de. *Código penal anotado*. 23 ed. São Paulo: Saraiva, 2016. p. 417.

"Contrair alguém, sendo casado, novo casamento. Pena – reclusão, de 2 (dois) a 6 (seis) anos." (CP, art. 235). O segundo casamento foi celebrado em 3/2/2009, data em que o crime se consumou.

Indaga-se: em que momento dar-se-á a pretensão punitiva?

A lei fixa a fluência do prazo prescricional para o Estado promover a *persecutio criminis* e condenar o agente. Há, no *caput* do art. 109 do CP, uma tabela progressiva para a prescrição da ação. Eis o seu conteúdo:

"A prescrição, antes de transitar em julgado a sentença final, salvo o disposto nos §§ 1º e 2º do art. 110 deste Código, regula-se pelo máximo da pena privativa de liberdade cominada ao crime, verificando-se:

I – em 20 (vinte) anos, se o máximo da pena é superior a 12 (doze);
II – em 16 (dezesseis) anos, se o máximo da pena é superior a 8 (oito) anos e não excede a 12 (doze);
III – em 12 (doze) anos, se o máximo da pena é superior a 4 (quatro) anos e não excede a 8 (oito);
IV – em 8 (oito) anos, se o máximo da pena é superior a 2 (dois) anos e não excede a 4 (quatro);
V – em 4 (quatro) anos, se o máximo da pena é igual a 1 (um) ano ou, sendo superior, não excede a 2 (dois);
VI – em 3 (três) anos, se o máximo da pena é inferior a 1 (um) ano."

A pena para bigamia, conforme o art. 235 do CP, é de, no mínimo, dois anos de reclusão e, no máximo, seis. Considerando o máximo e aplicando o número de seis anos à tabela acima transcrita, o Estado teria até 2/2/2021 para condenar à pena o agente da bigamia (art. 235). Se não sentenciasse até essa data, a pretensão punitiva estaria prescrita, embora esse prazo pudesse sofrer interrupções ou suspensões, alternando-se a contagem.

Suponhamos que Selma, na época do segundo casamento, fosse menor de 21 anos. *"São reduzidos de metade os prazos de prescrição quando o criminoso era, ao tempo do crime, menor de 21 (vinte e um) anos, ou, na data da sentença, maior de 70 (setenta) anos."*

Conjecturemos que, antes de 2/2/2021, viesse a sentença final condenando-a a dois anos de reclusão. Teria, então, o Estado a pretensão executória cuja prescrição se dá em quatro anos, pela aplicação da tabela do art. 109, transcrita anteriormente. *"A prescrição depois de transitar em julgado a sentença condenatória* – dispõe o art. 110 do CP – *regula-se pela pena aplicada e verifica-se nos prazos fixados no artigo anterior, os quais se aumentam de um terço, se o condenado é reincidente. A prescrição, depois da sentença condenatória com trânsito em julgado para a acusação ou depois de improvido seu recurso, regula-se pela pena aplicada, não podendo, em hipótese alguma, ter por termo inicial data anterior à da denúncia ou queixa*" (art. 110, § 1º).

Imaginemos que a denúncia ocorreu em 27/3/2012. O Estado, com base na pena aplicada, que fora de dois anos, teria até o dia 27/3/2016 para a pretensão executória (aplica-se a tabela do art. 109, considerando como início da prescrição a data da denúncia e a pena aplicada). Pode-se notar que se conta esse prazo para trás, da sentença até a primeira causa interruptiva da prescrição, consoante se observa no art. 117 do CP. Por oportuno, merece transcrição o teor deste dispositivo:

"*O curso da prescrição interrompe-se:*

I – pelo recebimento da denúncia ou da queixa;
II – pela pronúncia;
III – pela decisão confirmatória da pronúncia;
IV – pela publicação da sentença ou acórdão condenatório recorríveis;
V – pelo início ou continuação do cumprimento da pena;
VI – pela reincidência."

27.4 INTERRUPÇÃO DA PRESCRIÇÃO

Transcrevemos acima o art. 117 do CP, em que constam as causas que interrompem a prescrição. Ocorrendo uma delas, o período anterior desaparece e o prazo começa a fluir novamente.

Pela nossa motivação, notamos que o período anterior à denúncia ficou apagado e o prazo recomeçou a fluir para a consumação da prescrição da pretensão executória, passando a ser de quatro anos para o Estado iniciar a execução da pena contra Selma.

Conjecturemos que, no cumprimento da pena de dois anos, Selma tenha fugido da prisão depois de um ano e dois meses. "*No caso de evadir-se o condenado ou revogar-se o livramento condicional* – dispõe o art. 113 do CP – *a prescrição é regulada pelo tempo que resta da pena.*" O prazo de prescrição, então, que voltou a correr a partir da última causa de interrupção (início do cumprimento da pena – art. 117, inciso V), era de quatro anos, por não exceder a dois anos (CP, art. 109, V), retornou para dois anos, porque a pena que resta para cumprir é inferior a um ano.

27.5 SUSPENSÃO DA PRESCRIÇÃO

O curso da prescrição também pode ser suspenso. Diz o art. 116 do CP: *"Antes de passar em julgado a sentença final a prescrição não corre:*

I – enquanto não resolvida, em outro processo, questão de que dependa o reconhecimento da existência do crime;
II – enquanto o agente cumpre pena no estrangeiro."

"Depois de passada em julgado a sentença condenatória, a prescrição não corre durante o tempo em que o condenado está preso por outro motivo." (CP, art. 116, parágrafo único).

Uma vez suspensa, a prescrição volta a correr novamente pelo tempo que restar para contar, ou seja, não há cancelamento do prazo já decorrido (como acontece nas causas de interrupção).

27.6 TERMO INICIAL DA PRESCRIÇÃO

Sendo a prescrição a extinção da punibilidade pela fluência do tempo, é importante conhecer o *dies a quo* da contagem do prazo prescricional.

Considerando o período antes de a sentença transitar em julgado, adotou o Código Penal dois critérios como termo inicial da prescrição: o da consumação do crime e o do dia de sua ciência. Veja o que dispõe o seu art. 111:

"A prescrição, antes de transitar em julgado a sentença final, começa a correr:

I – do dia em que o crime se consumou;
II – no caso de tentativa, do dia em que cessou a atividade criminosa;
III – nos crimes permanentes, do dia em que cessou a permanência;
IV – nos de bigamia e nos de falsificação ou alteração de assentamento do registro civil, da data em que o fato se tornou conhecido.

> *V – nos crimes contra a dignidade sexual de crianças e adolescentes, previstos neste Código ou em legislação especial, da data em que a vítima completar 18 (dezoito) anos, salvo se, a esse tempo, já houver sido proposta a ação penal."*

Na análise do artigo supra, destaca-se o inciso III, que estabelece o *dies a quo* adstrito à cessação da permanência. "Crime permanente é aquele cuja consumação se prolonga no tempo, dependente da atividade (ação ou omissão) do agente."[4] No entanto, em alguns casos, é difícil saber a cessação da permanência. Como identificar o *dies a quo* da cessação do crime de cárcere privado ou da formação de quadrilha? De qualquer maneira, o Tribunal tem de tomar posição. Foi o que aconteceu, como se vê pela decisão que segue: "Afirmada na denúncia que a associação criminosa perdurava até a sua data, há de situar-se no seu recebimento a cessação de permanência do delito e o ponto inicial da contagem da prescrição" (RT 718/512).

Considerando o início da prescrição depois que a sentença condenatória transitou em julgado, o *dies a quo* da contagem do prazo prescricional está previsto pelo art. 112 do CP:

> *"I – do dia em que transita em julgado a sentença condenatória, para a acusação, ou a que revoga a suspensão condicional da pena ou o livramento condicional;*
> *II – do dia em que se interrompe a execução, salvo quando o tempo da interrupção deva computar-se na pena."*

O recebimento da denúncia ou da queixa é uma das causas que interrompem o prazo prescricional, como já vimos.

---

[4] NORONHA, Magalhães. *Direito penal*. 38. ed. São Paulo: Saraiva, 2004. v. 1. p. 358.

Parte III

DIREITO CIVIL

28

DIREITO CIVIL

28.1 CONCEITO DE DIREITO CIVIL

O Direito Civil é ramo do Direito Privado. É o direito dos particulares, ou seja, o conjunto de princípios e normas concernentes às atividades dos particulares e às suas relações, disciplinando as relações jurídicas das pessoas, dos bens etc. Preponderam as normas jurídicas das atividades dos particulares. Trata da personalidade, da posição do indivíduo dentro da sociedade; como ele adquire e perde a propriedade; como ele deve cumprir as suas obrigações; qual a posição das pessoas dentro da família; qual a destinação de seus bens após a morte etc.

28.2 DIVISÃO DO CÓDIGO CIVIL

O Direito Civil, ramo do Direito Privado, está representado pelo Código Civil, promulgado em 2002 e que entrou em vigor em 11 de janeiro de 2003.

O Código Civil possui duas grandes divisões: *Parte Geral* e *Parte Especial*; cada uma dessas partes também se encontra subdividida, consoante se pode observar na Figura 28.1:

Figura 28.1 Divisões do Código Civil

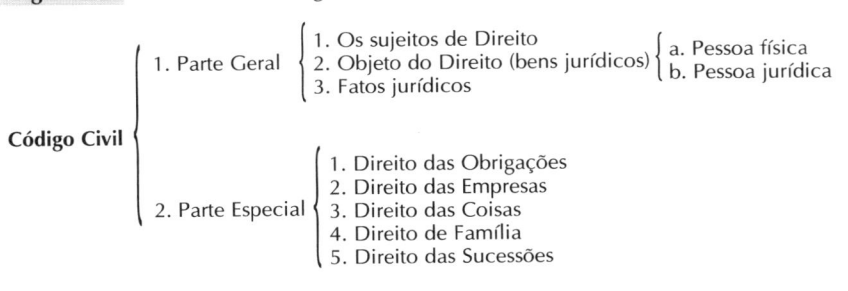

Código Civil
- 1. Parte Geral
  - 1. Os sujeitos de Direito
  - 2. Objeto do Direito (bens jurídicos)
    - a. Pessoa física
    - b. Pessoa jurídica
  - 3. Fatos jurídicos
- 2. Parte Especial
  - 1. Direito das Obrigações
  - 2. Direito das Empresas
  - 3. Direito das Coisas
  - 4. Direito de Família
  - 5. Direito das Sucessões

28.3 BREVE HISTÓRICO DO CÓDIGO CIVIL

Até a Independência, vigorava no Brasil o Direito português, ou seja, as leis portuguesas.

Com a nossa Independência em 1822, ficamos sem leis e, como um país não pode funcionar sem elas, a Lei de 30 de outubro de 1823 estabeleceu a continuade da aplicação da legislação portuguesa até a organização dos Códigos.

O primeiro Código foi a Constituição do Império, de 1824; depois foi aprovado o Código Comercial, em 1850. Em relação ao Código Civil, apareceram diversos projetos, mas nenhum deles foi aprovado ou aceito. No início de 1899, na virada do século, o governo contratou Clóvis Beviláqua, apontado na época como um dos maiores juristas brasileiros, para elaborar o projeto do *Código Civil*.

No mesmo ano, Clóvis Beviláqua apresentava ao governo o seu projeto que, em 1916, foi transformado em lei.

Embora elaborado no século passado, o referido Código Civil era, em geral, considerado pela crítica como um monumento jurídico dos mais notáveis, atendendo perfeitamente à organização social da época.

Atualmente, temos um novo Código Civil, coordenado por Miguel Reale, que entrou em vigor em janeiro de 2003.

29

DA PESSOA NATURAL

29.1 CONCEITO DE PESSOA NATURAL

Pessoa natural é o ser humano dotado de personalidade civil, ou seja, é aquele que tem aptidão, reconhecida pela ordem jurídica, de exercer direitos e contrair obrigações. É o que determina o art. 1º do Código Civil: "*Toda pessoa é capaz de direitos e deveres na ordem civil.*" Este é o ponto que merece ser destacado: ser *sujeito de direito*. Ter personalidade civil é atributo absolutamente necessário para que cada qual possa movimentar a máquina judiciária em defesa de seu direito subjetivo, valendo-se da norma jurídica, quando necessário. Os escravos, por exemplo, apesar de serem pessoas naturais, não possuíam esse direito (direito subjetivo), porque não eram considerados pessoas, eram, portanto, tratados como *res* (coisa). Atualmente, como não existem escravos, qualquer indivíduo, independente de sexo, idade, raça ou nacionalidade, tem a faculdade de exigir determinado comportamento, ação ou omissão, quer de uma só pessoa, quer da sociedade.

29.2 INÍCIO DA EXISTÊNCIA DA PERSONALIDADE CIVIL

A pessoa natural, como sujeito de direitos e obrigações, é representada pelo ser humano, e sua existência começa a partir do seu nascimento com vida. O art. 2º do Código Civil é expresso nesse sentido: "*A personalidade civil da pessoa começa do nascimento com vida; mas a lei põe a salvo, desde a concepção, os direitos do nascituro.*"

Por nascituro entende-se o feto já concebido e que se encontra no ventre materno. Enquanto o feto não se separar do corpo da mãe, com vida, não é sujeito de direito, existindo apenas uma expectativa; é, portanto, um sujeito de direito em potencial. Só receberá ou transmitirá direitos se nascer com vida, mas, enquanto isso não acontecer, terá a proteção do Direito.

29.3 CAPACIDADE JURÍDICA E CAPACIDADE DE EXERCÍCIO

A *capacidade jurídica* ou *capacidade de direito* é a aptidão que a pessoa tem de gozar e exercer direitos. O homem tem essa capacidade desde o nascimento com vida, quando, então, adquire a personalidade civil. Assim sendo, todas as pessoas são portadoras dessa capacidade, pouco importando a idade, o estado de saúde, o sexo ou a nacionalidade. A pessoa com graves problemas psiquiátricos, por exemplo, tem capacidade jurídica mas, como não tem condições de discernimento, não pode praticar pessoalmente os atos jurídicos, pois lhe falta a *capacidade de exercício*, também chamada capacidade de agir, que é aquela aptidão de exercer os direitos e assumir, por si mesmo, obrigações na ordem civil.

29.4 OS INCAPAZES

Deixando de lado o problema da idade, o incapaz é o sujeito que por alguma razão (trauma grave, doença, uso de entorpecentes), esteja impedido de praticar, por si mesmo, uma atividade ou os atos da vida civil. É aquele que não pode exercer pessoalmente, sozinho, os atos da vida jurídica. Há dois tipos de incapazes: os *absolutamente incapazes* e os *relativamente incapazes*.

O Estatuto da Pessoa com Deficiência (Lei nº 13.146/2015) alterou de maneira significativa o instituto das incapacidades no Código Civil – como veremos a seguir – considerando absolutamente incapaz apenas o menor de 16 anos. As outras situações que antes eram consideradas de incapacidade absoluta (enfermidade, deficiência, traumas) foram alocadas como causas de incapacidade relativa.

29.4.1 Os absolutamente incapazes

O Direito afasta da atividade jurídica a pessoa considerada absolutamente incapaz, colocando em seu lugar alguém que a represente, ou seja, o seu representante legal, que, em seu nome, irá exercer todos os atos da vida civil a que tem direito. O seu representante legal é o pai ou a mãe, desde que estejam no exercício do *poder familiar*. Se o incapaz for menor órfão, o seu representante legal será o *tutor*; se o incapaz for maior de idade, o seu representante legal será o *curador*.

Aquele que é absolutamente incapaz não pode, portanto, comparecer pessoalmente para praticar os atos da vida civil. Se o fizer, tal ato será nulo, ou seja, é como se não existisse.

Diz o art. 3º do Código Civil:

"São absolutamente incapazes de exercer pessoalmente os atos da vida civil os menores de dezesseis anos"

29.4.1.1   Os menores de 16 anos

O legislador entende que as pessoas com menos de 16 anos de idade não possuem desenvolvimento mental suficiente para atuar por si próprias no mundo do Direito Civil. Elas têm direitos, porém não poderão exercê-los pessoalmente, devendo ser representadas pelo pai, mãe ou tutor. Por exemplo, se o menor tiver que outorgar procuração *ad judicia* a um advogado, poderá fazê-lo por meio de seu representante legal, o qual assinará a procuração em nome de seu representado.

29.4.2   Quem são os relativamente incapazes

Dispõe o art. 4º do Código Civil:

"São incapazes, relativamente a certos atos, ou à maneira de os exercer:

  I – os maiores de dezesseis e menores de dezoito anos;
  II – os ébrios habituais e os viciados em tóxicos;
  III – aqueles que, por causa transitória ou permanente, não puderem exprimir a sua vontade;
  IV – os pródigos.
Parágrafo único. ***A capacidade dos índios será regulada por legislação especial.***"

29.4.2.1   Os maiores de 16 e menores de 18 anos

Os relativamente incapazes, como é a situação dos maiores de 16 e menores de 18 anos, podem praticar, pessoalmente, negócio ou ato jurídico, porém sempre assistidos por seus representantes legais; ao contrário dos menores de 16 anos, absolutamente incapazes e proibidos de comparecer pessoalmente para praticar atos da vida civil.

Sendo o maior de 16 e menor de 18 anos relativamente incapaz, ao praticar negócio jurídico sem assistência de seu representante legal, o ato é anulável. Ato anulável é aquele válido no momento da prática, mas que pode vir a ser anulado por uma ação judicial.

Somente duas pessoas poderão requerer a anulação do ato perante o juiz:

1. o próprio incapaz, quando alcançar a sua capacidade de exercício;
2. o seu representante legal, desde que o faça dentro do prazo prescricional.

Esse prazo varia conforme cada ato, mas nunca ultrapassa quatro anos. Caso os interessados deixem de requerer ao juiz a invalidade do ato anulável, este se torna definitivamente válido. Dá-se aí o que se chama de *ratificação tácita*. Há, ainda, a *ratificação expressa*, aquela em que as partes, dentro do prazo prescricional, assinam uma declaração sanando o ato anulável.

Tratando-se de ato anulável por ter sido praticado por um menor relativamente incapaz, sem assistência de seu representante legal, não pode aquele se valer de sua menoridade, quando alcançar a capacidade, para furtar-se à obrigação que contraiu:

1. se, na ocasião em que praticou o ato, interrogado pela outra parte, oculta dolosamente a sua idade ou se declara maior. O art. 180 do CC é claro: "*O menor, entre dezesseis e dezoito anos, não pode, para eximir-se de uma obrigação, invocar a sua idade se dolosamente a ocultou quando inquirido pela outra parte, ou se, no ato de obrigar-se, declarou-se maior.*"
2. se a importância recebida pelo incapaz se reverteu de fato em proveito dele. É o que determina o art. 181 do Código Civil, *in verbis*: "*Ninguém pode reclamar o que, por uma obrigação anulada, pagou a um incapaz, se não provar que reverteu em proveito dele a importância paga.*"

Vale dizer, o relativamente incapaz não terá de restituir o que tiver recebido, até que a outra parte prove que o pagamento feito reverteu em proveito dele (incapaz).

29.4.2.2 Os ébrios habituais e os viciados em tóxico

O álcool é um tóxico. Os toxicômanos, que têm o discernimento reduzido, só podem praticar negócios jurídicos assistidos pelo seu representante legal.

O tóxico, por ser venenoso, provoca o enfraquecimento do organismo e, como consequência, produz certa deficiência ou depressão mental. Afetando a mente, há uma diminuição na capacidade de discernimento e por isso, tais pessoas são relativamente incapazes.

29.4.2.3 Aqueles que por causa permanente não puderem exprimir a sua vontade

As pessoas podem estar acometidas de patologias ou deficiências que lhes retirem o discernimento necessário para expressar a vontade. Portanto, é importante saber se juridicamente uma pessoa possui ou não discernimento suficiente no momento da manifestação da vontade. Se, por exemplo, alguém compra uma casa de uma pessoa interditada, mesmo este comparecendo pessoalmente e assinando a escritura pública, o ato praticado será anulável.

Afinal, como reconhecer as pessoas nestas condições na vida prática?

Para a caracterização de uma pessoa portadora de deficiência mental ou de alguma patologia que lhe retire o discernimento, é preciso a declaração judicial de sua incapacidade, mediante a propositura da *ação de interdição*.

O processo de interdição, em síntese, tem início por intermédio de um requerimento dirigido ao juiz, feito pelo pai, pela mãe, pelo cônjuge ou companheiro, por algum parente próximo ou, ainda, pelo Ministério Público.

É interessante notar que qualquer ação apresentada ao juiz, passará, antes, pelo Cartório Distribuidor do Fórum. Assim, caso alguém deseje saber se existe alguma ação de interdição para determinada pessoa, mesmo em andamento, basta pedir uma certidão ao distribuidor forense, que este acusará ou não a sua existência.

Retornando ao processo de interdição, o interditando será citado para, em dia designado, comparecer perante o juiz, ou, se for o caso, o juiz o examinará aonde estiver, interrogando-o minuciosamente acerca de sua vida, negócios, bens, vontades, preferências, laços familiares e do mais que lhe parecer necessário, para ajuizar seu estado mental. Haverá, então, uma inspeção judicial, que é uma verificação pessoal do magistrado, sem intermediário, sobre a pessoa do interditando, para avaliar seu estado mental, como elemento de convicção.

Após o interrogatório, o juiz nomeará uma equipe multidisciplinar para proceder o exame pericial do interditando. A equipe pode ser formada por médicos psiquiatras, psicólogos e profissionais de diversas áreas de formação.

Apresentado o laudo, o juiz designará audiência de instrução e julgamento, para ouvir testemunhas e esclarecimentos da equipe multidisciplinar, após o que, sentencia, decretando ou não a interdição.

Caso o juiz conclua pela interdição, a sua sentença:

> [...] será inscrita no registro de pessoas naturais e imediatamente publicada na rede mundial de computadores, no sítio do tribunal a que estiver vinculado o juízo e na plataforma de editais do Conselho Nacional de Justiça, onde permanecerá por 6 (seis) meses, na imprensa local, 1 (uma) vez, e no órgão oficial, por 3 (três) vezes, com intervalo de 10 (dez) dias, constando do edital os nomes do interdito e do curador, a causa da interdição, os limites da curatela e, não sendo total a interdição, os atos que o interdito poderá praticar autonomamente. (CPC, art. 755, §3°).

Portanto, na sentença que decreta a interdição, o juiz nomeará um curador ao interdito, que será, então, o seu representante legal.

E os atos praticados pelo incapaz antes da interdição, são válidos? Por exemplo, se, no dia 10 do mês tal foi distribuído pedido de interdição e a venda de uma casa pelo interditando ocorreu antes do referido dia 10, o negócio jurídico praticado, pessoalmente, pelo intenditando, é válido, porque o Cartório Distribuidor do Fórum não comunicou à sociedade a existência do pedido de interdição. Se o ato de venda, realizado pessoalmente pelo interditando, aconteceu após o dia 10, data em que o distribuidor forense leva ao conhecimento do comprador a possível anomalia psíquica do vendedor, o negócio jurídico praticado antes da sentença é apenas *passível de invalidade*, ou seja, é válido no momento, mas pode ser declarado inválido por uma ação judicial autônoma. No entanto, após a sentença de interdição, todos os atos praticados pelo interdito serão considerados inválidos.

Concluindo, para reconhecer um interditado, basta examinarmos as certidões fornecidas pelo Cartório de Registro Civil de Pessoas Naturais. Se constar a existência da sentença do juiz interditando a pessoa objeto da pesquisa, tem-se aí o referido reconhecimento. Examina-se, também, a certidão do distribuidor forense.

Eliminada a causa, logicamente desaparecem seus efeitos, ou seja, cessando o motivo que determinou a interdição, esta será levantada por sentença do juiz (CPC, art. 756).

29.4.2.4 Aqueles que, por motivo transitório ou permanente, não puderem exprimir sua vontade

Em certos casos, transitoriamente, haverá restrições impostas à capacidade de pessoa que não pode exprimir sua vontade, ficando, assim, impedida de praticar negócio jurídico. É o caso da pessoa em transe hipnótico, estado mediúnico, traumas psicológicos graves e sob o efeito de álcool ou outras drogas.

A invalidade do ato praticado por essa pessoa dependerá de ação autônoma que faça a prova da ausência momentânea de discernimento para praticar o ato da vida civil.

29.4.2.5 Os pródigos

Pródigo é o indivíduo que gasta desordenadamente seus bens, que dissipa imoderadamente o que é seu, ameaçando a estabilidade de seu patrimônio.

O pródigo encontra-se entre os relativamente incapazes, e, para que ele seja juridicamente reconhecido como incapaz, é preciso ser interditado, tornando-se incapaz para praticar certos atos, como o de emprestar, transigir, dar quitação, alienar, hipotecar, demandar ou ser demandado, e praticar, em geral, os atos que não sejam de mera administração (CC, art. 1.782).

Como muito bem lembra o prof. Sílvio de Salvo Venosa, "a prodigalidade não deixa de ser uma espécie de desvio mental, geralmente ligado à prática de jogo ou a outros vícios."[1]

29.5 PROTEÇÃO QUE O DIREITO CONCEDE AOS INCAPAZES

O incapaz é protegido pela sociedade e pela lei, que designa alguém para dirigir e defender a sua pessoa e os seus bens. Esse alguém pode ser seu pai, sua mãe, ou ambos, quando ele for menor, e um curador, quando for maior. Se o menor for órfão, o tutor será a pessoa que o protegerá. Tanto o tutor como o curador são nomeados pelo juiz.

---

[1] VENOSA, Sílvio de Salvo. *Direito civil*. São Paulo: Atlas, 2013. v. 1. p. 150.

29.6 CESSAÇÃO DA INCAPACIDADE

Cessa a incapacidade: pela maioridade e pela emancipação.

1. *Pela maioridade* – a maioridade para o exercício da vida civil começa quando uma pessoa completa 18 anos. A partir daí, ela passa a ser maior e capaz, podendo praticar todos os atos da vida civil sem qualquer assistência.
2. *Pela emancipação* – normalmente, uma pessoa adquire a capacidade de exercício quando atinge 18 anos de idade, e isto acontece automaticamente, desde que não seja um doente mental. Entretanto, por uma exceção, ao atingir 16 ou 17 anos, pode conseguir essa capacidade por meio da *emancipação*.

Emancipação, na conceituação de Clóvis Beviláqua, é a aquisição da capacidade de exercício antes da idade legal. Ou seja, a pessoa adquire capacidade para exercer pessoalmente direitos e assumir obrigações sem ter completado a maioridade. Portanto, o emancipado não é maior, e sim capaz.

Uma vez emancipado, jamais retornará à incapacidade, exceto em caso de se tornar um doente mental.

29.7 CASOS DE EMANCIPAÇÃO

Antes do seu 18º ano de vida, o indivíduo só pode adquirir a capacidade pela emancipação, que é a aquisição da capacidade de exercício antes da idade legal. Eis o que diz o parágrafo único do art. 5º do CC, *in verbis*:

"Cessará para os menores, a incapacidade:

I – pela concessão dos pais, ou de um deles na falta do outro, mediante instrumento público, independentemente de homologação judicial, ou por sentença do juiz, ouvido o tutor, se o menor tiver dezesseis anos completos;
II – pelo casamento;
III – pelo exercício de emprego público efetivo;
IV – pela colação de grau em curso de ensino superior;
V – pelo estabelecimento civil ou comercial, ou pela existência de relação de emprego, desde que, em função deles, o menor com dezesseis anos completos tenha economia própria."

29.7.1 Emancipação por concessão dos pais

A emancipação por vontade do pai ou da mãe depende sempre de o menor ter cumprido 16 anos de idade. O menor não tem o direito de exigir a sua emancipação, muito menos de pedi-la judicialmente, pois se trata de uma concessão que só os pais podem dar, depois de avaliar a capacidade do filho, lembrando que a emancipação há de ser concedida sempre no interesse do menor.

Os pais que desejem obter a emancipação do filho só têm um caminho: devem ir ao Cartório de Notas solicitar a lavratura de uma escritura pública de emancipação e, em seguida, registrá-la no Cartório do Primeiro Ofício.

29.7.2 Emancipação por sentença do juiz

A concessão pelos pais não leva à intervenção do juiz. Somente a emancipação do menor sob tutela (órfão) requer petição ao juiz e sentença dele. Este ouvirá o tutor e o próprio menor e, caso se convença de que a medida é oportuna, poderá concedê-la.

29.7.3 Emancipação pelo casamento

O casamento automaticamente emancipa os cônjuges. Se, antes do casamento, os nubentes eram menores, com o casamento eles passam a ser capazes e de maneira irreversível. Vale dizer, caso os cônjuges venham a separar-se judicialmente ou venham a divorciar-se, ou ainda, ocorra a morte de um deles, não haverá a revogação da emancipação.

A lei fixa a idade nupcial de 16 anos para a mulher e para o homem. Contudo, caso tenha havido união sexual e a mulher menor de 16 anos tenha engravidado, cabe o pedido de suprimento de idade ao juiz. Estando os interessados de acordo, o juiz autorizará o casamento, e a mulher, então com menos de 16 anos, passará a ser capaz e emancipada.

29.7.4 Emancipação pelo exercício de emprego público efetivo

Todo menor que passa a exercer emprego público efetivo obtém a emancipação. Não é válida a simples nomeação ou o exercício interino. Aqui, como no caso anterior, a emancipação ocorrerá tacitamente, automaticamente, pelo simples fato de acorrer à nomeação para emprego público e entrar no exercício do cargo.

29.7.5 Emancipação pela colação de grau em curso de ensino superior

A emancipação pela colação de grau em curso superior dificilmente ocorrerá na época atual, porque normalmente uma pessoa conclui o curso superior com mais de 18 anos. Mas, se isso acontecer, o indivíduo estará, automaticamente, emancipado.

29.7.6 Emancipação pelo estabelecimento civil ou comercial, ou pela existência de relação de emprego, desde que, em função deles, tenha economia própria

O menor com 16 anos não pode ser empresário. Entretanto, diz a lei que, estabelecendo-se com economia própria, por exemplo, montando uma loja, o menor com 16 ou 17 anos emancipa-se automaticamente, ou seja, passa a ser empresário individual.

Qual é a prova da emancipação, caso o menor deixe de exercer sua atividade comercial, visto que a emancipação é irrevogável?

O único caminho para o menor é fazer, perante o juiz, prova de que se estabeleceu com economia própria. Este caso é diferente dos anteriores, em que a certidão do exercício do cargo público efetivo ou de casamento é prova bastante da emancipação.

Feito isso, o juiz sentencia, comprovando sua emancipação.

29.8 A COMORIÊNCIA

Comoriência é a morte de duas pessoas na mesma ocasião.

"Se dois ou mais indivíduos falecerem na mesma ocasião – diz o art. 8º do CC –, *não se podendo averiguar se algum dos comorientes precedeu aos outros, presumir-se-ão simultaneamente mortos."*

Por exemplo, se um casal sem filhos e ascendentes vem a falecer em um acidente aéreo, não havendo a possibilidade de se saber o instante exato da morte de cada um, a herança irá para os herdeiros de cada um deles. Nesse caso, presume-se que ambos morreram simultaneamente; assim, entre os comorientes não há sucessão.

30

DA PESSOA JURÍDICA DE DIREITO PRIVADO

30.1 NOÇÃO INICIAL DE PESSOA JURÍDICA DE DIREITO PRIVADO

Para termos uma precisa ideia do que seja uma pessoa jurídica, devemos inicialmente observar o que previa o art. 20 do Código Civil de 1916: "*As pessoas jurídicas têm existência distinta da dos seus membros.*" Podemos dizer, de início, que pessoa jurídica é o agrupamento de pessoas físicas e/ou jurídicas.

30.2 CONSTITUIÇÃO DA PESSOA JURÍDICA

Não é qualquer sociedade que o Direito reconhece como pessoa no mundo jurídico, mas somente aquela que tem o seu ato constitutivo registrado no órgão público peculiar. É no exato momento do registro do contrato social, ou do estatuto social, que a entidade ganha vida, recebendo nome como qualquer pessoa natural, além de nacionalidade e domicílio. É na condição de pessoa jurídica que ela passa a gozar de direitos patrimoniais (ser proprietário) e a ter direitos e obrigações. É nesse exato momento que ela se separa das pessoas que a compõem, visando a certos objetivos que o homem isoladamente não consegue.

Pessoa jurídica é uma "unidade jurídica"[1] que resulta da reunião de pessoas físicas e/ou jurídicas e que possui contrato ou estatuto social registrado em órgão público próprio. É um agrupamento de pessoas físicas e/ou jurídicas que tem o seu ato constitutivo registrado em órgão público peculiar, ao qual a lei atribui personalidade para agir como se fosse qualquer pessoa natural, tornando-se sujeito

---

[1] ORLANDO, Pedro. *Novíssimo dicionário jurídico brasileiro*. São Paulo: Editora LEP, 1956.

de direitos e de obrigações. "Não tem uma exteriorização, uma aparência física" – explica Levenhagen – "mas a sua existência, embora abstrata, é juridicamente reconhecida para conferir o exercício de direitos e assumir compromissos na ordem civil."[2] É uma pessoa que participa da vida dos negócios, figurando como titular de direitos e obrigações, atuando ao lado da pessoa natural. Só existe um tipo de pessoa jurídica que não é constituído por pessoas: as *fundações privadas*, constituídas por bens destinados a um fim social e sem finalidade lucrativa.

Neste capítulo, trataremos da pessoa jurídica resultante de uma reunião de pessoas. As fundações privadas serão focalizadas no Capítulo 31.

30.3 ENTE DESPERSONALIZADO

Quando uma sociedade obtém o registro de seu ato constitutivo na repartição que lhe é peculiar, no plano do Direito passa a ser um ente com vida própria, adquirindo personalidade jurídica. A essa sociedade o Direito dá a denominação de *pessoa jurídica*. Esta só existe, juridicamente, depois do registro de seu contrato social ou estatuto. "*Começa a existência legal das pessoas jurídicas de direito privado* – diz o art. 45 do CC – *com a inscrição do ato constitutivo no respectivo registro, precedida, quando necessário, de autorização ou aprovação do Poder Executivo, averbando-se no registro todas as alterações por que passa o ato constitutivo.*"

O agrupamento de pessoas que não registrar seu ato constitutivo não será uma pessoa jurídica. Como essa sociedade não registrada constitui uma realidade que o Direito não ignora, para distingui-la da regularmente constituída, dá-se a ela o nome de *sociedade em comum* (CC, art. 986[3]).

As sociedades em comum não têm, portanto, personalidade jurídica e, consequentemente, não têm patrimônio próprio nem existência distinta da dos seus membros. Enfim, não podem agir no mundo jurídico.

As sociedades em comum não se alinham no rol das pessoas, pois não têm direitos, não podendo ser proprietárias de imóveis, nem ter conta bancária. Só têm obrigações, porque, no fundo, se formou uma comunhão de duas ou mais pessoas naturais, desenvolvendo, conjuntamente, certa atividade em que os bens de cada comunheiro respondem pelas obrigações assumidas.

---

[2] LEVENHAGEN, Antônio J. de Souza. *Código civil*: comentários didáticos. São Paulo: Atlas, 1981. v. I. p. 45.
[3] Art. 986: "*Enquanto não inscritos os atos constitutivos, reger-se-á a sociedade, exceto por ações em organização, pelo disposto neste Capítulo, observadas, subsidiariamente e no que com ele forem compatíveis, as normas da sociedade simples.*"

30.4 COMEÇO DA PERSONALIDADE JURÍDICA DA PESSOA JURÍDICA DE DIREITO PRIVADO

A duração da existência das pessoas jurídicas de Direito Privado é fixada entre o termo inicial e o termo final de sua atividade, que é independente da duração da vida das pessoas físicas que a compõem.

O termo inicial da pessoa jurídica começa com a inscrição de seu ato constitutivo no registro público peculiar, próprio, e o termo final pode ocorrer em consequência de vários fatores previstos em Direito.

Com efeito, para que um agrupamento de pessoas com fins comuns, formando uma unidade social e jurídica, se torne uma pessoa jurídica ou um sujeito de direito, distinguindo-se, portanto, das pessoas físicas que a compõem, é mister constituir-se de acordo com a lei.

A lei, por sua vez, exige pelo menos dois requisitos principais para ter início a personalidade jurídica: 1. constituição por escrito; 2. registro dela no órgão público próprio.

O documento que surge por ocasião da constituição da pessoa jurídica, na forma de sociedade, recebe o nome de *contrato social*. Entretanto, quando a pessoa jurídica toma a forma de associação, ele recebe o nome de estatuto social; se for uma sociedade por ações, como é o caso da sociedade anônima, o nome será também *estatuto social*.

Enquanto não houver o registro desse documento no órgão oficial próprio, a sociedade ou a associação será meramente de fato ou em comum, sem personalidade jurídica, não sendo, portanto, sujeito de direitos.

30.5 AS PESSOAS DOS SÓCIOS NÃO SE CONFUNDEM COM A PESSOA JURÍDICA

Antes de entrar em vigor o Código Civil de 1916, não havia acordo entre nossos juristas sobre a personalidade jurídica das sociedades. Somente com a promulgação desse Código, ficou perfeitamente definida a doutrina das pessoas jurídicas. Hoje, o reconhecimento da personalidade jurídica das sociedades, que têm seu contrato social ou estatuto social arquivado no órgão público peculiar, não mais sofre contestação. Assim, a pessoa jurídica é um sujeito de direito que possui patrimônio autônomo e exerce direitos em nome próprio, além de possuir nome, domicílio e nacionalidade. Portanto, não se confunde a pessoa jurídica com as pessoas que deram lugar ao seu nascimento.

Por conseguinte, o patrimônio da pessoa jurídica, sendo absolutamente distinta das pessoas que a integram, não pertence a nenhum dos indivíduos componentes dela e, caso um dos seus sócios seja demandado por dívida própria, não podem ser penhorados bens da pessoa jurídica.

30.6 REPRESENTAÇÃO DA PESSOA JURÍDICA DE DIREITO PRIVADO

Uma pessoa natural fala e escreve, podendo assim manifestar sua vontade. A pessoa jurídica não fala; é uma criação do legislador, um ente abstrato que, para manifestar sua vontade no mundo dos negócios, necessita de uma pessoa natural, geralmente o sócio indicado para esse fim no contrato social. Por exemplo, se o contrato social determinar que a sociedade será representada por dois sócios ao mesmo tempo, só terá validade o ato praticado por ela quando contar com as assinaturas dos dois sócios designados para esse fim. O contrato social indica as pessoas que podem exteriorizar a vontade da pessoa jurídica.

Portanto, por meio da representação, a pessoa jurídica pode falar, agir e praticar os atos da vida civil, figurando a pessoa natural como simples intermediária da manifestação de sua vontade, desde que não extrapole o que determina o seu ordenamento interno, que é o seu contrato ou estatuto social.

É preciso examinar as disposições do contrato social de cada pessoa jurídica, pois a lei exige que ela se faça representar pelos seus sócios, não qualquer sócio, mas aquele ou aqueles cujo contrato dispuser a respeito da representação. Se, porém, o contrato indicar A ou B como representante da sociedade em juízo ou fora dele, qualquer manifestação de um outro sócio não terá validade.

É importante lembrar que toda pessoa jurídica tem seu respectivo ato constitutivo inscrito no órgão público peculiar para conhecimento de terceiros, exatamente para que estes, quando forem negociar com elas, saibam quem as representa. Essa é a finalidade do registro: tornar o documento público válido contra terceiros. É um meio de publicidade para que não se alegue desconhecimento ou ignorância de sua existência.

30.7 CLASSIFICAÇÃO DAS PESSOAS JURÍDICAS

"As pessoas jurídicas são de direito público, interno ou externo, e de direito privado." (CC, art. 40).

"São pessoas jurídicas de direito público interno:

I – a União;
II – os Estados, o Distrito Federal e os Territórios;
III – os Municípios;
IV – as Autarquias;
V – as demais entidades de caráter público criadas por lei." (CC, art. 41).

"São pessoas jurídicas de direito privado:

I – as associações;
II – as sociedades;
III – as fundações;
IV – as organizações religiosas;
V – os partidos políticos.
VI – as empresas individuais de responsabilidade limitada." (CC, art. 44).

O estudo das pessoas jurídicas de Direito Público externo pertence ao Direito Internacional; o das pessoas jurídicas de Direito Público interno pertence ao campo do Direito Administrativo.

Trataremos aqui da análise das pessoas jurídicas de Direito Privado, especialmente as associações e as sociedades.

30.8 PESSOAS JURÍDICAS DE DIREITO PRIVADO

No âmbito do interesse privado, o art. 44 do Código Civil menciona duas classes de pessoas jurídicas de Direito Privado: as *associações* e as *sociedades*.

Uma associação não visa a lucros de qualquer natureza. Os associados ou seus diretores não podem receber dividendos ou lucros; toda a renda líquida da associação deve reverter em proveito de suas finalidades estatutárias.

Uma associação difere de uma sociedade porque esta última é reservada mais propriamente às pessoas jurídicas com fins econômicos. Trata-se de uma espécie de sociedade entre duas ou mais pessoas que congregam capital e/ou esforços para a realização de lucro a ser repartido entre os sócios.

Portanto, a principal diferença é a de que as associações não têm fins lucrativos. Existem em função de um ideal (associações científicas, religiosas, culturais, políticas, esportivas etc.).

31

DAS FUNDAÇÕES PRIVADAS

31.1 CONCEITO

Além das pessoas naturais, há pessoas denominadas *pessoas jurídicas*, geralmente formadas por um agrupamento de pessoas físicas e/ou jurídicas, possuindo um contrato ou estatuto social inscrito na repartição pública competente. Há, ainda, uma outra pessoa jurídica que não é composta por uma sociedade de pessoas; é o caso da *fundação privada*, que é constituída por um patrimônio destinado a um fim de utilidade ou de interesse público, seja moral, cultural, religioso etc., reconhecida como tal em nosso Direito Positivo (CC, art. 44, III).

A fundação forma-se pela vontade de uma pessoa que lhe dedica bens suficientes de seu patrimônio livre, para a realização de certos fins sociais ou nobres (asilo, educandário, creche, hospital, estabelecimento de ensino etc.). Há, portanto, um patrimônio de afetação (dotação de bens). De acordo com o art. 62 do CC:

"Para criar uma fundação, o seu instituidor fará, por escritura pública ou testamento, dotação especial de bens livres, especificando o fim a que se destina, e declarando, se quiser, a maneira de administrá-la."

31.2 QUEM PODE CRIAR UMA FUNDAÇÃO

Uma fundação privada pode ser criada por uma pessoa natural ou por uma pessoa jurídica de ordem privada. Para isso, são necessários alguns requisitos:

1. patrimônio composto de bens livres no momento da constituição, ou seja, os bens destinados à formação do patrimônio da fundação devem

estar legalmente disponíveis. Se ferirem, por exemplo, a legítima de seus herdeiros, torna-se nula a instituição;
2. ato de dotação (ato de liberalidade) feito por meio de escritura pública ou por testamento;
3. declaração, por parte do instituidor, do fim social a que se destina o patrimônio.

31.3 MODALIDADES DE FORMAÇÃO

Determinada pessoa pode destinar, por escritura pública, ou por testamento, certos bens ao patrimônio da fundação, desde que sejam livres ao tempo da constituição.

São duas as modalidades de formação: a direta e a fiduciária.

1. *Pela formação direta* – é o próprio instituidor que projeta e regulamenta a fundação. Por escritura pública, fará dotação de bens livres. "*Constituída a fundação por negócio jurídico entre vivos, o instituidor é obrigado a transferir-lhe a propriedade, ou outro direito real, sobre os bens dotados, e, se não o fizer, serão registrados, em nome dela, por mandado judicial.*" (CC, art. 64).
2. *Pela formação fiduciária* – o instituidor entrega a tarefa de organizar a fundação a uma terceira pessoa. Geralmente, utiliza-se o instituidor do testamento.

E se os bens dotados à fundação não forem suficientes? Responde o art. 63 do Código Civil: "*Quando insuficientes para constituir a fundação, os bens a ela destinados serão, se de outro modo não dispuser o instituidor, incorporados em outra fundação que se proponha a fim igual ou semelhante*".

31.4 DA ELABORAÇÃO DO ESTATUTO

A fundação assenta-se em um patrimônio e, para receber personalidade a fim de realizar os fins determinados pelo instituidor, necessita de uma organização jurídica. Essa organização só poderá ter existência legal por meio de uma forma societária e do registro do estatuto no órgão oficial. Portanto, é pelo estatuto que surgirá a organização jurídica.

De que modo deve ser elaborado o estatuto de uma fundação?

1. Se a instituição dos bens foi por ato *inter vivos*, normalmente o próprio instituidor elaborará o estatuto.
2. Se a instituição dos bens foi por meio de testamento, designará quem o faça. "*Aqueles a quem o instituidor cometer a aplicação do patrimônio, em tendo ciência do encargo, formularão logo, de acordo com as suas bases* (art. 62), *o estatuto da fundação projetada* [...]." (CC, art. 65). É evidente que, no caso de o indicado se omitir por 180 dias, o Ministério Público o elaborará, devendo levar em conta as determinações do instituidor no que concerne aos fins, ao modo pelo qual vai ser administrado e representado, ativa e passiva, judicial e extrajudicialmente.

31.5 DA APROVAÇÃO DO ESTATUTO

O interessado submeterá o estatuto ao órgão do Ministério Público, que verificará se foram observadas as bases da fundação e se os bens são suficientes ao fim a que ela se destina.

"Autuado o pedido, o órgão do Ministério Público aprovará o estatuto, indicará as modificações que entender necessárias ou lhe denegará a aprovação, *podendo o interessado, em petição motivada, requerer ao juiz o suprimento da aprovação.*" (art., 764, I do CPC).

"*Antes de suprir a aprovação, o juiz poderá mandar fazer no estatuto modificações a fim de adaptá-lo ao objetivo do instituidor.*" (§ 2º do art. 764).

31.6 DO MOMENTO EM QUE A FUNDAÇÃO ADQUIRE PERSONALIDADE JURÍDICA

Aprovada a nova organização, há o registro para que ela adquira personalidade jurídica. O registro será feito no Registro Civil das Pessoas Jurídicas. É pelo registro do estatuto, portanto, que começa a existência legal da fundação privada.

Como se vê, são quatro as fases da constituição e personalização de uma fundação:

1. da dotação,[1] ocasião em que o instituidor faz doação especial de bens livres, especificando o fim a que se destinam;
2. da elaboração do estatuto;

---
[1] Dotação: renda destinada à manutenção de pessoas, entidades ou corporações.

3. da aprovação do estatuto;
4. do registro.

31.7 FUNCIONAMENTO DA FUNDAÇÃO

Uma vez em funcionamento, ela se desenvolverá de acordo com o seu estatuto, que será sempre fiscalizado pelo órgão do Ministério Público. A função deste é fazer observar o estatuto, denunciando as irregularidades ao poder competente. "*Velará[2] pelas fundações o Ministério Público do Estado onde situadas.*"

Por outro lado, o estatuto de uma fundação, em qualquer época, poderá ser alvo de alteração. Para tanto, é necessário que:

1. seja deliberada por dois terços dos competentes para gerir e representar a fundação;
2. não contrarie ou desvirtue o fim desta;
3. seja aprovada pelo órgão do Ministério Público, e, caso este a denegue, poderá o juiz supri-la, a requerimento do interessado.

Quando a alteração não for aprovada por votação unânime, os administradores da fundação, ao submeterem o estatuto ao órgão do Ministério Público, requererão que se dê ciência da alteração à minoria vencida, para que esta a impugne, se quiser, em dez dias.

31.8 EXTINÇÃO DA FUNDAÇÃO PRIVADA

No que toca à extinção das fundações privadas, o art. 69 do Código Civil é expresso, *in verbis*:

"Tornando-se ilícita, impossível ou inútil a finalidade a que visa a fundação, ou vencido o prazo de sua existência, o órgão do Ministério Público, ou qualquer interessado, lhe promoverá a extinção, incorporando-se o seu patrimônio, salvo disposição em contrário no ato constitutivo, ou no estatuto, em outra fundação, designada pelo juiz, que se proponha a fim igual ou semelhante."

---

[2] Velar (por): vigiar, zelar vigilantemente (por).

32

DO DOMICÍLIO

32.1 INTRODUÇÃO

Resido com minha família em um bairro da capital; tenho escritório de advocacia no centro e em uma cidade vizinha, aos quais compareço em dias alternados. Se alguém propuser uma ação judicial contra a minha pessoa, onde deverei ser acionado?

Para determinados casos, a lei processual diz ser do réu o direito de ser acionado em seu domicílio: "*A ação fundada em direito pessoal e a ação fundada em direito real sobre bens móveis serão propostas, em regra, no foro do domicílio do réu*" (CPC, art. 46), ou seja, o devedor, em princípio, será demandado no seu domicílio, na comarca onde ele tem o centro de seus negócios ou residência habitual.

Domicílio civil, segundo o art. 70 do Código Civil, é o lugar onde a pessoa natural estabelece a sua residência com ânimo definitivo. E o art. 71 do mesmo Código completa: "*Se, porém, a pessoa natural tiver diversas residências, onde, alternadamente, viva, ou vários centros de ocupações habituais, considerar-se-á domicílio seu qualquer delas.*"

É importante, pois, a conceituação de domicílio, porque ele determina, por exemplo, o lugar onde se deve propor uma ação judicial. A sucessão, por exemplo, abre-se no domicílio do *de cujus*.

Domicílio é, pois, o local, a circunscrição territorial onde a pessoa vive com sua família, ou onde tem seus vários centros de ocupação habitual. "*Se a pessoa exercitar profissão em lugares diversos, cada um deles constituirá domicílio para as relações que lhe corresponderem.*" (art. 72, parágrafo único). É o domicílio profissional.

Cumpre lembrar, ainda, que toda pessoa, seja ela física ou jurídica, tem necessariamente sua sede jurídica, seu domicílio; mesmo o andarilho, que será demandado onde for encontrado.

Feitas estas considerações de ordem geral, analisemos separadamente a sede da pessoa física em relação à pessoa jurídica.

32.2 CARACTERIZAÇÃO DA SEDE JURÍDICA DA PESSOA FÍSICA

Toda pessoa natural deve ter, pelo menos, um lugar como centro principal de sua atividade. Esse lugar se chama domicílio.

Dissemos "pelo menos um lugar", porque a doutrina moderna admite a pluralidade de domicílios. Um desses lugares é onde se situa a residência, desde que o indivíduo não se afaste dela por longo tempo. O preso, por exemplo, deixa de tê-la como centro das atividades, passando a ser seu domicílio o lugar onde estiver cumprindo a sentença que o condenou.

Um outro lugar que poderá representar o domicílio da pessoa natural é o local onde ela tem suas ocupações habituais, ou seja, onde ela exerce sua atividade profissional.

Afinal, em que consiste esse lugar? Será a casa onde reside com sua família, ou onde exerce sua atividade profissional? Será a rua, o bairro onde a pessoa exerce suas ocupações habituais ou onde reside?

Quando a lei diz que o réu deve ser acionado em seu domicílio, significa que a ação deve ser proposta na comarca onde ele é domiciliado, ou seja, onde ele tem o centro de seus negócios ou suas relações familiares de modo permanente. Nessas condições, o domicílio civil das pessoas naturais, quando visa à fixação do foro competente onde deverá correr a ação judicial, precisa considerar a comarca onde elas têm sua residência, ou onde elas têm também suas ocupações constantes, habituais, como centro de suas atividades profissionais. Jamais a palavra *lugar* ou *centro*, empregada pela lei em sua definição como *domicílio*, terá o sentido de quadra, rua ou bairro.

Em face do exposto, já estamos em condições de responder à indagação feita no início: tenho dois domicílios distintos, onde posso ser acionado? Posso ser acionado tanto na comarca da capital, onde tenho minha residência e meu escritório, como na cidade vizinha, onde também tenho escritório com ocupações habituais.

32.3 DISTINÇÃO ENTRE DOMICÍLIO E RESIDÊNCIA

É preciso notar que o conceito de domicílio depende da finalidade a que se destina. Por exemplo, quando a lei constitucional ou a penal faz referência à inviolabilidade do domicílio, toma a palavra domicílio no sentido estrito de residência, de lar, pois o que pretende o legislador é garantir o lar de forma eficaz, a fim de que o indivíduo possa usufruir a tranquilidade da convivência com os seus.

Daí o porquê de se concluir que a palavra *domicílio* pode ser caracterizada dependendo de sua finalidade: ora sendo comarca, ora sendo o lar, a casa onde o indivíduo mora.

Retiremos, por um instante, nosso pensamento da problemática relativa ao domicílio e transportemo-nos ao conceito de residência em si, quando podemos concluir ser ela o lugar onde uma pessoa mora habitualmente. Mas, se a mulher casada se desentende com o seu companheiro e vai para a casa dos pais, o foro competente para acioná-la será o da residência dos pais; se estes residirem em outra cidade, dever-se-á propor ação na comarca onde então se encontra.

Domicílio, como vimos, é o local, a região onde está situada a residência. Quando a lei diz que o réu deve ser acionado em seu domicílio, significa que a ação deve ser proposta na comarca onde ele tem a sua residência.

32.4 ESPÉCIES DE DOMICÍLIO

Ao nascer, a pessoa adquire um domicílio que é o mesmo de seus pais. É o chamado domicílio de origem, ou seja, onde reside com os pais enquanto menor. Depois, ao se emancipar ou se tornar maior, poderá mudar de domicílio por livre vontade. Se isto acontecer, surge o *domicílio voluntário*, que é firmado por pessoa capaz, que se fixa de acordo com a sua própria vontade. Outra forma de domicílio voluntário é denominado *especial*, que é o de eleição. Analise o conteúdo do art. 78 do CC: "*Nos contratos escritos, poderão os contratantes especificar domicílio onde se exercitem e cumpram os direitos e obrigações deles resultante.*"

Além do domicílio voluntário, há ainda que se considerar o domicílio *necessário*, também chamado *legal*, fixado por determinação da própria lei.

32.5 CASOS DE DOMICÍLIO LEGAL

Os casos de domicílio legal ou necessário, previstos pela lei civil, são os seguintes:

32.5.1 Domicílio dos incapazes

Os incapazes têm por domicílio o de seus representantes ou assistentes.

32.5.2 Domicílio do servidor público

O servidor público tem por domicílio o lugar onde exerce sua função permanente. E se um funcionário estiver em licença ou em férias? Neste caso desaparecerá o exercício, e seu domicílio será correspondente ao da sua residência (voluntário).

32.5.3 Domicílio do militar

O domicílio de todos os militares na ativa é o lugar onde servirem, e, sendo da Marinha ou da Aeronáutica, a sede do comando a que se encontrar imediatamente subordinado; o do marítimo, onde o navio estiver matriculado.

32.5.4 Domicílio do preso

O preso tem como domicílio o lugar em que cumpre a sentença.

32.6 DOMICÍLIO DA PESSOA JURÍDICA DE DIREITO PRIVADO

Assim como as pessoas físicas têm, pelo menos, um domicílio, também as pessoas jurídicas possuem domicílio, que é o lugar onde funcionam as respectivas diretorias e administrações, ou onde elegerem domicílio especial no seu estatuto ou atos constitutivos (CC, art. 75, IV).

Evidentemente, não tendo elas residência, como as pessoas naturais, possuem uma sede, que é o centro de suas atividades.

Por outro lado, como acontece em relação às pessoas físicas, admite-se também a pluralidade de domicílios das pessoas jurídicas. Se elas tiverem diversos estabelecimentos, tais como agência, escritório de representação, sucursal ou filial em comarcas diferentes, cada um deles será considerado domicílio para os atos nele praticados.

Se a sede da administração se localizar no exterior, ter-se-á por domicílio, no tocante às obrigações contraídas por cada uma das agências, o lugar do estabelecimento, sito no Brasil, a que ela corresponder (CC, art. 75, § 2º).

33

DO OBJETO DO DIREITO

33.1 BENS JURÍDICOS E O OBJETO DO DIREITO

Toda relação jurídica se estabelece entre pessoas, tendo por objeto um bem jurídico. Aquilo que o sujeito passivo deve ao ativo é o objeto do direito, que nem sempre é uma coisa corpórea, podendo ser até um bem imaterial. "Para o direito" – escreve Clóvis Beviláqua –, "bens são os valores materiais ou imateriais que servem de objeto a uma relação jurídica."[1] Para que um bem seja jurídico, é necessário que ele seja suscetível de apreciação em dinheiro. O mar, o ar atmosférico, por exemplo, apesar de sua utilidade ao homem, não podem ser considerados bens jurídicos, por não representarem um valor apreciável em dinheiro. Aliás, o conceito jurídico de bem coincide com o seu conceito econômico. Assim, apenas as coisas úteis e raras, suscetíveis de apreciação em dinheiro, são consideradas bens.

33.2 CLASSIFICAÇÃO DOS BENS

33.2.1 Bens considerados em si mesmos

São aqueles observados independentemente de qualquer relação com outros.

---

[1] BEVILÁQUA, Clóvis. *Código civil comentado*. 11 ed. Rio de Janeiro: Francisco Alves, 1958. v. 1. p. 214.

33.2.2 Bens móveis e bens imóveis

Bens móveis podem ser removidos de um lugar para outro sem destruição. As coisas de movimento próprio também são consideradas bens móveis. O cavalo, que é um semovente, é um bem móvel.

Bens imóveis não podem ser transportados de um lugar para outro sem destruição, como o terreno e a casa.

33.2.2.1 Transferência da propriedade de bem móvel

A *Revista dos Tribunais*, v. 398, p. 340, publicou o seguinte: um automóvel foi vendido e o comprador pagou o preço mediante recibo, mas a entrega do veículo ficou para dentro de dez dias. No entanto, oito dias após o contrato de compra e venda, um incêndio provocado por um curto-circuito ocasionou a perda total do automóvel, que não estava segurado. Discutiu-se sobre quem suportaria o prejuízo. *In casu*, o dono do bem.

Para decidir essa situação, o juiz aplicou a lei que trata do assunto, isto é, o art. 1.267 do Código Civil, que diz: "*A propriedade das coisas não se transfere pelos negócios antes da tradição.*"

Significa que o contrato não é suficiente para transferir a propriedade; é preciso, ainda, a tradição, ou seja, a entrega.

A Justiça, portanto, decidiu que o vendedor deveria suportar o prejuízo, devolvendo o dinheiro que recebera, porque não houve a entrega e, consequentemente, não ocorreu a transferência de domínio do veículo.

33.2.2.2 Transferência da propriedade de bem imóvel

A compra de uma casa, por exemplo, pode ser à vista ou a prazo.

1. *À vista* – quando a aquisição é feita à vista, a lei impõe que o contrato de compra e venda seja realizado por meio de uma escritura pública, sob pena de a compra não ter valor. "*Não dispondo a lei em contrário, a escritura pública é essencial à validade dos negócios jurídicos que visem à constituição, transferência, modificação ou renúncia de direitos reais sobre imóveis de valor superior a trinta vezes o maior salário mínimo vigente do país.*" (CC, art. 108). Vale dizer, se feito por instrumento particular, o ato é nulo. É o que determina o art. 166, V, do Código Civil:

"É nulo o negócio jurídico quando: V – for preterida alguma solenidade que a lei considera essencial para a sua validade." Como a escritura pública de compra e venda é um contrato elaborado pelo tabelião, mesmo com a assinatura no livro próprio, o comprador não adquire a propriedade, porque só o contrato não transfere o domínio da coisa. É preciso, ainda, a tradição solene, que é, *in casu*, o registro da escritura no Cartório de Registro de Imóveis (CRI) competente. *"Transfere-se entre vivos a propriedade mediante o registro do título translativo no Registro de Imóveis."* (CC, art. 1.245). É no momento do registro que se consuma a transferência da propriedade.

2. *A prazo* – quando a aquisição do imóvel ocorre em prestações, é assinado entre as partes um contrato denominado *contrato de compromisso de compra e venda*. Após o pagamento total do preço pelo compromissário comprador, este passa a ter direito à *escritura pública definitiva*, bastando registrá-la no Cartório de Registro de Imóveis. Esse é o momento da transferência real da propriedade.

33.2.3 Bens fungíveis e infungíveis

Bens fungíveis são aqueles que podem ser substituídos por outros da mesma espécie, qualidade e quantidade. Um saco de açúcar, por exemplo, pode ser substituído por outro saco de açúcar. O dinheiro é um bem tipicamente fungível.

Bens infungíveis são aqueles que, embora da mesma espécie, não podem ser substituídos por outros: um cavalo de corrida, por exemplo, não pode ser substituído por outro.

33.2.4 Bens divisíveis e indivisíveis

Bens divisíveis são os que podem ser repartidos em porções reais e distintas, formando cada qual um todo perfeito, como, por exemplo, o dinheiro.

Bens indivisíveis são os que não comportam fracionamento. Se forem fracionados, perderão a sua utilidade. São exemplos um livro ou uma mesa.

33.2.5 Bens singulares e coletivos

Bens singulares são aqueles considerados independentes dos demais, estando seus elementos ligados entre si. Uma casa, um relógio, são exemplos típicos de bens singulares.

Bens coletivos são aqueles vistos como uma unidade, mas seus elementos componentes não estão ligados entre si. Veja como Clóvis Beviláqua os considera: "coisas coletivas (*universitas rerum*) são as que, sendo compostas de várias coisas singulares, se consideram em conjunto, formando um todo."[2] Por exemplo, um rebanho de ovelhas forma uma unidade, mas elas não estão ligadas entre si e ele se extingue, desaparecendo todas as ovelhas menos uma.

Os bens coletivos são chamados *universalidades*.

33.3 BENS RECIPROCAMENTE CONSIDERADOS

33.3.1 Bens principais e acessórios

Bem principal é a coisa que existe sobre si, abstrata ou concretamente. Bem acessório é o que depende da existência do principal e a ele está vinculado. Isto significa que, quando obtenho um carro contendo um rádio, que é acessório, adquiro-o também. Os móveis são acessórios em relação ao imóvel. Se adquiro determinado imóvel contendo móveis, e o contrato nada diz em relação aos móveis, estes ficam fazendo parte da compra devido ao princípio: o acessório segue o destino do principal.

33.4 EM RELAÇÃO AO TITULAR DO DOMÍNIO

33.4.1 Bens públicos e particulares

Bens públicos são os que pertencem à União, aos estados e aos municípios. Todos os demais são particulares.
São bens públicos:

1. os de uso comum do povo, tais como rios, mares, estradas, ruas e praças;
2. os de uso especial, tais como edifícios ou terrenos destinados a serviços ou estabelecimentos da administração federal, estadual, territorial ou municipal, inclusive os de suas autarquias;

---

[2] BEVILÁQUA, Clóvis. *Código civil comentado*. 11 ed. Rio de Janeiro: Francisco Alves, 1958. v. 1. p. 186.

3. os dominiais, que constituem o patrimônio das pessoas jurídicas de direito público, como objeto de direito pessoal, ou real, de cada uma dessas entidades. (CC, art. 99).

"Os bens públicos de uso comum do povo e os de uso especial são inalienáveis, enquanto conservam a sua qualificação, na forma que a lei determinar." (CC, art. 100).

"Os bens públicos dominiais podem ser alienados, observadas as exigências da lei." (CC, art. 101).

"Os bens públicos não estão sujeitos a usucapião." (CC, art. 102).

34

DOS FATOS JURÍDICOS

34.1 CONSIDERAÇÕES INTRODUTÓRIAS

Depois de tratarmos dos *sujeitos de direito* (pessoa natural e jurídica) e analisarmos o *objeto do direito* (bens jurídicos), passaremos a abordar a maneira pela qual se estabelece a relação entre os sujeitos e o objeto, dando lugar à aquisição e à perda dos direitos. Essa forma de ligação entre o sujeito e o objeto constitui o *fato jurídico*.

Um fato é um acontecimento, e nenhum direito ou obrigação pode nascer, se modificar ou se extinguir senão em decorrência de um fato. Por exemplo, o término do contrato de trabalho é um fato, um acontecimento. Se o término do contrato acontece sem a atuação da vontade das partes, ocorre um fato jurídico natural. A morte do empregado é um fato *jurídico natural*, porque aconteceu independentemente da vontade das partes contratantes, havendo a cessação do contrato de trabalho. Quando os acontecimentos decorrem da atividade humana e dependem da vontade, influindo na esfera do direito, temos os chamados *atos jurídicos*, que são praticados pelo homem com a intenção de ocasionar efeitos jurídicos. A rescisão do contrato é o término deste e depende da vontade de pelo menos uma das partes; além de ser lícito, é um *ato jurídico*.

Recapitulando, fato jurídico é o acontecimento dependente ou não da vontade, que venha a influir na esfera do direito. Portanto, ou ele ocorre independentemente da vontade, ou se encontra preso a uma manifestação da vontade.

Tanto os acontecimentos originários dos fatos jurídicos naturais como os decorrentes da atividade humana são espécies do gênero – fato jurídico, em sentido amplo. Quando defluem da natureza, são considerados involuntários. Eis alguns: nascimento, cessação de incapacidade, morte natural. Se os acontecimentos decorrem da atividade humana, isto é, dependem da vontade, desde que produzam, também, efeitos jurídicos, temos os *atos jurídicos*, se não tiverem sido praticados contra a lei (atos ilícitos).

Portanto, o ato jurídico é acontecimento de vontade, que produz efeitos jurídicos. Tem de ser um acontecimento lícito, fundado em direito. Quando o ato (decorrente da atividade humana) produz efeitos jurídicos contrários ao ordenamento jurídico, haverá um *ato ilícito*.

35

DOS ATOS E DOS NEGÓCIOS JURÍDICOS

35.1 DOS ATOS JURÍDICOS

Todos os acontecimentos que, de forma direta ou indireta, ocasionam efeito jurídico, são fatos jurídicos. Quando estes dependem da vontade do homem, desde que apresentem consequências jurídicas, equivalem ao ato jurídico. Portanto, os atos jurídicos praticados pelo homem geram efeitos jurídicos.

O ato jurídico, perante o antigo Código Civil de 1916, art. 81, é todo o ato lícito que tenha por fim imediato adquirir, resguardar, transferir, modificar ou extinguir direitos. Se o ato contiver um intuito negocial, recebe a denominação de *negócio jurídico*. O contrato, por exemplo, é uma manifestação de negócio jurídico.

"Desse modo" – escreve Sílvio Venosa –, "o novo estatuto consolidou a compreensão doutrinária e manda que se aplique ao ato jurídico meramente lícito, no que for aplicável, a disciplina dos negócios jurídicos."[1]

O Código Civil de 2002 não definiu negócios jurídicos.

Negócios jurídicos – na palavra de Caio Mário da Silva Pereira – "são declarações de vontade destinadas à produção de efeitos jurídicos desejados pelo agente. [...] O fundamento e os efeitos do negócio jurídico assentam, então, na vontade, não uma vontade qualquer, mas aquela que atua em conformidade com os preceitos ditados pela ordem legal."[2]

---

[1] VENOSA, Sílvio de Salvo. *Direito civil:* parte geral. São Paulo: Atlas, 2013. p. 340.
[2] PEREIRA, Caio M. da Silva. *Instituições de direito civil.* 22. ed. Rio de Janeiro: Forense, 2007. v. I. p. 476-477.

35.2 REQUISITOS PARA A VALIDADE DO NEGÓCIO JURÍDICO

O negócio jurídico é uma emissão volitiva dirigida a determinado fim. Para que produza todos os efeitos, é necessário que se revista de certos requisitos referentes à pessoa do agente, ao objeto da relação e à forma da emissão da vontade. "*A validade do negócio jurídico requer: I – agente capaz; II – objeto lícito, possível, determinado ou determinável; III – forma prescrita ou não defesa em lei.*" (CC, art. 104).

35.2.1 Agente capaz

Para que o negócio jurídico ganhe plena eficácia produzindo todos os seus efeitos, exige a lei que ele seja praticado por agente capaz, ou seja, a pessoa capaz para os atos da vida civil.

35.2.2 A licitude

O objeto da relação jurídica deve ser lícito. É mister que o alcance visado pelo ato não seja ofensivo à ordem jurídica. A sua licitude é condição essencial à eficácia do negócio jurídico, que sempre tem por finalidade produzir efeitos jurídicos por meio da manifestação de vontade. Esta tem de ser sempre voltada para fins legítimos, possíveis, determinados ou determináveis. Quando o efeito não for legítimo ou possível, apesar de existir a vontade, caracteriza-se um ato ilegítimo, ilícito.

35.2.3 Forma prescrita ou não defesa em lei

Todo negócio jurídico tem uma forma. A vontade, manifestada pelas pessoas, pode ser verbal, por escrito, ou por gestos.

Em numerosos casos, a lei exige das partes uma forma especial. A regra geral é a forma livre. "*A validade da declaração de vontade* – diz o art. 107 do CC – *não dependerá de forma especial, senão quando a lei expressamente a exigir.*"

Isto significa que todas as exceções devem ser respeitadas, ou seja, se a lei impuser forma especial, ela deve ser atendida. Por exemplo, a compra de uma casa à vista deve ser por meio da escritura pública. Se for realizada por instrumento particular, não tem validade, porque a lei impõe uma forma (CC, art. 108).

35.3 DOS DEFEITOS DO NEGÓCIO JURÍDICO

O negócio jurídico, para ter eficácia, depende da manifestação da vontade do agente, a qual deve revelar exatamente a vontade do sujeito.

35.3.1 Ausência total da vontade

A manifestação da vontade ocorre pelo consentimento do agente. É pela palavra escrita ou falada que essa exteriorização se concretiza. Não havendo esse consentimento, embora o ato seja praticado, em verdade inexistiu, por falta de elemento essencial. É o caso, por exemplo, de uma senhora que concorda com a venda de um imóvel sob efeito de hipnose.

35.3.2 Existência de uma vontade livremente manifestada

A exteriorização da vontade deve revelar exatamente o desejo íntimo do agente; se essa manifestação não reproduz fielmente a vontade, ou seja, não ocorreu como o agente realmente gostaria de expressar, essa exteriorização se encontra *viciada, deturpada, contaminada*, tornando-se anulável o ato então praticado (CC, art. 171, II).

É o caso, por exemplo, do marido que mantinha relações sexuais com sua própria genitora antes de se casar, e que continua a mantê-las após seu casamento. A esposa, ao tomar conhecimento disso após o matrimônio, constata que houve erro sobre a pessoa do cônjuge, o que a coloca ao abrigo da lei, que anulará o casamento. É o caso, também, da mulher que contrai casamento com um homossexual. O fato, ignorado por ela antes do matrimônio, constitui erro essencial quanto à pessoa do marido. Isso torna insuportável a vida em comum. Se ela tivesse conhecimento desse fato anteriormente ao casamento, não teria consentido em se casar, razão que anula o negócio em virtude da existência de vício da vontade.

35.4 VÍCIOS DA VONTADE E VÍCIOS SOCIAIS

As causas que podem desvirtuar o processo de formação da vontade são previstas e reguladas por lei, sob a denominação de vícios da vontade. São eles: o erro, o *dolo*, a coação, o estado de perigo e a lesão.

A lei também prevê outros tipos que, embora não atinjam diretamente a vontade na sua formação, conduzem a idênticos resultados, anulando o negócio jurídico. É o caso da *fraude contra credores* e da *simulação*, denominadas vícios sociais porque afetam diretamente o negócio jurídico, com a intenção de violar direito de terceiro.

35.4.1 Do erro ou ignorância

Os exemplos citados anteriormente servem para fornecer uma exata noção de *erro*, um dos vícios mais frequentes. Se a mulher conhecesse a realidade antes do enlace matrimonial, jamais teria consentido em se casar. Houve uma noção falsa sobre a pessoa do seu cônjuge; ela acreditou em uma realidade que não era a verdadeira.

Portanto, erro é uma falsa ideia da verdade entre aquilo que o agente pretendia e o que realizou, ou seja, importa em uma divergência entre a vontade declarada e aquela que manifestaria se, porventura, tivesse conhecimento do fato. Portanto, a eficácia do ato depende da coincidência do querer íntimo do sujeito com a vontade manifestada. Havendo tal desavença, e desde que esta não tenha sofrido qualquer influência externa, configurado está o erro, o qual deve ser espontâneo, sem a provocação interesseira de terceiro, pois, se houver alguma influência malévola, há a figura do dolo, como veremos mais adiante.

Não somente o erro sobre a identidade ou a qualidade essencial da pessoa pode causar a anulação do ato, como também o erro quanto às coisas. Uma pessoa, por exemplo, acredita ter adquirido uma coisa quando na verdade está havendo uma locação (isso atinge a natureza do ato); ou uma pessoa logra um terreno na convicção de que fica próximo ao centro da cidade, quando na verdade está longe (isso atinge o objeto principal da declaração de vontade); ou, ainda, compra-se um automóvel adulterado na montagem de peças e com o chassi trocado (isso atinge uma das qualidades essenciais do negócio).

O erro pode acarretar a anulabilidade do negócio: "***São anuláveis os negócios jurídicos*** – diz o art. 138 do CC – ***quando as declarações de vontade emanarem de erro substancial que poderia ser percebido por pessoa de diligência normal, em face das circunstâncias do negócio.***"

35.4.2 Do dolo civil

Para perfeito entendimento do conceito de dolo civil, vejamos um exemplo na *Revista dos Tribunais*, v. 394, p. 150: vendedor e comprador, mediante instrumento particular, avençaram-se para a venda e a compra de um sítio. Por ocasião da lavratura da escritura pública, o comprador, com a participação de um delegado, convenceu o vendedor (sitiante) de que deveria receber o valor em joias; particularmente o delegado insistia nas vantagens do pagamento desta forma, pois se tratava de um emprego de capital mais seguro.

Verificou-se, posteriormente, que as joias valiam somente 1/3 do preço pactuado em dinheiro. O vendedor era pessoa simples, residente em um sítio, e o comprador havia-lhe sido apresentado pelo delegado.

Pelo exposto, tiramos a seguinte conclusão:

1. houve erro por parte do vendedor;
2. esse erro foi provocado por intermédio de um processo imoral, posto em prática pela outra parte e um terceiro. Houve o emprego de artifício malicioso e premeditado, de modo a enganar o vendedor e persuadi-lo a efetuar o negócio;
3. esse ardil beneficiou o comprador.

Esses elementos juntos servem para fornecer o conceito de dolo civil, que é o emprego de um artifício ou ardil malicioso, destinado a induzir alguém à prática de um erro que o prejudique, em benefício do autor do dolo ou de terceiro.

Simplificando, podemos concluir que o dolo civil nada mais é do que um erro provocado por intermédio de malícia ou ardil, visando ao benefício de alguém, que é o autor do dolo, ou um terceiro. O dolo civil afeta a validade dos atos entre vivos, já que se caracteriza pelo emprego de artifícios ou artimanhas que incidem sobre a vontade de alguém, a fim de se obter a realização de um negócio jurídico.

"*Nos negócios jurídicos bilaterais, o silêncio intencional de uma das partes a respeito de fato ou qualidade que a outra parte haja ignorado, constitui omissão dolosa, provando-se que sem ela o negócio não se teria celebrado*" (CC, art. 147).

Medite sobre o caso de contrato de seguro de vida, em que o proponente omite a existência de um tumor maligno e, poucos meses depois, vem a falecer; trata-se de emprego premeditado de artifício malicioso por omissão, em que houve a intenção de prejudicar a seguradora e beneficiar os sucessores.

35.4.2.1 *Dolus bonus* e *dolus malus*

Dolo civil é qualquer artifício empregado para prejudicar alguém. Os romanos denominavam *dolus bonus* o artifício sem a finalidade de prejudicar. É o dolo menos intenso, tolerado.

Exemplo clássico de *dolus bonus* fornecido pelos doutrinadores é o caso do empresário que, por intermédio da publicidade ou propaganda, exagera as qualidades de seus produtos. Esse artifício é muito utilizado no comércio em geral e não constitui *dolus malus,* aquele destinado a prejudicar alguém.

35.4.3 Da coação

Casos como os que seguem são frequentes em nossos Tribunais. Suponhamos que um indivíduo seja intimado a comparecer ao posto policial, acusado de ter provocado incêndio nos campos circunvizinhos, por causa da queimada que realizou em sua fazenda; sob ameaça de processo criminal, assina três notas promissórias. Outro exemplo: o caso da mãe que, ao saber da acusação que pesa sobre seu filho – de ter dado desfalque como caixa do banco em que trabalha –, assina uma nota promissória em branco na presença do gerente, do advogado do banco e dos policiais que acompanham seu filho.

Em ambas as hipóteses, verificamos a existência de uma ameaça, de uma intimidação que colocou as pessoas em uma situação tal que, levadas pelo temor, emitiram uma declaração de vontade que não correspondia à sua vontade real.

Essa pressão, exercida sobre alguém por meio de uma operação psicológica, é a *coação civil*. A vítima, vendo-se diante de uma ameaça e tentando salvar a si mesma ou a uma pessoa da família, ou mesmo seus bens, é obrigada a concordar com os que a coagem.

Clóvis Beviláqua definiu a coação civil como "um estado de espírito em que o agente, perdendo a energia moral e a espontaneidade do querer, realiza o ato que lhe é exigido."[3]

Observamos, ainda, pelas hipóteses citadas, que não houve o emprego de força física ou material, pois, se isso ocorresse, teríamos então a chamada coação física, que impossibilitaria completamente a expressão da vontade e tornaria o ato nulo. Notamos, isto sim, que o agente, para não perder a sua própria liberdade ou para evitar que um de seus familiares sofresse um dano grave, escolheu livremente a prática do ato que lhe era imposto. Vê-se, pois, que a coação civil ou moral se faz para extorquir uma declaração, viciando a vontade pelo temor, anulando na vítima a sua energia moral. O ato pode ser anulado.

---

[3] BEVILÁQUA, Clóvis. *Código civil comentado*. 11 ed. Rio de Janeiro: Francisco Alves, 1958. v. 1. p. 278.

35.4.3.1 As excludentes da coação

O art. 153 do CC declara como excluídos da coação a ameaça do *exercício normal de um direito* e o simples *temor reverencial*.

35.4.3.1.1 Exercício normal de um direito

Primeiramente, meditemos sobre a seguinte situação: Um empresário, em nome individual, deixa de pagar determinada dívida líquida e certa no vencimento. Não constitui coação moral se, no caso, o credor, por intermédio de seu advogado, ameaçá-lo de protestar o título e de requerer sua falência, porque a ameaça se prende ao exercício normal de um direito.

O mero exercício de um direito não significa, portanto, ameaça ou agressão ao paciente. Trata-se de uma coação justa, porque é oriunda do exercício regular do direito.

35.4.3.1.2 Temor reverencial

Temor reverencial é aquele que sentimos pelas pessoas às quais devemos obediência, em especial aos pais. Exemplo típico é o caso da filha que, para não cair na ira do pai, aceita casar-se com pessoa de seu desagrado.

Se o pai diz à filha: "Gostaria que se casasse com fulano", não houve coação. Só constitui coação se o pedido vier acompanhado de ameaça grave, como, por exemplo: "Ou se casa com fulano ou morre".

35.4.4 Do estado de perigo

Vejamos o art. 156 do CC: "***Configura-se o estado de perigo quando alguém, premido da necessidade de salvar-se, ou a pessoa de sua família, de grave dano conhecido pela outra parte, assume obrigação excessivamente onerosa.***"

Ocorre quando uma parte assume obrigações excessivamente onerosas para salvar alguém de sua família, ou a si mesmo, de grave dano que a outra parte conhece. Se o perigo de dano não atingir o declarante ou a sua família, caberá ao juiz decidir sobre a validade do negócio. São hipóteses de anulação do negócio (CC, art. 171, II):

1. Exemplo 1: pai que tem o filho sequestrado, vende seus bens a preço vil, sendo que a outra parte sabe que o pai está dilapidando seus bens para pagar o sequestro.
2. Exemplo 2: atendimento médico de pessoa que corre risco de morte, mediante garantia pecuniária (o doente deve receber atendimento de emergencia e ser transferido para hospital público).

35.4.5 Da lesão

Na lesão, o contratante realizará negócio que lhe trará desvantagem manifesta perante a outra parte, em razão de uma necessidade econômica ou por inexperiência. Nessa hipótese a parte, há um desequilibro nítido entre as vantagens e desvantagens do negócio jurídico, sendo o lesado considerado como tal por se encontrar em desvantagem exagerada perante a outra parte (ex: alguns contratos de empréstimos consignados para aposentados e pensionistas). Hipótese de anulabilidade do negócio jurídico (CC art. 171, II).

Vejamos o art. 157 do CC: "*Ocorre a lesão quando uma pessoa, sob premente necessidade, ou por inexperiência, se obriga a prestação manifestamente desproporcional ao valor da prestação oposta.*"

São requisitos da lesão:

1. desproporção manifesta de prestações;
2. inexperiência ou necessidade financeira do agente.

Para caracterizar-se a lesão não se exige que a outra parte tenha conhecimento da necessidade ou da experiência do lesado.

35.4.6 Da fraude contra credores

Quando uma pessoa pretende comprar um imóvel, deve, antes de efetuar a transação, inteirar-se da segurança do negócio.

Primeiramente, deverá verificar se o vendedor é capaz, porque, como já vimos, o negócio jurídico será nulo se for praticado por pessoa absolutamente incapaz; deve, ainda, constatar se o vendedor é o verdadeiro dono do imóvel, exigindo certidão do Cartório de Registro de Imóveis. Além dessas cautelas, o comprador deve averiguar se o vendedor não se encontra em insolvência, porque o insolvente não pode vender seus bens, já que o seu patrimônio é a garantia comum a todos os seus credores. Essa é a razão do preceito do art. 159 do CC, reproduzido a seguir.

"*Serão igualmente anuláveis os contratos onerosos do devedor insolvente, quando a insolvência for notória, ou houver motivo para ser conhecida do outro contratante.*"

Insolvência ocorre quando a soma do patrimônio ativo do devedor é inferior à do passivo. "*Dá-se a insolvência toda vez que as dívidas excederem à importância dos bens do devedor.*" (CPC/73, art. 748)[4].

Para evitar prejuízo para os credores, a lei fornece meios quando houver o comprometimento do patrimônio do devedor. Em caso de alienação de bens por devedor já insolvente, qualquer credor, ao tempo do ato lesivo, poderá recorrer à ação pauliana ou revocatória, cujo objetivo é revogar ou anular os fatos fraudulentamente praticados. "*Só os credores que já o eram ao tempo daqueles atos podem pleitear a anulação deles.*" (CC art. 158, § 2º).

Um simples perpassar de olhos, no artigo acima transcrito, revela-nos duas espécies de insolvência: a *notória* e a *presumida*.

1. A *notória* é aquela que já é de conhecimento público. Por exemplo, a existência de uma dívida não será de conhecimento público enquanto não chegar o dia do vencimento para o pagamento; só fica no âmbito entre o devedor e o credor. No entanto, se não for paga no vencimento, o credor poderá levá-la ao *Cartório de Protesto* e, se protestada, todos ficarão sabendo do não pagamento da dívida. A partir de então, a dívida será notória, caracterizando-se a pretensão de insolvência.
2. A *presumida* é aquela conhecida apenas pelos parentes próximos ou por um amigo de frequência diária. A lei presume "*haver motivo para ser conhecida do outro contratante*" (CC, art. 159, parte final) quando este for um irmão, por exemplo.

35.4.7 Da simulação

É uma declaração enganosa da vontade pela parte que, com isso, pretende efeito diverso daquele decorrente do negócio praticado com a intenção de burlar a lei ou iludir terceiros, obtendo vantagem indevida.

---

[4] Art. 1.052 do CPC/2015. Até a edição de lei específica, as execuções contra devedor insolvente, em curso ou que venham a ser propostas, permanecem reguladas pelo *Livro II, Título IV, da Lei nº 5.869, de 11 de janeiro de 1973*.

São exemplos de simulação, descritos no art. 167 do CC, quando os negócios aparentarem conferir ou transmitir direitos a pessoas diversas daquelas às quais realmente conferem ou transmitem; quando contiverem declaração, confissão, condição ou cláusula não verdadeira ou quando os instrumentos particulares forem antedatados, ou pós-datados.

35.4.7.1 Simulação absoluta

Ocorre quando o ato negocial sequer existe na realidade ou quando contiver cláusula, declaração, confissão ou condição totalmente falsa, inexistindo qualquer relação jurídica. Exemplo: o marido que, antes do divórcio, emite títulos de crédito que não representam negócio algum só para prejudicar a esposa na partilha de bens.

35.4.7.2 Simulação relativa

Ocorre quando o negócio jurídico realizado esconde uma outra intenção das partes. Estas fingem uma relação jurídica que na realidade não existe, com o objetivo de disfarçar (dissimular) um outro negócio não permitido pela norma jurídica porque prejudica terceiro. Na prática, existem dois contratos, um simulado, que é o que aparece, e outro dissimulado, que fica oculto.

Dentro da simulação relativa, existem duas espécies: A *simulação relativa subjetiva*, quando o negócio aparentar conferir direitos à pessoa diversa daquela que realmente acaba por obtê-lo; neste caso o contratante que aparece é conhecido como testa de ferro ou laranja; e a *simulação relativa objetiva*, quando contiver declaração, confissão, condição ou cláusula não verdadeira, como, por exemplo, um homem casado que simula um contrato de compra e venda à sua amante, mas na verdade não recebe o valor correspondente porque seu objetivo é esconder a doação proibida pelo art. 550 do CC.

"*Se a simulação for absoluta, o negócio será* **nulo**, *se a simulação for relativa, o negócio jurídico dissimulado (ocultado)* **subsistirá**, *desde que contenha forma e substância válida.*" (CC, art. 167).

36

ATOS ILÍCITOS

36.1 APRESENTAÇÃO

Das ações praticadas livremente pelo homem e que interessam ao Direito, algumas são conformes e outras não conformes ao respectivo ordenamento jurídico. Só os atos ilícitos, aqueles violadores da lei, produzem obrigações para os agentes.

Ingressamos, agora, nos atos provindos do comportamento do homem, mas que colidem, que se opõem à lei, à moral e aos bons costumes: os *atos ilícitos*.

36.2 CONCEITO DE ATO ILÍCITO

O ser humano, desde que capaz, deve responder por seus atos. Havendo um comportamento do agente, positivo (ação) ou negativo (omissão), contrário ao direito e que alcança terceiro, causando-lhe prejuízo, deve o agente arcar com as consequências, ou seja, deve reparar o dano causado, restaurando o equilíbrio que sua ação ou omissão dolosa ou culposa ocasionou. É ato ilícito o ato material que infringe o dever legal e causa dano a outrem. Sua consequência, no campo privado, está na responsabilidade civil, que consiste no dever de indenizar ou ressarcir o dano. *"Aquele que, por ato ilícito (arts. 186 e 187), causar dano a outrem, fica obrigado a repará-lo."*[1]

---

[1] CC, art. 927.

36.3 PRESSUPOSTOS DA RESPONSABILIDADE EXTRACONTRATUAL

A responsabilidade civil consiste na obrigação de indenizar o prejuízo causado, quando houver a prática do ato ilícito. Este, por sua vez, se caracteriza pela infração ao art. 186 do Código Civil, que assim dispõe, *in verbis*: "*Aquele que, por ação ou omissão voluntária, negligência, ou imprudência, violar e causar dano a outrem, ainda que exclusivamente moral, comete ato ilícito.*" O art. 927 do CC complementa: "*Aquele que, por ato ilícito, causar dano a outrem, fica obrigado a repará-lo.*"

Vê-se, desde logo, que o dever de ressarcir o dano é oriundo da culpa ou do dolo, provado ou presumido, salvo exceções previstas em lei.

Para o ressarcimento, a vítima deve fazer a prova da culpa ou do dolo do sujeito passivo. Isto porque, aqui, impera a *teoria subjetiva*, que exige do prejudicado, além do *dano* e do *vínculo de causalidade*, a prova da culpa ou do dolo do agente. Assim, para gerar a responsabilidade extracontratual (dever de indenizar), o ato ilícito deve-se revestir dos seguintes pressupostos:

1. que haja dolo ou culpa por parte do agente;
2. que exista um dano causado a outrem;
3. que haja uma relação de causalidade entre o comportamento do agente e o dano causado.

Faltando um desses pressupostos, desaparece o dever de indenizar. A exceção está na hipótese da responsabilidade sem culpa, que veremos mais adiante.

36.3.1 Prova do dolo ou da culpa

Examinemos uma situação comum: há um choque de veículos em um local onde funcionam sinais semafóricos. Como é o motorista-vítima que deverá fazer, em juízo, a prova da culpa de quem causou o dano, a sua primeira providência, logo após o acidente, será anotar os nomes das testemunhas que presenciaram o fato e verificar a existência de câmeras de monitoramento que podem ter registrado o evento.

Talvez por desconhecer o direito, o que acontece normalmente é o diálogo, a discussão e até o uso da força física. Assim, certa vez o Tribunal decidiu que "não positivada a culpa de qualquer dos motoristas envolvidos no acidente, a nenhum pode ser imposto o ônus do ressarcimento."[2]

---
[2] RT 434/251.

Em suma, é necessário fundamentar, no pedido indenizatório, o comportamento culposo do agente. O Código Civil, em seu art. 186, agregou a *teoria subjetiva da culpa*. Logo, somente contra quem agiu com culpa e praticou o evento danoso se pode exigir a indenização pelos danos sofridos. Portanto, para efeito do recebimento de indenização, a culpa ou o dolo deve ficar provado acima de qualquer dúvida, pois o ônus da prova, quando a culpa for de natureza extracontratual, pertence a quem alega ter sido injustamente prejudicado.

Afinal, em que consiste o dolo ou a culpa?

O dolo consiste na intenção de ofender o direito de alguém ou prejudicar seu patrimônio, por ação ou omissão. É a intenção deliberada no sentido de ofender o direito, ou de causar prejuízo a outrem. Ocorre quando o agente deseja o resultado advindo da ação ou omissão; nesta, há o chamado *dolo negativo*, caracterizado pelo silêncio intencional, para que, desconhecendo a verdade, que deveria ser dita, sofresse a vítima prejuízo segundo desejo de quem, propositadamente, se calou. É negativo porque não houve ato positivo, mas omissão.

A culpa é a negligência, a imprudência do agente, ou ainda, a imperícia. Esses são seus elementos caracterizadores.

36.3.1.1 Negligência

O ato ilícito é também omissão culposa contrária ao direito e geradora de prejuízo a outrem. A negligência é um procedimento omissivo, descuidado, em que o agente se abstém de praticar certo ato, apesar de um dever predeterminado. Ela ocorre, portanto, quando houver omissão do agente, ou seja, quando o agente, tendo o dever de agir de certa forma, deixa de fazê-lo. Age com negligência o motorista que deixa seu automóvel estacionado em um declive, acionando apenas o freio de mão, sem engatá-lo; se houver o deslizamento do veículo, provocará dano em propriedade alheia. No caso da queda de uma placa de mármore de revestimento de um prédio que ocasionou a morte de um transeunte, o Tribunal entendeu que houve culpa por negligência do proprietário do prédio, pois "se houvesse exame periódico das placas, evidentemente seriam denunciadas aquelas que não estivessem absolutamente firmes. A esse cuidado estava obrigado o proprietário que escolheu revestimento perigoso para a segurança de terceiro."[3]

Concorre para o evento danoso, por total negligência – decidiu o Tribunal – o proprietário de veículo que o deixa estacionado em via pública, com a

---

[3] RT 372/323.

chave de ignição no painel, tornando-se responsável pelo prejuízo ocasionado a terceiros por ladrão que se aproveita de seu desmazelo.[4]

36.3.1.2 Imprudência

A culpa por imprudência ocorre quando houver descuido do agente, falta de atenção, desleixo.

O cão da raça dobermann, usado na guarda de residências, é reconhecidamente perigoso. Se alguém assume o risco de possuir animal com essa característica, assume todos. Levando-o para passear em lugar inadequado, seu proprietário só pode ser considerado imprudente, respondendo pelos danos provocados.[5]

Passar pelo sinal vermelho é ato de imprudência, de descuido. No entanto, se nada acontecer, nada se tem a responder; se o motorista atropelar alguém, aí sim, responderá pelo dano que ocasionar.

36.3.1.3 Imperícia

A imperícia é o que se faz sem conhecimento da arte ou da técnica, com o qual se evitaria o mal. Consiste na incapacidade, na falta de conhecimento ou habilitação para o exercício de determinado mister. Um cirurgião que mata seu cliente na mesa de operação, cortando, por equívoco, uma veia importante do sistema circulatório, age com imperícia.

36.3.2 A prova dos prejuízos sofridos pela vítima

Para que haja o pagamento da indenização pleiteada, não basta que seja feita a prova da culpa ou do dolo. Ao prejudicado cabe, também, fazer a prova de um dano, desde que de natureza patrimonial. Vale dizer, não pode haver responsabilidade civil sem a existência de lesão de um bem jurídico, e o direito à indenização depende da prova do prejuízo, seja qual for a espécie de responsabilidade.

Por exemplo, se houver um abalroamento de veículos, a vítima deverá provar a culpa do agente e apresentar nota fiscal idônea do conserto, não havendo necessidade de vistoria prévia (RT 425/188).

---

[4] RT 586/185.
[5] RT 589/109.

Na colisão de veículos, o prejudicado, com efeito, nem sempre tem condições de efetuar desde logo os reparos necessários, pelo que inegavelmente legitimado para a ação com a simples exibição de orçamento.[6]

36.3.3 Relação de causalidade ou nexo causal

Pode ter ocorrido o ato ilícito e até um dano, mas pode não ter havido nexo de causalidade entre esse dano e a conduta do agente. Não ocorre este nexo, por exemplo, quando o procedimento da vítima é a causa única do evento. É o caso de uma pessoa que se lança propositadamente sob as rodas de um automóvel, com a finalidade de eliminar sua vida. Não havendo nexo causal, não se deve pensar em indenização.

36.4 TEORIA DA RESPONSABILIDADE SEM CULPA

Suponhamos o caso de um menor que, descendo do ônibus, foi apanhado por um veículo quando tentava atravessar a rua em direção a um colégio. O causador da morte não teve de pagar nenhuma indenização porque não agira com culpa. Contudo, os sucessores do menor receberam indenização por força do *seguro obrigatório* contra acidente de trânsito.

O seguro obrigatório é uma estipulação em favor de terceiros e tem por fim cobrir os riscos a que estes se expõem de serem vitimados em acidentes com veículos. Essa é a razão pela qual a ação deve ser proposta pelos sucessores contra a seguradora, pouco importando a licitude ou ilicitude do ato, ou se houve ou não culpa do autor do dano, porque o pagamento das indenizações fixadas nas apólices não fica na dependência da prova da culpa do causador do dano. A única averiguação a ser feita, como causa da obrigação de indenizar, será a existência do dano, por força da doutrina do risco ou também da chamada teoria objetiva, consagrada, *in casu*, na Lei nº 6194/74, no seu art. 5º que dispõe:

> *"O pagamento das indenizações será efetuado mediante a simples prova do dano e independentemente de apuração da culpa, haja ou não resseguro, abolida qualquer franquia de responsabilidade do proprietário do veículo."*

---

[6] RT 579/126.

Com base nesse preceito, o Tribunal decidiu o caso supracitado do seguinte modo: "O seguro obrigatório impõe a obrigação de pagar indenização fixada na respectiva apólice sem que se deva cogitar da existência ou não de culpa do motorista."[7]

Assim também é o princípio do seguro obrigatório em relação aos acidentes do trabalho, em que não se cogita a existência da culpa, mas apenas se o acidente ocorreu ou não durante o trabalho.

Contudo, o princípio fundamental da responsabilidade civil, como vimos, se baseia no princípio da responsabilidade subjetiva, que também é relacionado à *teoria da culpa*. Por essa corrente, o dever de indenizar só se verifica quando existir culpa da pessoa pelo evento danoso, ou seja, se for demonstrado que esta agiu com culpa. Com a teoria da responsabilidade sem culpa ou *doutrina do risco*, também denominada *teoria objetiva*, não se propõe o problema da culpa, ou seja, elimina-se a indagação da culpa subjetiva do causador dos danos ou das lesões para o dever de indenizar. O elemento culpa é substituído pela ideia de *risco-proveito*; assim, quem cria o risco deve reparar os danos de seu empreendimento.

Apesar dessas transformações, que fizeram o problema da responsabilidade se tornar o centro do direito contemporâneo, na frase feliz de Josserand, o certo é que o princípio ainda dominante no campo da responsabilidade civil se fundamenta na indagação da existência da culpa do acusado, do dano como regra geral. Somente em casos expressos em lei, tem aplicação a *teoria objetiva* ou a *doutrina do risco*.

36.5 ATOS CONTRÁRIOS AO DIREITO QUE NÃO SÃO ILÍCITOS

A lei prevê alguns casos excepcionais que não constituem atos ilícitos, embora causem prejuízos a outrem. Tal ocorre nos casos de *legítima defesa*, de *estado de necessidade* e de *exercício regular do direito*.

1. *Legítima defesa* – "**Ocorre legítima defesa quando alguém, usando moderadamente dos meios necessários, repele injusta agressão, atual e iminente, a direito seu ou de outrem.**" (CP, art. 25). Pelo que se percebe, os requisitos da autodefesa são a reação imediata contra quem o moleste e o emprego moderado dos meios necessários à sua defesa.
2. *Estado de necessidade* – O estado de necessidade visa à remoção de perigo iminente que leva a coisa alheia à deterioração ou destruição. São requisitos desta situação:

---

[7] RT 433/96.

a) que as circunstâncias o tornem absolutamente necessário;

b) que não exceda os limites do indispensável para a remoção do perigo.

3. *Exercício regular de um direito reconhecido* – Também não constitui ato ilícito o praticado no exercício regular de um direito reconhecido. Só haverá ato ilícito se houver abuso do direito. Por exemplo, se o proprietário ou inquilino produz ruído que excede à normalidade, ter-se-á abuso do direito, ou seja, excesso no exercício regular do direito.

37

DIREITO DAS OBRIGAÇÕES

37.1 CONSIDERAÇÕES PRELIMINARES

A palavra *obrigação* originou-se da expressão latina *obligatio*, que traduz a ideia de vínculo, o qual sujeita o devedor ao credor.

O Direito das Obrigações tem por finalidade primordial ligar pessoas entre si, ficando uma delas sujeita ao dever de prestar uma obrigação em favor de outra. Isto acontece porque os homens, vivendo em sociedade, estabelecem relações de várias ordens entre si, vinculando-se, principalmente, pelas declarações de vontade, de tal modo que uma ou mais pessoas acabem-se obrigando umas para com as outras a uma ação pessoal de dar, fazer ou não fazer alguma coisa. Essas relações obrigacionais são disciplinadas pelo Direito das Obrigações.

37.2 EVOLUÇÃO HISTÓRICA

No início da civilização, imperavam a lei do mais forte e a justiça selvagem; os homens antigos procediam à execução das obrigações não cumpridas de maneira drástica e cruel, alcançando a pessoa do devedor.

Em Roma, de início, se uma pessoa empenhasse a palavra, assumindo um dever, e não o cumprisse no prazo estipulado, respondia com o próprio corpo, ou seja, a execução exerce-se sobre a pessoa do devedor, que estava preso ao credor. O vínculo gerava, então, verdadeiro poder para o credor, que podia apoderar-se da própria pessoa do devedor e reduzi-lo à escravidão ou até matá-lo. Era uma espécie de punição, dirigida sobre o próprio corpo do devedor, que permitia ao credor vendê-lo como escravo ou levá-lo além do rio Tibre para tirar-lhe a vida. Veja, a propósito, como narra a situação daquela época o prof. Alcides de Mendonça Lima:

> Depois de 30 dias da condenação por sentença, o devedor (*iudicatur*) podia ser levado pelo credor a juízo, até violentamente. Nessa ocasião, o credor, depois de uma exortação clássica, colocava sua mão em qualquer das partes do corpo do devedor, exteriorizando sua apreensão. Ou o devedor pagava a dívida ou conseguia terceiro (*vindex*) que a solvesse. Em caso negativo, o credor conduzia o devedor para a prisão domiciliar, acorrentando-o (*addictus*); apregoava o valor do débito em três feiras seguidas, ensejando a liquidação por parentes ou por amigos do devedor. Não aparecendo ninguém, o credor podia matar o devedor ou vendê-lo como escravo, além do Tibre (*trans Tiberium*), em terra dos etruscos, pois nenhum romano podia deixar de ser livre dentro dos limites de sua cidade. É que o cidadão romano não podia ser escravizado em sua terra natal e era por isso levado para outro território e lá vendido e transformado em servo do adquirente.
>
> Se, porém, houvesse muitos credores, estes tinham o direito de esquartejar o corpo do devedor, repartindo entre eles os pedaços.[1]

Somente no século IV a.C., quando apareceu a *Lex Poetalia Papiria*, a execução deixou de ser pessoal. No caso de o devedor não cumprir a obrigação, o meio de satisfação do crédito não era mais pessoal, mas sobre os bens de sua propriedade. O devedor dava, então, seu patrimônio como garantia.

Desde aquele tempo até nossos dias, não houve profundas mudanças; o princípio continuou praticamente o mesmo.

A obrigação, normalmente, deve ter um conteúdo patrimonial e, em caso de não cumprimento da obrigação, importa a aplicação de sanção jurídica ao sujeito inadimplente, facultando ao credor executar o patrimônio do devedor, a fim de obter os recursos necessários do seu crédito. Por essa razão, a obrigação deve ter valor e caráter patrimonial, ou seja, o objeto da prestação deve ter conteúdo econômico ou ser suscetível de uma avaliação patrimonial.

37.3 RELAÇÃO JURÍDICA

Os homens, vivendo em sociedade, estabelecem as mais variadas relações entre si. São relações sociais as estabelecidas entre pessoas e que podem ou não

---

[1] LIMA, Alcides Mendonça. *Comentários ao código de processo civil*. Rio de Janeiro: Forense, 1980. v. VI, t. 1. p. 139.

produzir consequências jurídicas. Quando o direito confere certos efeitos a determinada relação, será ela denominada *relação jurídica*.

A relação jurídica, portanto, é sempre uma relação entre pessoas, que tanto podem ser pessoas naturais como pessoas jurídicas. Pelos fatos jurídicos (acontecimentos considerados relevantes pela ordem jurídica), estabelece-se um vínculo entre duas ou mais pessoas, sendo que uma delas passa a ter o dever de fazer uma prestação de contas à outra, tendo esta segunda a faculdade de exigi-la da primeira. Quem quer que contrate com outrem, por exemplo, estando na situação de devedor, está juridicamente compelido a cumprir o objeto da obrigação, porque a vontade cria vínculos pelos quais uma pessoa (devedor) fica obrigada a determinada prestação para com outra (credor), que tem o direito de a exigir, obrigando a primeira a satisfazê-la.

37.4 CONCEITO DE OBRIGAÇÃO JURÍDICA

Os direitos podem ser exercidos sobre a própria pessoa do titular: são os chamados *direitos da personalidade*, como, por exemplo, o direito à vida, à liberdade, ao nome, à disposição do próprio corpo; ou sobre um bem exterior de valor econômico, chamado *direito patrimonial*.

Os direitos patrimoniais, por sua vez, dividem-se em *reais* e *obrigacionais*. Quando o sujeito ativo exerce poder de sujeição sobre uma coisa, exigindo o respeito de todos os membros da sociedade, isso se chama *direito real*; incide sobre a coisa, e o titular desse direito a submete a seu domínio. Quando o sujeito ativo tem o direito de exigir de determinada pessoa ou de certo grupo de pessoas a prática de um ato ou uma abstenção, estamos em frente a um *direito obrigacional*. Há um sujeito ativo (titular do direito) e um sujeito passivo (devedor).

A natureza relativa do direito e o caráter patrimonial da prestação são elementos inerentes ao Direito das Obrigações. Por essa razão, costuma-se conceituar a obrigação como uma relação jurídica por meio da qual uma ou mais pessoas se obrigam a fornecer uma prestação econômica em favor de outra ou outras pessoas.

Aparece, então, um vínculo prestigiado pela lei, com o qual uma pessoa, denominada sujeito passivo ou devedor, se dispõe a uma prestação positiva ou negativa em favor de outra pessoa, chamada credor, que, por sua vez, tem a faculdade de exigir do devedor o cumprimento da obrigação assumida.

37.5 ELEMENTOS CONSTITUTIVOS DA RELAÇÃO JURÍDICA OBRIGACIONAL

Na relação jurídica obrigacional, distinguem-se como seus elementos integrantes: os sujeitos, o objeto e o vínculo.

37.5.1 Os sujeitos da relação jurídica

Durante a vida em sociedade, os homens estabelecem relações de várias ordens e, quando a norma jurídica confere certos efeitos à determinada relação social, será ela qualificada como *relação jurídica*.

A relação jurídica é sempre uma relação entre pessoas, quer naturais, quer jurídicas. Ocorrendo um fato considerado juridicamente relevante pela ordem jurídica (fato jurídico), aparece um vínculo entre elas: o sujeito ativo com o poder de exigir o cumprimento de uma prestação do sujeito passivo. Portanto, somente pessoas físicas ou jurídicas podem ser sujeitos da obrigação.

Os sujeitos da relação são, pois, aqueles que se vinculam pelo seu estabelecimento. Quem quer que contrate com outrem, estando na situação de devedor, está juridicamente compelido a cumprir o objeto da obrigação. O seu não cumprimento constitui um ato ilícito, importando a aplicação de uma sanção jurídica.

Os sujeitos precisam determinar-se, para que fique evidente de quem o credor tem de receber, assim como a quem o devedor deve prestar conta. Isto, porém, não quer dizer que, no instante de se constituir a obrigação, se exija a individualização do sujeito passivo, ou do sujeito ativo. Basta ser determinada posteriormente, sob pena de não se formar o vínculo. Um sujeito passivo certo pode obrigar-se para com um sujeito ativo indeterminado e vice-versa. É mister que se individualize um dos sujeitos no momento da solução ou do cumprimento da prestação. Por exemplo, na declaração unilateral, pelo jornal, de uma oferta qualquer, em que o devedor se obriga a uma prestação em favor de quem apresentar certas condições, o credor é indeterminado no momento da constituição da obrigação; entretanto, é determinável posteriormente e, assim, no momento da individualização do credor, a obrigação torna-se perfeita e exigível.

37.5.2 Objeto das obrigações

A obrigação nasce da relação entre pessoas: uma delas fica sujeita ao cumprimento de uma prestação; a outra com o direito de exigir o cumprimento da obrigação. O objeto da obrigação é a prestação do devedor, que pode consistir num dar, num fazer ou não-fazer alguma coisa.

37.5.3 Vínculo jurídico

Vínculo é tudo o que serve para ligar, para unir (do latim *vinculum*, que significa "liame", "laço"). Mesmo no conceito jurídico, vínculo exprime união, elo, aliança, ligação.

A obrigação representa qualquer espécie de vínculo ou de sujeição de pessoa. Ela faz surgir um vínculo entre duas pessoas: uma com o dever de fazer uma prestação, e a outra, com a faculdade de a exigir da primeira.

O vínculo tem por objeto uma prestação que pode consistir em dar, fazer ou não fazer alguma coisa.

37.6 FONTES DAS OBRIGAÇÕES SEGUNDO O CÓDIGO CIVIL

O Código Civil considera, expressamente, três fontes geradoras das obrigações: o contrato, a declaração unilateral da vontade e o ato ilícito.

37.6.1 O contrato

Contrato é o acordo de duas ou mais pessoas para constituir, modificar ou extinguir uma relação jurídica. É um acordo de vontade destinado a criar obrigações. *Ipso facto*, é ele fonte das obrigações, tanto que a parte que não obtém a execução do pactuado por vias normais, tem o direito à proteção do Poder Judiciário para constranger o devedor ao cumprimento da obrigação.

37.6.2 A declaração unilateral da vontade

A declaração unilateral da vontade constitui ato de vontade de uma só pessoa, estabelecendo uma obrigação em favor de uma pessoa indeterminada. Por exemplo, desaparece um cachorro de estimação e o dono oferece uma gratificação a quem o devolver.

37.6.3 O ato ilícito

O ato ilícito constitui fonte de obrigação nas ocasiões em que provém de uma ação ou omissão culposa ou dolosa do agente, causando dano ou prejuízo à vítima.

37.7 ALGUMAS ESPÉCIES DE CONTRATO

37.7.1 Contrato de compra e venda

O contrato de compra e venda é um só, apesar de se denominar compra e venda. Uma compra sempre pressupõe uma venda e vice-versa. É o contrato segundo o qual o vendedor se obriga a transferir o domínio de uma coisa ao comprador, mediante o pagamento por este de certo valor em dinheiro.

Para o aperfeiçoamento do contrato basta o acordo de vontade do comprador e do vendedor sobre um objeto (a coisa negociada) e a existência do preço.

Mas o contrato não significa a transferência da propriedade da coisa, isto porque o contrato de compra e venda, por si só, não transfere a propriedade, criando apenas uma obrigação (promessa) de transferi-la. Veja o que diz o art. 1.267 do CC: "*A propriedade das coisas não se transfere pelos negócios jurídicos antes da tradição.*"

Tradição significa entrega. Para a transferência da propriedade da coisa é preciso, após ou concomitantemente à realização do contrato, a efetiva entrega dela. O pagamento do preço e a entrega da coisa já são efeitos desse consentimento, pelo qual ficam obrigados vendedor e comprador e, não havendo o cumprimento da obrigação, resolve-se em perdas e danos.

37.7.2 Mandato

Não se devem confundir as palavras *mandato* e *mandado*. O juiz, ao desejar dar uma ordem, expede um *mandado*. É, portanto, o mando do juiz. *Mandato*, por sua vez, é o contrato segundo o qual uma pessoa se obriga a praticar atos ou administrar interesses em nome e por conta de outrem.

O traço característico do mandato é a representação, isto é, alguém, não podendo ou não querendo realizar determinado negócio jurídico, outorga poderes a outra pessoa para o representar. Quem confere os poderes para a prática dos atos tem o nome de mandante; aquele a quem os poderes são conferidos se chama mandatário ou procurador, isto é, aquele que se utiliza da procuração, instrumento representativo do mandato, que confere poderes a uma pessoa para que ela possa agir segundo a vontade do mandante.

De posse da procuração, o mandatário (procurador) passa a ter o poder de agir em nome do mandante, praticando todos os atos como se este último estivesse atuando pessoalmente. A consequência maior desse ato é o procurador obrigar o próprio mandante a proceder conforme o determinado em relação a terceiro. Nessas condições, o mandatário pratica o ato, mas é o próprio mandante quem se obriga, respondendo por todos os atos daquele.

37.7.3 Fiança

A fiança é um contrato pelo qual uma pessoa se obriga a satisfazer uma obrigação, caso o devedor não a cumpra. A pessoa que assume a fiança tem o nome de fiador; aquele a quem o *fiador* garante é o *afiançado*. O contrato de fiança desenrola-se entre o fiador e o credor do afiançado. Como a fiança visa a dar maior garantia ao credor, ela é um contrato de garantia, mas uma garantia pessoal, porque o que assegura a obrigação afiançada é o patrimônio do fiador, e não determinado bem imóvel ou móvel, como acontece na hipoteca.

38

DIREITO DAS COISAS

38.1 APRESENTAÇÃO

Chama-se *Direito das Coisas* a parte do Direito Civil que trata das relações jurídicas entre as pessoas e as coisas suscetíveis de apropriação pelo homem.

O Direito das Coisas pode ser classificado em duas categorias: direito real sobre *coisas próprias* e o direito real sobre *coisas alheias*.

Na primeira categoria, está incluída a propriedade, que é o direito real por excelência. A posse, que é a exteriorização da propriedade, se inclui nessa categoria. O Código, contudo, regulamenta a posse antes da propriedade.

Na segunda categoria, encontram-se duas espécies de direitos reais:

1. os direitos reais de gozo ou fruição (servidão, usufruto etc.);
2. os direitos reais de garantia (penhor, hipoteca e anticrese).

Dividiremos o estudo em três partes: a posse, a propriedade e os direitos reais sobre coisas alheias.

38.2 CONCEITO DE POSSE E SUA CLASSIFICAÇÃO

O Código Civil, art. 1.228, define a propriedade da seguinte maneira: "*O proprietário tem a faculdade de usar, gozar e dispor da coisa, e o direito de reavê-la do poder de quem quer que injustamente a possua ou detenha.*" Enfim, é um direito sobre a coisa, abrangendo vários poderes especiais: de usar, de gozar, de dispor e de reaver. Esses poderes, chamados direitos elementares de propriedade, são poderes exercidos, ordinariamente, pelo proprietário da coisa. É o proprietário de uma casa, por exemplo, quem normalmente se utiliza dela, a aluga, a vende, ou a recupera.

Mas um terceiro, o inquilino, por exemplo, pode comportar-se como dono do bem, dando a impressão de sê-lo, por praticar os mesmos atos e exercer os mesmos poderes. A posse é, então, a manifestação exterior do direito de propriedade, ou seja, a manifestação externa, o sinal visível da propriedade. Segundo o Código Civil, posse é "*o exercício, pleno ou não, de algum dos poderes inerentes à propriedade.*" (art. 1.196). Aquele que estiver no exercício do poder de uso e gozo da coisa, está na posse desta. Melhor explicando, "a posse é a exteriorização da propriedade e, por isso, devemos encontrá-la em todos os desmembramentos desta, ou seja, em todos os direitos reais sobre coisa alheia", esclarece o Tribunal (RT 677/130).

A propriedade e a posse andam juntas, mas não devem ser confundidas. A propriedade e a posse de uma casa, por exemplo, estão com o dono, mas, quando está alugada, esse fato faz transferir a posse direta da casa ao inquilino, embora o domínio continue a pertencer ao senhorio.

A posse classifica-se em:

1. direta e indireta;
2. justa e injusta;
3. de boa-fé e de má-fé.

38.2.1 Posses direta e indireta

Um imóvel, pertencente a um banco, era ocupado gratuitamente pelo gerente de uma filial, que, ao ser despedido, se recusou a entregá-lo.

Antes da imissão da posse, por força de uma relação obrigacional, o gerente é qualificado como possuidor direto ou imediato, e o banco como possuidor indireto ou mediato. É esse também o caso de um locatário, de um usufrutuário, de um depositário e de todos aqueles que recebem o exercício temporário da posse, por força de uma obrigação ou um direito.

Possuidor direto é, pois, aquele que recebe a coisa contratualmente ou por força de um direito. Ele poderá recorrer aos interditos para proteger sua posição de possuidor ante terceiro e até contra o proprietário, se este cometer turbação, ameaça ou esbulho.

Terminadas as condições de exercício temporário do gerente, como ocorreu no caso supra, o banco, que era possuidor indireto, passou, automaticamente, a ter direito à posse direta. Se o possuidor direto, o gerente, não deixar o imóvel, se torna esbulhador, cabendo o uso do remédio denominado *reintegração de posse*.

38.2.2 Posses justa e injusta

A posse será *justa* se não for obtida por meio da violência, da clandestinidade ou da precariedade; *injusta* se for angariada por um desses três vícios; *violenta* se for adquirida pela força; *clandestina* caso se estabeleça às ocultas, sob o receio de vir a ser impedida pelo possuidor. A posse *precária*, escreve Arnoldo Wald, "é oriunda de um abuso de confiança, por parte de quem se apropria de determinado objeto por certo tempo, com base numa relação jurídica qualquer e se recusa a devolvê-lo na época previamente fixada."[1] Vê-se, pois, que a recusa em devolver a coisa condicionada a ser devolvida constitui o vício da precariedade.

38.2.3 Posse de boa-fé e posse de má-fé

Se o possuidor ignorar a existência de qualquer vício (violência, clandestinidade ou precariedade) então existente, ou não encontrar qualquer obstáculo jurídico à sua legitimidade, a posse será de boa-fé; caso contrário, tem-se a posse de má-fé.

A distinção entre posse de boa-fé e posse de má-fé é importante, pois o possuidor de boa-fé terá direito aos frutos percebidos.

"*O possuidor de boa-fé tem direito, enquanto ela durar, aos frutos percebidos.*" (CC, art. 1.214). "*O possuidor de má-fé responde por todos os frutos colhidos e percebidos, bem como pelos que, por culpa sua, deixou de perceber, desde o momento em que se constituiu de má-fé* [...]." (CC, art. 1.216).

38.3 DA AQUISIÇÃO E DA PERDA DA POSSE

Quanto à aquisição da posse, analisá-la-emos sob dois aspectos: 1. tendo em vista a manifestação da vontade do agente; 2. considerando-se a origem da posse.

---

[1] WALD, Arnoldo. *Direito das coisas*. 4. ed. São Paulo: Editora Revista dos Tribunais, 1980.

38.3.1 Aquisição em consequência da manifestação da vontade

Considerando a vontade do agente, a aquisição da posse pode acontecer por ato unilateral ou bilateral.

1. *Por ato unilateral* – a posse é adquirida sem o consentimento do possuidor precedente. É o caso da apreensão da posse. Se o objeto desta for um bem móvel, a apreensão se faz pelo contato físico e pelo seu deslocamento, usado, geralmente, por quem se apropria de uma coisa; se o objeto for um imóvel, a aquisição se revela pela ocupação do bem.
2. *Por ato bilateral* – a aquisição da posse pode ocorrer por contrato, quer de forma gratuita, quer onerosamente. A posse nasce do acordo entre duas ou mais pessoas, geralmente pela alienação do bem (doação ou compra e venda), em que o alienante faz a tradição (entrega) da coisa ao alienatário.

38.3.2 Aquisição em função da origem da posse

A posse pode ser *originária* ou *derivada*.

É *originária* quando não há qualquer relação entre o antigo e o novo possuidor, como acontece no caso da aquisição por ato unilateral. Se uma pessoa, por exemplo, adquire a posse sob violência ou clandestinidade, será originária a sua posse, pois não houve entendimento algum entre o esbulhador e o esbulhado, vale dizer, não houve qualquer relação entre a posse antiga e a nova.

Se, porém, houver anuência do antigo possuidor, como acontece no caso da aquisição de posse por contrato, diz-se que a posse é *derivada*. O antigo possuidor transfere, por vontade própria, a sua posse a outrem nos termos da lei.

38.3.3 Perda da posse

Os principais modos de perder a posse são: o abandono; a tradição; a destruição ou perda da coisa; a colocação da coisa fora do comércio e o apossamento por parte de outrem.

38.4 PROTEÇÃO POSSESSÓRIA

O possuidor tem, por lei, dois meios para defender sua posse: pelo esforço incontinenti (legítima defesa) e pelo recurso ao Poder Judiciário.

1. *Fora da ação judicial* – o possuidor pode reagir em defesa da posse com sua própria força, desde que obedeça aos requisitos legais previstos no art. 1.210, § 1º do CC, *in verbis*: "*O possuidor turbado, ou esbulhado, poderá manter-se ou restituir-se por sua própria força, contanto que o faça logo; os atos de defesa, ou de desforço, não podem ir além do indispensável à manutenção, ou restituição da posse.*"

   Portanto, para legitimar a reação com seus próprios meios, com suas próprias mãos, o possuidor deve obedecer aos requisitos referidos, sem os quais a autodefesa se converte em comportamento antijurídico.

2. *Pela via judicial* – caso não seja cabível a autodefesa, o possuidor poderá dispor da via judicial, utilizando-se dos *interditos possessórios*.

Como a ofensa à posse pode tomar variadas formas, para cada uma, há uma ação possessória correspondente para protegê-la. Assim, pode haver situações em que o possuidor perca a posse; outras em que vê a sua posse apenas turbada, sem perda; outras, ainda, em que há apenas uma ameaça de turbação ou de esbulho. A cada uma dessas agressões a lei concede uma espécie de ação possessória. No caso de turbação, a ação própria é a de manutenção da posse; no de esbulho, a medida protetora correspondente é o uso da ação de reintegração de posse; na simples ameaça, o legislador permite ao possuidor a ação de interdito proibitório, que objetiva evitar que se efetive uma ameaça concreta à sua posse.

38.5 COMPOSSE

Em regra, a lei não permite que várias pessoas tenham a posse simultânea da mesma coisa e por inteiro. Há, porém, uma exceção: é o caso da composse ou posse em comum, em que duas ou mais pessoas têm a posse de uma mesma coisa indivisa.

"*Se duas ou mais pessoas possuírem coisa indivisa* – diz o art. 1.199 do CC –, *poderá cada uma exercer sobre ela atos possessórios, contanto que não excluam os dos outros compossuidores.*"

38.6 DA PROPRIEDADE

Lembra Coelho da Rocha que propriedade, no sentido lato, é "tudo o que faz parte da nossa fortuna, ou patrimônio; tudo o que nos pertence, seja corpóreo ou incorpóreo. No sentido restrito, propriedade (*dominium*) é o direito de usar e dispor de uma coisa livremente com exclusão de outro."[2]

O nosso Código Civil, em seu art. 1.228, define a propriedade como *"a faculdade de usar, gozar e dispor da coisa, e o direito de reavê-la do poder de quem quer que, injustamente, a possua ou detenha."*

A propriedade constitui-se, pois, de vários elementos: a posse, o uso, o gozo e o poder de disposição da coisa. Reunidos todos esses elementos, diz-se plena a propriedade; se, porém, um ou mais de seus elementos se deslocarem, temporariamente, para constituir um direito real de outra pessoa, diz-se, então, limitada. O usufruto, por exemplo, é um direito real sobre coisa alheia, porque o nu-proprietário retém apenas a posse indireta da coisa e o poder de dispor. Os demais elementos (a posse direta, o uso e o gozo) pertencem ao usufrutuário.

38.7 PROTEÇÃO ESPECÍFICA DA PROPRIEDADE

A propriedade é assegurada por diferentes ações judiciais, sendo a principal a *reivindicatória*, que tem a específica função de retomar a coisa do poder de quem quer que, injustamente, a possua ou detenha, por meio da prova do domínio.

Qualquer bem suscetível de ser objeto de propriedade, móvel ou imóvel, pode ser objeto de ação reivindicatória, e somente o proprietário não possuidor da coisa pode utilizar-se dela contra o possuidor não proprietário.

38.8 AQUISIÇÃO DA PROPRIEDADE IMÓVEL

38.8.1 Da aquisição pelo registro do título

Transfere-se entre vivos a propriedade, mediante o registro do título translativo no Registro de Imóveis. O modo mais comum de se adquirir a propriedade de um imóvel é, pois, pelo registro da escritura pública no Cartório Imobiliário competente.

38.8.2 Aquisição da propriedade pela acessão

A acessão, ou o aumento, une uma coisa a outra elevando-lhe o volume. Por exemplo, aquele que edifica em terreno próprio, mas com materiais alheios,

---

[2] ROCHA, Coelho da. *Instituições de direito civil português*. Rio de Janeiro: [s.n.], 1907. v. 2, p. 326.

adquire o edifício, mas é obrigado a pagar o valor dos materiais, desde que não saiba que eram alheios; se souber, deverá pagar também as perdas e danos.

38.8.3 Aquisição da propriedade pelo usucapião

O usucapião é outro modo de se adquirir a propriedade; dá-se quando alguém tem posse mansa e pacífica de um bem, por um lapso de tempo fixado na lei.

Há dois tipos principais de usucapião: o ordinário e o extraordinário.

1. *Ordinário* – consuma-se por meio da posse mansa e pacífica, pelo espaço de tempo de dez anos, desde que possuam justo título e boa-fé, podendo ser reduzido para cinco anos se o imóvel houver sido adquirido, onerosamente, com base no registro constante do respectivo cartório, cancelada posteriormente, desde que os possuidores nele tiverem estabelecido a sua moradia, ou realizado investimentos de interesse social e econômico (justo título de posse é o documento hábil para conferir ou transmitir direito à posse, caso o documento proceda do verdadeiro proprietário).
2. *Extraordinário* – consuma-se no prazo de 15 anos, sem interrupção, nem oposição, independentemente de título e boa-fé, quem possuir como seu um imóvel. Podendo ser reduzido para dez anos se o possuidor houver estabelecido no imóvel a sua moradia habitual, ou nele realizado obras ou serviços de caráter produtivo.

Temos ainda o *usucapião do cônjuge,* incluído no CC pela Lei nº 12.424/2011:

"Aquele que exercer, por 2 (dois) anos ininterruptamente e sem oposição, posse direta, com exclusividade, sobre imóvel urbano de até 250 m² (duzentos e cinquenta metros quadrados) cuja propriedade divida com ex-cônjuge ou ex-companheiro que abandonou o lar, utilizando-o para sua moradia ou de sua família, adquirir-lhe-á o domínio integral, desde que não seja proprietário de outro imóvel urbano ou rural." (CC, art. 1240-A).

A Constituição Federal, por sua vez, prevê duas espécies:

1. *usucapião especial urbano* – "*aquele que possuir como sua área urbana de até duzentos e cinquenta metros quadrados, por cinco anos, ininterruptamente e sem oposição, utilizando-a para sua moradia ou de sua*

família, adquirir-lhe-á o domínio, desde que não seja proprietário de outro imóvel urbano ou rural." (CF, art. 183 e CC, art. 1240).

2. *usucapião especial rural* – "*aquele que, não sendo proprietário de imóvel rural ou urbano, possua como seu, por cinco anos ininterruptos, sem oposição, área de terra, em zona rural, não superior a cinquenta hectares, tornando-a produtiva por seu trabalho ou de sua família, tendo nela moradia, adquirir-lhe-á a propriedade.*" (CF, art. 191 e CC, art. 1239).

Embora o usucapião ocorra automaticamente, desde que preenchidos os requisitos legais, deverá ser declarado pelo juiz por sentença que servirá como título para a transcrição no Registro Imobiliário ou pelo oficial do Registro de Imóveis, pois a declaração pode ser obtida judicialmente por meio de ação ou extrajudicialmente, diretamente no Cartório Imobiliário (art. 216-A da Lei nº 6.015/73).

38.9 AQUISIÇÃO DA PROPRIEDADE MÓVEL

Existem diversos modos de se adquirir a propriedade móvel, mas o principal deles é pela tradição. Aqui, tradição significa 'entrega'.

Contudo, a tradição, sozinha, não transfere a propriedade. É necessário ainda o contrato para transferir o domínio da coisa. "*A propriedade das coisas não se transfere pelos negócios jurídicos antes da tradição.*" (CC, art. 1.267).

38.10 DIREITO REAL SOBRE COISAS ALHEIAS

Para que esta questão seja convenientemente entendida, vejamos um exemplo. Suponhamos o caso de duas glebas de terra, separadas por uma propriedade; os moradores dessas duas glebas, há mais de 15 anos, se utilizam de um caminho que passa pela referida propriedade. Se o proprietário fechar o caminho com cercas de arame, cometerá esbulho, porque os moradores adquiriram uma servidão de passagem, pelo usucapião, ou seja, o direito de usar uma faixa de terra da propriedade alheia.

Sabemos que ao titular do direito de propriedade é assegurada a prerrogativa de possuir, usar, gozar de seus bens, dentro da lei e como lhe aprouver.

Se o proprietário tem esses direitos com exclusividade e ainda pode dispor do bem como lhe aprouver, tem o domínio pleno. Contudo, a lei permite que haja o desmembramento de um ou mais elementos componentes do domínio (uso, gozo, posse e dispor) para constituir um direito real de outra pessoa.

Assim, em nosso exemplo, o dono da propriedade que separa as glebas de terra perdeu alguns elementos do seu domínio; no caso, o uso, o gozo e a posse exclusivos da coisa, referente à faixa de terra que é considerada propriedade dos moradores das glebas. É claro que nada impede a alienação da propriedade, desde que ressalvados o uso, o gozo e a posse direta dos moradores das glebas, referentes à faixa de terra. Existe aí um *direito real sobre a coisa alheia*.

Existem diversas figuras que representam os direitos reais sobre coisas alheias, sendo as principais:

1. as servidões prediais;
2. o usufruto;
3. a promessa irretratável de venda (compromisso de compra e venda);
4. o penhor;
5. a hipoteca.

Vejamos cada figura.

38.10.1 Servidões prediais

Existem diversos tipos de servidão predial, mas a de passagem e a de caminho são as mais comuns.

Servidão predial ou, simplesmente, servidão nada mais é do que o direito real sobre imóvel alheio, em virtude de se impor um ônus a determinado prédio em proveito de outro. O prédio que suporta a servidão se chama *serviente*, e o outro, em favor do qual se constitui a servidão, se denomina *dominante*.

A servidão tem como objeto a existência de dois prédios distintos, sendo que um deles, o serviente, suporta os encargos instituídos em favor do dominante e para utilidade deste.

Sendo servidão predial, o direito é real e, por conseguinte, acompanha e adere o imóvel.

38.10.2 Usufruto

Usufruto é o direito de usar e fruir o bem de outra pessoa, retirando os frutos, sem alterar a substância da coisa e dentro dos limites da lei ou do título constitutivo. É o caso dos pais que transferem aos filhos as propriedades, reservando-lhes o direito de retirar os frutos e as utilidades que elas produzem, enquanto ambos viverem, ou apenas um deles.

Mas o direito ao usufruto é temporário, pois não se prolonga além da vida daquele que o desfruta, denominado *usufrutuário*. Aquele que recebe a coisa nua, desfalcada de alguns elementos vivos da propriedade, é o *nu-proprietário*, visto que a propriedade pode ser decomposta em vários elementos: o uso, o gozo e a disposição. No caso do usufruto, o usufrutuário fica com o uso e o gozo direto, enquanto o nu-proprietário fica com a disponibilidade. Ora, se o nu-proprietário tem a disponibilidade da coisa, um terceiro poderá penhorá-la por dívida e tal situação não afetará o direito do usufrutuário. Contudo, essa mesma situação não acontece em relação ao usufrutuário, pois o seu direito como tal não pode ser penhorado. Entretanto, como o exercício do direito de usufruto pode ser cedido a terceiro, a título gratuito ou oneroso, como corolário, a penhora pode incidir nos frutos e rendimentos oriundos do exercício do usufruto.

38.10.3 Compromisso de compra e venda

Um imóvel pode ser vendido à vista ou a prazo. Se for vendido em prestações, o contrato de compra e venda recebe o nome de *compromisso de compra e venda*.

De fato, se alguém for adquirir um imóvel em prestações, terá de celebrar um contrato preliminar com uma condição: pagar as prestações até o fim, sob pena de vê-lo rescindido.

Trata-se de um contrato preliminar, porque seu objeto é a conclusão de um contrato definitivo, e não a transferência imediata da propriedade. Nessas condições, o contrato de compromisso de compra e venda gera, para ambas as partes, apenas a obrigação de fazer o contrato definitivo.

Com efeito, para transferir o domínio da coisa imóvel, é mister a escritura pública definitiva feita pelo tabelião de notas, se o comprador pagou todo o preço da coisa. Entretanto, só a escritura pública definitiva não transfere o domínio. É imprescindível, também, o registro da escritura no Cartório de Registro de Imóveis, ocasião em que se substitui o nome do antigo proprietário pelo do comprador.

Concluindo, se o contrato de compromisso de compra e venda contiver os requisitos legais, o compromissário comprador terá direito à escritura definitiva para a transferência do domínio, desde que pague todas as prestações.

38.10.4 Direitos reais de garantia

Os direitos reais subdividem-se em: *direitos reais de fruição* e *direitos reais de garantia*. O primeiro é a situação em que uma terceira pessoa usufrui bens alheios por força de desmembramento dos poderes da propriedade, como é o caso do usufruto ou da servidão predial; o segundo tem por finalidade garantir uma dívida por um bem, que o devedor separa de seu patrimônio, destinando-o como garantia ao resgate de uma obrigação, como acontece com a hipoteca.

38.10.5 Hipoteca

A hipoteca é, talvez, um dos direitos reais de garantia mais utilizados na prática. Basta ver os contratos de empréstimos realizados diariamente pelos adquirentes de casa própria, em que o devedor oferece o próprio imóvel adquirido como garantia de financiamento.

O que caracteriza a hipoteca é o fato de a posse do bem oferecido como garantia continuar com o devedor. Além disso, a hipoteca tem de recair, obrigatoriamente, sobre bem imóvel, embora a lei permita a sua incidência também sobre aviões e navios. Pode-se definir hipoteca como o direito real de garantia que sujeita um imóvel, um navio ou um avião em poder do devedor, ou de quem ofereceu a garantia, ao cumprimento de uma obrigação existente entre o credor e o devedor.

Diante do exposto, pode-se concluir que a finalidade da hipoteca é assegurar o pagamento da obrigação principal. Por isso, deverá ser registrada no Cartório de Registro de Imóveis da circunscrição onde se situar o bem dado em garantia, para conhecimento de terceiros.

DIREITO DE FAMÍLIA

39.1 A FAMÍLIA

A família é o conjunto de pessoas ligadas entre si pelo casamento, ou pela união estável, e pela filiação. Toda vez que um filho ou uma filha deixa a casa paterna em virtude do casamento ou da união estável, origina uma nova família.

Dividiremos o estudo do *Direito de Família* em três partes: o *casamento*, as *relações de parentesco* e o *direito protetor dos incapazes*.

39.2 O CASAMENTO – CONCEITO, CARACTERÍSTICAS E FINALIDADE

Sendo o casamento a base da família e esta, a pedra angular da sociedade, ele se constitui na peça-chave de todo um sistema social, o pilar e o esteio do esquema moral, social e cultural de uma nação. É, portanto, a mais importante e a mais poderosa das instituições de direito privado de todos os povos, porque estabelece a sociedade conjugal, dá origem legal às relações de família e cria a família legítima.

O casamento é o elemento básico para a constituição da família legítima e representa a origem da sociedade, motivo pelo qual tem sido objeto de intensa regulamentação jurídica. Estamos referindo-nos ao casamento civil, ou seja, o regulado exclusivamente pela lei civil.

Muitos defendem a tese de que o casamento regulado pelo Código Civil não seja um simples contrato, porque normalmente um contrato pode ser desfeito em qualquer época. Outros, porém, acham que é uma instituição social, porque no casamento é obrigatória a intervenção da autoridade para a sua validade, ou seja, as relações são reguladas pela lei. Somos, entretanto, de opinião que o casamento é um estado cuja escolha é livre, mas cujas relações são reguladas pela lei, exatamente o inverso do que acontecia nos primórdios da vida civilizada. Assim, o casamento é a união do homem com a mulher, conforme determina a lei, para se reproduzirem, para se ajudarem mutuamente, criarem sua prole e formarem um patrimônio.

É admitido também o casamento de pessoas de mesmo sexo, e a corversão de união homoafetiva em casamento. É o que determina o art. 1º da Resolução 175/2013 do CNJ: *"É vedada às autoridades competentes a recusa de habilitação, celebração de casamento civil ou de conversão de união estável em casamento entre pessoas de mesmo sexo".*

39.2.1 Da união estável

Uma sociedade constituída de duas pessoas de sexos diferentes, suscetível de constituir entidade familiar e de possibilitar a conversão em casamento, configura uma união estável. É a união entre o homem e a mulher, a convivência pública, contínua e duradoura com o objetivo de constituição de família, que a Constituição Federal equipara ao casamento. É o que determina o seu art. 226, § 3º: *"Para efeito da proteção do Estado, é reconhecida a união estável entre o homem e a mulher como entidade familiar, devendo a lei facilitar sua conversão em casamento."*

A união estável poderá, portanto, converter-se em casamento. Basta os companheiros requererem ao juiz com assento no Registro Civil. Salvo contrato escrito entre os companheiros, aplica-se como regra na união estável o regime patrimonial de comunhão parcial de bens (CC, art. 1725).

Em 5 de maio de 2011, o tribunal reconheceu a legitimidade da união estável entre pessoas do mesmo sexo, denominada "união homoafetiva", aplicando-se as mesmas regras da união estável entre homem e mulher (ADPF 132 – ADI 4277).

39.3 PREPARAÇÃO DO CASAMENTO

O período preparatório para o casamento consiste na habilitação à sua celebração e tem por finalidade dar publicidade, por meio de editais, ao casamento em perspectiva, para que o público tome conhecimento do estado civil das pessoas que querem casar-se, evitando-se, assim, a realização de matrimônio com infração às normas jurídicas vigentes.

Na preparação do casamento, devemos distinguir três fases distintas: 1) habilitação; 2) publicidade nos órgãos locais; 3) autorização para a celebração do casamento.

1. A *habilitação* para o matrimônio é um processo informativo que se faz perante o oficial do Registro Civil e que consiste na apresentação dos documentos exigidos por lei.
2. À vista desses documentos, o oficial do Registro lavrará os *proclamas de casamento*, que são os anúncios feitos ao público, afixando-os durante 15 dias em lugar ostensivo do edifício onde se celebram os casamentos e publicando-os pela imprensa, onde houver.
3. Se, terminado o prazo de publicação, o oficial do Registro não descobrir, no processo informativo, qualquer impedimento que lhe caiba declarar de ofício e ninguém apresentar impedimento legal ao casamento, certificará aos pretendentes que estão habilitados para casar, nos três meses imediatos. A não realização do matrimônio durante esse lapso de tempo implicará a renovação do processo de habilitação.

39.4 OS IMPEDIMENTOS MATRIMONIAIS

Há tempos, foi noticiada a situação de determinada família, residente nas proximidades da cidade de Brasília, que deixaria qualquer pessoa estarrecida. Trata-se de uma união entre irmãos, de cuja junção nasceram onze filhos, todos deficientes mentais, havendo cinco deles morrido. Dos sobreviventes, dois são autênticos animais com formas que se assemelham às dos humanos: ora se arrastam como répteis, ora de quatro; não falam nem ouvem e andam completamente nus. Trata-se, realmente, de um quadro chocante, que fere todos os princípios da dignidade humana.

Para evitar casos como o narrado, a lei procura impedir essa espécie de união, principalmente para proteger a prole, e o faz com os chamados impedimentos matrimoniais, os quais, na verdade, não visam somente à proteção da prole, pois, quando a união afeta a ordem moral ou pública, a lei também a proíbe, como veremos mais adiante.

A lei civil, no seu art. 1.521, relaciona alguns impedimentos matrimoniais. Não podem casar, diz a referida lei:

1. *os ascendentes com os descendentes* – assim, não podem casar os pais com os filhos, os avós com os netos etc.;
2. *os afins em linha reta* – "parentesco por afinidade" é aquele que surge com o casamento, de tal modo que os parentes de um dos cônjuges passam a ser parentes do outro. Por exemplo, o irmão do cônjuge é parente por afinidade do outro cônjuge, tornando-se seu cunhado.

Consoante mostra a lei, o impedimento limita-se ao casamento do afim em linha reta, como é o caso, por exemplo, entre sogro e nora, sogra e genro. Esses impedimentos subsistem, ainda que o casamento tenha sido dissolvido. Os cunhados, por exemplo, por serem parentes em linha colateral, não estão impedidos de se casar, pois não há impedimento na linha colateral afim, podendo o viúvo casar com a irmã da sua finada mulher;

3. *o adotante com quem foi cônjuge do adotado e o adotado com quem o foi do adotante* – o parentesco civil, criado pela lei pelo instituto da adoção, dá-se somente entre o adotante e o adotado. Se uma pessoa solteira adotar um menor, o parentesco ocorrerá somente entre eles. Posteriormente, casando-se o adotante, seu cônjuge não será parente do adotado, mas a lei proíbe o casamento do adotado com o cônjuge do adotante (ou do adotante com o cônjuge do adotado) por uma questão de ordem puramente moral, pois, à vista da sociedade, o adotado figura como filho ou filha do cônjuge adotante, e este como pai ou mãe do adotado;

4. *os irmãos, unilaterais ou bilaterais, e demais colaterais, até o terceiro grau inclusive* – a proibição desta norma não é unicamente para proteger a prole, mas por razões de ordem moral. As relações carnais entre irmãos e irmãs sempre foram repudiadas pela sociedade, pois se trata de parentesco próximo criado pela natureza (consanguinidade) que pode ocasionar a degeneração da raça. Os colaterais de terceiro grau somente poderão casar mediante avaliação médica atestando que não há prejuízo para a saúde da prole (Decreto-lei nº 3.200/41, art. 2º).

5. *as pessoas casadas* – a lei proíbe a bigamia, isto é, o estado de quem tem dois cônjuges simultaneamente. O Código Penal, em seu art. 235, pune o crime de bigamia, impondo pena de dois a seis anos de reclusão.

39.5 CELEBRAÇÃO DO ATO DO CASAMENTO

Preenchidas as formalidades previstas para o processo de habilitação e verificada a inexistência de impedimentos, os nubentes, munidos de certidão do Registro Civil, requererão à autoridade competente que designe dia, hora e local para a celebração.

Devido ao costume, geralmente, o dia e a hora são determinados pelos contraentes. A cerimônia normalmente ocorre na casa de audiência, podendo ser realizada em outro edifício, em caso de força maior, ou se as partes desejarem e o juiz consentir.

Se for realizado na casa de audiência ou particular, as portas ficarão abertas durante o ato, que deverá ocorrer na presença de duas testemunhas, desde que ambos os nubentes sejam alfabetizados. Não sabendo escrever um dos nubentes, a celebração exigirá quatro testemunhas.

O ato da celebração ocorre da seguinte maneira: presentes os nubentes, pessoalmente ou por procurador especial, juntamente às testemunhas e ao oficial do Registro, o presidente do ato passa a celebrá-lo, indagando dos nubentes se é desejo destes se casarem por livre e espontânea vontade. Assim, após ouvir a confirmação, o juiz declara efetuado o casamento, proferindo as seguintes palavras solenes, devidamente previstas no art. 1.535 do Código Civil, *in verbis*:

"*De acordo com a vontade que ambos acabais de afirmar perante mim, de vos receberdes por marido e mulher, eu, em nome da lei, vos declaro casados.*"

É no momento do "sim" que os nubentes passam à condição de pessoas casadas.

Em seguida, lavra-se o respectivo termo pelo oficial, que nele deverá apor a sua assinatura, bem como o juiz, os cônjuges e as testemunhas.

Caso um dos nubentes não confirme a sua vontade de realizar o casamento, a cerimônia será suspensa, não podendo ser celebrada nas próximas 24 horas.

39.6   OS EFEITOS PRINCIPAIS DO CASAMENTO

Os principais efeitos do casamento são:

1. a aquisição da *emancipação* do cônjuge menor de idade, tornando-o plenamente capaz;
2. o estabelecimento do *vínculo de afinidade* entre cada cônjuge e os parentes do outro;
3. o nascimento de uma relação de ordem pessoal entre os cônjuges nas suas mútuas relações. Este último efeito do casamento, isto é, os deveres recíprocos entre os cônjuges, é, em nosso entender, o mais importante.

39.7   DEVERES RECÍPROCOS ENTRE OS CÔNJUGES

A sociedade conjugal cria, automaticamente, deveres recíprocos, que se acham enumerados no art. 1.566 do Código Civil:

"São deveres de ambos os cônjuges:

I – fidelidade recíproca;
II – vida em comum, no domicílio conjugal;
III – mútua assistência;
IV – sustento, guarda e educação dos filhos;
V – respeito e consideração mútuos."

39.7.1 Fidelidade recíproca entre os cônjuges

Na vida moderna, caracterizada como uma época de mudança, em que o trio cônjuges e sociedade está em choque por causa das diferenças de opiniões, nada melhor, como alicerce da convivência em comum, do que a honestidade e o respeito mútuo. Hoje em dia, tanto a traição feminina como a masculina representam um dos maiores tumores da sociedade: é o chamado *adultério*.

39.7.2 Vida em comum, no domicílio conjugal

A vida em comum é uma consequência natural do casamento, ou seja, "exige que os cônjuges vivam sob o mesmo teto, onde hão de abrigar a prole".
"*O domicílio do casal será escolhido por ambos os cônjuges, mas um e outro podem ausentar-se do domicílio conjugal para atender a encargos públicos, ao exercício de sua profissão, ou a interesses particulares relevantes.*" (CC, art. 1.569).
A infração deste dever, que é o abandono do lar pela mulher ou pelo marido, constitui causa para a separação judicial.

39.7.3 Mútua assistência

O dever de mútua assistência significa que os cônjuges se obrigam à prestação de socorro mútuo, quer nas enfermidades, quer nas vicissitudes, ou seja, em todos os momentos aflitivos da existência. Portanto, os cônjuges devem auxílio reciprocamente, tanto nos momentos de alegria e felicidade, como nos de infortúnio e desventura.

39.7.4 Sustento, guarda e educação dos filhos

Trata-se de um dever pertinente a ambos. Assim, a missão dos pais em relação à prole é de criá-la, educá-la e prepará-la para os embates da vida. Aos pais compete, consoante determina o art. 1634, I e II do Código Civil, a criação e educação dos filhos menores e tê-los em sua companhia e guarda.

"*A infração ao dever de guarda e educação dos filhos menores e não emancipados acarreta a suspensão ou destituição do poder familiar.*" (CC, art. 1.637). Se o dever se refere ao sustento, os pais poderão ser judicialmente compelidos a prestar-lhe, mediante ação alimentícia.

39.8 DISSOLUÇÃO DA SOCIEDADE CONJUGAL E DO CASAMENTO

A dissolução pode ocorrer de duas formas: pela separação de direito ou pelo divórcio, ambos podendo ser realizados de maneira judicial ou extrajudicial.

É importante ressaltar que a Emenda Constitucional 66, de 14 de julho de 2010, extinguiu a exigência da separação de direito antes do divórcio; com isso, o casamento não possui mais prazo mínimo de existência para ser dissolvido voluntariamente por um ou por ambos os cônjuges. Antes da referida Emenda, por exemplo, os cônjuges só podiam separar-se judicialmente ou extrajudicialmente após 1 (um) ano de casamento e, depois de 1 (um) ano da separação, convertê-la em divórcio.

No entanto, a doutrina e a jurisprudência ainda divergem sobre a extinção do instituto da separação de direito; os que defendem a extinção afirmam que o único meio voluntário de desfazer a sociedade conjugal e o casamento é o divórcio e que eventual discussão de culpa pelo fim do matrimônio deverá ser realizada na justiça comum ou na própria ação de divórcio; já os que defendem a manutenção da separação de direito entendem que tal instituto se tornou uma opção para os cônjuges que ainda não estão plenamente decididos sobre a extinção definitiva do casamento ou para aqueles que pretendem discutir a culpa pelo fim da união.

Em vista disso, mativemos a separação de direito na presente obra, com as atualizações e alterações que são pacíficas na doutrina e na jurisprudência.

39.8.1 Da separação judicial

A sociedade conjugal pode ser dissolvida pela separação judicial, que não invalida o vínculo conjugal, ou seja, não permite que os cônjuges contraiam novas núpcias. Só o divórcio, ou a morte de um deles, é que dissolve o vínculo matrimonial.

Por conseguinte, a separação judicial gera apenas a dissociação da sociedade conjugal, separando os cônjuges com a consequente extinção dos deveres conjugais de coabitação e fidelidade recíproca, bem como do regime matrimonial de bens até então vigente entre os cônjuges.

Há duas espécies de separação judicial: a consensual ou por mútuo consentimento e a litigiosa ou não consensual.

39.8.1.1 Separação consensual ou por mútuo consentimento

Essa espécie de separação ocorre quando ambos os cônjuges estão de acordo sobre a dissolução da sociedade conjugal, mas ainda não têm certeza sobre a extinção definitiva do casamento. A importância da manutenção desse instituto como opção aos cônjuges que se encontram na referida situação é que, enquanto estiverem separados de direito, poderão, em conjunto, excercer o direito de arrependimento e restabelecer o casamento.

39.8.1.2 Separação litigiosa

A separação judicial litigiosa advém da iniciativa de um dos cônjuges, com fundamento em uma das causas previstas no art. 5º da Lei nº 6.515/77 e no art. 1573 do CC. Dois são os motivos:

1. *conduta desonrosa que torne insuportável a vida em comum* – a vida criminosa, a embriaguez, o uso de entorpecentes são comportamentos que tornam a vida em comum insuportável, dando direito ao pedido de separação judicial;
2. *grave violação dos deveres do casamento* – o adultério, a sevícia, a injúria, o abandono do lar sem justo motivo, por exemplo, constituem motivos que autorizam o inocente a reclamar a separação judicial.

39.8.1.3 Separação consensual extrajudicial

Foi o art. 1.124-A do CPC/73 que admitiu o procedimento extrajudicial, permitindo, portanto, perante o tabelionato de notas, por escritura pública, a separação consensual. O Novo CPC/2015 manteve o procedimento no art. 733. Devemos analisar a lei supra, *in verbis*:

"O divórcio consensual, a separação consensual e a extinção consensual da união estável, não havendo nascituro ou filhos incapazes e observados os requisitos legais, poderão ser realizados por escritura pública, da qual constarão as disposições de que trata o art. 731.

§ 1º A escritura não depende de homologação judicial e constitui título hábil para qualquer registro, bem como para levantamento da importância depositada em instituições financeiras.

§ 2º O tabelião somente lavrará a escritura se os interessados estiverem assistidos por advogado ou por defensor público, cuja qualificação e assinatura constarão do ato notarial."

39.8.2 Do divórcio

O divórcio surgiu no Brasil por meio da emenda 9, de 28 de junho de 1977, modificando o art. 175 da Constituição de 1967, que dizia ser o casamento indissolúvel. A atual Constituição Federal, datada de 5 de janeiro de 1988, diz o seguinte: "*O casamento civil pode ser dissolvido pelo divórcio.*" (art. 226, § 6º – alterado pela EC 66/2010).

O divórcio põe fim ao casamento, permitindo novo matrimônio. Há duas formas de divórcio:

1. *divórcio indireto* – dá-se pela conversão da separação de direito (judicial ou extrajudicial) em divórcio. Não importa que a separação tenha sido litigiosa ou consensual;
2. *divórcio direto* – com a emenda constitucional 66/2010, que extinguiu a exigência da separação de direito antes do divórcio, essa modalidade pode ser utilizada pelos cônjuges que estiverem decididos sobre a dissolução definitiva do casamento, extinguindo, em um só ato, a sociedade conjugal e o vínculo matrimonial.

39.8.2.1 Dissolução pelo divórcio consensual extrajudicial

Não devemos esquecer, portanto, que para a separação ser feita, mediante escritura pública, são necessários: 1) inexistência de filhos menores ou incapazes; 2) consenso das partes; 3) assistência por advogado ou defensor público.

Com relação ao conteúdo da escritura, deverão constar as disposições relativas à descrição e à partilha dos bens, à pensão alimentícia e à retomada ou não pelo cônjuge de seu nome de solteiro. Consta, ainda, da norma supra, que a escritura não depende de homologação judicial e constitui título hábil para o registro civil e o registro de imóveis. É importante lembrar que é livre a escolha do tabelião de notas e que os interessados têm a opção pela via judicial ou extrajudicial.

39.9 DAS RELAÇÕES DE PARENTESCO

Parentesco é o laço de sangue que existe entre pessoas descendentes umas das outras; ou a afinidade que liga os parentes consanguíneos de um dos cônjuges ao outro; ou o laço que une, pela adoção, o adotante e o adotado. Existem, portanto, três espécies básicas de parentesco:

1. *parentesco consanguíneo* – é o vínculo que une pessoas do mesmo sangue, como é o caso dos pais, dos filhos, dos irmãos;
2. *parentesco por afinidade* – é aquele que resulta do casamento, vinculando os parentes de um dos cônjuges ao outro;
3. *parentesco civil* – é o que tem origem na adoção; consiste no vínculo pessoal que se estabelece entre os pais adotantes e o filho adotivo.

39.10 OS GRAUS DE PARENTESCO

Na contagem dos graus de parentesco, é mister distinguir os parentes em linha reta dos parentes em linha colateral:

1. *parentes em linha reta* são as pessoas que descendem umas das outras, como o avô, o filho, o neto, o bisneto;
2. *parentes em linha colateral* são as pessoas que provêm de um só tronco sem descenderem umas das outras, até o quarto grau (CC, art. 1.592), como os irmãos, tios, sobrinhos, primos.

A contagem de parentesco colateral se faz por grau, ou seja, a distância que vai de uma geração a outra.

Para sabermos o grau de parentesco existente entre os parentes em linha colateral, basta verificarmos as gerações que os separam, contando de um parente ao outro, subindo até o tronco comum e descendo até encontrar o outro parente, como mostra a Figura 39.1:

Figura 39.1 Grau de parentesco

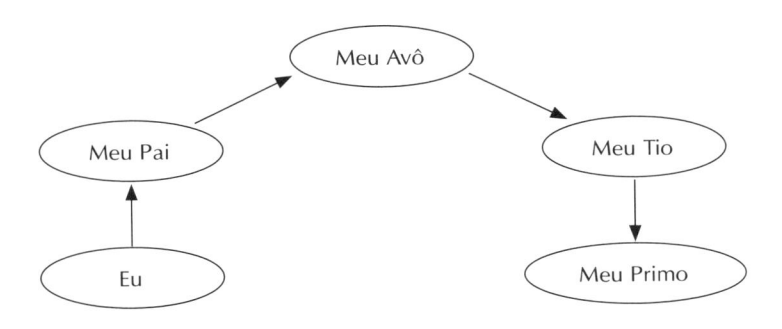

```
           Meu Avô
          ↗       ↘
     Meu Pai      Meu Tio
        ↑            ↓
       Eu         Meu Primo
```

Entre irmãos, portanto, o parentesco é colateral em segundo grau; entre primos, em quarto grau.

39.11 DA ADOÇÃO

"Adoção é o ato do adotante pelo qual traz ele, para sua família e na condição de filho, pessoa que lhe é estranha."[1]

39.11.1 Quem pode e quem não pode adotar

"*Podem adotar os maiores de dezoito anos, independentemente de estado civil.*" (ECA, art. 42). Portanto, só os maiores de 18 anos, desde que capazes, independentemente do estado civil ou do sexo, têm legitimidade para adotar. Por conseguinte, o casado ou o solteiro, o nacional ou o estrangeiro podem adotar.

"*Os divorciados, os judicialmente separados e os ex-companheiros poderão adotar conjuntamente, contanto que acordem sobre a guarda e o regime de visitas, e desde que o estágio de convivência tenha sido iniciado na constância do período de convivência e que seja comprovada a existência de vínculos de afinidade e afetividade com aquele não detentor da guarda, que justifique a excepcionalidade da concessão.*" (ECA, art. 42, §4º).

---

[1] RODRIGUES, Sílvio. *Direito civil: direito de família*. 28. ed. São Paulo: Saraiva, 2008. v. 6. p. 340.

39.11.2 A diferença de idade necessária entre o adotante e o adotado

Deve existir, entre o adotante e o adotado, uma diferença de idade de, no mínimo, 16 anos em favor do primeiro, ou seja, o adotante deverá ser, pelo menos, 16 anos mais velho que o adotado.

39.11.3 Do consentimento

"A adoção depende do consentimento dos pais ou dos representantes legais de quem se deseja adotar, e, ainda, da concordância deste, se tiver mais de 12 anos." (ECA, art. 45).

39.11.4 Adoção por cônjuges ou por companheiros

Chamada de adoção conjunta só pode ser realizada se os adotantes forem casados, mantiverem união estável e comprovem a estabilidade da família, portanto, ninguém pode ser adotado por duas pessoas, salvo se forem cônjuges casados, ou companheiros que vivam juntos sob o mesmo teto, embora não casados legalmente (união estável).

39.11.5 Adoção por homossexuais

A adoção individual por uma pessoa homossexual é admitida, pois a Constituição Federal proíbe qualquer tipo de discriminação em razão da opção sexual; já a adoção por casais constituídos por pessoas do mesmo sexo encontra obstáculos, uma vez que o Estatuto da Criança e do Adolescente prevê, expressamente, que a adoção conjunta deve ser realizada por pessoas casadas ou em união estável (ECA, art. 42, §2º).

No entanto, não é incomum nos depararmos com decisões dos tribunais declarando a adoção por casais homoafetivos, tendência que deve tornar-se ainda mais comum, embora sem previsão legal, uma vez que a união homoafetiva já foi reconhecida pelo STF e o casamento homoafetivo, como já exposto antes, tem sido realizado em diversos cartórios do Brasil.

39.11.6 Direitos sucessórios do filho adotivo

A Constituição Federal, art. 227, § 6º, estabelece: *"Os filhos, havidos ou não da relação do casamento, ou por adoção, terão os mesmos direitos e qualificações, proibidas quaisquer designações discriminatórias relativas à filiação."* Isto significa completa equiparação entre os tipos de filiação e, portanto, o adotado concorre à sucessão do adotante na condição de descendente. O tribunal teve oportunidade de analisar a matéria em foco, decidindo que a "Carta Constitucional vigente corrigiu clamorosa injustiça praticada contra os filhos adotivos, ao estabelecer os mesmos direitos e qualificações em relação aos outros, resgatando, outrossim, o objetivo maior do instituto" (RT 647/173).

Portanto, para efeitos sucessórios, os filhos adotivos equiparam-se aos legítimos: *"É recíproco o direito sucessório entre o adotado, seus descendentes, o adotante, seus ascendentes, descendentes e colaterais até o 4º grau, observada a ordem de vocação hereditária."* (ECA, art. 41, § 2º).

39.11.7 Efeito principal da adoção

Formalizada a adoção, esta gera uma série de efeitos pessoais para o adotado, cessando quaisquer vínculos com a antiga família. A situação equivale, em termos gerais, ao renascimento do adotado no seio de uma outra família, apagando todo o seu passado (RT 745/361).

É o que dita o art. 41 do ECA, assim redigido: *"A adoção atribui a situação de filho ao adotado, desligando-o de qualquer vínculo com pais e parentes consanguíneos, salvo quanto aos impedimentos para o casamento."* Visou, portanto, a adoção à integração do adotado na família do adotante, como se fosse seu filho consanguíneo. Ainda mais, a morte dos adotantes não restabelece o poder familiar dos pais naturais.

Outros efeitos:

1. com a adoção, o adotado passa à condição de filho do adotante e, assim, este estará obrigado a sustentá-lo enquanto durar o poder familiar;
2. com a adoção, surge o direito do adotado à herança do adotante; o adotante também terá direito de suceder nos bens deixados pelo filho adotivo, se este não tiver descendente;

3. se reduzido à miséria, o adotante tem direito a alimentos prestados pelo adotado;
4. a transferência do poder familiar do pai natural para o pai adotivo é a título permanente;
5. as relações de parentesco estabelecem-se não só entre o adotante e o adotado, mas também entre aquele e os descendentes deste e entre o adotado e todos os parentes do adotante.[2]

39.12 DO DIREITO PROTETOR DOS INCAPAZES

Desde o nascimento com vida, ficam os filhos sujeitos ao poder familiar dos genitores enquanto menores; se houver o falecimento de ambos os pais ou se estes forem suspensos ou destituídos do poder familiar, os filhos menores serão postos em tutela, nomeando o juiz um tutor. Quando uma pessoa alcança a maioridade e é deficiente mental, pode optar pela tomada de decisão apoiada, se estiver impossibilitada de cuidar dos próprios interesses, está sujeita à curatela. Quem nomeia o curador é o juiz.

Importante ressaltar que de acordo com Estatuto do Deficiente, tal pessoa, uma vez atingida a maioridade, terá capacidade civil plena para tomar decisões de natureza familiar como casar, manter união estável, ter filhos, adotar (art. 6º da Lei nº 13.146/2015), realizar negócios jurídicos mais complexos com valor patrimonial e utilizar a tomada de decisão apoiada, como veremos a seguir.

Analisaremos, em seguida, esses quatro institutos protetores dos incapazes.

39.12.1 Do poder familiar

Quando os pais, por exemplo, entregam a direção de um automóvel ao filho menor de idade e este mata alguém por imperícia, o tribunal, fatalmente, irá condenar o irresponsável pai ou mãe ao pagamento de indenização. Foi o que aconteceu, certa vez, quando um pai foi condenado, com base nos lucros cessantes da vítima, a pagar uma indenização com base no tempo de vida provável da vítima. (RT 372/111).

---

[2] Saiba mais sobre o assunto em *Curso moderno de direito civil:* direito de família. v. 5. cap. 17. (DOWER, Nelson Godoy Bassil. *Curso moderno de direito civil.* São Paulo: Nelpa, 2002. v. 5).

Poderíamos citar uma série de situações em que os pais respondem pela reparação dos danos provocados por filhos menores, unicamente porque concorreu com culpa *in vigilando*. Mas o que interessa no momento é que, em relação ao filho menor, os pais têm obrigação de protegê-lo e dirigi-lo. É óbvio que o filho, por sua vez, deve obediência e respeito aos pais. Esse conjunto de obrigações e direitos concedidos por lei aos pais se denomina poder familiar. No dizer de Maria Helena Diniz, "O poder familiar pode ser definido como um conjunto de direitos e obrigações quanto à pessoa e bens do filho menor não emancipado, exercido em igualdade de condições por ambos os pais, para que possam desempenhar os encargos que a norma jurídica lhes impõe, tendo em vista o interesse e a proteção do filho."[3]

39.12.2 A quem compete o poder familiar

Compete o poder familiar aos pais, em igualdade de condições. Na falta ou impedimento de um dos genitores, passará o outro a exercê-lo com exclusividade.

39.12.3 Direitos e deveres dos pais em relação aos filhos menores

O poder familiar é um conjunto de obrigações e deveres dos pais, com o fim de proteger e dirigir os filhos menores, inclusive os seus bens. Assim, a lei apresenta uma série de deveres e direitos dos pais quanto à pessoa dos filhos menores, consoante determina o art. 1.634 do CC:

"Compete aos pais, quanto à pessoa dos filhos menores:

I – dirigir-lhes a criação e educação;
II – tê-los em sua companhia e guarda;
III – conceder-lhes ou negar-lhes consentimento para casarem;
IV – nomear-lhes tutor, por testamento ou documento autêntico, se o outro dos pais lhe não sobreviver, ou o sobrevivo não puder exercer o poder familiar;
V – representá-los, até aos 16 anos, nos atos da vida civil, e assisti-los, após essa idade, nos atos em que forem partes, suprindo-lhes o consentimento;
V – reclamá-los de quem ilegalmente os detenha;

---

[3] DINIZ, Maria Helena. *Curso de direito civil brasileiro*. São Paulo: Saraiva, 2008. vol V. p. 588.

VI – exigir que lhes prestem obediência, respeito e os serviços próprios de sua idade e condição."

39.12.4 Direitos e deveres dos pais em relação aos bens dos filhos menores

Já dissemos que o patrimônio do filho é distinto do de seus pais, assim como os bens destes não têm nada a ver com os dos filhos. Contudo, em relação ao patrimônio dos filhos menores, é dever dos pais administrá-los, desde que estejam no exercício do poder familiar.

Além de administradores, os pais têm *usufruto* dos bens dos filhos menores e, consequentemente, têm interesse em administrá-los, porque a renda produzida pertence a eles. É o chamado *usufruto legal*, que continua até o filho alcançar a maioridade ou a capacidade plena.

39.12.5 Suspensão, perda e extinção do poder familiar

O exercício do poder familiar pode ser suspenso, ou seja, o titular do seu exercício pode ser privado temporariamente dele, ou pode perdê-lo por um período bem prolongado ou, ainda, definitivamente. Trata-se da *suspensão*, da perda e da extinção, respectivamente, sendo que *suspensão* é a privação do poder por um período relativamente curto; perda é a privação do poder por um período prolongado; e extinção é o desaparecimento definitivo do poder.

Ocorre a suspensão do poder familiar quando houver abuso por parte do pai, faltando aos seus deveres paternos, por exemplo, arruinando ou esbanjando os bens do filho. Nesse caso, pode ficar privado apenas da administração dos bens do filho, mas não dos demais direitos e deveres.

A lei prevê, ainda, como casos de suspensão, quando o pai ou a mãe forem condenados por sentença irrecorrível, em crime cuja pena exceda a dois anos de prisão, ou forem judicialmente interditados ou declarados ausentes.

É caso de perda do poder familiar quando o pai ou a mãe castigarem imoderadamente o filho, ou os deixarem em abandono ou, ainda, praticarem atos contrários à moral e aos bons costumes.

A extinção verifica-se quando houver a morte dos pais ou do filho, a emancipação ou a maioridade deste, ou, ainda, quando se consumar a adoção, passando o poder familiar ao adotante.

O poder familiar independe da vontade dos próprios pais, pois é um direito irrenunciável e somente se extingue, se perde, ou se suspende nos casos previstos em lei.

39.12.6 Da tutela

O menor, que é incapaz, deve ser protegido, orientado e amparado até a maioridade. Ninguém melhor do que o pai ou a mãe para o defender e o proteger, e o fazem com o poder familiar. Se, no entanto, os pais estiverem mortos, ou forem destituídos do poder familiar, ou, ainda, se tornarem incapazes, o menor será posto sob tutela.

Se isso acontecer, alguém será investido de certos poderes imprescindíveis à missão de amparar o menor, inclusive seus bens. Esse alguém se chama *tutor*. Sua função primordial é substituir, de certa maneira, os pais.

Tutela, portanto, é um conjunto de direitos e deveres atribuídos a uma terceira pessoa, para proteger e administrar os bens dos menores que não se acham sob o poder familiar, bem como cuidar de sua criação e educação.

Assinala-se, ainda, que a tutela e o poder familiar são institutos que não podem coexistir. Onde um incide, não há lugar para o outro.

39.12.7 Da tomada de decisão apoiada

O Estatuto da Pessoa com Deficiencia trouxe uma nova modalidade de proteção para essas pessoas, através da inclusão do art. 1763-A no Código Civil, que diz o seguinte *"pessoa com deficiência elege pelo menos 2 (duas) pessoas idôneas, com as quais mantenha vínculos e que gozem de sua confiança, para prestar-lhe apoio na tomada de decisão sobre atos da vida civil, fornecendo-lhes os elementos e informações necessários para que possa exercer sua capacidade"*.

Essa indicação será feita ao juiz pelo próprio deficiente e deverá apresentar os limites do apoio, o compromisso dos apoiadores, prazo de vigência e o respeito à vontade, aos direitos e interesses do apoiado.

Caso a decisão possa trazer risco relevante a pessoa apoiada e havendo divergência entre o apoiado e um dos apoiadores, o juiz ouvirá o Ministério Público e decidirá a questão.

39.12.8 Da curatela

As pessoas sujeitas à curatela são as que, por causa transitória ou permanente, não podem exprimir a sua vontade, como os ébrios habituais, os viciados em tóxicos e os pródigos.

Aquele que exerce a curatela se chama curador e aquele que está sob curatela é denominado curatelado ou interdito.

40

DIREITO DAS SUCESSÕES

40.1 ESPÉCIES DE SUCESSÃO

Ao falecer uma pessoa, é necessário, em primeiro lugar, indagar se ela deixou algum ato de última vontade, indicando o seu sucessor. Se isso aconteceu, diz-se que a *sucessão* é *testamentária*. No caso de o falecido não ter deixado testamento, a sucessão dá-se por força de lei e, nessa hipótese, denomina-se sucessão legítima.

Sucessão, no direito das sucessões, é o meio de transmitir-se o patrimônio da pessoa falecida a uma ou mais pessoas vivas.

É importante ressaltar que embora a pessoa tenha deixado testamento, se tiver herdeiros necessários, estes terão direito à metade da herança do falecido, como veremos a seguir.

40.2 ORDEM DE VOCAÇÃO SUCESSÓRIA

Na sucessão legítima, a lei convoca os herdeiros à sucessão, segundo uma ordem nela fixada, de tal modo que uma classe é chamada somente se faltarem herdeiros na classe precedente. A ordem é a seguinte, conforme determina taxativamente o art. 1.829 do Código Civil:

> "I – aos descendentes, em concorrência com o cônjuge sobrevivente, salvo se casado este com o falecido no regime da comunhão universal, ou no da separação obrigatória de bens (art. 1.640, parágrafo único); ou se, no regime da comunhão parcial, o autor da herança não houver deixado bens particulares;

II – aos ascendentes, em concorrência com o cônjuge;
III – ao cônjuge sobrevivente;
IV – aos colaterais."

Convocam-se, primeiramente, os descendentes e o cônjuge sobrevivente para receberem os bens do falecido. Os ascendentes só serão convocados se não houver descendentes. Não existindo descendentes nem ascendentes, o cônjuge sobrevivente não separado judicialmente é chamado, e assim por diante.

Os *descendentes* – São os filhos, os netos, os bisnetos do falecido e, se houver, tetranetos. Os filhos, por sua vez, são parentes em primeiro grau, assim como os netos são parentes em segundo grau, em linha reta. Existem, pois, dentro de uma classe, parentes com graus de parentesco diferentes. A preferência é estabelecida pelo grau de parentesco, sendo que os parentes mais próximos excluem os mais remotos, salvo no caso de direito de representação.

Se todos os descendentes estiverem no mesmo grau, como é o caso dos filhos, a sucessão se processará por cabeça, ou seja, cada filho receberá quota igual da herança. A mesma situação ocorre em relação aos netos do *de cujus*, se os filhos deste estiverem mortos.

Se, no entanto, o falecido deixa filhos vivos e netos de filho pré-morto, a sucessão processa-se por estirpe, porque os concorrentes à herança estão em graus diferentes. Por exemplo, se o falecido deixou dois filhos vivos e cinco netos de um filho pré-morto, a herança é dividida em três partes iguais, indo uma delas para os netos, que herdam por *direito de representação*.

"*Os filhos adotivos também são chamados à sucessão, pois são equiparados aos filhos legítimos para todos os efeitos legais, sendo proibido qualquer tipo de discriminação.*" (CF, art. 227, § 6º).

Saliente-se, finalmente, que a existência de filhos, netos, bisnetos, pais e avós impede a disposição de última vontade (testamento) sobre a totalidade dos bens, mas somente sobre a metade dos bens existentes ao tempo do óbito.

Os *ascendentes* – Na ausência de descendentes em qualquer grau, devolve-se a herança aos ascendentes (CC, art. 1.845), herdando, em primeiro lugar, os pais, em seguida, os avós, depois, os bisavós, e assim por diante.

O *cônjuge sobrevivente* – Não herdará se for separado judicialmente ou divorciado, porque nesses casos os bens do casal já foram divididos. Se for separado de fato há mais de dois anos, também não terá direito à herança, salvo prova, nesse caso, de que a convivência se tornou impossível, sem culpa do cônjuge sobrevivente.

Os *colaterais* – São chamados a suceder até o quatro grau (CC, art. 1.839). Não devemos esquecer que, na classe dos colaterais, os mais próximos excluem os mais remotos, salvo no caso do *direito de representação*, concedido aos filhos de irmãos. Assim, por exemplo, se o *de cujus* deixa dois irmãos e dois sobrinhos de um outro irmão pré-morto, a herança se divide em três partes iguais, cabendo uma delas aos sobrinhos, que a dividem entre si.

Aos municípios, ao Distrito Federal ou à União – Se não aparecerem parentes sucessíveis, os bens serão arrecadados judicialmente, e, posteriormente, incorporados ao patrimônio do município ou do Distrito Federal, se localizados nas respectivas circunscrições, incorporando-se ao domínio da União quando situados em território federal.

40.3 SUCESSÃO TESTAMENTÁRIA

A sucessão testamentária opera-se por meio de um testamento, em que o testador indica o sucessor de seus bens, conforme sua própria vontade, sem prejudicar o legítimo direito dos herdeiros necessários, os quais têm direito líquido e certo da metade, caso haja testamento.

O testamento é ato revogável: o testador pode alterá-lo, anulá-lo em parte ou no todo a qualquer momento. É evidente que a revogação só abrange as disposições patrimoniais. Por exemplo, se no testamento anterior o testador reconhece um filho natural, o último testamento não invalidará esta parte, que valerá para todos os fins.

Além de ser ato *revogável*, é também de caráter pessoal, unilateral, gratuito e solene. É ato *pessoal* porque a lei reclama a presença do testador para a prática do ato, que não pode ser feito por procurador. É *unilateral* porque sua eficácia independe do concurso de outra pessoa, pois o documento do testamento não pode conter declaração de vontade de mais de uma pessoa, nem mesmo do cônjuge. É gratuito porque o testador não visa à contraprestação correspondente. E é solene porque a lei estabelece forma rígida para ele.

40.4 CAPACIDADE ATIVA PARA FAZER TESTAMENTO

Para a validade do testamento, é imprescindível que o testador tenha capacidade para testar. Assim, não têm capacidade testamentária as pessoas enumeradas no art. 1.860 do Código Civil, que assim diz:

Art. 1860. "*Além dos incapazes, não podem testar os que, no ato de fazê-lo, não tiverem pleno discernimento.*"

Parágrafo único. "*Podem testar os maiores de dezesseis anos.*"

40.5 FORMAS DE TESTAMENTO

Ordinariamente, existem três espécies de testamento: o público, o cerrado e o particular.

40.5.1 Testamento público

O testamento público é lavrado pelo tabelião em seu livro de notas, ditado em vernáculo pelo testador, na presença de duas testemunhas, e assinado pelo testador, pelas testemunhas e pelo oficial. Caso o testador não saiba ou não possa assinar, a seu rogo, assinará uma das testemunhas.

O cego não está impedido de testar perante o oficial público.

40.5.2 Testamento cerrado

O testamento cerrado é escrito pelo testador ou por uma terceira pessoa a pedido daquele, mas quem assina é o próprio testador. Este, em seguida, o entrega ao oficial público, em presença de duas testemunhas, quando, então, declara ser aquele o seu testamento e o seu desejo de ele ser aprovado. Imediatamente, o oficial registra o auto de aprovação, declarando de viva voz que o testador lhe entregou o testamento e o tinha por seu, bom, firme e valioso. O instrumento ou auto de aprovação é iniciado logo depois da última palavra do oficial, lido em voz alta pelo oficial e assinado por este, pelas testemunhas e pelo testador, se souber ou puder; caso contrário, a rogo, por uma das testemunhas.

Após essas formalidades, o tabelião cerra e lacra o testamento, entregando-o ao testador; ao mesmo tempo, lança, em seu livro, nota de que o testamento foi aprovado e entregue naquela data.

Falecendo o testador, seu testamento será apresentado ao juiz para abertura. Este, por sua vez, depois de verificar que o testamento está intacto, ordenará sua abertura e a lavratura do auto, registrando-o e mandando arquivá-lo. Se o testamento apresentar sinais que provoquem suspeita, especialmente o da remoção do lacre, o juiz ordenará que se faça perícia, declarando se é válido ou não.

40.5.3 Testamento particular

O testamento particular é escrito de próprio punho pelo testador, lido em voz alta perante três testemunhas e assinado por todos. Pode ser, também, elaborado por processo mecânico. Morto o testador, publica-se em juízo o testamento, com a citação dos herdeiros legítimos. Se faltarem testemunhas por morte ou ausência, mas ao menos uma delas o reconhecer, o testamento poderá ser confirmado, se, a critério do juiz, houver prova suficiente de sua veracidade (CC, art. 1.878).

40.5.4 Codicilo

Codicilo é considerado um pequeno testamento, um ato simplificado de última vontade, que deve ser escrito pelo próprio disponente, assinado e datado, sem as formalidades previstas para a feitura do testamento.

Com ele, o disponente fixa normas concernentes ao seu enterro, atribuindo esmolas de valor reduzido para certas e determinadas pessoas ou, indeterminadamente, aos pobres de certo lugar, assim como conferindo legados de bens do seu uso pessoal, tais como os móveis ou joias de pouca monta.

40.6 HERDEIROS NECESSÁRIOS E SEUS DIREITOS

Herdeiros necessários são os descendentes, os ascendentes e o cônjuge sucessível. Sucessível porque esse herdeiro só pode ser afastado da sucessão se for deserdado por indignidade, ou no caso do cônjuge sobrevivente, se concorrer com descendente e se enquadar nas exceções do art. 1829, I do CC, já demonstradas no item 40.2. Existindo esses herdeiros, o testador não pode dispor, por meio de testamento, de mais da metade de seus bens, pois a outra metade, denominada legítima, pertence aos herdeiros necessários.

40.7 O TESTADOR PODE ESTABELECER LIMITAÇÕES SOBRE A LEGÍTIMA

Imaginemos o caso de um indivíduo que, receoso de que sua filha, casada pelo regime da comunhão universal de bens, venha a se separar ou divorciar após a sua morte, de forma que os bens deixados sejam divididos com o marido, procura um meio para proteger a parte da legítima que, inevitavelmente, será transmitida a ela. Como proceder em face de tal situação?

A lei permite que o testador determine a incomunicabilidade dos bens que formam a parte legítima do herdeiro, impedindo que os bens transmitidos integrem a comunhão estabelecida com o casamento. Assim, esses bens clausulados formarão patrimônio exclusivo do cônjuge herdeiro. Pode, igualmente, determinar que os mesmos bens incomunicáveis sejam administrados por ela, abrindo-se exceção à regra da competência do marido para administrar os bens do casal, pois é direito do testador evitar que a administração seja feita por pessoa que não mereça a sua confiança.

O legislador permite, ainda, a determinação da cláusula de *inalienabilidade*, isto é, a proibição de alienar os bens deixados, quer durante certo tempo, quer durante a vida inteira do beneficiário, desde que justificada (CC, art. 1848).

Parte IV

DIREITO DO TRABALHO

41

INTRODUÇÃO AO DIREITO DO TRABALHO

41.1 TRABALHO HUMANO

O trabalho é o ponto de toque entre a natureza e o capital. A participação do ser humano, com sua energia física e mental, faz surgir a produção de bens para satisfazer às suas próprias necessidades.

Todo trabalho pressupõe uma fonte de energia visando a um resultado. O humano é a fonte mais nobre de energia e não há trabalho que não seja, ao mesmo tempo, físico e mental.

O homem, por intermédio do trabalho humano e pela utilização do capital, modifica a natureza, obtendo os bens econômicos de que necessita.

Ao Direito, o que mais interessa é o trabalho humano não gratuito, produtor de bens e serviços. Por isso, ele é protegido por um ramo especial do Direito, o *Direito do Trabalho*, que analisaremos em seguida.

41.2 BREVE HISTÓRICO DO DIREITO DO TRABALHO

Na Antiguidade, o trabalho escravo predominava e era exercido pelos derrotados na guerra, pois o homem compreendeu que era mais útil submeter o inimigo prisioneiro a um trabalho escravo do que matá-lo. O prisioneiro era tido como coisa (*res*), sobre a qual o senhor exercia o direito de vida e morte. Ao lado desse trabalho escravo, existia também o trabalho livre.

A transformação mais profunda na história do trabalho foi causada pelo surgimento da máquina. O trabalho artesanal foi substituído pelas máquinas, que passaram a produzir em massa o que antes era fabricado em pequena quantidade. O desenvolvimento fabril trouxe como consequência o êxodo de trabalhadores do campo para a cidade, evidentemente atraídos por maiores ganhos e melhores condições de vida. Até mulheres e crianças passaram a disputar o mercado de trabalho. O fato de haver mais procura do que oferta de emprego acarretou o aviltamento dos salários e permitiu que os patrões estabelecessem as condições de trabalho a serem cumpridas pelos empregados. Os menores, desde tenra idade (8 a 10 anos), eram empregados em minas no subsolo e com jornadas de até 16 horas, mediante salário ínfimo. Não havia qualquer proteção à saúde e à segurança do empregado. Os empregadores procuravam reduzir o custo da produção de seus produtos à custa do sacrifício dos trabalhadores.

Era preciso impor um tratamento mais humano à pessoa do trabalhador, editando leis de proteção a ele. Foi no século XVIII que sementes do Direito do Trabalho foram lançadas, com o surgimento das primeiras medidas legais em benefício do empregado. Destacamos, a propósito, o advento do Código Napoleão (o Código Civil dos franceses), de 1804, que continha normas relativas à locação das pessoas que trabalhavam. Mas foi no século XIX, principalmente na segunda metade, que o Direito do Trabalho implantou suas verdadeiras raízes, em socorro aos economicamente mais fracos, gerando leis especiais que regulamentaram o trabalho de crianças e mulheres, dando origem ao salário mínimo. Por exemplo, na França, em 1840, surgiram as primeiras medidas de proteção ao trabalho das mulheres nas minas, reduzindo para dez horas a sua jornada diária; na Inglaterra, em 1849, uma lei determinava ser de dez horas a duração da jornada diária para os homens adultos.

No Brasil, as primeiras leis sociais foram: a Lei de Férias, de 1925; a criação do Ministério do Trabalho, em 1930, das Juntas de Conciliação e Julgamento, em 1932 e das Comissões do Salário Mínimo, em 1936; a organização da Justiça do Trabalho, em 1939; a instituição do salário mínimo, em 1940; a promulgação da Consolidação das Leis do Trabalho (CLT), em 1943.

Atualmente, o mais importante texto legal trabalhista do Brasil é a CLT, em que se encontra reunida a maioria das leis, antes esparsas, sobre a matéria trabalhista. Posteriormente, foram criadas importantes leis em benefício do empregado, como a proibição do trabalho noturno ao menor de 18 anos; o descanso semanal e em feriado (Lei nº 605/49); o salário mínimo familiar (Lei nº 4.256/63); o décimo terceiro salário (Lei nº 4.090/62) e o Fundo de Garantia por Tempo de Serviço (FGTS), em 1966.

41.3 DENOMINAÇÃO

A disciplina que estamos analisando regulamenta as relações ligadas ao trabalho remunerado livre, privado e subordinado, e se apresenta com diversos nomes, tais como Direito do Trabalho, Legislação Social, Direito Social, Direito Operário. Direito do Trabalho é a denominação mais empregada.

42

CONTRATO INDIVIDUAL DE TRABALHO

42.1 DEFINIÇÃO LEGAL

O art. 442 da CLT diz que o "*contrato individual de trabalho é o acordo tácito ou expresso, correspondente à relação de emprego.*" Com isto, a lei não obriga que o contrato seja feito por escrito. Vale dizer, para que exista uma relação empregatícia, não há necessidade de um contrato de trabalho por escrito ou de anotação na Carteira de Trabalho.

1. *Contrato tácito*[1] – dá-se quando as partes não acharem necessidade de qualquer ajuste prévio; o empregador tem ciência da prestação continuada de serviços e não se opõe a ela. Analise o exemplo dado pelo prof. Cesarino Júnior em uma de suas aulas: um cidadão passa por um lugar onde está sendo erguida uma construção; pára um momento, fica observando o trabalho, fica tentado, tira o paletó e começa a trabalhar. O encarregado vê e não se opõe. No fim da semana, dia de pagamento a todos os empregados da obra, ele tem direito de receber o salário, como os outros, porque foi realizado um contrato tácito de trabalho. É que o silêncio pode, também, encerrar manifestação positiva de vontade.
2. *Contrato expresso* – pode ser por escrito, formalizado, reduzido a termo, ou pode ser verbal, bastando as palavras para criar o vínculo empregatício.

Retornando à definição legal de contrato individual de trabalho, a lei é expressa em dizer que ele é um acordo correspondente à relação de emprego, ou

---

[1] Tácito, do latim *tacitus*, significa "calado", "em silêncio". O próprio silêncio importa em um consentimento tácito.

seja, um acordo entre pessoas: de um lado o empregado – pessoa natural – e, de outro, o empregador – pessoa física ou jurídica, ou, ainda, uma entidade.[2] Neste acordo, aquele se compromete a prestar serviços não eventuais, sob a direção e em proveito deste. O contrato de trabalho é relação de emprego. Por isso, ele é de natureza consensual, pois estará perfeito e acabado com o consentimento das partes, consentimento este que pode ser dado até pelo silêncio.

42.1.1 Sujeitos do contrato individual de trabalho

Os sujeitos do contrato individual de trabalho são dois, os quais criam um vínculo entre si: o *empregado*, que tem o dever de trabalhar segundo sua habilitação e conforme o ajustado, e o *empregador*, que é obrigado a retribuir de acordo com o valor pactuado.

42.1.1.1 Empregado

O empregado só pode ser uma pessoa natural. Ele não pode entregar ou passar a terceiro a execução das obrigações do seu contrato de trabalho. Um pai, por exemplo, não pode pedir que seu filho o substitua no cumprimento dos seus deveres contratuais. Somente com a concordância do empregador o filho poderá, eventualmente, substituir o pai.

Segundo o art. 3º da CLT, "*Considera-se empregado toda pessoa física que prestar serviços de natureza não eventual a empregador, sob a dependência deste e mediante salário.*" Mais adiante, analisaremos os requisitos caracterizadores do empregado.

42.1.1.2 Empregador

Diz o art. 2º da CLT: "*Considera-se empregador a empresa, individual ou coletiva, que, assumindo os riscos da atividade econômica, admite, assalaria e dirige a prestação pessoal de serviço.*"

Fica evidente que o legislador confunde a empresa com o empregador. Não percamos de vista que empresa não é pessoa, sujeito de direito, e sim o conjunto

---

[2] MAGANO, Octávio Bueno. *Manual do direito do trabalho:* direito individual do trabalho. São Paulo: Nelpa, 1992. v. II. p. 47.

de bens, corpóreos e incorpóreos. O seu titular pode ser um empresário individual ou coletivo (sociedade empresária).

O Estatuto do Trabalhador Rural (Lei nº 5.889/73) sanou o defeito conceitual, no seu art. 3º, ao definir o empregador rural como "*a pessoa física ou jurídica, proprietário ou não, que explore atividade agroeconômica, em caráter permanente ou temporário, diretamente ou através de prepostos e com auxílio de empregados.*"

Há de se ter em vista que, pela definição legal transcrita anteriormente, no art. 3º da CLT, o empregador é quem assume os riscos da atividade econômica, ou seja, é ele quem aufere os lucros resultantes da atividade do empregado, devendo arcar com os prejuízos do negócio. O risco da atividade econômica é assumido integralmente pelo empregador. Em contrapartida, confere-lhe a lei o poder de comando, dirigindo o empregado na prestação de serviço. Aliás, esse poder de comando é a fonte de subordinação hierárquica do empregado ao empregador.

42.2 REQUISITOS ESSENCIAIS PARA A CARACTERIZAÇÃO DO EMPREGADO

A própria lei (art. 3º da CLT, transcrito anteriormente) fornece os requisitos para que se caracterize o empregado:

1. trabalho pessoal;
2. serviços de natureza não eventual;
3. trabalho subordinado;
4. trabalho remunerado.

A falta de um desses requisitos acarreta a inexistência da relação de emprego, e, por consequência, deixa de caracterizar a qualidade de empregado.

42.2.1 Trabalho pessoal

A prestação de serviços só pode ser realizada pelo próprio empregado, que não se pode fazer substituir por outra pessoa.

42.2.2 Serviços de natureza não eventual

Caso, por exemplo, se contrate um pedreiro para fazer um conserto, seu serviço é eventual ou esporádico, ou seja, prestado sem uma sequência ou sucessividade. A contratação de um garçom para um dia de festa em uma residência também será considerada de natureza eventual. Para caracterizar a relação de emprego, a prestação de serviços deverá ser contínua ou permanente, não importando se com prazo certo ou não.

42.2.3 Trabalho subordinado

Um médico que prestava serviços em um pronto-socorro era considerado autônomo pelo empregador, tanto que este o obrigava ao recolhimento do ISS. Certo dia, foi ele despedido sem justo motivo e, na Justiça do Trabalho, ganhou a causa pleiteando seus direitos como empregado, unicamente por provar que era subordinado e obedecia a horário. Um viajante, por exemplo, tem dificuldade em saber se é empregado ou autônomo. Entretanto, se ele apresenta relatórios periódicos, obedecendo a um certo roteiro, será um subordinado e, portanto, um empregado. Em situações como essas, pouco importa se o empregado se encontra registrado ou não. Presentes os requisitos enumerados, o prestador de serviços tem seus direitos garantidos por lei.

O empregador é quem dirige a prestação de serviços; poderá, também, dirigir os serviços por meio de alguém em posição superior ao empregado, dando-lhe as ordens a serem cumpridas. É a chamada subordinação jurídica ou hierárquica.

Portanto, o empregador tem o poder de comando, dirigindo pessoalmente ou por preposto a execução das obrigações contratuais. O empregado tem, em contrapartida, o dever de obediência. O trabalhador coloca-se na contingência de receber ordens e de cumpri-las, o que não acontece, por exemplo, com um taxista, que apenas recebe o táxi e trabalha quando bem lhe aprouver, sem fiscalização ou sem subordinação, assumindo os riscos do seu negócio.

42.2.4 Trabalho remunerado

Assim como o empregado tem o dever de trabalhar segundo sua habilitação e conforme o pactuado, o empregador tem a obrigação de retribuir ao trabalhador de acordo com o valor ajustado. A lei trabalhista não cogita o trabalho gratuito, altruístico.

Nenhum empregado pode trabalhar sem apresentar ao empregador sua Carteira de Trabalho e Previdência Social (CTPS); ele deve ser registrado desde o primeiro dia de trabalho, mesmo que o contrato seja de experiência. O empregador tem o prazo de 48 horas para anotar a CTPS do empregado, principalmente no que tange à data de admissão e à remuneração.

42.3 EMPREGADO RURAL

A Constituição Federal, em seu art. 7º, equiparou o trabalho rural ao urbano. Consequentemente, aplica-se ao trabalhador rural a CLT, que inclui direito ao décimo terceiro salário, ao aviso prévio, à indenização, às férias, ao repouso remunerado etc.

"*Empregado rural é toda pessoa física que, em propriedade rural ou prédio rústico, presta serviços de natureza não eventual a empregador rural, sob a dependência deste e mediante salário.*" (Lei nº 5.889/73, art. 2º). Ou, como escreve Amauri M. Nascimento: "O empregado rural é o trabalhador que presta serviço em propriedade rural, continuamente e mediante subordinação. Assim, será considerado como tal o trabalhador que cultiva a terra, que cuida do gado etc. Também o pessoal necessário para a administração da empresa ou atividade rural é empregado rural."[3]

42.4 TRABALHO DO MENOR

A Constituição Federal vedou o trabalho noturno, perigoso ou insalubre aos menores de 18 anos, bem como qualquer trabalho aos menores de 16 anos, salvo nas condições de aprendiz (art. 7º, XXXIII), a partir de 14 anos. Praticamente, a lei admite o trabalho a partir dos 16 anos.

O menor, até os 18 anos, só pode celebrar contrato de trabalho assistido ou autorizado pelos pais, mas se os pais verificarem que o trabalho é imoral ou prejudicial à saúde do filho, terão o direito de fazer cessar o contrato, visto que, nessa idade, a lei ainda o considera parcialmente capaz.

Após os 18 anos, o empregado está livre para celebrar o contrato, pois os pais não poderão mais intervir no trabalho do filho.

Ao menor é assegurado o salário mínimo integral, bem como, se for o caso, o salário profissional. Seu reajustamento sofrerá as mesmas atualizações aplicáveis aos demais empregados. O Tribunal Superior do Trabalho editou o enunciado nº 134 que estabelece:

---

[3] NASCIMENTO, Amauri M. *Iniciação ao direito do trabalho*. São Paulo: LTr, 1998. p. 170/171.

"Salário. Menor não aprendiz. Ao menor não aprendiz é devido salário mínimo integral"; e o Supremo Tribunal Federal editou, no mesmo sentido, a súmula nº 205, segundo o qual *"Tem direito a salário integral menor não sujeito a aprendizagem metódica."*

"Ao menor é lícito firmar recibos de salário." (CLT, art. 439).

"As férias dos empregados igualam-se em regras às férias dos adultos e não poderão ser concedidas fracionadamente", segundo o art. 134, § 2º da CLT.

Caso o menor esteja laborando em funções incompatíveis, a fiscalização trabalhista poderá obriga-lo a deixar o serviço.

"Ao menor aprendiz será pago um salário nunca inferior a meio salário mínimo regional, durante a primeira metade da duração máxima prevista para o aprendizado do respectivo ofício. Na segunda metade, passará a perceber pelo menos 2/3 do salário mínimo." (CLT, art. 80). O parágrafo único deste artigo é importante: *"Considera-se aprendiz o menor de 14 (catorze) a 18 (dezoito) anos, sujeito à formação profissional metódica do ofício em que exerça o seu trabalho."*

42.5 TRABALHADOR NÃO INCLUÍDO NA PROTEÇÃO DA LEGISLAÇÃO DO TRABALHO

Os funcionários públicos e os trabalhadores autônomos não estão protegidos pela legislação do trabalho (CLT).

42.5.1 Funcionário público

Os funcionários públicos, aqueles que estão legalmente investidos em cargo público, estão excluídos da CLT porque têm regime estatutário próprio. Vale dizer, os funcionários públicos estão sob regime especial, subordinados ao Estatuto dos Funcionários Públicos. Diz o art. 41 da CF:

"São estáveis após três anos de efetivo exercício os servidores nomeados para cargo de provimento efetivo em virtude de concurso público.

§ 1º O servidor público estável só perderá o cargo:

I – em virtude de sentença judicial transitada em julgado;

II – mediante processo administrativo em que lhe seja assegurada ampla defesa;

III – mediante procedimento de avaliação periódica de desempenho, na forma de lei complementar, assegurada ampla defesa.

§ 2º Invalidada por sentença judicial a demissão do servidor estável, será ele reintegrado, e o eventual ocupante da vaga, se estável, reconduzido ao cargo de origem, sem direito a indenização, aproveitado em outro cargo ou posto em disponibilidade com remuneração proporcional ao tempo de serviço.

§ 3º Extinto o cargo ou declarada sua desnecessidade, o servidor estável ficará em disponibilidade com remuneração proporcional ao tempo de serviço, até seu adequado aproveitamento em outro cargo.

§ 4º Como condição para a aquisição da estabilidade, é obrigatória a avaliação especial de desempenho por comissão instituída para essa finalidade."

42.5.2 Trabalhador autônomo

O trabalhador autônomo não é subordinado nem presta serviço eventual; é a pessoa natural que exerce sua atividade por conta própria a uma ou mais de uma pessoa, assumindo os riscos de seu trabalho (Lei nº 8.212/91, art. 12, IV, b). Exemplo típico de trabalhador autônomo é o profissional liberal que exerce sua função em seu escritório ou consultório.

42.6 SITUAÇÃO DOS EMPREGADOS DOMÉSTICOS

O empregado doméstico é aquele "*que presta serviços de natureza contínua e de finalidade não lucrativa à pessoa ou à família, no âmbito residencial destas*" (Lei nº 5.859/72, art. 1º). São empregados domésticos, por exemplo, a governanta, a cozinheira, a copeira, a pajem, o jardineiro, o motorista da família etc. É evidente que o jardineiro de uma fábrica ou o motorista da diretoria de uma empresa não são empregados domésticos, porque o trabalho deles está em função da destinação do local de trabalho.

Com relação ao empregado doméstico, o direito ao FGTS, que antes era optativo, agora é obrigatório por força da emenda constitucional 72/2013, oriunda da PEC 066/2012.

A emenda constitucional 72, de abril de 2013, alterou o parágrafo único do art. 7º da Constituição Federal, estendendo aos empregados domésticos inúmeros direitos, dentre os quais:

"IV – salário mínimo, fixado em lei, nacionalmente unificado, capaz de atender a suas necessidades vitais básicas e às de sua família com moradia, alimentação, educação, saúde, lazer, vestuário, higiene, transporte e previdência social, com reajustes periódicos que lhe preservem o poder aquisitivo, sendo vedada sua vinculação para qualquer fim;

VI – irredutibilidade do salário, salvo o disposto em convenção ou acordo coletivo;

VII – garantia de salário, nunca inferior ao mínimo, para os que percebem remuneração variável;

VIII – décimo terceiro salário com base na remuneração integral ou no valor da aposentadoria;

X – proteção do salário na forma da lei, constituindo crime sua retenção dolosa;

XIII – duração do trabalho normal não superior a oito horas diárias e quarenta e quatro semanais, facultada a compensação de horários e a redução da jornada, mediante acordo ou convenção coletiva de trabalho;

XIV – jornada de seis horas para o trabalho realizado em turnos ininterruptos de revezamento, salvo negociação coletiva;

XV – repouso semanal remunerado, preferencialmente aos domingos;

XVI – remuneração do serviço extraordinário superior, no mínimo, em cinquenta por cento à do normal;

XVII – gozo de férias anuais remuneradas com, pelo menos, um terço a mais do que o salário normal;

XVIII – licença à gestante, sem prejuízo do emprego e do salário, com a duração de cento e vinte dias;

XIX – licença-paternidade, nos termos fixados em lei;

XXI – aviso prévio proporcional ao tempo de serviço, sendo no mínimo de trinta dias, nos termos da lei;

XXII – redução dos riscos inerentes ao trabalho, por meio de normas de saúde, higiene e segurança;

XXIV – aposentadoria;

XXVI – reconhecimento das convenções e acordos coletivos de trabalho;

XXX – proibição de diferença de salários, de exercício de funções e de critério de admissão por motivo de sexo, idade, cor ou estado civil;

XXXI – proibição de qualquer discriminação no tocante a salário e critérios de admissão do trabalhador portador de deficiência;
XXXII – proibição de distinção entre trabalho manual, técnico e intelectual ou entre os profissionais respectivos;
XXXIII – proibição de trabalho noturno, perigoso ou insalubre a menores de dezoito e de qualquer trabalho a menores de dezesseis anos, salvo na condição de aprendiz, a partir de quatorze anos."

O empregado doméstico também tem direito aos benefícios da anotação em carteira de trabalho e da filiação à Previdência Social.

Não é demais lembrar que o benefício do trabalhador doméstico é calculado de acordo com o salário de contribuição, isto é, com base no salário efetivamente recebido. Lembramos ainda que o empregado diarista, que presta serviço de forma descontínua, não é considerado empregado doméstico, mas trabalhador autônomo para fins de Previdência Social.

42.7 TIPOS DE CONTRATO DE TRABALHO

Quanto à duração, os contratos de trabalho podem ser por prazo indeterminado ou por prazo determinado.

42.7.1 Contrato de trabalho por prazo indeterminado

Contrato por prazo indeterminado, como o próprio nome diz, é aquele realizado sem fixação de um prazo para o seu término. A presunção é de que, ao celebrá-lo, o empregado acredita que irá prestar serviços até a aposentadoria, e o empregador, que tenha resolvido de maneira definitiva seu problema de pessoal. Por isso, ele é regra, vigorando enquanto o empregado não se aposentar ou não ficar definitivamente impossibilitado de trabalhar por invalidez ou morte.

42.7.2 Contrato de trabalho por prazo determinado

É o contrato que tem prazo certo para o seu término. Para a sua rescisão, não há que se falar em aviso prévio. Se o empregador despedir o empregado sem justa causa antes do término, terá de lhe pagar uma indenização correspondente à metade dos salários a que teria direito até o término do contrato de trabalho. "*Nos contratos que tenham termo estipulado, o empregador que, sem justa causa, despedir o empregado será obrigado a pagar-lhe, a título de indenização, e por metade, a remuneração a que teria direito até o termo do contrato.*" (CLT, art. 479). Por exemplo, se um empregado contratado por dois anos for despedido sem justa causa, depois de completar apenas seis meses de serviço, estarão faltando 18 meses para o término do seu contrato. Assim, o empregador terá de lhe pagar uma indenização equivalente a nove meses de trabalho, evidentemente compensando com depósitos do FGTS, que valerão como parte do pagamento da indenização.

Com relação ao FGTS, a Constituição Federal estabeleceu que todos os empregados estão enquadrados no regime do Fundo. A Lei nº 8.036, de 1990, art. 20, I, autoriza o saque dos depósitos se houver dispensa sem justa causa e não distingue os contratos pelo prazo. "Logo" – conclui Amauri M. Nascimento –, "em ambos os levantamentos é permitido, valendo como parte do pagamento da indenização do art. 479."[4]

Se o empregado não cumprir o contrato até o seu término, deve também indenizar o empregador? Responde o art. 480 da CLT:

> "*Havendo termo estipulado, o empregado não se poderá desligar do contrato sem justa causa, sob pena de ser obrigado a indenizar o empregador dos prejuízos que desse fato lhe resultarem.*" *O parágrafo primeiro complementa:* "*A indenização, porém, não poderá exceder àquela a que teria direito o empregado em idênticas condições.*"

A lei trabalhista, no § 2º do art. 443 da CLT, só permite o contrato a prazo determinado em se tratando de atividades de caráter transitório. Assim, todo e qualquer contrato dessa espécie só será válido em caso de:

1. *serviço cuja natureza ou transitoriedade justifique a predeterminação do prazo* – por exemplo, a contratação de um empregado para implantar um sistema de computação eletrônica na empresa é uma atividade cuja natureza justifica a predeterminação, de tal modo que, findo o serviço, o pacto estará automaticamente desfeito.
2. *atividade empresarial de caráter transitório* – uma feira de exposição, por exemplo, não é perene. A duração do contrato de empregado acompanha

---

[4] NASCIMENTO, Amauri M. *Iniciação ao direito do trabalho*. São Paulo: LTr, 1998. p. 219.

o período de duração da feira (do empreendimento), ou seja, finda a atividade empresarial, o contrato estará automaticamente desfeito.

"*O contrato de trabalho por prazo determinado que, tácita ou expressamente, for prorrogado mais de uma vez passará a vigorar sem determinação de prazo.*" (CLT, art. 451).

42.8 CONTRATO DE EXPERIÊNCIA

O contrato de trabalho de experiência não pode ir além de 90 dias e é um tipo de contrato por prazo determinado (CLT, art. 443, § 2º, "c"). "*Considera-se como de prazo determinado o contrato de trabalho cuja vigência dependa de termo prefixado.*" (CLT, art. 443, § 1º). "*O contrato de experiência* – diz o parágrafo único do art. 445 da CLT – *não poderá exceder de 90 (noventa) dias.*"

Portanto, esse é o prazo máximo que um contrato de experiência pode ter. Se for feito por período inferior, poderá ser renovado até completar os 90 dias, desde que a prorrogação ocorra apenas uma vez. (CLT, art. 451).

O contrato de experiência serve para a verificação das aptidões do empregado durante o prazo combinado, sendo considerado um contrato preliminar. Durante a experiência, o empregador pode aplicar a CLT. Por exemplo, se o empregado cometer alguma falta grave, poderá demiti-lo; se o despedir sem qualquer motivo, terá de pagar uma indenização equivalente à metade dos salários devidos até o fim do contrato (CLT, art. 479). Nesse caso particular, é preciso o comentário de Amauri Mascaro Nascimento:

> É um equívoco supor que durante a experiência o empregador está desobrigado de aplicar a CLT ao empregado. Alguns chegam a acreditar que é desnecessária a anotação da carteira de trabalho e o registro. Não há nenhum fundamento para esse entendimento. O trabalhador admitido para fazer experiência é empregado, tem de ser registrado, sua carteira deve ser anotada e a CLT é aplicável a essa relação jurídica, observando-se o mesmo modelo dos contratos a prazo determinado, inclusive quanto à dispensa antecipada e à extinção do contrato.[5]

O FGTS depositado, que deverá ser levantado, vale como parte do pagamento da indenização.

---

[5] NASCIMENTO, Amauri M. *Iniciação ao direito do trabalho*. São Paulo: LTr, 1998. p. 208.

42.9 PROVA DO CONTRATO INDIVIDUAL DE TRABALHO

O empregado, obrigado a comparecer em juízo para defender seus direitos subjetivos, então conflitantes, deverá apresentar as provas necessárias à instrução do processo.

Por outro lado, o art. 13 da CLT impõe a obrigatoriedade da CTPS para o exercício de qualquer emprego, devendo ser apresentada ao empregador, no ato da admissão, para que sejam feitas as anotações referentes ao contrato de trabalho, no prazo de 48 horas.

A carteira de trabalho destina-se, principalmente, a servir de prova do contrato de trabalho, em virtude das anotações que o empregador lança nela, tais como: data de admissão, remuneração, cargo do empregado e outras condições, se houver. Somente o empregador pode fazer tais anotações na carteira, e nada mais do que prevê a lei. Notas que desabonem o empregado são proibidas, implicando inutilização do documento e sujeitando-se o empregador a uma multa.

Ao iniciar o trabalho, o empregado cuja carteira não tenha recebido as devidas anotações por recusa do empregador, poderá comparecer à Delegacia Regional do Trabalho ou órgão autorizado, a fim de requerer que o empregador preste esclarecimento ou efetue as anotações. Se o empregador não comparecer depois de ser intimado, lavrar-se-á termo de ausência, sendo considerado revel e confesso sobre os termos da reclamação feita, devendo a autoridade, por despacho, efetuar as anotações. Se comparecer, mas contestar as declarações do empregado, o processo será encaminhado à Justiça do Trabalho, que dará a solução adequada.

Contudo, como o contrato de trabalho pode existir até tacitamente, visto que a lei não exige forma especial para sua existência, a prova do contrato individual de trabalho poderá ser feita por todos os meios permitidos em direito. Veja o que dispõe o art. 456 da CLT, *in verbis*:

> *"A prova do contrato individual do trabalho será feita pelas anotações constantes da Carteira de Trabalho e Previdência Social ou por instrumento escrito e suprida por todos os meios permitidos em direito."*

43

DA REMUNERAÇÃO

43.1 CONCEITO

"Na sistemática da Consolidação das Leis do Trabalho" – escreve Aluysio Sampaio – "remuneração é todo provento legal e habitualmente auferido pelo empregado em virtude do contrato de trabalho, seja pago pelo empregador, seja por terceiros."[1] "*Compreendem-se na remuneração do empregado, para todos os efeitos legais* – diz o art. 457 da CLT –, *além do salário devido e pago diretamente pelo empregador, como contraprestação do serviço, as gorjetas que receber.*" A conclusão que prontamente se extrai é a de que o salário e a gorjeta são espécies do gênero remuneração. Aliás, o mesmo artigo, no seu parágrafo primeiro, indica como integrantes da remuneração também as comissões, as gratificações ajustadas, as diárias para viagens e os abonos. Contudo, não são os únicos, como veremos mais adiante.

43.2 COMPOSIÇÃO DA REMUNERAÇÃO

Integram o salário (remuneração) – dispõe o art. 457, § 1º da CLT – "*não só a importância fixa estipulada, como também as comissões, percentagens, gratificações ajustadas, diárias para viagens e abonos pagos pelo empregador.*"

43.2.1 Salário fixo

Uma das características do contrato de trabalho é ser ele oneroso. No momento de celebrá-lo, as partes acertam um *quantum* a ser pago pelo empregador

---
[1] SAMPAIO, Aluysio. *Dicionário de direito individual de trabalho*. São Paulo: LTr, 1972. p. 229.

ao empregado, pela prestação de serviço por parte deste àquele. Portanto, quando uma pessoa é contratada para prestar serviços a outra, espera receber certa quantia em dinheiro (ou utilidades e dinheiro), em troca dos serviços prestados à outra parte, que se utiliza deles. A finalidade do salário é *alimentar*, sob o ponto de vista de quem recebe, e *retributiva*, para quem paga.

O salário é espécie do gênero remuneração. Veja o que dizem nossos juristas:

Orlando Gomes:

O dispositivo estabelece nitidamente a distinção entre remuneração e salário. Com o primeiro vocábulo traduz tudo quanto o empregado percebe no exercício do trabalho, provenha do empregador ou não. O termo salário foi reservado para a retribuição paga diretamente pelo empregador.[2]

Hélio de Miranda Guimarães:

Incontroversa é a distinção entre salário e remuneração na nossa legislação. O art. 457 da CLT é preciso quando nos fornece o elemento distintivo entre ambos. Salário é contraprestação de serviços pagos pelo empregador em decorrência do contrato de trabalho. Remuneração abrange não só o salário, como até a retribuição aleatória de terceiros, como, por exemplo, a gorjeta.[3]

Valentin Carrion:

Remuneração: o significado do vocábulo inclui o salário indireto (gorjeta) e o salário direto pago pelo empregador (em dinheiro ou utilidades).[4]

Concluindo, o salário é a importância fixa, estipulada pelas partes no contrato de trabalho, que o empregado recebe diretamente do empregador como retribuição pelo trabalho por ele desenvolvido. A remuneração vem a ser o salário mais comissões, gratificações ajustadas, abonos, gorjetas etc.

43.2.2 Salário mínimo

Salário mínimo – diz o art. 7º, IV, da Constituição Federal – "*fixado em lei*[5], *nacionalmente unificado, capaz de atender a suas necessidades vitais básicas*

---

[2] Direito do Trabalho. p. 25.
[3] Ibid. p. 426.
[4] Ibid. p. 201
[5] O salário mínimo só pode ser fixado por lei; não por decreto ou portaria.

e às de sua família com moradia, alimentação, educação, saúde, lazer, vestuário, higiene, transporte e previdência social, com reajustes periódicos que lhe preservem o poder aquisitivo, sendo vedada sua vinculação para qualquer fim."

É necessário, todavia, pôr em relevo que, por esse dispositivo, o salário mínimo visa a atender não só às necessidades vitais do trabalhador, mas também às de sua família. Tal situação, presentemente, é uma utopia. Longe está de ser o salário mínimo, estipulado em bases reais, condizente com as necessidades mínimas, sequer de um trabalhador, ainda mais de sua família.

Salário mínimo, como o próprio nome indica, é a contraprestação mínima paga diretamente pelo empregador ao empregado com a finalidade de atender às suas necessidades vitais básicas e às de sua família. A lei o fixa; a Lei Complementar nº 103/2000 delega aos estados e ao Distrito Federal o poder de definir o salário mínimo da sua respectiva área territorial.

Ninguém pode ganhar menos que um salário mínimo e, caso algum empregado aceite trabalhar por menos durante o horário normal, esse contrato será nulo.

43.2.3 Salário, pagamento em dinheiro

"A prestação, em espécie, do salário será paga em moeda corrente do país." (CLT, art. 463). O parágrafo único deste artigo complementa: *"O pagamento do salário realizado com inobservância deste artigo se considera como não feito."* Portanto, a lei exige o pagamento em moeda corrente do país, não em moeda estrangeira.

"O pagamento do salário deverá ser efetuado contra recibo, assinado pelo empregado; em se tratando de analfabeto, mediante sua impressão digital, ou, não sendo esta possível, a seu rogo." (CLT, art. 464). *"O pagamento dos salários será efetuado em dia útil e no local do trabalho, dentro do horário do serviço ou imediatamente após o encerramento deste."* (CLT, art. 465).

43.2.4 Salário, pagamento em utilidades

As utilidades são aquelas parcelas que o empregador fornece *in natura* ao empregado, como habitação e alimentação, por força do contrato de trabalho, ou por força do costume.

"Além do pagamento em dinheiro – diz o art. 458 da CLT –, *compreende-se no salário, para todos os efeitos legais, a alimentação, habitação, vestuário ou*

outras prestações in natura que a empresa, por força do contrato ou do costume, fornecer habitualmente ao empregado."

A Lei nº 10.243/01 acrescentou ao artigo supra transcrito os parágrafos 3º e 4º, para limitar a 25% o salário-utilidade em habitação e a 20% o salário-utilidade em alimentação, ambos sobre o salário contratual.

Como essas utilidades integram o salário, evidentemente devem incidir sobre elas o recolhimento mensal de 8% para o FGTS e o recolhimento das contribuições previdenciárias.

43.2.5 Vale-transporte

A Lei nº 7.418, de 1985, criou o vale-transporte. Assim, é descontado do empregado o valor correspondente a 6% de seu salário básico, respondendo o empregador pelos gastos excedentes do deslocamento da residência do trabalhador para o local de trabalho. O empregador adianta esses gastos custeando o vale, que é descontado no valor de 6% por ocasião do pagamento do salário.

O vale-transporte não integra o salário ou a remuneração do empregado.

43.2.6 Salário profissional

O salário profissional é o salário mínimo de determinada categoria profissional e tem origem na lei. Por exemplo, um engenheiro tem como salário mínimo (salário profissional) oito vezes mais que o salário mínimo (Lei nº 4.950-A/66).

Também os médicos, os dentistas (Lei nº 3.999/61), os químicos, os arquitetos, os agrônomos e os veterinários têm o seu salário profissional fixado por lei.

43.2.7 Comissões

As comissões integram a remuneração do empregado. Ao lado do salário fixo, a lei admite a existência de comissões que irão formar a remuneração. Portanto, ela também é espécie do gênero remuneração, ou seja, um empregado, ao realizar um contrato de trabalho, poderá receber um salário fixo mais comissões.

As comissões estão em função das vendas ou negócios que o empregado efetuar. Elas tomam a forma de porcentagens com base na produção do empregado, por exemplo, 5% sobre as vendas realizadas durante o mês.

Para Amauri M. Nascimento, comissões "são percentuais fixados sobre o preço das mercadorias ou serviços da empresa, atribuídos ao empregado intermediador do negócio, a título de remuneração pela participação na transação."[6]

Percebendo o empregado apenas comissões, sem salário fixo, como pagamento mensal, e não conseguindo vender o correspondente a um salário mínimo durante o mês, o empregador deverá complementar o salário do empregado até atingir a quantia do mínimo.

43.2.8 Gratificações ajustadas ou habituais

O legislador também admite, ao lado do salário fixo, as gratificações ajustadas ou habituais, uma outra espécie do gênero remuneração. Elas representam pagamentos feitos pelo empregador ao empregado a título de retribuição pelos bons serviços prestados por ele.

As gratificações podem ser ajustadas ou impostas pela lei.

43.2.8.1 Gratificação ajustada

Ocorre quando há cláusula contratual obrigando o empregador a pagar ao empregado, em determinada época do ano, uma quantia pelos serviços prestados durante o ano trabalhado. Como ela integra a remuneração, não pode ser suprimida pelo empregador.

O ajuste da gratificação pode ser também tácito; isto acontece quando o empregador, por liberalidade, passa a pagá-la habitualmente.

43.2.8.2 Gratificação imposta por lei: décimo terceiro salário

É a chamada gratificação natalina, ou décimo terceiro salário. Foi a Lei nº 4.090, de 1962, que a introduziu.

A gratificação natalina é uma gratificação legal, portanto, obrigatória. Pode ser paga em duas parcelas, devendo a primeira ser paga entre os meses de fevereiro e novembro de cada ano. A primeira parcela poderá, ainda, ser paga por ocasião das férias do empregado, se este as requerer no mês de janeiro do correspondente ano.

---

[6] NASCIMENTO, Amauri M. *Iniciação ao direito do trabalho*. São Paulo: LTr, 1998. p. 314.

A segunda parcela deve ser paga até o dia 20 de dezembro. O valor do décimo terceiro salário baseia-se na remuneração integral (CF, art. 7º, VIII) e é devido a todo empregado, inclusive o temporário, o rural e o doméstico.

Se o empregado for despedido por justa causa ou se a dispensa se consumar por culpa recíproca, o décimo terceiro salário é indevido no ano da rescisão do contrato. Só será devido na proporção de 1/12 da remuneração da época da despedida e por mês de serviço ou fração igual ou superior a 14 dias do ano correspondente ao da rescisão do contrato, se a dispensa for injusta, ou no caso de extinção natural do contrato, ou ainda no caso de pedido de demissão. Por exemplo, se o empregado é despedido sem justa causa no dia 16 de agosto, tendo cumprido o aviso prévio, o seu décimo terceiro salário será equivalente a 8/12 da remuneração, porque será incluído o mês de agosto; se a dispensa tivesse ocorrido no dia 14 de agosto, então o mês de agosto não seria levado em consideração e teria ele direito a 7/12 da remuneração. É o chamado décimo terceiro salário proporcional por mês de serviço.

No caso do empregado que é admitido no curso do ano, isto é, após o mês de janeiro, fará jus ao pagamento do décimo terceiro salário proporcional, ou seja, 1/12 da remuneração por mês trabalhado. No caso de o empregador dispensar o empregado por justa causa depois de já ter lhe adiantado a primeira parcela, "poderá descontá-la dos haveres rescisórios do empregado."[7]

Registre-se ainda que, por ocasião do término do contrato a prazo, inclusive o de safra, ou na hipótese de aposentadoria, o empregado terá direito ao décimo terceiro salário proporcional, desde que o fim da relação de emprego tenha ocorrido antes de dezembro (Lei nº 4.090/62, art. 1º, § 3º).

43.2.9 Diária para viagem e ajuda de custo

"Não se incluem nos salários – diz o § 2º do art. 457 da CLT – *as ajudas de custo, assim como as diárias para viagem que não excedam 50% (cinquenta por cento) do salário percebido pelo empregado."*

O preceito destacado retrata a hipótese de que as diárias para viagem integram a remuneração quando excederem 50% do valor recebido pelo empregado. Vale dizer, neste caso, são integradas no salário pelo seu valor total (Enunciado 101).[8] As ajudas de custo, por não terem natureza salarial, não integram o salário.

---

[7] CUNHA, Maria Inês Moura S. da. *Direito do trabalho*. 6. ed. São Paulo: Saraiva, 2011. p. 200.
[8] RUSSOMANO, Mozart Victor. *CLT anotada*. Rio de Janeiro: Forense, 1998. p. 117.

43.2.10 Abono

O abono é um pagamento espontâneo, feito por antecipação ou como adiantamento provisório do salário. "*O abono não integra o salário.*" (CLT, art. 457, § 1º).

43.2.11 Gorjetas

Como as gorjetas fazem parte da remuneração do trabalhador, este deve receber, também, pelo menos o salário mínimo, isto porque o legislador entende serem aquelas aleatórias, ou seja, elas podem ou não existir.

As gorjetas são retribuições voluntárias pagas ao empregado por terceiros, como uma manifestação de agradecimento pela atenção dispensada. Geralmente a gorjeta é oferecida aos garçons ou aos empregados de hotéis.

Por outro lado, muitas empresas cobram um adicional dos seus fregueses, lançado na conta, como ocorre em alguns restaurantes, para ser dividido com os empregados. Aliás, é um sistema de justiça, pois o cozinheiro, por exemplo, o responsável direto pelo agrado, também deve ser beneficiado pela gratificação.

As duas formas de gorjeta estão previstas pela lei: "Considera-se gorjeta não só a importância espontaneamente dada pelo cliente ao empregado, como também aquela que for cobrada pela empresa ao cliente, como adicional nas contas, a qualquer título, e destinada à distribuição aos empregados".

As gorjetas, sejam cobradas pelo empregador, sejam oferecidas pelos clientes, integram a remuneração para todos os efeitos, como para o cálculo das férias, do décimo terceiro salário e do recolhimento do FGTS.

43.3 ADICIONAIS LEGAIS DA REMUNERAÇÃO

A lição de Amauri M. Nascimento é esclarecedora: "Adicional é acréscimo salarial que tem como causa o trabalho em condições mais gravosas para quem o presta."[9]

O certo é que os adicionais têm como característica um trabalho mais desfavorável para o empregado. Destarte, se as condições de trabalho o expuserem a agentes nocivos à saúde, se o trabalho for perigoso ou executado em condições desfavoráveis, é justo que esse trabalhador tenha um acréscimo sobre o seu salário.

---

[9] NASCIMENTO, Amauri M. *Iniciação ao direito do trabalho*. São Paulo: LTr, 1998. p. 279.

A Constituição Federal prevê o "*adicional de remuneração para as atividades penosas, insalubres ou perigosas, nas formas da lei*" (art. 7º, XXIII) e outras espécies de adicionais, que veremos em seguida.

43.3.1 Adicional de insalubridade

O empregado deve exercer sua atividade em local salubre, isento de qualquer elemento nocivo à sua saúde. Porém, às vezes, isso não é possível, em virtude da própria natureza do serviço. O empregado que trabalha dentro de uma câmara frigorífica exerce uma atividade insalubre; faz jus, portanto, a um adicional de insalubridade.

O adicional de insalubridade é calculado à razão de 10% (grau mínimo), 20% (grau médio) e 40% (grau máximo), cálculo este feito sobre o salário mínimo legal, não sobre o valor do salário contratado.

43.3.2 Adicional de periculosidade

A execução de trabalho em permanente contato com explosivos ou inflamáveis, bem como com eletricidade industrial, é, por lei, considerada perigosa (CLT, art. 193). Veja que a lei fala em "eletricidade industrial". É o que contemplou a OJ (Orientação Jurisprudencial) 324. Vejamos:

OJ-SDI1-324. Adicional de periculosidade. Sistema elétrico de potência. Decreto 93.412/86, art. 2º, § 1º *DJ* 09.12.2003. "*É assegurado o adicional de periculosidade apenas aos empregados que trabalham em sistema elétrico de potência em condições de risco, ou que o façam com equipamentos e instalações elétricas similares, que ofereçam risco equivalente, ainda que em unidade consumidora de energia elétrica.*"

A Lei nº 12.740/2012 alterou novamente o *caput* do art. 193 da CLT, que dispõe sobre atividades ou operações perigosas. A nova lei convalidou como atividades perigosas aquelas que envolvam risco acentuado em razão de contato permanente do trabalhador com inflamáveis, explosivos, energia elétrica, e ampliou a aplicação do adicional de periculosidade aos roubos ou outras formas de violências físicas nas atividades de segurança pessoal ou patrimonial. Vejamos:

Art. 1º. O art. 193 da Consolidação das Leis do Trabalho – CLT, aprovada pelo Decreto-lei nº 5.452, de 1º de maio de 1943, passa a vigorar com as seguintes alterações:

Art. 193. *"São consideradas atividades ou operações perigosas, na forma da regulamentação aprovada pelo Ministério do Trabalho e Emprego, aquelas que, por sua natureza ou métodos de trabalho, impliquem risco acentuado em virtude de exposição permanente do trabalhador a:*

I – inflamáveis, explosivos ou energia elétrica;
II – roubos ou outras espécies de violência física nas atividades profissionais de segurança pessoal ou patrimonial."

O empregado que tem atividade considerada perigosa faz jus ao adicional denominado de periculosidade, correspondente a 30% do seu salário normal, não do salário mínimo.

Por força de lei, os adicionais de insalubridade e de periculosidade não podem ser acumulados: ou se recebe um ou outro (CLT, art. 193, § 2º); os demais podem ser acumulados. Portanto, um empregado que tem jornada de trabalho em horário noturno e trabalha em atividade insalubre, faz jus a ambos os adicionais: o noturno e o de insalubridade.

43.3.3 Adicional de horas extras

Quando um empregado passa a trabalhar em hora além da jornada normal, fixada com base no art. 7º, XIII, 10, terá direito ao pagamento do acréscimo nunca inferior a 50% do valor de cada hora normal de trabalho. *"Remuneração do serviço extraordinário superior, no mínimo, em cinquenta por cento à do normal."* (CF, art. 7º, inc. XVI).

As horas extras, sendo habituais, integram a remuneração (TST, súmula 76).

A súmula 291 do TST revisou a súmula 76, que tratava da supressão de horas extras, reformulando o entendimento no que se refere às consequências, tanto para o empregado, quanto para o empregador.

A súmula 76 do TST assim estabelece:

"O valor das horas suplementares prestadas habitualmente por mais de 2 anos, ou durante todo o contrato de trabalho, se suprimidas, integra-se no salário para todos os efeitos legais."

Já a súmula 291 do TST, alterada pela Resolução Administrativa 174/2011, de 27.05.2011, assim estabelece:

"A supressão total ou parcial, pelo empregador, de serviço suplementar prestado com habitualidade, durante pelo menos 1 (um) ano, assegura ao empregado o direito à indenização correspondente ao valor de 1 (um) mês das horas suprimidas, total ou parcialmente, para cada ano ou fração igual ou superior a seis meses de prestação de serviço acima da jornada normal.

O cálculo observará a média das horas suplementares nos últimos 12 (doze) meses anteriores à mudança, multiplicada pelo valor da hora extra do dia da supressão."

Podemos concluir, pela nova súmula, que o empregado não tem mais as horas extras integradas ao salário, conforme dispunha a súmula 76. A partir da súmula 291 do TST, passará a receber uma indenização pela supressão das horas suplementares habituais.

43.3.4 Adicional noturno

Em todo serviço prestado nos centros urbanos, após as 22h e até as 5h da manhã, o empregado tem direito a um adicional de 20% sobre o salário contratual, percentual este que integra a remuneração-base para os cálculos de décimo terceiro salário, férias etc.

Nas atividades rurais, é considerado noturno o trabalho executado na lavoura entre 21h de um dia às 5h do dia seguinte, e na pecuária, entre 20h às 4h do dia seguinte.

Hora Noturna

A hora normal tem a duração de 60 (sessenta) minutos e a hora noturna, por disposição legal, nas atividades urbanas, é computada como sendo de 52 (cinquenta e dois) minutos e 30 (trinta) segundos. Ou seja, cada hora noturna sofre a redução de 7 minutos e 30 segundos ou ainda 12,5% sobre o valor da hora diurna.

43.3.5 Adicional de transferência

O empregado não pode ser transferido de seu local de trabalho, salvo em casos expressos, previstos em lei.

"Em caso de necessidade de serviço o empregador poderá transferir o empregado para localidade diversa da que resultar do contrato, não obstante as restrições do artigo anterior, mas, nesse caso, ficará obrigado a um pagamento suplementar, nunca inferior a 25% (vinte e cinco por cento) dos salários que o empregado percebia naquela localidade, enquanto durar essa situação." (CLT, art. 469, § 3º).

Destarte, enquanto durar essa situação excepcional, e havendo alteração de domicílio, o empregado faz jus a um adicional de pelo menos 25% do salário.

43.4 PROTEÇÃO AO SALÁRIO

Sendo o salário (remuneração) do empregado a base do sustento de sua família e de si próprio, o legislador prevê uma série de regras visando à sua proteção. Assim, existem normas que protegem o salário do empregado em relação ao empregador, em face de credores do empregado e do empregador.

43.4.1 Proteção ao salário em relação ao empregador

43.4.1.1 O salário é irredutível

São direitos dos trabalhadores: *"irredutibilidade do salário, salvo o disposto em convenção ou acordo coletivo"* (CF, art. 7º, VI). Vale dizer, o salário não pode sofrer redução, salvo acordo ou convenção coletiva. Assim, só é possível reduzir o salário mediante acordo normativo de dois ou mais sindicatos representativos de categorias econômicas e profissionais (convenção coletiva de trabalho), ou mediante negociação coletiva entre as partes com a intervenção do sindicato. Portanto, a irredutibilidade do salário é a regra geral de proteção do salário. A redução é a exceção, mencionada anteriormente.

No que diz respeito aos descontos salariais, o art. 462 da CLT determina: *"Ao empregador é vedado efetuar qualquer desconto nos salários do empregado, salvo quando este resultar de adiantamentos, de dispositivos de lei ou de contrato coletivo"* (atualmente, convenção coletiva).

Vê-se que, como regra geral, não se pode efetuar desconto algum. Entretanto, seguem as exceções:

1. *quando ocorrer antecipação de parte do salário* – havendo adiantamentos feitos na forma de "vales", é lícito descontá-los por ocasião do pagamento mensal do salário;
2. *quando a lei expressamente autoriza* – os descontos previdenciários, o imposto de renda (na fonte), prestações alimentícias autorizadas pelo juiz, danos dolosos, são alguns exemplos típicos de desconto legal. A propósito, com relação ao último, o art. 462, § 1º, dispõe: "Em caso de dano causado pelo empregado, o desconto será lícito, desde que esta possibilidade tenha sido acordada ou na ocorrência de dolo do empregado". Se o empregado causar danos materiais aos bens do empregador agindo com culpa, este não poderá proceder a qualquer desconto do salário do responsável pelos prejuízos. A lei somente autoriza o desconto quando o empregado agir com dolo (vontade intencional de causar dano).

43.4.1.2   O salário deve ser pago diretamente ao empregado

Determina o art. 464 da CLT: "*O pagamento do salário deverá ser efetuado contra recibo, assinado pelo empregado; em se tratando de analfabeto, mediante sua impressão digital, ou, não sendo esta possível, a seu rogo.*" Isto significa que o salário deve ser pago diretamente ao empregado, e não a interposta pessoa, e ainda contra recibo. Se algum dia o empregado alegar na justiça o não pagamento do salário, e não sendo verdade tal afirmação, o empregador terá como única prova a apresentação do recibo assinado pelo empregado. Em processo judicial, a prova testemunhal não é aceita para fins de pagamento do salário.

43.4.1.3   O salário deve ser pago em moeda de curso legal

Determina o art. 463 da CLT: "*A prestação em espécie do salário será paga em moeda corrente do país.*" Por oportuno, merece transcrição o teor do seu parágrafo único: "*O pagamento do salário realizado com inobservância deste artigo considera-se como não feito.*"

E o pagamento do salário por meio de cheque ou de conta bancária, é válido? Responde o parágrafo único do art. 464 da CLT:

"*Terá força de recibo o comprovante de depósito em conta bancária, aberta para esse fim em nome da cada empregado, com o consentimento deste, em estabelecimento de crédito próximo ao local de trabalho.*"

Por analogia, o pagamento por meio de cheque é válido, desde que o empregado concorde.

43.4.1.4 Pontualidade no pagamento do salário

O parágrafo único do art. 459 da CLT é expresso: *"Quando o pagamento houver sido estipulado por mês, deverá ser efetuado, o mais tardar, até o 5º dia útil do mês subsequente ao vencido."*

A principal sanção para a falta de pontualidade no pagamento está na faculdade que passa a ter o empregado de considerar rescindido o seu contrato de trabalho, como dispensa indireta pelo descumprimento das obrigações do empregador. *"O empregado poderá considerar rescindido o contrato e pleitear a devida indenização quando: d) não cumprir o empregador as obrigações do contrato."* (CLT, art. 483, d) O § 3º complementa:

"Nas hipóteses das letras d e g[10], poderá o empregado pleitear a rescisão de seu contrato e o pagamento das respectivas indenizações, permanecendo ou não no serviço até final decisão do processo."

"Em caso de rescisão do contrato de trabalho, motivada pelo empregador ou pelo empregado, e havendo controvérsia sobre parte da importância dos salários, o primeiro é obrigado a pagar a este, à data do seu comparecimento ao tribunal do trabalho, a parte incontroversa dos mesmos salários, sob pena de ser, quanto a essa parte, condenado a pagá-la em dobro." (CLT, art. 467).

43.4.1.5 Obrigatoriedade de efetuar-se o pagamento em dia útil e no local de trabalho

"O pagamento dos salários será efetuado em dia útil e no local do trabalho, dentro do horário do serviço ou imediatamente após o encerramento deste – diz o art. 465 da CLT –, *salvo quando efetuado por depósito em conta bancária, observado o disposto no artigo anterior."*

---

[10] Art. 483, g: *o empregador reduzir o seu trabalho sendo este por peça ou tarefa, de forma a afetar sensivelmente a importância dos salários.*

43.4.2 Proteção do salário em face dos credores do empregador

Quanto à defesa do salário em face dos credores do empregador, ele constitui crédito privilegiado na ocorrência de falência, concordata ou dissolução da empresa (CLT, art. 449). O § 1º deste artigo só qualifica como créditos privilegiados os salários devidos e um terço das indenizações a que o empregado tiver direito.

43.4.3 Proteção contra credores do empregado

O CPC, em seu art. 649, qualifica o salário como sendo impenhorável, salvo para o pagamento de pensão alimentícia.

43.5 EQUIPARAÇÃO SALARIAL

Existe o princípio da igualdade de salário. O art. 5º da CF estabelece esse princípio, dispondo: "*Todos são iguais perante a lei, sem discriminação de qualquer natureza* [...]." O art. 5º da CLT estabelece que a todo trabalho de igual valor corresponde salário igual, sem distinção de sexo; o art. 461, também da CLT, indica os requisitos da igualdade de salário: "*Sendo idêntica a função, a todo trabalho de igual valor, prestado ao mesmo empregador, na mesma localidade, corresponderá igual salário, sem distinção de sexo, nacionalidade ou idade.*"

Para corrigir o tratamento desigual, cabe a ação trabalhista de equiparação salarial, na qual o empregado alega que realiza trabalho de igual valor ao de outro empregado, denominado paradigma, mas percebe salário menor.

São condições da equiparação salarial:

1. igualdade de função;
2. igualdade do trabalho (igual produtividade, mesma perfeição técnica);
3. diferença de tempo de serviço entre o equiparando e o paradigma não superior a dois anos;
4. trabalho na mesma localidade;
5. inexistência na empresa de quadro organizado em carreira, registrado no Ministério do Trabalho, que garanta acesso por antiguidade e por merecimento.

Destaca-se o trabalho do mesmo valor aquele que apresenta a mesma perfeição técnica e idêntica produtividade. Perfeição técnica é a obra bem acabada, de perfeita execução.

Idêntica produtividade é aquela de verificação de identidade qualitativa. *In casu*, é necessário apontar um paradigma, ou seja, a produção operada por um e pelo outro deve ser idêntica.

"No exercício da função de advogado não há como se verificar a presença do requisito 'igual produtividade e mesma perfeição técnica'. Somente o empregador pode valorar a função desenvolvida pelo advogado. Não pode o Judiciário promover equiparação salarial sem a certeza do atendimento ao comando do art. 461 da CLT", decidiu o Tribunal.[11]

Destaca-se, nesse artigo, o tempo de serviço não superior a dois anos. Esse tempo diz respeito à função exercida pelo empregado na empresa. Se o trabalhador tem, por exemplo, dois anos na função de eletricista, não pode um outro, ainda que mais velho de casa, mas há apenas um ano na mesma função, pleitear a equiparação salarial.

---

[11] Proc. TST-RR-82.638/93, 3ª Turma – rel. min. Roberto Della Manna – publicado no *DJ* de 17-2-95.

44

DA ALTERAÇÃO DO CONTRATO DE TRABALHO

44.1 APRESENTAÇÃO

O Tribunal Regional do Trabalho examinou o seguinte caso: um empregado começou a trabalhar em uma empresa, cumprindo jornada de 7 horas, com direito a uma hora para almoço. Depois de transcorrido certo tempo, concordou em trabalhar 6 horas corridas. Porém, por necessidade de serviço, o empregador alterou sua jornada, sem informá-lo, para 8 horas, com direito a uma hora de almoço.

Desta vez, no entanto, o empregado não aceitou a mudança e, ao recusar a proposta, foi ameaçado de dispensa pelos seus patrões. O empregado recorreu, então, à Justiça do Trabalho, tendo o tribunal decidido, por unanimidade que:

> ao mudar a jornada de trabalho para 8 horas, com uma hora de almoço, o empregador feriu o contrato de trabalho. Por outro lado, é certo que o empregado nunca trabalhou com semelhante horário. Reclamou e o fez bem. Às partes é lícito ajustarem condições específicas de trabalho, mesmo mais favoráveis que a lei; contrárias a ela é que não podem.[1]

Em conclusão: a jornada de trabalho, mesmo sendo menor que a jornada legal, não pode ser alterada sem mútuo consentimento.

Sempre que uma das partes, ou ambas, modificam cláusula ou cláusulas contratuais de direitos e obrigações inerentes à relação de emprego, estão alterando o curso do contrato de trabalho, de maneira unilateral ou bilateral, lícita ou ilícita.

---

[1] Acórdão de 16/11/1959, do Tribunal Regional do Trabalho da 1ª Região.

44.2 PRINCÍPIO DA INALTERABILIDADE DO CONTRATO

O contrato é lei entre as partes; é um ajuste entre as partes capaz de repercutir no mundo do direito. As obrigações assumidas deverão sempre ser respeitadas, ou seja, o que resulta do combinado não pode ser mudado. *Pacta sunt servanda* – os pactos devem ser observados. Vale dizer, o empregador não pode promover qualquer alteração nas condições de trabalho do empregado, a não ser com a concordância deste e desde que não lhe acarrete prejuízos. Tal é o entendimento do art. 468 da CLT:

"Nos contratos individuais de trabalho só é lícita a alteração das respectivas condições por mútuo consentimento, e ainda assim desde que não resultem, direta ou indiretamente, prejuízos ao empregado, sob pena de nulidade da cláusula infringente desta garantia."

O princípio de que a alteração do contrato não pode prejudicar o empregado só existe no Direito do Trabalho. Nos demais ramos do direito, inexiste esse princípio, e qualquer alteração contratual, desde que de comum acordo e sendo as partes capazes, será sempre possível e válida, mesmo que venha a prejudicar uma delas.

O contrato de trabalho é, em regra, inalterável, devido à eventual possibilidade de tal alteração ocasionar prejuízo ao empregado. Se o empregado concordar com uma modificação que seja de seu interesse, mas, logo em seguida, a alteração se mostrar prejudicial, poderá pleitear a reposição do contrato na situação anterior. Exemplificando: se um vendedor, promovido a chefe dos vendedores, verificar, posteriormente, que seu ganho caiu, poderá solicitar do Judiciário a declaração da nulidade da alteração contratual.

44.3 ALTERAÇÕES ADMISSÍVEIS

O referido art. 468, transcrito acima, veda quaisquer alterações unilaterais. Contudo, a própria lei trabalhista, por exceção, admite alterações: 1) relativas à função; 2) relativas ao salário; 3) relativas ao lugar da prestação de serviços.

44.3.1 Alterações relativas à função

Aqui, a lei trabalhista admite duas hipóteses:

1. *quando o empregado perde o cargo de confiança e volta ao posto efetivo* – **"não se considera alteração unilateral a determinação do empregador**

para que o respectivo empregado reverta ao cargo efetivo, anteriormente ocupado, deixando o exercício de função de confiança." (CLT, art. 468, parágrafo único). É o *jus variandi*, que advém do poder de direção do empregador. Assim, o empregador pode determinar o retorno ao exercício do cargo que ocupava antes do exercício do cargo de confiança;

2. *quando o empregado passa a um outro serviço* – o empregado pode, dentro da mesma qualificação profissional, passar a um outro serviço, de uma seção a outra, desde que a mudança não constitua para ele rebaixamento.

44.3.2 Alterações relativas ao salário

O salário pode ser reduzido nos seguintes casos:

1. quando o empregado perde o cargo de confiança e reverte ao posto efetivo, perdendo o que ganhava a mais devido ao comissionamento;
2. "*É lícita, em caso de força maior ou prejuízos devidamente comprovados, a redução geral dos salários dos empregados da empresa, proporcionalmente aos salários de cada um, não podendo, entretanto, ser superior a 25% (vinte e cinco por cento), respeitado, em qualquer caso, o salário mínimo da região.*" (CLT, art. 503).

"*Cessados os efeitos decorrentes do motivo de força maior, é garantido o restabelecimento dos salários reduzidos.*" (art. 503, parágrafo único).

44.3.3 Alterações relativas ao lugar da prestação de serviços

A transferência de local de trabalho é permitida quando não ocorrer mudança de domicílio. "*Ao empregador é vedado transferir o empregado, sem a sua anuência, para localidade diversa da que resultar do contrato, não se considerando transferência a que não acarretar necessariamente a mudança do seu domicílio.*" (CLT, art. 469). Quando há a transferência do empregado para localidade diversa da que resulta do contrato de trabalho, tem-se a remoção. Pela remoção, muda-se o empregado de domicílio, o que é admissível.

No entanto, quando se transfere um empregado por força do contrato, é preciso que a transferência seja proveniente de "real necessidade de serviço" por parte do empregador. Por exemplo, no local para onde vai ser transferido não existe mão de obra especializada. Também aqueles que exercem cargos de confiança podem ser removidos a qualquer tempo, bem como quando ocorrer a extinção do estabelecimento em que trabalhava o empregado (art. 469, § 2º).

O estabelecimento empresarial é uma universalidade de bens corpóreos e incorpóreos. Seu proprietário ou é uma pessoa natural ou uma pessoa jurídica. Se houver a transferência do estabelecimento para outro local, ocorrerá a sua extinção, e os empregados têm o dever de acatar a ordem do empregador. O tribunal já decidiu ser "lícita a transferência que decorre da remoção da própria empresa para outra localidade. É dever de colaboração do empregado, imposto pelo caráter institucional da empresa, que fornece o fundamento da legitimidade da transferência, em casos tais. Daí a regra do art. 469, § 2º, da CLT" (RT 434/258); "*não há que se falar em abuso de direito, quando a transferência foi determinada em razões de medida de ordem geral, representada pela extinção do estabelecimento. Com efeito, nos termos da lei vigente, ao empregador assiste o direito de transferir seus empregados no caso de extinção do estabelecimento, ressalva feita aos portadores de estabilidade.*" (cf. CLT, art. 469, § 2º, e art. 498).

Também é legal a transferência provisória do empregado para outra cidade até o término do serviço, por exemplo, de montagem de uma máquina, desde que esta não possa ser feita por outro empregado. Em caso de necessidade de serviço, o empregador pagará um adicional de transferência de 25% (art. 469, § 3º).

O adicional de transferência só será devido na transferência provisória, e o empregador terá de efetuar, ainda, todas as despesas, como as de viagem, as pessoais e familiares e as diárias para permanência do empregado na localidade para a qual foi transferido.

45

SUSPENSÃO E INTERRUPÇÃO DO CONTRATO DE TRABALHO

45.1 APRESENTAÇÃO

Suponhamos o caso de uma pessoa que se afasta do emprego por motivo de doença. Seu contrato de trabalho continua em vigor, embora cesse a prestação de serviço. Durante os 15 primeiros dias, ela recebe salário integral, pago pelo empregador. Nesse caso, estamos diante de uma *interrupção do contrato de trabalho*.[1]

Se, porém, a pessoa continua doente após o 15º dia, então não mais receberá salário por parte do empregador. Estamos diante de um caso de *suspensão do contrato de trabalho*.

Observamos que, tanto na interrupção como na suspensão, ocorre a cessação temporária da obrigação de trabalhar. O contrato de trabalho continua a vigorar; o que ocorre é, apenas, uma impossibilidade legal da prestação de serviço. Portanto, a interrupção ou a suspensão do contrato de trabalho caracteriza-se quando cessar temporariamente para o empregado a obrigação de trabalho.

45.2 DISTINÇÃO ENTRE SUSPENSÃO E INTERRUPÇÃO

Há duas espécies de suspensão *lato sensu*: a suspensão propriamente dita e a interrupção. Pela motivação apresentada, a conclusão que prontamente se extrai é que, na *interrupção*, o empregado tem direito à percepção do salário por parte

---

[1] Escreve Sérgio Pinto Martins: "Poder-se-ia dizer que, na verdade, o que se suspende é o trabalho e não o contrato de trabalho".

do empregador durante o tempo da interrupção; na suspensão, ao contrário, o empregado não tem direito à percepção dos salários por parte do empregador. Esse é o principal traço distintivo entre essas duas figuras.

Outro traço distintivo desses dois casos está no tempo de serviço. Na *interrupção*, esses 15 dias são computados para todos os efeitos: para a contagem do tempo de serviço, para fins de indenização e para os depósitos do FGTS devidos, ao passo que na suspensão não ocorrem tais efeitos.

45.3 EFEITOS JURÍDICOS DA SUSPENSÃO E DA INTERRUPÇÃO

É necessário, todavia, ressaltar que, com a suspensão do contrato de trabalho, todos os seus efeitos são paralisados, e o período de afastamento do empregado será abatido do tempo de serviço. O empregado deixa de trabalhar e, em contrapartida, o empregador fica isento de pagar o salário. Mas é uma paralisação temporária e, ao retornar, o empregado volta a ocupar a mesma função que tinha na empresa quando do seu afastamento, percebendo todas as vantagens atribuídas à sua categoria. "*Ao empregado afastado do emprego, são asseguradas, por ocasião de sua volta, todas as vantagens que, em sua ausência, tenham sido atribuídas à categoria a que pertencia na empresa.*" (CLT, art. 471).

A interrupção do contrato não atinge a relação de emprego, mas a execução do contrato. Durante a interrupção, enquanto o empregado não executa a sua parte do contrato, cabe ao empregador o pagamento da remuneração e a obrigação de preservar a antiguidade do empregado, ou seja, o tempo de serviço continua a ser contado e, quando retorna à prestação do serviço, volta com as mesmas vantagens de sua categoria, como diz o art. 471, acima transcrito.

45.4 HIPÓTESES DE SUSPENSÃO DO CONTRATO DE TRABALHO

Entre outros, constituem casos de suspensão do contrato de trabalho:

45.4.1 Afastamento para serviço militar ou outro encargo público

Considerando que, no período de afastamento para serviço militar, o empregado não recebe seu salário, tem-se aí um caso típico de suspensão. "*O afastamento do empregado em virtude das exigências do serviço militar, ou de outro encargo público, não constituirá motivo para alteração ou rescisão do contrato de trabalho por parte do empregador."* (CLT, art. 472).

Não é demais anotar que, no que tange ao serviço militar, são mantidos os recolhimentos dos depósitos do FGTS, mas não há recolhimento previdenciário, por não existir salário.

45.4.2 Período de suspensão disciplinar

É permitido aplicar suspensão ao empregado quando este viola o regulamento da empresa. A lei trabalhista, no entanto, não define a infração disciplinar nem estabelece as sanções. O art. 474 da CLT estabelece, apenas, um prazo máximo de 30 dias para a suspensão do empregado. Entende-se, portanto, poder o empregador impor ao empregado uma pena disciplinar de suspensão por período que não ultrapasse 30 dias, sob pena de ficar caracterizada a rescisão injusta do contrato. Na hipótese de que o empregado se conforme com a pena, seu contrato ficará suspenso e não receberá os salários.

45.4.3 Auxílio-doença

O contrato fica suspenso a partir do 16º dia do afastamento do empregado, cessando o pagamento do salário por parte do empregador. O empregado passa, então, a perceber o *auxílio-doença* pelo INSS. Durante o período de suspensão, que vai até a alta médica, não se conta o tempo de serviço e, quando este período ultrapassa seis meses, o empregado perde o direito a férias. "*Não terá direito a férias o empregado que, no curso do período aquisitivo: IV – tiver percebido da Previdência Social prestações de acidente de trabalho ou de auxílio-doença por mais de 6 (seis) meses, embora descontínuos.*" (CLT, art. 133, IV).

45.4.4 Aposentadoria por invalidez, nos cinco primeiros anos de afastamento

O art. 475 da CLT trata do assunto: "*O empregado que for aposentado por invalidez terá suspenso o seu contrato de trabalho durante o prazo fixado pelas leis de previdência social para a efetivação do benefício.*" Enquanto suspenso o contrato, o empregado recebe do INSS; caso o empregado recupere a capacidade de trabalho, e sendo a aposentadoria cancelada, ser-lhe-á assegurado o direito à função que ocupava ao tempo da aposentadoria. Fica facultado ao empregador o direito de indenizá-lo por rescisão do contrato de trabalho.

Interessante o conteúdo do § 2º do art. 475: "*Se o empregador houver admitido substituto para o aposentado, poderá rescindir, com este, o respectivo contrato de trabalho sem indenização, desde que tenha havido ciência inequívoca da interinidade ao ser celebrado o contrato.*"

45.5 ALGUNS CASOS DE INTERRUPÇÃO DO CONTRATO DE TRABALHO

A lei estabelece quais os casos em que o contrato se interrompe:

45.5.1 Férias anuais remuneradas

É sabido que o empregado, após um ano de trabalho, adquire direito a férias. Estas constituem interrupção do contrato de trabalho, porque haverá o pagamento do salário por parte do empregador, bem como será mantida a contagem de tempo para todos os fins, inclusive os recolhimentos do FGTS. Se o empregado receber salário durante as férias, haverá contribuição previdenciária.

45.5.2 Dias de repouso semanal e feriados

Outro caso de interrupção é quando o empregado folga um dia por semana, de preferência aos domingos, ou quando há feriado civil ou religioso. Os dias não trabalhados devem ser remunerados pelo empregador, e conta-se o tempo para todos os fins.

45.5.3 Licença à empregada gestante

A lei proíbe o trabalho da mulher grávida no período final da gestação e no início do período pós-parto, tendo ela uma licença de 120 dias (CF, art. 7º, XVIII). Normalmente, a convenção coletiva ou a sentença normativa prorroga o prazo por mais 60 dias, garantindo-lhe o pagamento do salário. O art. 392 da CLT dispõe a respeito, dizendo o seguinte: "*É proibido o trabalho da mulher grávida no período de 4 (quatro) semanas antes e 8 (oito) semanas depois do parto.*"

Consoante ensinamento de Amauri M. Nascimento, a "licença da gestante é período de interrupção do contrato de trabalho, pagos os salários e o FGTS pelo empregador, que compensará o valor com os recolhimentos previdenciários que lhe couberem".

45.5.4 Período referente aos primeiros 15 dias do auxílio-doença

Já é do nosso conhecimento que, quando o empregado fica doente, os primeiros 15 dias correm por conta do empregador, que lhe paga o salário integral e faz o respectivo recolhimento do FGTS.

45.5.5 Ausências autorizadas por lei

Determina o art. 473 da CLT:

"*O empregado poderá deixar de comparecer ao serviço sem prejuízo do salário:*

I – até 2 (dois) dias consecutivos, em caso de falecimento do cônjuge, ascendente, descendente, irmão ou pessoa que, declarada em sua Carteira de Trabalho e Previdência Social, viva sob sua dependência econômica;
II – até 3 (três) dias consecutivos, em virtude de casamento;
III – por 5 (cinco) dias, em caso de nascimento de filho, no decorrer da primeira semana; (CF, art. 7º, XIX).
IV – por 1 (um) dia, em cada 12 (doze) meses de trabalho, em caso de doação voluntária de sangue devidamente comprovada;
V – até 2 (dois) dias, consecutivos ou não, para o fim de se alistar eleitor, nos termos da lei respectiva;
VI – no período de tempo em que tiver de cumprir as exigências do Serviço Militar referidas na letra c do art. 65 da Lei nº 4.375, de 17 de agosto de 1.964 (Lei do Serviço Militar);
VII – em dias que estiver comprovadamente realizando provas de exame vestibular para ingresso em estabelecimento de ensino superior."

46

TÉRMINO DO CONTRATO DE TRABALHO

46.1 CASOS DE TÉRMINO DO CONTRATO DE TRABALHO

Todos os contratos têm começo e fim. Todos começam com um acordo de vontade, fazendo surgir obrigações para ambas as partes, e são levados ao término ou *extinção do contrato de trabalho*, por diversas causas: pela morte do empregado, por força maior, pelo advento do termo ou implemento da condição, pela declaração de vontade de uma das partes, pelo distrato etc.

46.1.1 Formas de contrato de trabalho

Devemos considerar duas formas de contrato: por prazo determinado e por prazo indeterminado.

46.1.1.1 Rescisão do contrato por tempo determinado

Este contrato subordina seus efeitos ao advento de um termo final ou ao implemento de uma condição resolutiva. O empregado contratado por tempo determinado não tem direito ao aviso prévio e à indenização. Tem direito a férias e décimo terceiro salário proporcionais e ao levantamento do FGTS. Normalmente o contrato rescinde por iniciativa do empregador, mas poderá ser por parte do empregado, quando este pedir demissão.

No caso de pedido de demissão, existem duas possibilidades:

1. o empregado cumpre o aviso prévio de 30 dias e recebe o pagamento por esses 30 dias;

2. o empregado não cumpre o aviso prévio e paga ao empregador 30 dias não trabalhados. É possível pedir ao empregador o não cumprimento do aviso prévio. Neste caso, se o empregador concordar, o empregado não precisa cumpri-lo, mas, em contrapartida, não recebe o pagamento referente aos 30 dias.

46.1.1.2 Rescisão do contrato por tempo indeterminado

Levando-se em consideração o contrato por prazo indeterminado, o seu término, dentro do raciocínio esposado pelo prof. Cesarino Júnior, ocorre em dois casos principais: "1) no caso de *cessação* das relações de trabalho; 2) no caso de *rescisão*. Distingue-se que a *cessação* resulta de um *fato*, é involuntária portanto, ao passo que a rescisão provém de um ato, sendo, em consequência, voluntária."[1]

O *fato jurídico* e o *ato jurídico*, como é sabido, são acontecimentos que se verificam sem ou com a atuação da vontade da pessoa. Quando o término de um contrato se verifica sem a atuação da vontade, caracteriza-se a *cessação do contrato*. É o caso da morte do empregado, que, além de provocar o término do contrato de trabalho, é um fato jurídico, porque esse acontecimento ocorre independentemente da vontade das partes.

Outras vezes, no entanto, o acontecimento ocorre necessariamente preso a uma manifestação da vontade, consubstanciada numa ação (ato jurídico) visando ao término do contrato. Surge, assim, a *rescisão do contrato*. Como exemplo, temos a demissão do empregado.

Concluindo, a palavra *cessação* é usada para o caso de dissolução do contrato de trabalho decorrente de um *fato jurídico* (morte do empregado); a palavra rescisão é utilizada para a hipótese do término do contrato originário de um *negócio jurídico* (demissão do empregado).

46.2 CESSAÇÃO DO CONTRATO DE TRABALHO

A cessação do contrato de trabalho decorre de fatos alheios à vontade das partes; o término do contrato se dá em função de um fato jurídico: "Não há na cessação manifestação da vontade das partes contratantes", conclui o prof. Cesarino Júnior.[2]

---

[1] CESARINO JR., A. F. *Direito social brasileiro*. 6. ed. ampl. e atual. São Paulo: Saraiva, 1970. p. 218.
[2] CESARINO JR., 1970, p. 218.

Poderá haver a cessação do contrato individual do trabalho nas seguintes hipóteses:

46.2.1 Morte do empregado

O contrato de trabalho, sendo um acordo pelo qual uma pessoa natural, o empregado, se compromete a prestar serviços não eventuais a outra pessoa, natural ou jurídica (empregador), é celebrado *intuitu personae* (entre pessoas). A morte do empregado determina, pois, o fim do contrato, pela impossibilidade de a prestação de serviço ser cumprida pessoalmente.

Havendo herdeiros, estes recebem alguns direitos trabalhistas por sucessão, tais como o levantamento do FGTS, o décimo terceiro salário proporcional, a remuneração das férias vencidas, as férias proporcionais, se o tempo de casa for superior a um ano, e o saldo do salário.

Quando acontece a morte do empregador constituído em firma individual, o empregado, se assim desejar, poderá pleitear a rescisão indireta do contrato de trabalho. "*No caso de morte do empregador constituído em empresa individual –* diz o § 2º do art. 483, da CLT –, *é facultado ao empregado rescindir o contrato de trabalho.*" De qualquer maneira, se a atividade da empresa cessou por morte do empregador, os empregados terão direito ao levantamento do FGTS.

46.2.2 Aposentadoria do empregado

A aposentadoria definitiva faz cessar a atividade do empregado pelo seu desligamento do quadro da empresa. Portanto, a aposentadoria definitiva é causa de cessação do contrato de trabalho, porque é um fato jurídico, ou seja, "não há o ânimo de rescindir o contrato de trabalho, mas uma verdadeira impossibilidade de continuação, o que permite considerá-la como caso de cessação do contrato de trabalho", no entendimento do prof. Cesarino Júnior.[3]

Aposentando-se, o empregado receberá apenas o FGTS e o décimo terceiro salário proporcional, sem o pagamento da indenização de 40%, visto que a iniciativa da ruptura não foi do empregador. Se o empregado continuar trabalhando, há a formação de um novo contrato de trabalho.

---

[3] CESARINO JR., 1970. p. 218.

46.2.3 Prisão prolongada

A prisão do empregado com condenação transitada em julgado, caso não tenha havido suspensão da execução da pena (*sursis*), constitui justa causa para cessação do contrato de trabalho, como prevê o art. 482, *d*, da CLT.[4] O prof. Cesarino Júnior, ao examinar profundamente a situação em apreço, ensina que a condenação, no entanto, não constitui propriamente rescisão, mas cessação do contrato de trabalho; "decorre de circunstâncias alheias à vontade do empregador e muito menos à do empregado."[5]

Dúvida nenhuma deve pairar no sentido de que a condenação criminal, sem suspensão condicional da pena, é ato alheio à vontade das partes, e impede a restação de serviço, fazendo cessar o contrato.

46.2.4 Falência do empregador

Falido o empregador, automaticamente se rompem todos os contratos de trabalho existentes; tal circunstância também é alheia à vontade das partes (fato jurídico). É, também, caso de cessação do contrato de trabalho.

46.3 RESCISÃO DO CONTRATO DE TRABALHO

A rescisão é o término dos efeitos do contrato de trabalho pela vontade das partes ou por vontade de apenas uma delas. A rescisão, portanto, pode ser bilateral ou unilateral. No primeiro caso, dá-se a rescisão por mútuo consentimento; no segundo, por vontade de apenas uma das partes.

46.3.1 Rescisão bilateral

Neste caso, o contrato de trabalho termina por iniciativa de ambas as partes, e é feito um acordo entre elas. Verifica-se, então, o distrato, ocasião em que o empregado e o empregador chegam à conclusão de que já não vale a pena a continuidade do vínculo. É feito um acordo para pôr, então, fim ao contrato.

---

[4] Art. 482, letra d: "*Constituem justa causa para rescisão do contrato de trabalho pelo empregador: d) condenação criminal do empregado, passada em julgado, caso não tenha havido suspensão da execução da pena.*"

[5] CESARINO JR., 1970, p. 219.

46.3.2 Rescisão unilateral

O contrato pode ter fim por vontade de uma das partes. A forma mais comum de terminá-lo, na grande maioria das vezes, é pela despedida patronal ou demissão do empregado.

46.4 DESPEDIMENTO PATRONAL

A dispensa do empregado, por vontade do empregador, é um ato unilateral, que o empregado não poderá impedir. A despedida de um empregado será com ou sem justa causa.

Na demissão por justa causa o empregador está obrigado a citar, por escrito, o motivo que gerou a demissão. O empregado deve ficar com uma via para que possa se defender.

Na demissão sem justa causa, há o aviso prévio:

1. Se o empregador quiser que o empregado cumpra o aviso prévio de 30 dias, ele cumpre e recebe o pagamento por esses 30 dias;
2. Se o empregador não quiser que o empregado cumpra o aviso prévio de 30 dias, este não o faz e o empregador paga os 30 dias não trabalhados. É possível ao empregado pedir ao empregador o não cumprimento do aviso prévio. Neste caso, se este concordar, o empregado não precisará cumprir, mas em contrapartida não receberá o pagamento referente aos 30 dias.

46.4.1 Despedida por justa causa

A despedida por justa causa ocorre quando o empregador tem um motivo, fornecido pela conduta faltosa do empregado na empresa. Dá-se o que se denomina *despedida por justa causa,* enumerada no art. 482 da CLT.

Por justa causa (falta grave), o empregador poderá despedir o empregado sem a necessidade de indenizá-lo nem de avisá-lo previamente da rescisão. O empregado não estável perde, inclusive, a liberação do FGTS e a multa de 40% que seria paga pelo empregador.

46.4.2 Despedida sem justa causa

A despedida injusta ocorre sempre que o empregador não tem uma causa para justificar o ato de despedir seu empregado. Em regra, deve a despedida ser precedida do aviso prévio, que é uma comunicação feita ao empregado pelo empregador, transmitindo-lhe sua resolução. Nesse caso, o empregado receberá os depósitos do FGTS, acrescidos de uma multa de 40% em relação a esses depósitos, férias vencidas e proporcionais e o décimo terceiro salário proporcional. O empregador depositará ainda 10% desse valor em favor do FGTS.[6]

46.5 DEMISSÃO DO EMPREGADO

Demissão é um ato unilateral do empregado, que manifesta a sua vontade de não mais trabalhar para o empregador.

Nos contratos de prazo indeterminado, para demitir-se, o empregado tem a obrigação de dar aviso prévio, a fim de proporcionar ao empregador a oportunidade de diligenciar sua substituição.

"A falta de aviso prévio por parte de empregado dá ao empregador o direito de descontar os salários correspondentes ao prazo respectivo." (CLT, art. 487, § 2º). Vale dizer, se ao empregado convier a pronta efetivação da demissão, é permitido ao empregador reter o valor das verbas rescisórias.

O demissionário não poderá sacar o FGTS e não terá direito às guias do seguro-desemprego. Se tiver menos de 12 meses de casa, terá direito a férias proporcionais (TST, súmula 261) mais saldo salarial, décimo terceiro salário proporcional, aos depósitos do FGTS do mês anterior e da rescisão. Com mais de 12 meses, terá direito ao décimo terceiro salário vencido e proporcional, às férias

---

[6] BRASÍLIA – O Senado aprovou, por unanimidade dos 62 senadores presentes, o projeto de lei complementar que extingue, a partir de 1º de junho de 2013, a multa adicional de 10% incidente sobre os depósitos do Fundo de Garantia do Tempo de Serviço (FGTS) devida pelo empregador em caso de demissão sem justa causa.

É importante frisar, no entanto, que a lei não terá influência sobre a multa de 40% que as empresas são obrigadas a pagar aos seus empregados nos casos de demissão.

Os 10% extras foram criados em 2001 para reequilibrar as contas do Fundo, depois que uma decisão judicial determinou a recomposição dos valores do FGTS, prejudicados pelos planos econômicos Verão e Collor I. Nesse período, as empresas precisavam pagar 50% do valor do fundo do trabalhador em caso de demissão, sendo 40% para o demitido e 10% para o Fundo.

De iniciativa do ex-senador e atual governador do Espírito Santo, Renato Casagrande, a proposta terá ainda de ser votada pelos deputados.

vencidas e às férias proporcionais acrescidas de 1/3, sem prejuízo do saldo salarial, dos depósitos do FGTS do mês anterior e da rescisão. Em ambos os casos, não terá direito à multa de 40% sobre o FGTS depositado.

46.6 DESPEDIMENTO INDIRETO

O empregado, por ato seu, sem pedir demissão, pode também rescindir o contrato de trabalho. O art. 483 da CLT[7] trata dessa espécie de rescisão comumente denominada de *despedida indireta*. Havendo um dos motivos previstos naquele artigo, o empregado pode pleitear a rescisão junto à justiça trabalhista, objetivando receber indenizações.

46.7 HOMOLOGAÇÃO DA RESCISÃO

O empregado, com mais de um ano de serviço, ao ter rescindido o seu contrato por prazo indeterminado, ou ao ser demitido do emprego, exige a lei que seja assistido por alguém para verificar se as contas estão corretas. Esse ato se denomina homologação. Se isso não ocorrer, o ato não terá qualquer validade, segundo o § 1º do art. 477 da CLT:

> *"O pedido de demissão ou recibo de quitação de rescisão do contrato de trabalho, firmado por empregado com mais de 1 (um) ano de serviço, será válido quando feito com a assistência do respectivo sindicato ou perante a autoridade do Ministério do Trabalho."*

Vale dizer, para o empregado que tenha mais de um ano de serviço para o mesmo empregador, a rescisão contratual só terá validade se for homologada pela autoridade administrativa competente.

---

[7] Art. 483: *"O empregado poderá considerar rescindido o contrato e pleitear a devida indenização quando: a) forem exigidos serviços superiores às suas forças, defesos por lei, contrários aos bons costumes, ou alheios ao contrato; b) for tratado pelo empregador ou por seus superiores hierárquicos com rigor excessivos; c) correr perigo manifesto de mal considerável; d) não cumprir o empregador as obrigações do contrato; e) praticar o empregador ou seus prepostos, contra ele ou pessoas de sua família, ato lesivo da honra e boa fama; f) o empregador ou seus prepostos ofenderem-no fisicamente, salvo em caso de legítima defesa, própria ou de outrem; g) o empregador reduzir os trabalhos, sendo estes por peça ou tarefa, de forma a afetar sensivelmente a importância dos salários."*

"O pagamento a que fizer jus o empregado será efetuado no ato da homologação da rescisão do contrato, em dinheiro ou em cheque visado, conforme acordem as partes, salvo se o empregado for analfabeto, quando o pagamento somente poderá ser feito em dinheiro." (CLT, art. 477, § 4º).

"O pagamento das parcelas constantes do instrumento de rescisão ou recibo de quitação deverá ser efetuado nos seguintes prazos:

I – até o primeiro dia útil ao término do contrato, no caso de cumprimento do avio prévio;
II – até o décimo dia, contado da data da notificação da demissão quando da ausência do aviso prévio, indenização do mesmo ou dispensa de seu cumprimento." (CLT, art. 477, § 6º).

"A inobservância do disposto no § 6º deste artigo sujeitará o infrator à multa de 160 BTNs, por trabalhador, bem como ao pagamento da multa a favor do empregado, em valor equivalente ao seu salário, devidamente corrigido pelo índice de variação do BTN, salvo quando, comprovadamente, o trabalhador der causa à mora." (CLT, art. 477, § 8º).

47

DA JUSTA CAUSA PARA A DESPEDIDA

47.1 APRESENTAÇÃO

O término do contrato de trabalho pode ocorrer por ato unilateral de uma das partes, ou por ato *bilateral*, o que caracteriza o consentimento mútuo.

Por ato unilateral, na hipótese "sem justa causa" ou "por justa causa", quer do empregado quer do empregador, é causa de rescisão contratual.

Por ato bilateral é quando ambos, empregado e empregador, entram num acordo para a rescisão do contrato.

47.2 DESPEDIDA POR JUSTA CAUSA POR PARTE DO EMPREGADO E DO EMPREGADOR

Os arts. 482 e 483 da CLT relacionam os motivos que permitem ao empregador ou ao empregado rescindir o contrato de trabalho. São faltas graves praticadas pelo empregado ou pelo empregador, no curso da relação empregatícia. Quando cometidas pelo empregado, pode o empregador despedi-lo sem ônus, salvo as parcelas que se constituírem direito adquirido, tais como férias vencidas que ainda não tenham sido usufruídas e saldo salarial. Quando praticadas pelo empregador, o empregado tem o direito de rescindir o contrato e receber indenização.

O elenco apresentado pelos referidos arts. 482 e 483 não é o único, porque a lei prevê outras faltas, como, por exemplo, as do art. 508 da CLT: "*Considera-se justa causa, para efeito de rescisão de contrato de trabalho do empregado bancário, a falta contumaz de pagamento de dívidas legalmente exigíveis.*" O prof. Mozart Victor Russomano explica que a "prática de atos atentatórios à segurança nacional (parágrafo único) foi definida como justa causa para despedida do trabalhador pelo Decreto-lei nº 3, de 27 de janeiro de 1966, refletindo o espírito da época do regime militar."[1]

47.3 REQUISITOS DA JUSTA CAUSA

A doutrina indica os seguintes requisitos para a falta punível: a gravidade da falta; a atualidade.

1. Não sendo grave a falta, não poderá o empregador dispensar o empregado; para as faltas leves existem as penas disciplinares, como a advertência e a suspensão.
2. A demissão por justa causa deve ser atual, isto é, ocorrer em seguida à falta. O empregador, ao tomar conhecimento da falta, deve imediatamente aplicar a punição, rescindindo o contrato. Se deixar passar o tempo, entende-se que houve perdão tácito.

Por outro lado, deve-se ter presente o seguinte princípio: é obrigação do empregador informar ao empregado o motivo que gerou a demissão por justa causa. Se isto acontecer, o empregado deve ficar com uma via para poder se defender. Caso entenda que a demissão foi injusta, assina as duas vias com a expressão: "Não concordo com os termos".

47.4 CAUSAS JUSTAS PARA DISPENSA DO EMPREGADO

A CLT introduz, de modo taxativo e expresso, os motivos que permitem ao empregador rescindir o contrato de trabalho com o seu empregado. Esses motivos, que na prática chamamos de justa causa, estão enumerados no art. 482, o qual apresentamos na íntegra:

"Constituem justa causa para rescisão do contrato de trabalho pelo empregador:

a) ato de improbidade;
b) incontinência de conduta ou mau procedimento;

---

[1] RUSSOMANO, Mozart Victor. *CLT anotada*. Rio de Janeiro: Forense, 1998. p. 137.

c) negociação habitual por conta própria ou alheia sem permissão do empregador, e quando constituir ato de concorrência à empresa para a qual trabalha o empregado, ou for prejudicial ao serviço;
d) condenação criminal do empregado, passada em julgado, caso não tenha havido suspensão da execução da pena;
e) desídia no desempenho das respectivas funções;
f) embriaguez habitual ou em serviço;
g) violação de segredo da empresa;
h) ato de indisciplina ou de insubordinação;
i) abandono de emprego;
j) ato lesivo da honra ou da boa fama praticado no serviço contra qualquer pessoa, ou ofensas físicas, nas mesmas condições, salvo em caso de legítima defesa, própria ou de outrem;
k) ato lesivo da honra ou da boa fama ou ofensas físicas praticadas contra o empregador e superiores hierárquicos, salvo em caso de legítima defesa, própria ou de outrem;
l) prática constante de jogo de azar."

O empregado que for acusado de cometer uma dessas faltas, sujeitar-se-á a ser despedido, perdendo o aviso prévio, o décimo terceiro salário proporcional e as férias proporcionais, além de não poder movimentar o FGTS e de não receber indenização dos 40% sobre os depósitos deste. Terá direito apenas ao saldo salarial, aos depósitos do FGTS do mês anterior e da rescisão e às férias vencidas aos que contarem com mais de um ano de emprego.

Vejamos cada uma delas isoladamente e de maneira sucinta.

47.4.1 Ato de improbidade

Improbidade é desonestidade. Segundo De Plácido e Silva, improbidade, na terminologia das leis trabalhistas, "é a desonestidade, a falta de retidão, o procedimento malicioso, a atuação perniciosa."[2] É o dano proposital ao patrimônio da empresa ou de terceiros no local de trabalho. É o caso de furto, de roubo, de apropriação indébita etc. O empregado que desvia bens da empresa, que recebe comissão de fornecedor, que altera o cartão de ponto, para ocultar atraso, é improbo, desonesto, merecendo ser dispensado sem direito à indenização, porque

---
[2] DE PLÁCIDO E SILVA. *Vocabulário jurídico*. Rio de Janeiro: Forense, 1985. p. 431.

fez desaparecer a confiança que nele depositava o empregador. A propósito, o tribunal decidiu, certa vez, que "a improbidade, pelos reflexos negativos que produz na vida do empregado, é a falta mais grave das enunciadas pelo art. 482 da CLT. Justamente por isso, quando alegada, deve ser amplamente demonstrada, de forma a não deixar qualquer dúvida." (RT 438/268).

Não é demais lembrar que a improbidade se caracteriza pela prática de um único ato desonesto, ou seja, não há necessidade de reincidência do ato para se justificar a despedida.

47.4.2 Mau procedimento ou incontinência de conduta

São os dois atos faltosos semelhantes:

1. *Mau procedimento* – o legislador leva em consideração o comportamento do empregado dentro ou fora da empresa. Linguagem grosseira ou desrespeitosa para com os colegas poderá configurar ato de mau procedimento a justificar a despedida do empregado. "Para que se configure o mau procedimento não se exige que a falta se dê no estabelecimento do empregador nem no local onde esteja prestando serviços. Torna-se essencial, isto sim, que conturbe o ambiente de trabalho, notadamente as boas relações e o respeito que os empregados merecem uns dos outros." (RT 425/208). A profª. Maria Inês S. da Cunha registra que "o uso de entorpecente, no ambiente de trabalho, já foi entendido como mau procedimento pela jurisprudência, da mesma forma, a utilização de veículo da empresa, sem autorização do empregador."[3]
2. *Incontinência de conduta* – é uma conduta imoderada ou inconveniente do empregado relacionada com sua vida sexual; seu comportamento é irregular, incompatível com a moral sexual, no dizer de Amauri M. Nascimento.[4] Ocorre quando o empregado comete ofensa ao pudor, desrespeitando os colegas de trabalho e a empresa. A "conjunção carnal, com mulher casada, nas dependências da empresa" – exemplifica Maria Inês da Cunha – "caracteriza incontinência de conduta", ou "o envio de bilhetes, com desenhos obscenos a colega de trabalho."[5] Um indivíduo com tal conduta não pode trabalhar em lugares onde estão senhoras e moças.

---

[3] CUNHA, Maria Inês S. da. *Direito do trabalho*. São Paulo: Saraiva, 2004. p. 100.
[4] NASCIMENTO, Amauri M. *Iniciação ao direito do trabalho*. São Paulo: LTr, 1998. p. 422.
[5] CUNHA, 2004, p. 99.

47.4.3 Negociação habitual

O empregado que comumente negocia em concorrência com a atividade da empresa comete ato faltoso.

Para a configuração da falta, são imprescindíveis os seguintes requisitos: 1) que a negociação, por conta própria ou alheia, seja habitual; 2) que seja efetuada sem a permissão expressa ou tácita do empregador; 3) que constitua ato de concorrência ao empregador para o qual trabalha, ou que seja prejudicial ao serviço.

47.4.4 Condenação criminal sem *sursis*

Se o empregado for condenado criminalmente mas responder em liberdade devido ao *sursis* (suspensão condicional da pena), não perderá o emprego, desde que a condenação não guarde qualquer relação com o ambiente de trabalho. Se, entretanto, for ele recolhido à prisão, ficando confinado e, portanto, sem possibilidade de trabalhar, o contrato poderá ser rescindido por absoluta impossibilidade de que ele cumpra com a sua obrigação laboral.

47.4.5 Desídia no desempenho das respectivas funções

O empregado tem o dever de cumprir suas obrigações contratuais de modo a dar um rendimento normal, uma produção condizente com sua habilitação profissional. Deve, ainda, ser pontual e não faltar ao serviço, exceto se apresentar justificativa, como, por exemplo, doença. Se deixar de cumprir essas obrigações por negligência, imprudência ou má-vontade, estará cometendo falta grave, denominada *desídia*.

"Desídia, derivado do latim *desidia*, de *desidere* (estar ocioso), é tido, na terminologia do Direito Trabalhista" – escreve De Plácido e Silva – "como o desleixo, a desatenção, a indolência com que o empregado executa os serviços que lhe estão afetos."[6]

Não há desídia sem culpa, sendo que esta se comprova por negligência ou imprudência. Negligência é a omissão dos deveres a que está obrigado o empregado, como constantemente chegar atrasado ao serviço, receber advertência e não se emendar. Aliás, os mais frequentes casos de desídia, na vida real, são as diversas

---

[6] DE PLÁCIDO E SILVA. *Vocabulário jurídico*. Rio de Janeiro: Forense, 1983. v. 1. p. 53.

faltas injustificadas do empregado ao trabalho, ou atrasos habituais no comparecimento ao serviço.

Imprudência é a falta de atenção, descuido, desleixo. A produção defeituosa ou a baixa produção revelam casos típicos de imprudência, de desídia.

Um só ato, via de regra, não representa falta grave; "a desídia somente se caracteriza por reiteradas faltas" (RT 441/254). O procedimento desidioso, enfim, só se revela na repetição das faltas. Assim, quando o empregado começa a faltar, deve-se graduar as faltas disciplinares, começando com as advertências (verbais ou escritas) para, depois, passar às suspensões, que podem oscilar segundo o critério do empregador, mas dentro do limite máximo de 30 dias de duração. "*A suspensão de empregado por mais de 30 (trinta) dias consecutivos* – determina o art. 474 da CLT – *importa na rescisão injusta do contrato de trabalho.*" Após essa mecânica, vem a despedida do empregado por desídia.

47.4.6 Embriaguez habitual ou em serviço

É falta grave o empregado apresentar-se alcoolizado no serviço. Não é necessário que a embriaguez seja habitual, mas que ocorra no serviço. Fora do serviço, para justificar a dispensa, ela deve ser habitual e trazer reflexos para o ambiente de trabalho.

Contudo, é importante destacarmos que, após o alcoolismo ter sido considerado como doença pela OMS, a jurisprudência, pouco a pouco foi mudando o cenário dessa situação, descaracterizando as demissões por justa causa por motivos de embriaguez habitual, conforme o caso seguinte:

"Alcoolismo crônico não é motivo de demissão por justa causa

Fonte: TST – 23-8-2010 – Adaptado pelo Guia Trabalhista

Doença que requer tratamento e não punição. Assim o alcoolismo crônico tem sido avaliado, desde que a Organização Mundial de Saúde (OMS) o classificou como síndrome de dependência do álcool.

Atento ao reconhecimento científico da doença, o Tribunal Superior do Trabalho vem firmando jurisprudência no sentido de não considerar o alcoolismo motivo para demissão por justa causa. Ao julgar recurso do Município de Guaratinguetá (SP), a Sétima Turma rejeitou o apelo, mantendo a decisão regional que determinava a reintegração do trabalhador demitido.

Trabalhar embriagado, dormir durante o expediente e faltar constantemente ao serviço foram os fatores alegados pelo empregador que levaram à demissão do servidor municipal. Mas, se em 1943, quando passou a viger a CLT, isso era motivo para dispensa por justa causa, hoje não é mais. Segundo o município de Guaratinguetá, o trabalhador sempre teve comportamento inadequado no ambiente de trabalho e não provou ser dependente químico ou que tenha buscado tratamento. Por essas razões, alegou que deveria ser reconhecida a legalidade da dispensa, pois a CLT prevê, no art. 482, f, a possibilidade da justa causa quando se trata de embriaguez habitual.

Relator do recurso na Sétima Turma, o juiz convocado Flavio Portinho Sirangelo esclareceu que são inespecíficas as decisões apresentadas pelo empregador para demonstrar divergência jurisprudencial – ou seja, conflito de entendimentos quanto ao tema, que poderiam levar ao exame do mérito do recurso –, nenhuma delas se referindo "à hipótese de embriaguez contumaz, em que o empregado é vítima de alcoolismo, aspecto fático expressamente consignado no acórdão do Tribunal Regional do Trabalho da 15ª Região (SP)".

Além disso, o argumento de que não foi provada a dependência química do trabalhador implicaria rever as provas, "procedimento vedado nesta esfera recursal pela súmula 126 do TST", afirmou o relator, acrescentando que a jurisprudência do tribunal "tem entendido que o alcoolismo crônico, atualmente reconhecido como doença pela OMS, não acarreta a rescisão contratual por justa causa". Nesse sentido, o relator citou, inclusive, diversos precedentes, entre os quais, dos ministros Lelio Bentes Corrêa, Dora Maria da Costa e Rosa Maria Weber. "O alcoolismo crônico é visto, atualmente, como uma doença, o que requer tratamento e não punição", afirmou a ministra Dora. Por sua vez, a ministra Rosa, ao expressar seu entendimento sobre a questão, esclareceu que a síndrome de dependência do álcool "é doença, e não desvio de conduta justificadora da rescisão do contrato de trabalho". Com a mesma orientação, o ministro Lelio avaliou que a patologia "gera compulsão, impele o alcoolista a consumir descontroladamente a substância psicoativa e retira-lhe a capacidade de discernimento sobre seus atos". O ministro ressaltou a importância da atitude do empregador, que deveria, segundo ele, antes de qualquer ato de punição, "encaminhar o empregado ao INSS para tratamento, sendo imperativa, naqueles casos em que o órgão previdenciário detectar a irreversibilidade da situação, a adoção das providências necessárias à sua aposentadoria".

Após destacar a relevância do tema, a Sétima Turma acompanhou, por unanimidade, o voto do juiz Flavio Sirangelo, pelo não conhecimento do recurso de revista (RR – 132900-69.2005.5.15.0020).

47.4.7 Violação de segredo da empresa

Geralmente, o empresário tem seus segredos, os quais devem ficar sob sigilo. Pode ser uma fórmula, um método de execução do conhecimento exclusivo do empregador que, se revelado, causar-lhe-á prejuízo. Destarte, a violação de segredo da empresa, por parte do empregado, constitui justa causa para dispensa.

47.4.8 Ato de indisciplina ou de insubordinação

Essas duas faltas se assemelham, mas são distintas:

1. *ato de indisciplina* – ocorre quando o empregado viola normas gerais e internas da empresa. Por exemplo, consta do regulamento a proibição de fumar em determinado local de trabalho; o empregado que a desrespeita está cometendo um ato de indisciplina;
2. *ato de insubordinação* – ocorre quando o empregado desrespeita uma ordem dada a ele pessoalmente pelo empregador ou por seu superior hierárquico. O tribunal decidiu ser lícita a recusa do empregado em cumprir horas extras de serviço, fora das hipóteses do art. 61 da CLT[7] (RT 442/272). Mas já decidiu, também, configurar como falta grave do empregado a recusa de preencher a papeleta de produção (RT 424/225).

47.4.9 Abandono de emprego

"Abandono de emprego" – escreve Amauri Mascaro Nascimento – "é a renúncia intencional do emprego, configurando-se como elemento subjetivo, que é a intenção de não mais continuar a relação de emprego."[8] Portanto, dois

---

[7] Art. 61: *"Ocorrendo necessidade imperiosa, poderá a duração do trabalho exceder do limite legal ou convencionado, seja para fazer face a motivo de força maior, seja para atender à realização ou conclusão de serviços inadiáveis ou cuja inexecução possa acarretar prejuízo manifesto."*
[8] NASCIMENTO, Amauri M. *Iniciação ao direito do trabalho*. São Paulo: LTr, 1998. p. 449.

elementos caracterizam esta justa causa: o primeiro é o elemento objetivo, material, que é a ausência prolongada do serviço; o segundo é o elemento subjetivo, a intenção, o ânimo de abandonar o serviço.

A jurisprudência fixou um prazo de 30 dias para a caracterização do abandono. Mas tudo depende do ânimo do abandono. Por exemplo, para um empregado que fica retido no estrangeiro por prazo maior do que 30 dias e sem condição para retornar, evidentemente inexiste o elemento subjetivo, o ânimo, a intenção de abandonar o emprego. Por outro lado, se um empregado passa a trabalhar em outra empresa em horário coincidente, o abandono pode ficar configurado após quatro ou cinco faltas. No caso de convocação para o trabalho, após alguns dias de ausência continuada do empregado, se este não retornar, ficará caracterizado o abandono.

47.4.10 Ato lesivo da honra ou da boa fama

O empregado não pode ofender a honra, a dignidade ou o decoro de qualquer pessoa, seja ela um cliente, um visitante ou um colega, dentro do seu ambiente de trabalho; também não pode agredi-la fisicamente, exceto se estiver defendendo-se de um ataque ou defendendo alguém, um terceiro, de uma agressão atual, iminente ou injusta (legítima defesa).

O empregado não pode ofender ou agredir, em serviço ou fora dele, o empregador ou seu superior hierárquico. Vale dizer, se caluniá-los, injuriá-los, difamá-los ou agredi-los onde quer que estejam, no local de serviço ou fora dele, estará cometendo falta grave que justifica a sua imediata dispensa.

47.4.11 Prática de jogos de azar

Os jogos de azar, tais como o jogo do bicho, as rifas não autorizadas e outros, sempre foram prejudiciais à moral do empregado e, por isso, quando praticados constantemente no local de trabalho, dão direito à demissão por justa causa.

47.5 SANÇÕES APLICÁVEIS AO EMPREGADO

Nem sempre um ato faltoso do empregado pode caracterizar a sua demissão por justa causa. Deve haver uma certa proporção entre a aplicação da pena e o ato praticado por ele. A punição aplicada de modo excessivo importa em injustiça.

O empregador deve, pois, usar de bom senso ao avaliar uma falta cometida pelo empregado. Por exemplo, se o empregado chegou um pouco atrasado, não é motivo para sua demissão por justa causa; deve, quando muito, adverti-lo e, na ocorrência de reiterados atrasos, aplicar a pena de suspensão (com o desconto dos dias suspensos); finalmente, não se emendando, caberá então, a demissão por justa causa.

47.6 FALTA COMETIDA PELO EMPREGADOR

Como procedemos ao cuidar das faltas cometidas pelo empregado, também transcrevemos na íntegra o art. 483 da CLT que traz o elenco de faltas cometidas pelo empregador e que facultam ao empregado o direito de romper o vínculo empregatício, porém, com todas as garantias. Ei-lo:

"O empregado poderá considerar rescindido o contrato e pleitear a devida indenização quando:

a) forem exigidos serviços superiores às suas forças, defesos por lei, contrários aos bons costumes, ou alheios ao contrato;
b) for tratado pelo empregador ou por seus superiores hierárquicos com rigor excessivo;
c) correr perigo manifesto de mal considerável;
d) não cumprir o empregador as obrigações do contrato;
e) praticar o empregador ou os seus prepostos, contra ele ou pessoas de sua família, ato lesivo da honra e boa fama;
f) o empregador ou os seus prepostos ofenderem-no fisicamente, salvo em caso de legítima defesa, própria ou de outrem;
g) o empregador reduzir o seu trabalho, sendo este por peça ou tarefa, de forma a afetar sensivelmente a importância dos salários."

Vejamos cada um deles de maneira sucinta.

47.6.1 Exigir o empregador serviços superiores às forças, defesos por lei, contrários aos bons costumes, ou alheios ao contrato

Não pode o empregador exigir serviços superiores às forças do empregado, ou seja, forças que o empregado não possui, quer físicas, quer intelectuais ou mentais.

Não pode, também, o empregador obrigar o empregado a prestar serviços vedados por lei ou contrários aos bons costumes, ou que possam atingir a moral do empregado. Não pode, ainda, o empregador exigir serviços alheios ao contrato. Se o fizer, pratica ato ilegal, ferindo direitos do empregado, podendo este se declarar indiretamente despedido e pleitear as indenizações cabíveis.

47.6.2 Tratar o empregado com rigor excessivo

O empregado deve ser tratado com cortesia, com educação, sem discriminação. Não pode o empregador ridicularizá-lo perante os colegas nem impor trabalho penoso ou penas severas quando a falta cometida for das mais simples.

47.6.3 Correr o empregado perigo de mal considerável

O empregado não é obrigado ao perigo manifesto de mal considerável, ou seja, correr risco de morte na prestação do serviço, exceto se o risco estiver previsto no contrato como sendo de sua atividade, como é o caso de aviador.

Qualquer ordem na qual seja iminente um dano físico o autoriza a não acatar a determinação superior e considerar rompido o contrato de trabalho. A justa causa deverá ser provada, principalmente, com testemunhas.

47.6.4 Não cumprir as obrigações do contrato

A característica principal do contrato de trabalho é ser bilateral. Vale dizer, tanto o empregado quanto o empregador têm obrigações a cumprir. Se o empregador deixar de atender o que foi convencionado, pode dar-se o rompimento do contrato por justa causa. Havendo mora salarial, por exemplo, cabe ao empregado o direito de romper o contrato, declarando-se indiretamente despedido, com justo motivo. "Dá-se a rescisão indireta do contrato de trabalho, com fundamento no art. 468, da CLT, se o empregador, sem anuência do empregado, o transfere do cargo de técnico de laboratório para o de recepcionista."[9]

---

[9] Proc. TST-RR-148.056/ 94 – 1ª Turma – rel. Ursulino Santos – publicado no *DJ* de 9-6-1995.

47.6.5 Atos lesivos à honra ou à boa fama praticados pelo empregador

Se o empregador ou seu preposto praticar atos lesivos à honra e à boa fama da pessoa do empregado ou de qualquer pessoa de sua família, tais como calúnia, difamação etc., isso dará ao empregado o direito de romper o contrato por justa causa com todos os direitos trabalhistas, inclusive com direito ao recebimento do aviso prévio. A propósito, escreve o min. Mozart Victor Russomano:

> Defendeu-se, durante muito tempo, a tese hoje sediça, de que, nas despedidas indiretas, não cabe aviso prévio, porque a iniciativa da rescisão é do trabalhador (art. 487). Absolutamente não. O trabalhador denuncia o ato patronal. Este, o empregador, é que provoca a resilição[10] injusta do contrato. O aviso prévio, é claro, deve ser indenizado, na despedida indireta (art. 487, § 1º). Surpreende o fato de que, durante muitos anos, a jurisprudência dominante da Justiça do Trabalho se tenha orientado em sentido diverso, a ponto de cristalizar-se no Enunciado nº 31."[11]

47.6.6 Ofensa física

Assim como o empregado não pode ofender fisicamente o empregador, ou seu preposto, a recíproca também é verdadeira: o empregador ou seus prepostos não podem ofender fisicamente o empregado, em qualquer lugar, mesmo fora do local de trabalho, salvo se for em legítima defesa.

47.6.7 Reduzir as tarefas do empregado, afetando a remuneração

Conforme preceitua a nossa Constituição Federal, o salário não pode ser reduzido, salvo se estabelecido em convenção coletiva (art. 7º, VI).

Se o empregado trabalha por peças ou por tarefa e o empregador as reduz de forma a afetar sensivelmente a importância da remuneração, estará cometendo ato faltoso, ilegal. Enfim, não é permitido afetar a remuneração do empregado, mesmo reduzindo o trabalho, salvo o que for disposto em convenção coletiva.

---

[10] Resilição: rescisão de contrato efetuada por acordo de todos os contratantes ou em razão de cláusula de antemão estipulada.

[11] RUSSOMANO, Mozart Victor. *CLT anotada*. Rio de Janeiro: Forense, 1998. p. 139. Enunciado 31: "É incabível o aviso prévio na despedida indireta".

47.7 RESCISÃO INDIRETA

Praticando o empregador ato ilegal, ferindo direitos do empregado, este pode declarar-se indiretamente despedido, com justo motivo, com fundamento em falta grave do empregador. É a chamada despedida indireta, ocasião em que o próprio empregado toma a iniciativa de romper o vínculo empregatício.

Em duas hipóteses o empregado pode aguardar em serviço a decisão final do processo:

1. quando lhe reduzem o trabalho com perda na remuneração;
2. quando o empregador não cumpre o contrato.

"*Nas hipóteses das letras d e g* (do art. 483 da CLT), *poderá o empregado pleitear a rescisão de seu contrato e o pagamento das respectivas indenizações, permanecendo ou não no serviço até final da decisão do processo.*" (CLT, art. 483, § 3º). Pode, portanto, o empregado efetuar a reclamação, propondo a ação trabalhista e permanecer no serviço até o final da decisão, ou pode fazer a reclamação e abandonar o emprego, correndo o risco de perder a procedência da reclamação e, concomitantemente, perder também o emprego por abandono. Por conseguinte, tem o empregado o direito de opção entre considerar seu contrato suspenso ou extinto.

47.8 CULPA RECÍPROCA

Casos há em que empregador e empregado concorrem culposamente para a rescisão do contrato de trabalho: "*Havendo culpa recíproca no ato que determinou a rescisão do contrato de trabalho, o tribunal de trabalho reduzirá a indenização à que seria devida em caso de culpa exclusiva do empregador, por metade.*" (CLT, art. 484).

As culpas devem ser concomitantes e determinantes da rescisão; deve haver, ainda, a equivalência delas. Por exemplo, se um ato do empregado enseja apenas uma suspensão e o do empregador a rescisão indireta, não há a configuração de culpa recíproca.

48

DO AVISO PRÉVIO

48.1 CONCEITO E FINALIDADE

Quando o contrato de trabalho for celebrado sem limitação de tempo e, sem justo motivo, se quer pôr fim a ele, uma parte deverá avisar a outra sobre sua resolução. No contrato celebrado com duração de tempo previamente ajustado, por saberem as partes da chegada do dia previsto para a sua conclusão, será desnecessário o aviso.

O aviso prévio é uma exigência legal: "*Não havendo prazo estipulado, a parte que, sem justo motivo, quiser rescindir o contrato deverá avisar a outra da sua resolução com antecedência mínima de* [...]." (CLT, art. 487). A Constituição Federal complementa: "*aviso prévio proporcional ao tempo de serviço, sendo no mínimo de trinta dias, nos termos da lei.*" (art. 7º, XXI). Destarte, enquanto não surgir uma lei complementar disciplinando este dispositivo, o aviso prévio será de 30 dias, no mínimo.

Em 2011, fez-se a Lei nº 12.506/2011, a qual prevê que o trabalhador com até um ano de emprego, que for dispensado sem justa causa, tem direito a 30 dias de aviso prévio, ou indenização correspondente, sendo que esse tempo será aumentado em três dias para cada ano adicional de serviço prestado, até o limite de 60 dias de acréscimo, ou seja, 90 dias de aviso prévio no total.

Dessa forma, foi alterado o regime do aviso prévio fixo em 30 dias, previsto no art. 487, II da CLT, estipulando-se agora uma forma variável, a proporcionalidade por tempo de serviço, como forma de uma contrapartida à dedicação do trabalhador à empresa.

A Lei nº 12.506/2011 estipula, portanto, que a proporcionalidade do aviso prévio prevista no art. 7º, XXI, da Constituição, passa a ser computada a partir do primeiro ano de contrato do empregado, de forma que, para contratos com prazos inferiores a esse, se aplica o mínimo constitucional de 30 dias. Assim, depois de completar um ano no emprego, o trabalhador terá direito ao acréscimo de três dias ao aviso prévio por ano de serviço prestado, com a limitação de que não ultrapassem 60 dias de acréscimo ou 90 dias de aviso prévio total (por Sônia Mascaro Nascimento).

O art. 487 é de uma clareza tão ofuscante que não admite dúvida: qualquer das partes, empregador ou empregado, que deseje o término do contrato de trabalho, sem justo motivo, tem a obrigação de se dirigir à outra parte, avisando-a de sua intenção. Mesmo na rescisão indireta do contrato de trabalho, o aviso prévio também se mostra devido, "embora não se justifique seu pagamento, em face da natureza de tal forma de rescisão."[1]

Concluindo, *aviso prévio* vem a ser a comunicação antecipada de um dos sujeitos da relação empregatícia ao outro de que haverá o rompimento imotivado do contrato, quando este for por prazo indeterminado. Sua finalidade é justamente prevenir a parte contrária de sua decisão, para que tome as providências que a situação ensejar. Essa diretriz do legislador é útil tanto para o empregado como para o empregador, pois o empregado despedido terá um prazo para conseguir outro emprego e o empregador terá tempo de arranjar um substituto para o empregado que se despediu.

48.2 FORMA

A lei não prevê a forma de se conceder o aviso prévio. É ato informal, que poderá ser até verbal. Entretanto, é praxe o uso de uma carta de aviso prévio.

48.3 FALTA DO AVISO

A falta de aviso prévio por parte do empregador implica o pagamento da remuneração equivalente aos dias de aviso, contando o prazo como tempo de serviço, porque o contrato de trabalho deveria ter terminado exatamente na época do vencimento do pré-aviso. As regras estão contidas no § 1º do art. 487 da CLT:

---

[1] CUNHA, Maria Inês S. da. *Direito do trabalho*. 6. ed. São Paulo: Saraiva, 2011. p. 144.

"A falta do aviso prévio por parte do empregador dá ao empregado o direito aos salários correspondentes ao prazo do aviso, garantida sempre a integração desse período no seu tempo de serviço." Por exemplo, o empregado é despedido, sem justa causa, no dia 20 de junho; seu contrato vai até 21 de julho, computado o prazo de aviso prévio. Assim sendo, terá direito aos salários correspondentes ao prazo de aviso, e esse período será integrado ao seu tempo de serviço.

"A falta de aviso por parte do empregado dá ao empregador o direito de descontar os salários correspondentes ao prazo respectivo." (CLT, art. 487, § 2º).

48.4 HORÁRIO DE TRABALHO DURANTE O AVISO PRÉVIO

Se a rescisão for promovida pelo empregador, o empregado poderá optar ou pela redução de duas horas diárias de seu horário normal de trabalho, ou por sete dias corridos, sem prejuízo do salário integral.

"O horário normal de trabalho do empregado, durante o prazo do aviso, e se a rescisão tiver sido promovida pelo empregador, será reduzido de 2 (duas) horas diárias, sem prejuízo do salário integral." Parágrafo único: *"É facultado ao empregado trabalhar sem a redução das 2 (duas) horas diárias previstas neste artigo, caso em que poderá faltar ao serviço, sem prejuízo do salário integral, por 1 (um) dia, na hipótese do inciso I, e por 7 (sete) dias corridos, na hipótese do inciso II do art. 487 desta Consolidação."* (CLT, art. 488). *"Durante o prazo do aviso prévio, se a rescisão tiver sido promovida pelo empregador, o empregado rural terá direito a um dia por semana, sem prejuízo do salário integral, para procurar outro trabalho."* (Lei nº 5.889, de 1973, art. 15).

Se a rescisão for promovida pelo empregado, o horário de trabalho não será alterado.

48.5 RECONSIDERAÇÃO DO AVISO PRÉVIO

"Dado o aviso prévio – diz o art. 489 da CLT –, *a rescisão torna-se efetiva depois de expirado o respectivo prazo, mas, se a parte notificante reconsiderar o ato, antes de seu termo, à outra parte é facultada ou não a reconsideração."*

Havendo o aceite da reconsideração, o contrato de trabalho continuará a vigorar como se nenhum aviso tivesse sido dado.

48.6 QUANDO UMA DAS PARTES COMETE FALTA GRAVE, NO CURSO DO AVISO PRÉVIO, A LEI DÁ DIREITO À DESPEDIDA POR JUSTA CAUSA

1. *Quando o empregador comete falta no curso do aviso prévio* – no decorrer do aviso prévio, o empregado é obrigado a trabalhar. Se não o fizer, perde o direito ao pagamento do valor de tal período. Durante o aviso prévio, pode ocorrer alguma falta por parte do empregador. Nada há a censurar no conteúdo do art. 490 da CLT, que trata do problema em apreço: "*O empregador que, durante o prazo do aviso prévio dado ao empregado, praticar ato que justifique a rescisão imediata do contrato se sujeita ao pagamento da remuneração correspondente ao prazo do referido aviso, sem prejuízo da indenização que for devida.*" Significa que o empregador pagará por inteiro o aviso prévio, além do pagamento a que fizer jus o empregado: décimo terceiro salário proporcional, férias proporcionais etc.

2. *Quando o empregado comete falta considerada como "justa causa" no curso do aviso* – a situação é orientada pelo art. 491 da CLT: "*O empregado que, durante o prazo do aviso prévio, cometer qualquer das faltas consideradas pela lei como justas para rescisão perde o direito ao restante do respectivo prazo.*" Dúvida existe na doutrina, entendendo alguns que o empregado perde todos os direitos decorrentes da rescisão, e não apenas o restante do aviso prévio. Sobre o assunto, diz Mozart V. Russomano: "Assim, se o empregado, durante o prazo do aviso prévio, comete falta de natureza grave, perderá, por um lado, o restante do prazo do aviso prévio (art. 491) e, por outro lado, logicamente, perderá o direito às reparações pecuniárias decorrentes da despedida injusta". Continua: "Muita vezes essa opinião foi posta em dúvida, mas, há cerca de 20 anos, ela está estratificada no Enunciado nº 73, onde se declara que a falta grave cometida no prazo do aviso tira do empregado o direito a indenizações."[2]

48.7 ESTABILIDADE À GESTANTE EM AVISO PRÉVIO

A recentíssima Lei nº 12.812, de 17 de maio de 2013, reza que a trabalhadora que descobrir a gravidez durante o aviso prévio terá direito a estabilidade

---

[2] RUSSOMANO, Mozart Victor. *CLT anotada*. Rio de Janeiro: Forense, 1998. p. 144.

provisória no emprego até concluir a licença-maternidade. A regra estende-se ainda ao aviso prévio indenizado, aquele em que a funcionária recebe indenização equivalente a um salário, sem a necessidade de cumprir o período de trabalho estipulado por lei.

Já sabemos que, pela Constituição, nenhuma funcionária pode ser demitida sem justa causa, desde a confirmação da gravidez até cinco meses após o parto. Contudo, havia divergência em relação à gravidez descoberta durante o aviso prévio.

O Tribunal Superior do Trabalho já vinha firmando em jurisprudências o entendimento de que a estabilidade também deveria ser assegurada nesses casos como espécie de proteção constitucional da criança.

Agora, com a nova lei, a CLT confirma esse direito.

48.8 MODELO DE CARTA EM QUE O EMPREGADO PEDE DEMISSÃO

(Local e data.)

Ilmo(s). Sr(s). *(Nome do empregador ou dos empregadores.)*

(Endereço e cidade do empregador ou dos empregadores.)

Prezado(s) Senhor(es):

Sirvo-me da presente para comunicar a V. Sas. o meu pedido de demissão do cargo de (...), que ocupo nesta empresa.

Outrossim, devido às boas relações existentes entre nós, solicito que me dispensem do cumprimento do art. 487, § 2º, da CLT, a que estou sujeito por lei.

No aguardo de sua atenção e breve pronunciamento, subscrevo-me

Atenciosamente

(Assinatura.)

48.9 MODELO DE CARTA EM QUE O EMPREGADOR DISPENSA O EMPREGADO

(Local e data.)

IImo. Sr. *(Nome do empregado.)*
Em mãos
Ref.: AVISO PRÉVIO
Prezado Senhor:

Servimo-nos da presente para informar-lhe que, não mais necessitando de seus serviços, V. Sª está dispensado do cargo de (...), que vem exercendo nesta empresa desde o dia (...).

Durante os 30 dias de aviso prévio, V. Sª poderá deixar de comparecer por duas horas diárias de seu horário normal de trabalho, de preferência no período da tarde, ou, a seu critério, por sete dias corridos, sendo necessário avisar a sua escolha.

Solicitamos, ainda, confirmar o recebimento do presente aviso, mediante seu "ciente" na segunda via anexa.

Agradecendo a colaboração, subscrevemo-nos.

Atenciosamente

(Assinatura.)

49

DA ESTABILIDADE

49.1 CONCEITO DE ESTABILIDADE

Pela estabilidade – escreve De Plácido e Silva –, o empregado ou funcionário garante-se ou é assegurado no exercício do mesmo cargo ou função, não podendo ser dispensado ou demitido sem que se registre motivo legal para essa dispensa ou demissão.[1]

49.2 ESTABILIDADES ESPECIAIS

As estabilidades especiais podem ser *contratuais* ou *impostas por lei:*

1. as *contratuais* são as criadas por meio de convênio coletivo (convenções ou acordos), ou do contrato individual de trabalho, isto porque as partes têm a liberdade de criar a estabilidade;
2. as *impostas por lei* são sempre transitórias, ou seja, fixadas por prazo certo, e ocorrem nos seguintes casos:
   a) *quando a estabilidade é instituída em favor dos dirigentes sindicais* – é considerado cargo de direção ou representação sindical aquele cujo exercício ou indicação decorre de eleição prevista em lei. Considerando que um empregador não tolere o fato de um empregado seu se tornar dirigente sindical, a própria Lei Maior, evitando afastá-lo do

---

[1] DE PLÁCIDO E SILVA. *Vocabulário jurídico*. Rio de Janeiro: Forense. v. II p. 202.

emprego, garante ao empregado dirigente sindical uma estabilidade provisória, a partir do registro de sua candidatura e, se eleito, até um ano após o final de seu mandato, inclusive como suplente, exceto se cometer falta grave (art. 8º, VIII);

b) *quando a estabilidade é para cargo de direção da Comissão Interna de Prevenção de Acidentes (Cipa)* – a Constituição Federal prevê, também, estabilidade para o empregado "eleito para o cargo de direção" da Cipa. Como empregado estável, a dispensa arbitrária ou sem justa causa do cipeiro é proibida por lei;

c) *quando a estabilidade é para a empregada gestante* – a lei assegura à empregada gestante a impossibilidade de ser dispensada sem justa causa ou arbitrariamente, desde a confirmação da gravidez até cinco meses após o parto. Trata-se de uma estabilidade provisória, tendo ela direito a salários durante o afastamento, mas não à reintegração ao emprego, podendo o empregador despedi-la imotivadamente com o pagamento da indenização correspondente (Tribunal Superior do Trabalho, Enunciado 244[2]);

d) *quando a estabilidade é para empregado que sofreu acidente de trabalho* – a Lei nº 8.213/91 assegura ao empregado que sofreu acidente no trabalho a estabilidade pelo prazo mínimo de 12 meses, ou seja, a garantia de emprego durante 12 meses após a cessação do auxílio-doença.

49.3 ESTABILIDADE E GARANTIA DE EMPREGO

"A estabilidade" – escreve a juíza do Trabalho Maria Inês Moura da Cunha – "consiste no direito do trabalhador de permanecer no emprego, mesmo contra a vontade de seu empregador, enquanto não existir um motivo importante, expresso na lei, que permita o seu despedimento."[3]

Ocorre que, atualmente, o empregado não mais tem a chamada estabilidade decenal. Com o advento da Constituição Federal de 1988, que protege o empregado contra a despedida arbitrária ou sem justa causa, garantindo-lhe uma

---

[2] Enunciado 244: "A garantia de emprego à gestante não autoriza a reintegração, assegurando-lhe apenas o direito a salários e vantagens correspondentes ao período e seus reflexos."
[3] CUNHA, Maria Inês S. da. *Direito do trabalho*. 6. ed. São Paulo: Saraiva, 2011. p. 146.

indenização compensatória (art. 7º, I), deixou ele de ter a referida estabilidade. "A qualquer momento" – enfatiza o renomado jurista Oris de Oliveira – "seja qual for o tempo de serviço, o empregador pode despedi-lo por denúncia vazia", ou seja, sem ser obrigado a declinar qualquer justificativa para a extinção, sujeitando-se apenas à "multa" de 40% sobre o montante de depósitos do FGTS corrigidos e acrescidos dos juros capitalizados.[4]

---

[4] OLIVEIRA, Oris de. *Curso de direito do trabalho*. São Paulo: Saraiva, 1985. p. 413.

50

DO FUNDO DE GARANTIA POR TEMPO DE SERVIÇO (FGTS)

50.1 APRESENTAÇÃO

A maior preocupação de um empregado é a sua segurança e, para isso, nada melhor do que a formação de pequeno patrimônio que lhe garanta, principalmente, o pagamento da indenização pelo tempo de serviço prestado, se o empregador resolver despedi-lo, se a empresa cessar suas atividades ou, ainda, no caso de aposentadoria.

A Lei nº 5.107, de 1966, criou essa segurança, fazendo um regime para garantia do empregado, pela constituição de um patrimônio, na proporção dos salários e na medida em que os serviços vão sendo prestados. Assim,

"todos os empregadores ficam obrigados a depositar, até o dia sete de cada mês, em conta bancária vinculada, a importância correspondente a 8% da remuneração paga ou devida, no mês anterior, a cada trabalhador, incluída na remuneração as parcelas de que tratam os arts. 457 e 458 da CLT e a gratificação de Natal a que se refere a Lei nº 4.090, de 13 de julho de 1962, com as modificações da Lei nº 4.749, de 12 de agosto de 1965." (Lei nº 8.036/90, art. 15).

Portanto, o Fundo de Garantia por Tempo de Serviço, conhecido pela sigla FGTS, consiste em um depósito mensal feito pelo empregador, seja ele composto por pessoas naturais ou jurídicas, de direito privado ou direito público, da administração pública direta ou indireta de qualquer dos Poderes da União, dos estados, do Distrito Federal e dos municípios, que admitem trabalhadores a seu serviço sob regime celetista. Se regido por legislação especial, o depósito será feito em uma conta da Caixa Econômica Federal correspondente a 8% da remuneração do empregado.

50.2 CAMPO DE APLICAÇÃO

Com a Constituição Federal de 1988, todos os empregados, urbanos e rurais, bem como os temporários, os empregados diretores e até os diretores não empregados estão sujeitos ao regime do FGTS. Os eventuais, os autônomos e os servidores públicos civis e militares, sujeitos a regime jurídico próprio, estão excluídos do regime do FGTS.

Não importa se o contrato entre empregado e empregador for por tempo indeterminado, por tempo determinado, de experiência, de aprendizagem ou temporário – todos os empregados são contemplados com o regime único do FGTS.

50.3 ADMINISTRAÇÃO

FGTS é uma conta bancária formada por depósitos efetuados pelo empregador.

Cabe a um conselho curador a gestão do FGTS, competindo à Caixa Econômica Federal o papel de agente operador. O conselho curador compõe-se de onze membros, sendo três representantes da categoria dos trabalhadores e três representantes da categoria dos empregadores, além de cada órgão a seguir: Ministério do Trabalho, Ministério da Ação Social, Ministério da Fazenda, Banco Central e Caixa Econômica Federal.

A presidência do conselho será exercida pelo representante do Ministério do Trabalho.

Os representantes dos trabalhadores serão indicados pelas confederações nacionais e nomeados pelo ministro do Trabalho.

50.4 SAQUES DO FGTS

O Fundo de Garantia pode ser utilizado pelo empregado nas seguintes hipóteses, como permite a Lei nº 8.036/90:

1. despedida sem justa causa por parte do empregador e despedida indireta, bem como havendo culpa recíproca ou força maior;
2. extinção total da empresa, fechamento de estabelecimento, filial ou agência, ou supressão de parte de suas atividades, ou, ainda, falecimento do empregador pessoa física;
3. término do contrato de trabalho por prazo determinado;

4. aposentadoria concedida pela Previdência Social;
5. para pagamento de parte das prestações decorrentes de financiamento habitacional concedido no âmbito do SFH;
6. para liquidação ou amortização extraordinária do saldo devedor de financiamento imobiliário;
7. para pagamento total ou parcial do preço da aquisição de moradia própria;
8. quando o trabalhador permanecer três anos ininterruptos, a partir de 1º de junho de 1990, fora do regime do FGTS, podendo o saque ser efetuado a partir do mês de aniversário do titular;
9. na suspensão total do trabalhador, sendo o saldo pago a seus dependentes habilitados pela Previdência Social;
10. quando o trabalhador ou qualquer de seus dependentes for acometido de neoplasia maligna (tumor maligno).

A Lei nº 7.670, de 1988, autoriza o levantamento do FGTS ao aidético.

Observação: Nos casos de soropositividade ao HIV (vírus da Aids) e de câncer, poderão ser feitos quantos saques forem solicitados se a conta FGTS continuar recebendo depósitos. Nas demissões sem justa causa e na demissão indireta, o empregado tem direito a levantar o total dos depósitos com os acréscimos de correção monetária e de juros, mais 40% desse total, que serão cuitados na rescisão contratual. Nas rescisões por culpa recíproca ou nas motivadas por força maior reconhecida pela Justiça do Trabalho, o porcentual seria reduzido para 20% (Lei nº 8.036/90, art. 18, § 2º).

É trintenária a prescrição do direito de reclamar contra o não recolhimento do FGTS (TST, En. 362).

51

DA DURAÇÃO DO TRABALHO

51.1 JORNADA DE TRABALHO

Jornada de trabalho é o espaço de tempo em que o empregado presta serviços ao empregador ou está à sua disposição. A Constituição Federal, a propósito, estabelece:

"duração do trabalho normal não superior a oito horas diárias e quarenta e quatro semanais, facultada a compensação de horários e a redução da jornada, mediante acordo ou convenção coletiva de trabalho." (art. 7º, XIII).

Pode-se perceber que a jornada de 8 horas por dia, cinco dias e meio por semana, regulada pela Lei Maior, é a normal, é a básica, é o limite máximo, excluídas as horas extraordinárias. Destina-se a qualquer categoria profissional e pode ser utilizada por qualquer empresa. A convenção coletiva e/ou as partes de comum acordo poderão fixar, por ocasião da admissão do empregado, a compensação ou jornada inferior à legal.

Há uma outra jornada ou duração de trabalho, imposta pela lei, destinada a algumas profissões ou atividades. Por exemplo, o bancário tem 30 horas semanais; a telefonista, os operadores cinematográficos, os operários em minas e subsolo, 36 horas. O prof. Francisco Meton M. de Lima informa que já se acena, com ampla possibilidade para breve, a redução da jornada para 40 horas semanais. Informa, ainda, que o México, a Venezuela e os Estados Unidos já adotam a jornada de 40 horas; a Dinamarca e a França, a de 37; a Itália, a de 36 e a Espanha, a de 35.[1]

---

[1] LIMA, Francisco Meton Marques de. *Elementos de direito do trabalho e processo trabalhista.* São Paulo: LTr, 1997. p. 103.

51.2 TIPOS DE JORNADA

51.2.1 Jornada básica

A jornada básica, ou seja, o limite máximo de trabalho, é de 8 (oito) horas por dia e 44 horas semanais. A Lei Magna, porém, faculta a compensação de horários. Por força de acordo ou convenção trabalhista, a jornada de trabalho pode chegar a dez horas em um dia, diminuindo em outro dia, de maneira que o total não exceda a carga horária normal da semana. Por exemplo, de segunda a quinta-feira, nove horas diárias e na sexta-feira oito horas, ficando o sábado sem trabalho; ou na segunda e terça-feira, dez horas diárias e, de quarta a sexta-feira, oito horas diárias normais, correspondendo a 44 horas semanais.

Quando mulheres e menores forem incluídos no sistema de compensação de horário semanal, em se tratando de acordo individual ou coletivo, a forma do ajuste deve ser feita por escrito.

A lei é omissa no que concerne ao início ou término da jornada, deixando a decisão a cargo de cada empregador, conforme os usos e costumes da região, ou de acordo com os seus interesses. Mas, fixados expressamente pelas partes contratantes, o início e o limite da jornada de trabalho não podem, posteriormente, ser mudados ou ampliados, a não ser com a anuência do empregado e, ainda assim, de modo a não acarretar-lhe prejuízos (CLT, art. 468). A redução da jornada feita sob contrato será lícita, desde que seja assegurado ao empregado o total correspondente à jornada anterior à alteração (CLT, art. 444).

De modo geral, todos os trabalhadores estão sujeitos à jornada básica de trabalho, incluindo-se agora, os domésticos e os empregados que exercem atividade externa, como os vendedores.

Diz o art. 62 da CLT:

"Não são abrangidos pelo regime neste capítulo: I – os empregados que exercem atividade externa incompatível com a fixação de horário de trabalho, devendo tal condição ser anotada na Carteira de Trabalho e Previdência Social e no registro de empregados; II – os gerentes, assim considerados os exercentes de cargos de gestão, aos quais se equiparam, para efeito do disposto neste artigo, os diretores e chefes de departamento ou filial."

Bem se vê que também não estão submetidos a horário os gerentes, aqueles investidos de mandato, com poderes de comando e gestão. Não estão submetidos a qualquer controle de horário por ocuparem lugar especial na hierarquia da empresa, semelhantes aos diretores ou aos administradores. Analise o conteúdo do parágrafo único do art. 62:

> *"O regime previsto neste capítulo será aplicável aos empregados mencionados no inciso II deste artigo, quando o salário do cargo de confiança, compreendendo a gratificação de função, se houver, for inferior ao valor do respectivo salário efetivo acrescido de 40% (quarenta por cento)."*

Isto, porque eles têm um padrão mais elevado de vencimento. A propósito, anota Maria Inês da Cunha:

> Desse modo, estabeleceu agora a lei que os empregados ditos de confiança somente estarão fora do capítulo de horas extras se perceberem pelo menos 40% de seu salário efetivo, a título de gratificação". E continua: "Não se pode olvidar, todavia, que tal circunstância deve estar aliada à ocupação de cargo de gestão, com poderes de mando, gozando o trabalhador de especial fidúcia[2] do empregador e lhe fazendo as vezes.[3]

51.2.2 Jornada especial de trabalho[4]

Há classes de trabalhadores que contam, por lei, com jornada de trabalho inferior a 8 horas. É uma jornada destinada a algumas profissões ou atividades e é considerada especial porque a lei, não o contrato ou a convenção coletiva, assim o quis. Os bancários, os operadores cinematográficos, os ascensoristas, os engenheiros, os veterinários têm seis horas no máximo por dia; os jornalistas, os músicos profissionais, cinco horas; os médicos e cirurgiões-dentistas, quatro horas. Os advogados, a exemplo dos médicos, também contam por lei, com jornada de trabalho de 4 horas, porém, na prática, isso não existe, já que ao advogado é sempre aplicada a dedicação exclusiva.

---

[2] Fidúcia: confiança.
[3] CUNHA, Maria Inês Moura S. da. *Direito do trabalho*. 6. ed. São Paulo: Saraiva, 2011. p. 164.
[4] Há uma medida provisória, assinada em 6/8/98, criando a jornada parcial de trabalho, com duração de até 25 horas semanais, ou cinco horas por dia. Eis o conteúdo dos arts. 1º e 2º: *"Considera-se trabalho a tempo parcial, para efeitos desta Medida Provisória, aquele cuja jornada semanal não exceder a vinte e cinco horas."* (art. 1º); *"O salário pago aos empregados submetidos ao regime de tempo parcial previsto nesta Medida Provisória será proporcional à sua jornada semanal, em relação aos empregados que cumprem, nas mesmas funções, jornada de tempo integral."* (art. 2º).

51.3 TRABALHO EXTRAORDINÁRIO (HORAS EXTRAS)

Em relação à duração da jornada de trabalho, pode haver acréscimo de horas suplementares.

51.3.1 Horas extras

O horário normal de trabalho é de 8 horas; porém, nada impede que esse horário seja acrescido de mais 2 horas extraordinárias.

Para que o empregado trabalhe em horário extraordinário, é necessário um acordo por escrito entre empregado e empregador, sendo que essas horas suplementares serão acrescidas do adicional de 50%, no mínimo: "*remuneração do serviço extraordinário superior, no mínimo, em cinquenta por cento à do normal.*" (CF, art. 7º, XVI).

O acordo de prorrogação de horas é cabível para todo empregado, exceto para os menores de 18 anos, embora se permita que estes façam a prorrogação com a devida compensação.

É interessante observar o Enunciado 291 do TST, que substituiu o Enunciado 76 do TST que rezava que as horas extras quando habituais, integravam o salário:

> A supressão, pelo empregador, do serviço suplementar prestado com habitualidade, durante pelo menos um ano, assegura ao empregado o direito à indenização correspondente ao valor de um mês das horas suprimidas para cada ano ou fração igual ou superior a seis meses de prestação de serviço acima da jornada normal. O cálculo observará a média das horas suplementares efetivamente trabalhadas nos últimos 12 meses, multiplicadas pelo valor da hora extra do dia da supressão.

Conclui-se então que, em vez de o empregado ter as horas extras integradas ao salário, conforme dispunha a súmula 76, receberá uma indenização pela supressão das horas suplementares, o que, em verdade, prejudicou o trabalhador já que os valores rescisórios com base nas horas extras integradas ao salário eram muito maiores.

Os *vendedores pracistas*, os *viajantes* e os que exercem, em geral, funções externas não subordinadas a horário, bem como os *gerentes*, assim considerados porque investidos de mandato em forma legal, desde que exerçam encargos de gestão pelos padrões mais elevados de vencimentos, como vimos, se diferenciam dos empregados e não têm direito a horas extras (CLT, art. 62).

51.3.2 Acréscimo de horas suplementares para atender ocorrência de necessidade imperiosa

Há casos em que as horas suplementares são exigidas pelo empregador. Isto se dá no caso de serviços inadiáveis, como, por exemplo, na conclusão de uma laje de concreto que deve ser feita num mesmo dia, ou no recolhimento de uma partida de farinha de trigo descarregada na calçada sob ameaça de chuva. Nesse caso, a lei autoriza o trabalho prorrogado, até um máximo de 4 horas, com a obrigatoriedade de pagamento de adicional correspondente, no mínimo de 50% além do salário-hora normal.

> *"Ocorrendo necessidade imperiosa – diz o art. 61 da CLT – poderá a duração do trabalho exceder do limite legal ou convencionado, seja para fazer face a motivo de força maior, seja para atender à realização ou conclusão de serviços inadiáveis ou cuja inexecução possa acarretar prejuízo manifesto." "Entende-se como força maior todo acontecimento inevitável, em relação à vontade do empregador, e para a realização do qual este não concorreu, direta ou indiretamente."* (CLT, art. 501).

O TRT/SP, Proc. 6.666/74, Ac. 3.569/75, decidiu:

Não havendo acordo entre as partes sobre jornada prorrogada de trabalho, não constitui indisciplina ou insubordinação a recusa do empregado em trabalhar em horas extras, salvo os casos excepcionais de serviços inadiáveis e de força maior previstos em lei.

Vale dizer, o empregador pode exigir que os empregados trabalhem fora do horário normal, sem convenção, quando o serviço for inadiável. Uma enfermeira de hospital, auxiliando em uma operação cirúrgica grave, terá o dever de permanecer no trabalho até o fim, sob pena de cometer ato de indisciplina (CLT, art. 482, h).

Não é demais observar o conteúdo do art. 413, II, da CLT:

> *"É vedado prorrogar a duração normal diária do trabalho do menor, salvo:*
> *II – excepcionalmente, por motivo de força maior, até o máximo de 12 (doze) horas, com acréscimo salarial de pelo menos 50% (cinquenta por cento) sobre a hora normal e desde que o trabalho do menor seja imprescindível ao funcionamento do estabelecimento."*

"A prorrogação da jornada fica limitada aos casos de força maior" – observa Mozart V. Russomano – (excluídas as horas extras pré-contratadas ou exigíveis por necessidade imperiosa do serviço), "desde que o trabalho do menor seja realmente imprescindível."[5]

51.3.3 Horas de sobreaviso

A súmula 428 do TST estabelecia que o uso de aparelho como BIP, *pager* ou celular pelo empregado, por si só, não caracterizava o regime de sobreaviso.

Ela foi alterada e agora prevê que é considerado de sobreaviso o empregado que, em porte de celular, permanece em regime de plantão "aguardando a qualquer momento o chamado para o serviço durante o período de descanso".

A grande mudança nessa súmula é a de não ser necessário que o empregado permaneça em casa para que se caracterize o sobreaviso, bastando o "estado de disponibilidade", em regime de plantão, para que tenha direito ao benefício.

No entanto, o TST deixa claro que apenas o uso do celular, *pager* ou outro instrumento tecnológico de comunicação fornecido pela empregador não garante ao empregado o recebimento de horas extras nem caracteriza submissão ao regime de sobreaviso.

Uma vez caracterizado o sobreaviso, o trabalhador tem direito a remuneração de um terço do salário-hora multiplicado pelo número de horas que permaneceu à disposição. Se for acionado, recebe hora extra correspondente ao tempo efetivamente trabalhado.

51.3.4 Escala de trabalho de 12 por 36 horas

Nova súmula do TST, de setembro de 2012, valida a jornada de 12 horas de trabalho seguidas de 36 horas de descanso, assegurando a remuneração em dobro no caso de feriados trabalhados.

A nova súmula reza ainda que não há direito de hora extra para a 11ª e 12ª horas trabalhadas:

Súmula 444. Jornada de trabalho. Escala de 12 por 36. Validade. É valida, em caráter excepcional, a jornada de 12 horas de trabalho por 36 de descanso, prevista em lei ou ajustada exclusivamente mediante acordo coletivo

---

[5] RUSSOMANO, Mozart Victor. *CLT anotada*. Rio de Janeiro: Forense, 1998. p. 103.

de trabalho ou convenção coletiva de trabalho, assegurada a remuneração em dobro dos feriados trabalhados. O empregado não tem direito ao pagamento de adicional referente ao labor prestado na décima primeira e décima segunda horas.

Contudo, o TST vem reconhecendo o direito aos trabalhadores que cumprem tal escala, mesmo quando não ajustadas mediante acordo ou convenção coletiva de trabalho:

> Posteriormente à publicação da súmula 444, a Corte proferiu decisões em que a jornada 12x36 não foi reconhecida por não ter sido estabelecida por meio de convenções coletivas. Em julgamento da 3ª turma, ocorrido em dezembro, foi garantido a um trabalhador de uma empresa de urbanização em Guarulhos/SP o direito ao recebimento de horas extra por ter tido o seu regime de trabalho alterado por decisão unilateral do empregador.
>
> Em outro caso, a SDI-1 do TST não conheceu o recurso de empregado do município de Mogi Guaçu/SP, que pretendia receber horas extras decorrentes da escala 12x36 a que era submetido. Como havia lei municipal prevendo a jornada especial, a seção aplicou entendimento da súmula 444 e concluiu pela validade da jornada 12x36.
>
> Em outro caso julgado pelo TST, a 3ª turma deu provimento a recurso de empregado da Proguaru – Progresso e Desenvolvimento de Guarulhos S/A, que trabalhava em regime 12x36 estabelecido mediante acordo individual. A empresa foi condenada ao pagamento de horas extras, pois não havia acordo ou convenção coletiva que permitissem o regime de escala de revezamento 12×36.

51.4 TRABALHO DIURNO E TRABALHO NOTURNO

Antigamente, o trabalho humano ocorria ao longo do dia, desde o nascer do sol até o crepúsculo, porque não havia a possibilidade do seu desenvolvimento à noite. Somente com o surgimento da iluminação elétrica é que, praticamente, surgiu o trabalho noturno.

51.4.1 Trabalho diurno

O trabalho diurno urbano vai das 5h da manhã até as 22h. Não tem qualquer correlação com a noção de dia.

51.4.2 Trabalho noturno

Na atividade urbana, quando termina o horário diurno, começa o noturno, ou seja, ele se desenvolve das 22h de um dia às 5h do dia seguinte. É um período de 7 horas normais, mas o empregado ganha por 8, talvez por ser mais penoso para o organismo. Assim, a hora noturna equivale a 52 minutos e 30 segundos.

Além da redução da jornada, o trabalhador urbano tem direito a um adicional de trabalho noturno da ordem de 20%.

"*Salvo nos casos de revezamento semanal ou quinzenal, o trabalho noturno terá remuneração superior à do diurno e, para esse efeito, sua remuneração terá um acréscimo de 20% (vinte por cento), pelo menos, sobre a hora diurna.*" (CLT, art. 73).

O adicional noturno não exclui o adicional de horas extras: somam-se os dois adicionais. Por outro lado, a habitualidade do trabalho noturno, como acontecia com as horas extras, faz o adicional integrar a remuneração para todos os efeitos legais (TST, Enunciado 60).

Sergio Ferreira Pantaleão[6] ressalta que a CLT estabelece que nos horários mistos, assim entendidos os que abrangem períodos diurnos e noturnos, bem como nos casos de prorrogação do trabalho noturno, também se aplica o disposto no art. 73 da CLT, sendo devido, portanto, o acréscimo na remuneração de, no mínimo, 20% sobre a hora diurna.

Assim, ainda que o empregado tenha o início de sua jornada de trabalho no horário diurno, ou seja, antes do limite inicial para contagem do adicional noturno (22 horas), caso sua jornada seja estendida após as 5h da manhã, terá direito ao adicional noturno, inclusive, entre 5h até o horário efetivamente trabalhado.

Este entendimento está consubstanciado, inclusive, na súmula 60 do TST, a qual dispõe que o adicional noturno será também devido quando houver a prorrogação da jornada noturna, ou seja, além das horas extraordinárias, o empregado terá direito ao adicional noturno ainda que o horário de trabalho ultrapasse às 5h da manhã.

Para o trabalhador rural, a jornada noturna será entre 20h e 4h da manhã, na atividade pecuária, e entre 20h e 5h da manhã, na atividade agrícola.

A lei proíbe o trabalho noturno a menores de 18 anos.

---

[6] Sergio Ferreira Pantaleão é advogado, administrador, responsável técnico pelo *Guia Trabalhista* e autor de obras na área trabalhista e previdenciária.

51.5 TRABALHO EM REGIME DE REVEZAMENTO

O trabalho em revezamento é aquele em que, por exemplo, durante uma semana, o empregado trabalha pela manhã, noutra, à tarde e na semana seguinte, à noite. Por exemplo, em uma semana das 6h às 14h, noutra, das 14h às 22h e, na seguinte, das 22h às 6h. É a prestação de serviço em diferentes períodos de trabalho, em forma de rodízio. A Constituição Federal, art. 7º, XIV, a propósito, diz: "*jornada de 6 horas para o trabalho realizado em turno ininterrupto de revezamento, salvo negociação coletiva.*" Significa um trabalho em turma, em um grupo de trabalhadores prestando serviço em revezamentos ininterruptos, ou seja, uma turma trabalha, por uma semana ou uma quinzena, de manhã, na outra, à tarde, e na outra, à noite, de tal maneira que cada grupo de trabalhadores se sucede no mesmo serviço, ininterruptamente. Esse é o motivo pelo qual o prof. Sérgio Pinto Martins explica:

> "Por turno ininterrupto de revezamento deve-se entender o trabalho realizado pelos empregados que se sucedem no posto de serviço, na utilização dos equipamentos, de maneira escalonada, para períodos distintos de trabalho."[7]

Conforme dita a nossa Constituição no art. 7º, acima transcrito, a jornada de trabalho para cada grupo de trabalhadores será de seis horas.

---

[7] MARTINS, Sérgio Pinto. *Curso de direito do trabalho*. São Paulo: Dialética, 1998. p. 191.

52

DO REPOUSO

52.1 DOS PERÍODOS DE DESCANSO

Visando a proporcionar ao empregado a possibilidade de recuperar suas energias dispendidas no trabalho, o legislador estabelece determinados períodos de descanso durante a prestação de serviços. Trata-se do repouso a que tem direito o trabalhador.

A finalidade maior do repouso é a eliminação da fadiga, propiciando, ainda, o convívio com a família e a integração do trabalhador no seio da sociedade. Por isso, as normas que guiam o repouso são de ordem pública, ou seja, o empregador não pode evitá-las ou eliminá-las, nem as partes podem derrogá-las pela vontade. As normas são as seguintes:

1. *"Entre 2 (duas) jornadas de trabalho haverá um período mínimo de 11 (onze) horas consecutivas para descanso."* (CLT, art. 66). É o chamado intervalo para o sono, que se dá entre o término de uma jornada e o início da jornada subsequente.

    Este intervalo, quando obstruído, dá direito ao obreiro ao número de horas laboradas, como extras.

2. *"Será assegurado a todo empregado um descanso semanal de 24 (vinte e quatro) horas consecutivas, o qual, salvo motivo de conveniência pública ou necessidade imperiosa do serviço, deverá coincidir com o domingo, no todo ou em parte."* (CLT, art. 67).

    É o chamado repouso semanal remunerado. Não será remunerado quando o empregado faltar ou atrasar-se, injustificadamente, na semana anterior. Quando o trabalhador presta serviço no dia destinado ao descanso, terá direito ao pagamento em dobro, ou seja, terá direito ao salário do dia trabalhado e mais a remuneração do repouso.

3. *"Em qualquer trabalho contínuo, cuja duração exceda de 6 (seis) horas, é obrigatória a concessão de um intervalo para repouso ou alimentação, o qual será, no mínimo, de 1 (uma) hora e, salvo acordo escrito ou contrato coletivo em contrário, não poderá exceder de 2 (duas) horas."* (CLT, art. 71). *In casu*, a jornada será dividida em dois turnos. *"Os intervalos de descanso não serão computados na duração do trabalho."* (art. 71, § 2º).

   Vale dizer que esse período para repouso e/ou alimentação não será remunerado pelo empregador. Entretanto, quando este não concede o intervalo, a lei obriga-o a remunerar com um acréscimo de 50% calculado sobre o valor do salário relativo ao trabalho realizado no intervalo (art. 71, § 4º).

4. *"Nos serviços permanentes de mecanografia (datilografia, escrituração ou cálculo), a cada período de 90 (noventa) minutos de trabalho consecutivo corresponderá um repouso de 10 (dez) minutos não deduzidos da duração normal de trabalho."* (CLT, art. 72).

5. Salvo por motivo de conveniência pública ou necessidade imperiosa do serviço, é proibido o trabalho em feriados nacionais e feriados religiosos, nos termos da legislação própria (CLT, art. 70). Por isso, os feriados são remunerados. Mas se houver trabalho nesse dia festivo, será remunerado em dobro (Enunciado 146), *"a não ser que o empregador conceda ao trabalhador, em compensação, outro dia de descanso no decurso da semana."*[1] A cada falta injustificada ao serviço na semana anterior, perde o trabalhador a remuneração dos feriados.

6. A cada período de 12 meses de vigência do contrato de trabalho, o empregado terá direito ao gozo de um período de férias, sem prejuízo da remuneração. Se o empregado não faltar ao serviço sem justificação por mais de cinco dias, terá direito a 30 dias corridos de férias (CLT, art. 130).

52.2 DAS FÉRIAS

As férias equivalem a um descanso concedido ao empregado, após um ano de duração do contrato de trabalho. O direito ao gozo delas é irrenunciável, pois o empregado não pode convertê-las totalmente em dinheiro.

---

[1] RUSSOMANO, Mozart Victor. *CLT anotada*. Rio de Janeiro: Forense, 1998. p. 29.

52.2.1 Aquisição do direito

Diz o legislador trabalhista: "Após cada período de 12 meses de vigência do contrato de trabalho, o empregado terá direito a férias, sem prejuízo da remuneração". São 30 dias corridos de descanso a que o trabalhador tem direito. Portanto, não basta o descanso semanal para restaurar o equilíbrio orgânico do empregado; há necessidade de que ele repouse um certo número de dias durante o ano. As férias anuais representam, por conseguinte, o maior intervalo de repouso imposto pela lei.

Portanto, *férias* são o direito que tem o empregado de não trabalhar durante um certo período, depois de haver labutado um ano consecutivo para o mesmo empregador. Esse período de 12 meses de trabalho é chamado de *período aquisitivo*.

52.2.2 Período concessivo

Após 12 meses de serviço, vem o período de mais 12 meses em que o empregador escolhe a época em que o empregado vai gozar as férias. Quem indica a época das férias é o empregador, devendo, entretanto, comunicar por escrito com 30 dias de antecedência. O estudante menor de 18 anos tem o direito de fazer coincidir suas férias com as escolares. Retornaremos mais adiante a este assunto.

52.2.3 Duração

Para ter direito aos 30 dias corridos de férias, o empregado não pode ter faltado mais de cinco dias ao serviço, durante os 12 meses de trabalho. O tempo de duração das férias vai diminuindo à medida que aumentam suas faltas não justificadas. Veja a proporção estabelecida pelo art. 130 da CLT:

"Após cada período de 12 (doze) meses de vigência do contrato de trabalho, o empregado terá direito a férias, na seguinte proporção:

I – 30 (trinta) dias corridos, quando não houver faltado ao serviço mais de 5 (cinco) vezes;

II – 24 (vinte e quatro) dias corridos, quando houver tido de 6 (seis) a 14 (quatorze) faltas;

III – 18 (dezoito) dias corridos, quando houver tido de 15 (quinze) a 23 (vinte e três) faltas;

IV – 12 (doze) dias corridos, quando houver tido de 24 (vinte e quatro) a 32 (trinta e duas) faltas."

V – As faltas a que se refere o artigo supra são as faltas sem motivo justificado. As justificadas são as seguintes:

  a) até 2 dias consecutivos, em caso de falecimento do cônjuge, ascendente, descendente, irmão ou pessoa que, declarada em sua Carteira de Trabalho, viva sob sua dependência econômica;
  b) até 3 dias consecutivos, em virtude de casamento;
  c) até 2 dias, consecutivos ou não, para o fim de se alistar como eleitor;
  d) um dia, em cada 12 meses de trabalho, em caso de doação voluntária de sangue, devidamente comprovada;
  e) no período de tempo em que tiver de cumprir as exigências do serviço militar;
  f) durante o licenciamento compulsório da empregada por motivo de maternidade ou aborto não criminoso;
  g) durante o período em que estiver afastado por motivo de acidente de trabalho, até seis meses de afastamento;
  h) nos dias em que não tenha havido serviço."

52.2.4 Perda do direito a férias

Não terá direito a férias o empregado que, no curso do período aquisitivo:

1. deixar o emprego e não for readmitido dentro dos 60 dias subsequentes à sua saída;
2. permanecer em gozo de licença, com percepção de salários, por mais de 30 dias;
3. deixar de trabalhar, com percepção do salário, por mais de 30 dias em virtude de paralisação parcial ou total dos serviços do empregador;
4. tiver recebido da Previdência Social prestações de auxílio de acidente de trabalho, ou de auxílio-doença por mais de 6 meses, embora descontínuos (CLT, art. 133).

Exige-se que a interrupção da prestação de serviço seja anotada na carteira de trabalho do empregado.

Começa-se a contar novo período aquisitivo a partir do momento de superada a razão que o interrompeu. Eis o que determina o § 2º do art. 133: *"Iniciar-se-á o decurso de novo período aquisitivo quando o empregado, após o complemento de qualquer das condições previstas neste artigo, retornar ao serviço."*

52.2.5 Concessão de férias

A lei dá ao empregador o direito de marcar a época da concessão das férias aos seus empregados. Vale dizer, ao empregado não é dado estabelecer o período em que entrará em gozo de férias. Assim, tem o empregador um prazo de 12 meses para conceder férias a seus empregados, depois de completado o período aquisitivo do direito a elas. Se não o fizer, o empregado passa a ter o direito subjetivo de exigir em dobro o pagamento da remuneração acrescido de 1/3, bem como a concessão efetiva das férias. O empregado pode ajuizar reclamação trabalhista, no sentido de obter o pagamento dobrado da remuneração das férias e, ainda, pedir a fixação da época do gozo das mesmas por meio de sentença do juiz. O empregador sujeita-se à cominação de uma multa diária de 5% do salário mínimo, a favor do empregado, na hipótese do descumprimento da sentença, isto é, se retardar as férias além da data judicialmente fixada. O art. 137 da CLT, que regulamenta o assunto em questão, é de uma clareza tão grande que não admite dúvidas:

> *"Sempre que as férias forem concedidas após o prazo de que trata o art. 134, o empregador pagará em dobro a respectiva remuneração."* Os parágrafos 1º e 2º complementam: *"Vencido o mencionado prazo sem que o empregador tenha concedido as férias, o empregado poderá ajuizar reclamação pedindo a fixação, por sentença, da época de gozo das mesmas. A sentença cominará pena diária de 5% (cinco por cento) do salário mínimo da região, devida ao empregado até que seja cumprida."*

O legislador deseja, assim, assegurar o gozo das férias para o descanso do empregado. É proibido, durante as férias, o empregado prestar serviço a outro empregador, *"salvo se estiver obrigado a fazê-lo em virtude de contrato de trabalho regularmente mantido com aquele."* (CLT, art. 138).

Distingue-se o período aquisitivo do concessivo:

1. *período aquisitivo* é aquele de 12 meses em que o empregado deve trabalhar para o mesmo empregador, a fim de adquirir o direito de gozar as férias;
2. *período concessivo* é aquele de 12 meses que se segue à conclusão do período aquisitivo, que é dado pela lei ao empregador para, dentro dele, conceder as férias do empregado.

No meu entendimento,[2] embora a lei não deixe isso claro, é que esse período concessivo de mais 12 meses deve ser aplicado somente às primeiras férias. Isso porque, se for aplicado sobre todas as férias subsequentes, o empregado seguramente perderá uma ou mais férias.

Ilustro a questão com um exemplo: o empregado inicia seu contrato em janeiro de 2013; trabalha 12 meses adquirindo o direito concessivo em janeiro de 2014, pelo qual o empregador tem o direito de conceder as férias em até 12 meses. O empregador então, concede as férias no 11º mês após o início do período concessivo, ou seja, em dezembro de 2014. Terminadas as férias, inicia-se em janeiro de 2015 o novo período aquisitivo. Terminado este, o empregador passa a ter mais 12 meses, até janeiro de 2016 para o início do período concessivo das novas férias. Se este empregador conceder as férias sempre no 11º mês após o início do período concessivo, neste exemplo, dezembro de 2016 e dezembro de 2017, o empregado, ao final de seis anos terá gozado apenas três férias. Já, se o empregador conceder somente as primeiras férias no período concessivo de direito e as demais, sempre um mês após cada início de período concessivo, após cinco anos e cinco meses o empregado terá gozado quatro férias, como se pode notar no quadro seguinte:

Quadro 52.1 Esquema de férias

Férias concedidas sempre no 11º mês após cada início de período concessivo

JAN. 2013	JAN. 2014	DEZ. 2014	JAN. 2015	JAN. 2016	DEZ. 2016	JAN. 2017	JAN. 2018	DEZ. 2018
início do contrato	início período concessivo	férias	início novo período aquisitivo	início novo período concessivo	férias	início novo período aquisitivo	início novo período concessivo	férias

Primeiras férias concedidas no 11º mês após o início do 1º período concessivo e as demais sempre no 1º mês após o início de cada novo período concessivo

JAN. 2013	JAN. 2014	DEZ. 2014	JAN. 2015	JAN. 2016	FEV. 2016	MAR. 2016	MAR. 2017	ABR. 2017
início do contrato	início 1º período concessivo	férias	início novo período aquisitivo	início novo período concessivo	férias	início novo período aquisitivo	início novo período concessivo	férias
MAIO 2017	MAIO 2018	JUNHO 2018						
início novo período Aquisitivo	início novo período concessivo	férias						

---

[2] Pelo atualizador.

Esse é o entendimento também de Sérgio Ferreira Pantaleão:[3]

Período aquisitivo × Período concessivo

Para entendermos melhor, há que se esclarecer o que vem a ser período aquisitivo e período concessivo de férias.

1. Período aquisitivo: é o período de 12 (doze) meses a contar da data de admissão do empregado que, uma vez completado, gera o direito ao empregado de gozar os 30 (trinta) dias de férias.
2. Período concessivo: o período concessivo de férias é o prazo que a lei estabelece para que o empregador conceda as férias ao empregado. Este prazo equivale aos 12 (doze) meses subsequentes a contar da data do período aquisitivo completado.

Partindo deste raciocínio, quando se inicia o período concessivo de 12 (doze) meses após o primeiro período aquisitivo completado, inicia-se também um novo ciclo de período aquisitivo (2º período), que uma vez completado, irá gerar o direito ao empregado a mais 30 (trinta) dias de férias e assim sucessivamente.

Podemos visualizar melhor este ciclo com o esquema abaixo:

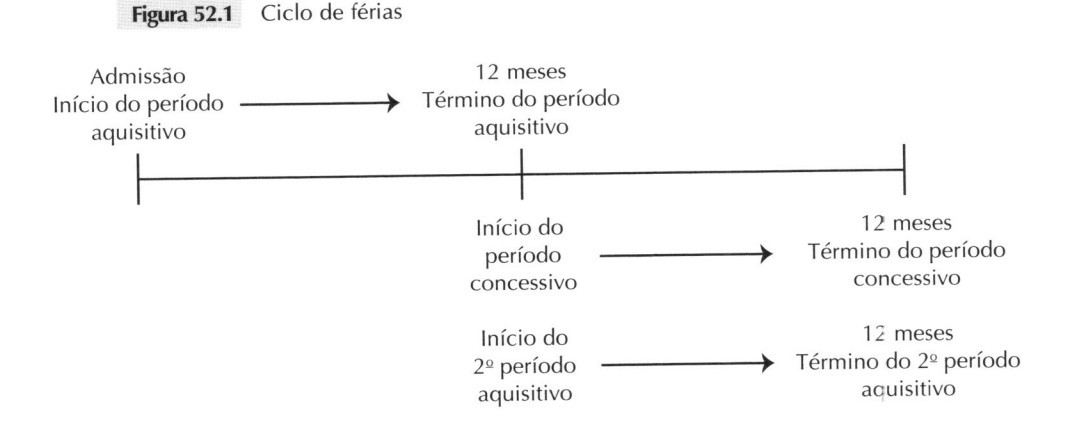

Figura 52.1 Ciclo de férias

Embora a lei estabeleça que as férias devam ser concedidas nos 12 (doze) meses subsequentes ao período aquisitivo, o entendimento jurisprudencial é que

---

[3] Sergio Ferreira Pantaleão é advogado, administrador, responsável técnico pelo *Guia Trabalhista* e autor de obras na área trabalhista e previdenciária.

devam ser concedidas antes que vença o 2º período aquisitivo, ou seja, o término de gozo deve ser antes do vencimento dos 12 meses de concessão.

No primeiro momento, parece lógico que em qualquer situação o prazo será o mesmo, já que, como verificamos no esquema da página anterior, o período concessivo vence exatamente no mesmo prazo do 2º período aquisitivo.

No entanto, estes prazos poderão não ser equivalentes considerando, por exemplo, o afastamento do empregado por auxílio-doença durante o período concessivo.

Para ilustrar bem, digamos que o empregado já tenha um período vencido e no início do 10º (décimo) mês do período concessivo se afasta por auxílio-doença, retornando cinco meses depois.

Neste caso, o prazo de 12 (doze) meses subsequentes que o empregador teria para conceder as férias para o empregado, resta ultrapassado, embora, o empregado ainda não tenha completado o 2º período aquisitivo, o que irá ocorrer após o retorno do seu afastamento, haja vista que seu contrato de trabalho ficou suspenso durante o afastamento.

O que vale então, os 12 meses subsequentes ou até que vença o 2º período?

O legislador, quando criou a lei, embora tenha facultado ao empregador a escolha do melhor momento para conceder as férias, buscou assegurar que o empregado pudesse descansar um período mínimo de 30 (trinta) ou 20 (vinte) dias de férias no prazo máximo de 12 meses subsequentes ao período adquirido.

Portanto, no exemplo da suspensão do contrato de trabalho por auxílio-doença citado acima, entendemos que o empregador terá o prazo para concessão das férias prolongado até o vencimento do 2º período aquisitivo, não sendo obrigado ao pagamento em dobro por ter ultrapassado os 12 meses subsequentes ao período aquisitivo, já que tal situação foi alheia à sua vontade.

Há que se alertar que a concessão deverá atender como prazo máximo de término de gozo o último dia antes do vencimento do 2º período aquisitivo, ou seja, o empregado deve sair de férias e retornar antes da data de vencimento do 2º período aquisitivo, sob pena de o empregador ter que remunerar em dobro os dias que ultrapassar esta data limite.

As férias serão concedidas, em regra, em um só período. No entanto, podem, excepcionalmente, ser concedidas em dois períodos, um dos quais não poderá ser inferior a 14 dias corridos (mudança do art. 134 da CLT estabelecida pela Convenção 132 da OIT). Contudo, aos menores de 18 anos e aos maiores de 50 anos de idade, as férias serão sempre concedidas de uma só vez.

Neste caso, No art. 9º, § 1º da Convenção 132 da OIT estabelece que a férias do período ininterrupto, duas semanas, deverá ser concedida e usufruída nos 12 meses subsequentes ao período aquisitivo, sendo que o restante da fração deverá ser concedido no prazo máximo de seis meses após o término do período concessivo, ou seja, dentro dos 18 meses após o período aquisitivo. Assim, exemplificando, temos que a férias, referente ao período aquisitivo de 14/2/2000 a 14/2/2001, poderá ser fracionada, sendo que uma das frações (14 dias ininterruptos, no mínimo) poderá ser concedida até 14/2/2002, e a outra fração deverá ser concedida até 14/8/2002. Com isto o empregador fica isento do pagamento da multa prevista no artigo 137 da CLT, pela não concessão das férias integrais, fracionadas, dentro do período concessivo de 12 meses após o período aquisitivo, ficando sujeito àquela multa se não obedecer ao prazo máximo de 18 meses contados do final do período aquisitivo das férias.

Embora a lei diga que "*as férias serão concedidas por ato do empregador*" (CLT, art. 134), dois ou mais membros de uma família que trabalhem na mesma empresa têm direito de gozar as férias no mesmo período, se assim o desejarem, desde que não causem prejuízos ao empregador.

O empregador, para conceder férias a um empregado, deve participar-lhe por escrito, através do "aviso de férias", com a antecedência mínima de 30 dias, ocasião em que o empregado assinará o referido aviso e apresentará a Carteira de Trabalho para as devidas anotações referentes à concessão de férias. "*A concessão das férias será, igualmente, anotada no livro ou nas fichas de registro dos empregados.*" (art. 135, § 2º).

52.2.6 Remuneração de férias

Determina a Constituição Federal em seu art. 7º, inciso XVII: "*São direitos dos trabalhadores urbanos e rurais, além de outros que visem à melhoria de sua condição social: XVII – gozo de férias anuais remuneradas com, pelo menos, um terço a mais do que o salário normal.*" Essa remuneração deve ser calculada com base no salário da época da concessão, acrescida de 1/3. O seu pagamento deve ser feito dois dias antes de o empregado iniciar o gozo do respectivo período.

"*Quando o salário for pago por hora, com jornadas variáveis, apurar-se-á a média do período aquisitivo, aplicando-se o valor do salário na data da concessão das férias.*" (CLT, art. 142, § 1º). "*Quando o salário for pago por tarefa, tomar-se-á por base a média da produção no período aquisitivo do direito a férias, aplicando-se o valor da remuneração da tarefa na data da concessão das férias.*" (art. 142, § 2º). "*Quando o salário for pago por percentagem, comissão ou viagem, apurar-se-á a média percebida pelo empregado nos 12 (doze) meses que precederem à concessão das férias.*" (art. 142, § 3º).

Fazem parte da remuneração as utilidades. Por utilidades se entende: moradia, alimentação, vestuário, transporte etc. Quando o empregador as concede, a utilidade correspondente percebida pelo empregado terá seu valor acrescido ao valor das férias, menos, como é óbvio, a utilidade habitação, porque ele continua a usufruí-la (art. 142, § 4º).

São computados na remuneração do empregado, para efeito de pagamento de férias, os adicionais por trabalho extraordinário, noturno, insalubre ou perigoso (art. 142, § 5º).

52.2.7 Abono de férias

Ao empregado, e só a ele, é facultado converter em abono pecuniário 1/3 do período de férias a que tiver direito, sendo o abono no valor da remuneração que lhe seria devida nos dias correspondentes. Exemplificando: se o empregado tem direito a 30 dias de férias, poderá gozar apenas 20 dias; além da remuneração dos 20 dias de férias, receberá um abono correspondente a dez dias da remuneração. Nesse caso, o empregado deverá requerer o abono de férias até 15 dias antes do término do período aquisitivo. O pagamento do abono será efetuado até dois dias antes do início do respectivo período de férias.

Quando as férias são concedidas simultaneamente a todos os empregados de uma empresa ou setor da empresa, tem-se aí as férias coletivas. As férias coletivas com abono serão objeto de acordo coletivo entre o empregador e o sindicato.

52.2.8 Efeitos da rescisão do contrato de trabalho

Quando rescindido o contrato de trabalho, devem ser verificadas algumas normas:

1. se o empregado tiver mais de um ano de serviço na empresa, se for despedido *sem justa causa*, se pedir demissão, terá direito à remuneração relativa ao período aquisitivo incompleto de férias (férias proporcionais), na proporção de 1/12 por mês de serviço ou fração superior a 14 dias. Caso se aposente, terá direito às férias proporcionais e às vencidas. Se demitido por *justa causa*, não terá direito a férias proporcionais, mas as de direito são garantidas;
2. se o empregado tiver menos de um ano de serviço, só terá direito ao pagamento das férias proporcionais, desde que tenha sido dispensado

sem justa causa ou tenha havido extinção por prazo determinado (CLT, art. 147). Mas se o empregado pedir demissão, o empregador não será obrigado ao pagamento das férias vencidas, mas sim às proporcionais.

Férias proporcionais são férias indenizadas por ocasião do rompimento do contrato de trabalho, antes de completado o período aquisitivo.

Por ocasião do término do contrato de trabalho, o empregado que já tenha direito adquirido referente a férias vencidas, terá direito à remuneração correspondente, não importando a causa do fim do contrato.

52.2.8.1 Férias parciais

Pela legislação anterior, o trabalhador com menos de 12 meses de trabalho, ao pedir demissão, perdia o direito as férias.

Com as mudanças proporcionadas pela Convenção 132 da OIT, o trabalhador terá direito a férias proporcionais, desde que adquirido um período mínimo de serviço, ressalvando que esse período mínimo não poderá ultrapassar a seis meses.

O art. 6º, § 1º da Convenção 132 da OIT estabelece que os feriados oficiais ou adotados pelo costume, quer se situem ou não dentro do período de férias, não serão computados como parte do período mínimo das férias anuais (art. 3º, § 3º).

Nesse caso, entendemos que inobstante a Convenção estabeleça que os feriados não serão computados no período mínimo de três semanas (art. 3º, § 3º), a intenção do legislador foi a de não computar os dias de feriados no período total de gozo das férias, porquanto na Convenção o período total corresponde a três semanas. Se o nosso ordenamento jurídico prevê o prazo mínimo de 30 dias para o usufruto de férias a cada 12 meses de trabalho, é nesse prazo que deverão ser excluídos os feriados que coincidirem com o período de usufruto das férias, concluindo que qualquer feriado que marcar no período de gozo não será computado para esse efeito.

O § 2º do artigo supranumerado, estabelece que não serão computados, no período das férias, os dias em que o empregado estiver afastado por licença saúde ou acidentária. Também aqui é inovadora a norma, porque, se o trabalhador adoecer ou sofrer acidente no período de férias, ou antes mesmo desse período, mas a licença se elastecer atingindo os dias de férias, esses dias (de licença) serão excluídos do cômputo das férias, uma vez que, caso esteja de licença médica, por doença ou acidente, o trabalhador não terá condições de se divertir ou repousar. Esta alteração acata o objetivo principal visado pelo legislador quando da concessão do direito às férias, que é a oportunidade de o empregado higienizar a mente, restabelecer o sistema nervoso e recuperar-se biologicamente.

Conclui-se que, com a nova redação emprestada pela Convenção 132, o empregado terá direito à indenização desde que tenha trabalhado no mínimo seis meses, independente do motivo da sua rescisão de trabalho. É o direito a férias parcial, previsto nos arts. 4º e 5º, §§ 1º e 2º, da Convenção da OIT.

52.2.9 Férias dos domésticos

Esta categoria, com o advento da Lei nº 11.324/2006, passou a ter direito às férias anuais de 30 dias, com, pelo menos, 1/3 (um terço) a mais que o salário normal, após cada período de 12 (doze) meses de trabalho, prestado à mesma pessoa ou família.

Vale lembrar que essa regra só se aplica aos períodos aquisitivos iniciados após a data de publicação desta lei, qual seja, 20/7/2006, a qual prescreveu a nova redação dada ao artigo 3º da Lei nº 5.859/72, *in verbis*:

> Art. 3º – *"O empregado doméstico terá direito a férias anuais remuneradas de 30 (trinta) dias com, pelo menos, 1/3 (um terço) a mais que o salário normal, após cada período de 12 (doze) meses de trabalho, prestado à mesma pessoa ou família."*

> Art. 5º – *"O disposto no art. 3º da Lei nº 5.859, de 11 de dezembro de 1972, com a redação dada por esta lei, aplica-se aos períodos aquisitivos iniciados após a data de publicação desta lei."*

Antes da Lei nº 11.324, a categoria dos empregados domésticos tinha direito às férias anuais de 20 dias úteis:

> *"Empregado doméstico – férias de 30 dias: 'Somente após o advento da Lei nº 11.324, de 19 de julho de 2006, é que o empregado doméstico passou a fazer jus a férias de trinta dias'. Recurso ordinário do obreiro a que se nega provimento, no particular."*[4]

---

[4] TRT 2ª R. – RO em Rito Sumaríssimo 01498200602502007 – (20070585843) – 11ª T. – relª juíza Dora Vaz Treviño – *DJSP* 07.08.2007.

As férias em dobro são um direito do empregado doméstico, quando estas não forem concedidas dentro do período concessivo, que é de até 12 meses após se completar um ano de tempo de serviço.

O art. 2º do Decreto nº 71.885/73, que regulamentou a Lei dos Empregados Domésticos, rezava a não aplicabilidade das disposições da Consolidação das Leis do Trabalho aos referidos trabalhadores.

Com o advento do art. 7º da Constituição Federal, verificou-se, em seu inciso XVII, a uniformização dos institutos das férias para os trabalhadores urbanos, rurais e domésticos, que passaram a ter tratamento igualitário infraconstitucional por determinação da nossa Carta Magna, a qual, portanto, assegura ao doméstico o direito às férias em dobro acrescidas de 1/3 quando não concedidas e pagas a tempo e modo:

"Embargos – Empregado Doméstico – Férias – Dobra Legal – Aplicabilidade – Princípio Da Igualdade
1. A Constituição da República, ao estabelecer o rol dos direitos trabalhistas com *status* constitucional, assegurou aos empregados domésticos o direito à fruição das férias, com o respectivo adicional, em igualdade com os demais trabalhadores. Nota-se, assim, o intuito do poder constituinte originário de melhor amparar os trabalhadores domésticos.
2. Recentes modificações legislativas autorizam a conclusão de que há um movimento histórico que revela a tendência normativa de tornar cada vez mais equitativos os direitos dos trabalhadores domésticos em relação aos direitos usufruídos pelos demais empregados.
3. Com efeito, a Lei nº 11.324/2006 alterou o art. 3º da Lei nº 5.859/1972, ampliando o período de férias dos empregados domésticos para 30 dias, em paridade com os demais trabalhadores. A mesma lei estendeu às empregadas domésticas gestantes o direito à estabilidade desde a confirmação da gravidez até cinco meses após o parto. A Lei nº 10.208/2001, por sua vez, acrescentou o art. 3º – A lei de regência do empregado doméstico, para autorizar a inclusão facultativa do empregado no Fundo de Garantia do Tempo de Serviço (FGTS).
4. Essas alterações legislativas, lidas à luz do princípio da igualdade, autorizam a concluir que, cada vez mais, tem se tornado insustentável a manutenção da desigualdade de direitos entre os empregados domésticos e os demais trabalhadores.

5. Ressalte-se que, confirmando o acima disposto, o Decreto nº 71.885 (que regulamentou a Lei nº 5.859/1972), já em 1973, reconheceu que, no tocante às férias entre as quais se inclui a indenização por sua não concessão, as disposições da CLT são aplicáveis também ao empregado doméstico.
6. Assim, é mera decorrência do princípio do igual tratamento o reconhecimento de que os empregados domésticos têm o direito à dobra legal pela concessão das férias após o prazo. Férias não concedidas. Pagamento em dobro. Nos termos do art. 137 da CLT, na hipótese de o trabalhador prestar serviços no período destinado às férias, tem direito ao pagamento dobrado, como afirmado pelas decisões recorridas. Embargos parcialmente conhecidos e desprovidos."[5]

"Empregado Doméstico – Férias em dobro – Aplicabilidade
1. A Constituição da República, por força do disposto no parágrafo único do art. 7º, estendeu aos empregados domésticos a garantia ao gozo de férias anuais remuneradas prevista no inciso XVII do indigitado dispositivo constitucional.
2. De outro lado, a Lei nº 5.859/72, que disciplina a profissão do empregado doméstico, foi regulamentada pelo Decreto nº 71.885/73, que previu em seu artigo 2º excetuando o capítulo referente a férias, não se aplicam aos empregados domésticos as demais disposições da Consolidação das Leis do Trabalho. São, portanto, integralmente aplicadas aos empregados domésticos as normas da Consolidação das Leis do Trabalho atinentes às férias, inclusive quanto ao pagamento em dobro na hipótese de não concessão no prazo legal – art. 137. Recurso de revista conhecido e provido."[6]

52.2.10 Prescrição da ação em relação a férias

A prescrição é a perda do direito de propor ação trabalhista em consequência do não uso desse direito, durante determinado espaço de tempo fixado por lei. Não propondo a ação dentro desse período, o trabalhador urbano perde o direito de reclamar suas férias.

---

[5] TST – E-RR 13145/2000-652-09-00 – SBDI-1 – relª min. Maria Cristina Irigoyen Peduzzi – *DJU* 07.12.2007.

[6] TST – RR 100400-63.2009.5.09.0670 – rel. min. Lelio Bentes Corrêa – *DJE* 16.3.2012 – p. 414.

1. Vigente o contrato, a contagem do prazo prescricional das férias começa a partir da data do término do período concessivo ou de gozo (CLT, art. 149). Nesse caso, a prescrição do direito a férias opera-se cinco anos depois de expirado o período concessivo;
2. finda a relação empregatícia, a prescrição do direito a férias opera-se dois anos após a data do fim do contrato de trabalho.

Para os empregados rurais, durante o contrato de trabalho não há prescrição para reclamar as férias. Somente com o término do contrato de trabalho é que poderão ingressar com a ação no espaço de dois anos.

52.2.11 Férias coletivas

As férias coletivas são aquelas concedidas "*a todos os empregados de uma empresa ou de determinados estabelecimentos ou setores da empresa*" (CLT, art. 139). Podem ser gozadas em até dois períodos anuais, desde que nenhum deles seja inferior a dez dias corridos. O que é necessário, no entanto, é comunicar ao órgão local do Ministério do Trabalho, com antecedência de 15 dias no mínimo, as datas de início e fim das férias, precisando, ainda, quais os estabelecimentos ou setores abrangidos pela medida (art. 139, § 2º).

52.2.12 Irrenunciabilidade do direito de férias

O direito às férias é irrenunciável, sendo **nulo de pleno direito ou proibido** todo acordo relativo ao abandono do direito ao período mínimo de férias anuais, que objetive impedir ou fraudar tal direito, conforme dispõe o art. 9º da CLT, asseverado pela Convenção 132 da OIT.

Parte V

DIREITO DE EMPRESA

Part V

53

DIREITO EMPRESARIAL

53.1 SURGIMENTO DO COMÉRCIO

Se nos reportarmos aos tempos pré-históricos, veremos que os homens viviam em completa bruteza, aproximando-se do estado irracional, vagando a esmo, em família ou em bandos dirigidos por um chefe, e guerreando incessantemente.

Nessa sociedade primitiva, devido ao ambiente de hostilidade então reinante, não havia clima propício ao desenvolvimento do fenômeno que chamamos de comércio.

Depois de muitos séculos, podemos chegar à compreensão de que cada homem necessitou do seu semelhante para empreender grandes expedições de caça e para defender-se de monstruosos animais, de que nos dá notícia a Paleontologia.[1]

Sem dúvida alguma, os grupos menos hostis foram-se avizinhando cada vez mais, passando a reunir-se ao redor de templos e outros lugares sagrados para a celebração de festas e solenidades religiosas. Em consequência dessas reuniões, foi ganhando corpo a ideia de trocarem uns com os outros os bens que lhes eram supérfluos ou excedentes.

E foi assim que apareceu o que podemos considerar a forma embrionária do comércio: a "troca direta".

Mas as transações realizadas pela simples troca de objetos eram muito restritas; o possuidor de determinada mercadoria tinha de encontrar alguém que possuísse a mercadoria de que ele necessitava, na qualidade e na quantidade desejadas, e que se dispusesse a cedê-la em troca daquela que lhe era supérflua. Havia, ainda, o problema de calcular o valor dos bens a serem trocados.

---

[1] Paleontologia: ciência que tem por objeto o estudo dos animais e vegetais fósseis.

Era necessário, então, encontrar um elemento que facilitasse as trocas e simplificasse o cálculo dos bens a serem trocados; um elemento que fosse, ao mesmo tempo, instrumento de troca e medida comum de valor, além de ser facilmente transportável.

Não demorou muito para que tal elemento, chamado moeda, surgisse.

Desde que a *moeda* apareceu, mesmo em sua forma rudimentar e primitiva, medindo e pautando valores, substituindo a troca direta, nasceu uma nova atividade: a dos intermediários entre o *produtor* e o *consumidor*, ou seja, a atividade comercial exercida pelo empresário.

Podemos observar, então, em sentido amplo, que toda a troca, seja ela de produtos ou serviços, na verdade, é um comércio, e aquele que o exerce profissionalmente, com intuito de lucro, é o empresário.[2]

53.2 A HISTÓRIA DA MOEDA

A história da moeda encontra-se dividida em duas grandes fases: a da moeda *não metálica* e a da moeda *metálica*.

53.2.1 Moeda não metálica

No início não havia moedas como as atuais, ou seja, peças de metal a que se atribui, convencionalmente, um valor. Havia, na verdade, papéis representando determinadas mercadorias, que tinham um valor em si, como o sal – *salarium* (que originou a palavra *salário*), o gado – *pecus* (que derivou a palavra *pecúnia*), o açúcar e outros. Logo, porém, se passou a dar um valor puramente convencional a certos objetos – conchas, pedaços de peles e outros – para que eles desempenhassem funções monetárias.

Tem-se notícia de que certas moedas metálicas conservaram o estigma da sua origem, como o áricso de bronze, que, no século IV a.C., circulava na colônia grega de Ólbia e tinha a forma de um peixe, principal produto da região, que, em tempos mais recuados, havia servido de denominador comum de valores. No Sião, circulavam moedas de prata em forma de conchas, como uma reminiscência de que conchas verdadeiras haviam desempenhado idêntico papel.

---

[2] O Código Civil preferiu a expressão *empresário* no lugar de *comerciante*, para aquele que pratica, com habitualidade, atos próprios da atividade mercantil. O seu art. 966 conceitua o empresário: *"Considera-se empresário quem exerce profissionalmente atividade econômica organizada para a produção ou circulação de bens ou de serviços."*

53.2.2 Moeda metálica

Com o passar do tempo, surgiu a moeda metálica, que atravessou dois períodos: o do metal pesado e o da cunhagem.

No Egito, no extremo Oriente, o metal era recebido a peso. Devido à pesagem do metal, as transações tornavam-se morosas, além de as moedas serem de difícil circulação.

Tornou-se necessária a adoção de um novo sistema: o da cunhagem. O cunho foi, a princípio, um sinal convencional qualquer, com um certo número de pontos ou de traços gravados na peça metálica a indicarem o seu valor; as moedas podiam ter o emblema de um mercador abastado, ou outro símbolo qualquer.

Somente quando a cunhagem entrou para a esfera de competência do Estado é que a moeda passou a ter o aspecto que apresenta atualmente.

53.3 EVOLUÇÃO DO COMÉRCIO

Devemos ter em mente que comerciar é se colocar como intermediário entre quem produz e quem consome. Assim, a missão principal do comércio consiste em pôr os produtos ao alcance do consumidor.

O desenvolvimento do comércio se deu, praticamente, com o aparecimento da moeda, mas este não foi o único fator de seu desenvolvimento. A invenção da escrita, da imprensa, da bússola; a descoberta de novas terras; o progresso espantoso da indústria; o aparecimento dos veículos; o incremento dos meios de comunicação fizeram o comércio se desenvolver.

Com esse extraordinário aumento na oferta de produtos e sua maior circulação, multiplicaram-se as transações entre os homens. Evoluiu-se o comércio e, ao mesmo tempo, para disciplinar tais transações, formaram-se lentamente um conjunto de normas que, sistematizadas, constituem, hoje, um importante ramo do direito: o *Direito Empresarial*.

53.4 CONCEITO DE DIREITO EMPRESARIAL

Com o advento do novo Código Civil, não se fala mais em Direito Comercial, mas em Direito Empresarial. A explicação da alteração do Código Civil e, por conseguinte, da mudança na denominação de Direito Comercial para Direito

Empresarial se deu em virtude do acréscimo da atividade de prestação de serviços para esse ramo especializado do direito. O Direito Empresarial, que é um ramo do Direito Privado, consiste de um conjunto de normas referentes ao empresário, disciplinando sua atividade. São princípios e normas referentes à atividade do titular da empresa,[3] lembrando que a empresa não é sujeito de direito.

Portanto, o Direito Empresarial regula as atividades do empresário no que concerne à atividade econômica organizada para a produção (indústria) ou a circulação de bens (comércio) ou de serviços (prestação de serviço), para suprir e atender o mercado consumidor.

Por conseguinte, o Direito Empresarial é um ramo do Direito Privado que disciplina a atividade da pessoa do empresário (individual ou coletivo – sociedade), titular da empresa. Ele se apresenta como um direito especial, porque regulamenta uma classe especial: a dos exercentes de atividade empresarial.

53.5 O NOME DIREITO EMPRESARIAL

O Direito Empresarial é ramo do Direito Privado, sendo um direito especial, por regular a atividade do empresário individual e coletivo (sociedade empresária). O ramo do Direito Empresarial já recebeu três diferentes denominações:

1. *Direito Mercantil* foi o primeiro nome, usado a partir de 1553, quando surgiu a primeira obra sobre o assunto;
2. *Direito Comercial* foi o segundo, adotado a partir da promulgação do nosso Código Comercial, em 1850;
3. *Direito Empresarial* é seu nome atual, que passou a ser empregado em 10/1/2002, quando o atual Código Civil se transformou em lei (Lei nº 10.406).

53.6 O DIREITO EMPRESARIAL NO NOVO CÓDIGO CIVIL

O nosso Código Civil de 2002 unifica parcialmente o Direito Comum e o Direito Comercial, trazendo em seu âmago o denominado Direito de Empresa.

---

[3] "Empresa – na palavra de Fábio Ulhoa Coelho – é entendida como a exploração econômica da produção ou circulação de bens ou serviços." COELHO, Fábio Ulhoa. *Manual de direito comercial*. São Paulo: Saraiva, 1997. p. 8.

O Direito de Empresa, no Código Civil, trata, inicialmente, do empresário individual e regula também a atividade de forma individual como pessoa jurídica, a Empresa Individual de Responsabilidade Limitada (EIRELI). Em seguida, apresenta o empresário em forma de sociedade – sociedade não personificada e sociedade personificada. Não analisaremos as sociedades não empresárias constantes do Código Civil (Sociedade Cooperativa e Sociedade Simples), haja vista não pertencerem ao estudo do Direito Empresarial.

54

DO EMPRESÁRIO

54.1 APRESENTAÇÃO

Em geral, sempre que alguém explora atividade econômica privada para o habitual exercício da produção ou circulação de bens ou de serviços, é considerado um empresário. Este exerce sua atividade por meio do estabelecimento empresarial, onde estão os bens para o exercício da atividade empresarial. É o titular da empresa ou do estabelecimento.

Para o empresário exercer a sua atividade, é preciso um mínimo de organização dos fatores da produção de bens ou de serviços para o mercado em geral.

54.2 CONCEITO DE EMPRESÁRIO

"*Considera-se empresário* – determina o art. 966 do CC – *quem exerce profissionalmente atividade econômica organizada para a produção ou a circulação de bens ou de serviços.*"

Três são as condições para caracterizar-se o empresário:

1. *exercício de atividade econômica* – o exercício de atividade econômica consiste na criação de riqueza por meio da produção e circulação de bens ou de serviços. A sua função primordial é, pois, a de produzir bens ou serviços para atender ao mercado consumidor. Enfim, sua atividade é pertinente à produção ou à circulação de bens ou de serviços;
2. *atividade organizada* – o empresário é a pessoa que organiza a empresa articulando os três fatores da produção: capital, trabalho e tecnologia;[1]

---

[1] COMPARATO, Fábio K. *Direito empresarial:* estudos e pareceres. São Paulo: Saraiva, 1990. p. 31.

3. *profissionalismo* – corresponde à habitualidade. É o exercício habitual, contínuo da profissão. É o exercício da atividade econômica pessoalmente ou por sua conta e com ânimo de lucro. Pessoas que agem em nome do empresário não são empresários; são seus prepostos ou auxiliares.

Por conseguinte, o empresário é aquele que exerce profissionalmente atividade econômica organizada, por meio do estabelecimento empresarial, para o efetivo exercício da produção ou circulação de bens ou de serviços. Ou, como ensina Waldírio Bulgarelli: "Empresário é o titular da empresa, o seu sujeito, portanto, aquele que tem a iniciativa da criação da empresa e que a dirige, correndo o risco inerente à atividade empresarial; juridicamente é o sujeito de direito, o único, aliás, reconhecido pela lei em termos de representação empresarial."[2]

54.2.1 Requisitos para a caracterização do empresário

Além do exercício da atividade econômica organizada, da profissionalidade e do fato de visar ao lucro, há o requisito da inscrição do empresário no Registro Público de Empresas Mercantis, a cargo das Juntas Comerciais. Aliás, a própria lei impõe esse requisito. É o que determina o art. 967 do CC, *in* verbis: "*É obrigatória a inscrição do empresário no Registro Público de Empresas Mercantis da respectiva sede, antes do início de sua atividade.*" Há exceção: na sociedade em Conta de Participação, por existir um sócio oculto, o contrato não pode ser registrado. É importante destacar que o fato de uma pessoa exercer atividade empresarial sem registro não a descaracteriza como empresário, e sim, a configura como um "empresário irregular".

54.3 TIPOS DE EMPRESÁRIO

Dois são os tipos de empresários: 1) *empresário individual*; 2) *empresário na forma de sociedade de pessoas* (sociedade empresária). O primeiro é representado pela pessoa natural, por seu nome civil, completo ou abreviado ou pela pessoa jurídica, representada pelo seu único titular; o segundo, pela sociedade de pessoas naturais e/ou jurídicas.

---

[2] BULGARELLI, Waldírio. *Sociedades comerciais*. São Paulo: Atlas, 1999. p. 319.

Concluindo, o empresário é a pessoa natural ou jurídica que realiza, profissionalmente, atos de produção de bens ou serviços, ou a comercialização de bens ou de serviços, sempre com intuito de lucro. Quando for uma pessoa natural, o empresário deverá ser capaz e estar legalmente livre para praticar o comércio.

Quando for uma pessoa jurídica, que é uma empresa individual de responsabilidade limitada ou uma sociedade de pessoas, seus atos empresariais serão praticados em nome da pessoa jurídica.

O empresário exerce uma atividade empresarial continuada por ser ele um profissional, ou seja, viver da sua profissão. Se ele vive da compra e venda de bens, por exemplo, seus atos serão habituais, ou seja, ele não os praticará apenas eventualmente.

54.4 MATÉRIA A SER ESTUDADA

São empresários as pessoas que exercem atividades econômicas relativas à produção voltada para a circulação de bens e serviços; podem ser pessoas individuais (empresário individual ou empresa individual de responsabilidade limitada) ou coletivas (sociedades empresárias).

No próximo capítulo, trataremos da figura do empresário individual. Depois, em capítulos isolados, analisaremos as sociedades empresárias ou empresariais.

55

EMPRESÁRIO INDIVIDUAL

55.1 O EMPRESÁRIO INDIVIDUAL

Como já se anteviu, o empresário é a pessoa que organiza uma atividade econômica a fim de produzir ou fazer circular bens ou serviços. Tal pessoa, por ser natural, é denominada empresário individual.

Portanto, o empresário individual é a própria pessoa natural, aquele que emprega o seu próprio nome (firma) no exercício de sua atividade empresarial. É o que dita textualmente o art. 1.156 do CC, assim redigido:

"O empresário opera sob firma constituída por seu nome completo ou abreviado, aditando-lhe, se quiser, designação mais precisa da sua pessoa ou do gênero de atividade."

Firma é o nome que o empresário adota para ser conhecido na sua atividade mercantil quando exercida individualmente. Por conseguinte, a firma individual, usada pela pessoa natural em seu comércio, não pode ser diversa da composição de seu nome civil. Assim sendo, conceitua-se, pois, o empresário individual como a pessoa natural capaz, que atua em nome individual, abreviado ou completo, e que explora, profissionalmente, uma atividade empresarial.

Recapitulando, o empresário individual é a pessoa natural que exerce em seu nome civil, completo ou abreviado, e com habitualidade atividade econômica organizada para a produção ou circulação de bens ou de serviços, tendo por objetivo o lucro.

Não se considera empresário individual quem exerce profissão intelectual, de natureza científica, literária ou artística, ainda que com o concurso de auxiliares ou colaboradores, salvo se o exercício da profissão constituir elemento de empresa.

55.1.1 Composição da firma individual

O artigo retrotranscrito permite ao empresário individual o uso de seu nome, completo ou abreviado, e, se quiser, a adição de determinado qualificativo que o identifique da melhor forma, ou que realce sua atividade. Mas a firma deve ter por base o próprio nome civil do titular da empresa, meio pelo qual uma pessoa natural se identifica no campo empresarial.

Destarte, a firma, nome pelo qual o empresário passa a ser conhecido, será sempre o próprio nome civil do titular da empresa, sendo-lhe facultada a adoção do nome abreviado, mas mantendo o sobrenome. Assim, um empresário que se chama Renato Rubens Blasi poderá ter como firma *Renato Rubens Blasi* ou *R. Rubens Blasi*, ou ainda *R. R. Blasi*. Esse nome patronímico poderá ser acrescido de uma palavra capaz de identificá-lo bem ou a sua atividade, principalmente quando já existir nome empresarial idêntico. Se, por exemplo, o empresário for um indivíduo exercente de atividade em Guarulhos, poderá adotar a firma *P. Soares Guarulhos*. A um açougueiro, será facultado à firma o nome *N. Soares, açougueiro*.

O importante é a individualização do empresário para que não seja confundido com outro na esfera específica das atividades empresariais. Daí a lição de Bento de Faria: "A permissão legal de abreviar o nome não importa na adoção exclusiva das respectivas iniciais, mas apenas de usar algumas delas mantendo, porém, os sobrenomes". Vale dizer, somente as iniciais do nome não podem, sozinhas, constituir firma individual; é necessário o sobrenome grafado por inteiro, tal como consta no registro civil.

Enuncia o art. 1.163 do CC que o nome de empresário deve distinguir-se de qualquer outro já inscrito no mesmo registro. "*Se o empresário tiver nome idêntico ao de outros já inscritos* – dispõe o parágrafo único do art. 1.163 do CC, – *deverá acrescentar designação que o distinga.*"

55.1.2 Da inscrição

Um dos deveres do empresário, mesmo o individual, é inscrever-se no Registro Público de Empresas Mercantis, mais especificamente perante a Junta Comercial do estado ou Distrito Federal onde está sua sede. Essa inscrição assegura o uso exclusivo do nome nos limites do respectivo estado. É o que dita textualmente o art. 1.166 do CC, reproduzido a seguir.

> *"A inscrição do empresário, ou dos atos constitutivos das pessoas, ou as respectivas averbações, no registro próprio, asseguram o uso exclusivo do nome nos limites do respectivo estado."*

Por isso, antes de dar início à atividade empresarial, é obrigatória a inscrição, que é feita na capital onde está a sede da empresa mediante requerimento que contenha:

1. o seu nome, nacionalidade, domicílio, estado civil e, se casado, o regime de bens;
2. a firma, com a respectiva assinatura;
3. o capital;
4. o objeto e a sede da empresa.

A lei assegura tratamento favorecido, diferenciado e simplificado ao empresário rural e ao pequeno empresário (CC, art. 971). O empresário rural não está subordinado à obrigatoriedade do registro, que, para ele, é facultativo. No entanto, caso se inscreva no Registro Público de Empresas Mercantis, ficará equiparado ao empresário. Se isto acontecer, é necessário que o empresário rural estruture sua atividade econômica de forma empresarial.[1]

De forma a minimizar os impactos do exercício informal da atividade empresarial, a Lei Complementar nº 128/08 criou a figura do microempreendedor individual (MEI), que se trata de um empresário individual com renda bruta anual não superior a R$ 60.000,00 (sessenta mil reais). Esse pequeno empreendedor realiza sua inscrição diretamente pelo Portal do Empreendedor (www.portaldoempreendedor.gov.br) e possui regime próprio de tributação.

No que tange ao pequeno empresário, a Lei Complementar nº 123/06[2] dá tratamento diferenciado à microempresa e à empresa de pequeno porte, inclusive o tratamento tributário.

---

[1] ALMEIDA, Amador Paes de. *Direito de empresa no código civil.* 3. ed. São Paulo: Saraiva, 2010. p. 85.

[2] Art. 3º: *"Para os efeitos desta Lei Complementar, consideram-se microempresas ou empresas de pequeno porte a sociedade empresária, a sociedade simples, a empresa individual de responsabilidade limitada e o empresário a que se refere o art. 966 da Lei nº 10.406, de 10 de janeiro de 2002 (Código Civil), devidamente registrados no Registro de Empresas Mercantis ou no Registro Civil de Pessoas Jurídicas, conforme o caso, desde que: I – no caso da microempresa, aufira, em cada ano-calendário, receita bruta igual ou inferior a R$ 360.000,00 (trezentos e sessenta mil reais); e II – no caso da empresa de pequeno porte, aufira, em cada ano-calendário, receita bruta superior a R$ 360.000,00 (trezentos e sessenta mil reais) e igual ou inferior a R$ 3.600.000,00 (três milhões e seiscentos mil reais)."* Estes valores são vigentes em junho de 2013.

"*O empresário que instituir sucursal, filial ou agência, em lugar sujeito à jurisdição de outro Registro Público de Empresas Mercantis, neste deverá também inscrevê-la, com a prova da inscrição originária.*" (CC, art. 969).

Está, ainda, obrigado a averbar a constituição do estabelecimento secundário na Junta Comercial da sede empresarial. É o que se depreende do parágrafo único do art. 969 do CC: "*Em qualquer caso, a constituição do estabelecimento secundário deverá ser averbada no Registro Público de Empresas Mercantis da respectiva sede.*"

55.2 DA CAPACIDADE PARA A ATIVIDADE DE EMPRESÁRIO INDIVIDUAL

Para iniciar a exploração de atividade empresarial, a capacidade do agente é condição de validade do negócio jurídico. Se praticado por sujeito incapaz, não será juridicamente válido. "*Podem exercer a atividade de empresário* – dispõe o art. 972 do CC – *os que estiverem em pleno gozo da capacidade civil e não forem legalmente impedidos.*"

55.2.1 Requisitos para o exercício da atividade de empresário individual

De acordo com o artigo anteriormente transcrito, são dois os requisitos para o exercício da atividade empresarial:

1. capacidade para o exercício da profissão;
2. não estar legalmente impedido de exercer sua atividade.

55.2.1.1 Capacidade civil para o exercício da profissão

Como o exercício do comércio implica a prática de negócios jurídicos, é indispensável que quem os realize esteja em pleno gozo da capacidade civil. Capacidade plena têm as pessoas com 18 anos completos e os emancipados.

Não têm capacidade civil os absolutamente e os relativamente incapazes.

55.2.1.1.1 Absolutamente incapazes

O art. 3º do CC enumera os absolutamente incapazes.

"São absolutamente incapazes de exercer pessoalmente os atos da vida civil:

I – os menores de dezesseis anos;
II – os que, por enfermidade ou deficiência mental, não tiverem o necessário discernimento para a prática desses atos;
III – os que, mesmo por causa transitória, não puderem exprimir sua vontade."

Por conseguinte, a lei civil não admite que o absolutamente incapaz exerça atividade empresarial. Contudo, há uma exceção para o exercício empresarial do incapaz: autorizado por alvará judicial, pode continuar a exercer atividade empresarial, antes exercida por ele mesmo, quando era capaz, assistido por seus pais, pelo autor da herança ou por representante legal. Portanto, trata-se de uma incapacidade superveniente que se origina após a constituição da empresa por uma pessoa até então capaz. Analise o art. 974 do CC:

"Poderá o incapaz, por meio de representante ou devidamente assistido, continuar a empresa antes exercida por ele enquanto capaz, por seus pais ou pelo autor de herança." Continua o artigo em seu § 1º: *"Nos casos deste artigo, precederá autorização judicial após exame das circunstâncias e dos riscos da empresa, bem como da conveniência em continuá-la, podendo a autorização ser revogada pelo juiz, ouvidos os pais, tutores ou representantes legais do menor ou do interdito, sem prejuízo dos direitos adquiridos por terceiros."*

Ficam a salvo dos riscos da atividade empresarial os bens que o incapaz já possuía ao tempo da sucessão ou da interdição, devendo tais bens ser estranhos a ela e constar em rol no alvará que conceder a autorização (CC, art. 974, § 2º).

55.2.1.1.2 Relativamente incapazes

O art. 4º do CC enumera os relativamente incapazes.

"São incapazes, relativamente a certos atos, ou à maneira de os exercer:

I – os maiores de dezesseis e menores de dezoito anos;
II – os ébrios habituais, os viciados em tóxicos, e os que, por deficiência mental, tenham o discernimento reduzido;
III – os excepcionais, sem desenvolvimento mental completo;
IV – os pródigos."

O que foi dito em relação ao absolutamente incapaz vale também para o relativamente incapaz.

55.2.1.2 Emancipação

Antes de completar 18 anos de idade, pode o menor tornar-se plenamente capaz. É o que se verifica por meio da emancipação.

> *"Cessará para os menores, a incapacidade:*
>
> *I – pela concessão dos pais, ou de um deles na falta do outro, mediante instrumento público, independentemente de homologação judicial, ou por sentença do juiz, ouvido o tutor, se o menor tiver dezesseis anos completos;*
> *II – pelo casamento;*
> *III – pelo exercício de emprego público efetivo;*
> *IV – pela colação de grau em curso de ensino superior;*
> *V – pelo estabelecimento civil ou comercial, ou pela existência de relação de emprego, desde que, em função deles, o menor com dezesseis anos completos tenha economia própria."* (CC, art. 5º, parágrafo único).

Destaca-se o item V: pelo estabelecimento civil ou comercial, desde que tenha economia própria e tenha 16 anos completos. O emancipado continua menor, mas se torna capaz. Evidentemente, se o menor se estabelecer sem economia própria, necessitará da autorização paterna ou materna para obter a emancipação.

O emancipado, estando em pleno gozo da capacidade civil, poderá pessoalmente explorar a atividade empresarial:

> *"Poderá o incapaz, por meio de representante ou devidamente assistido, continuar a empresa antes exercida por ele enquanto capaz, por seus pais ou pelo autor da herança."* (CC, art. 974). *"Nos casos deste artigo, precederá autorização judicial, após exame das circunstâncias e dos riscos da empresa, bem como da conveniência em continuá-la, podendo a autorização ser revogada pelo juiz, ouvidos os pais, tutores ou representantes legais do menor ou do interdito, sem prejuízo dos direitos adquiridos por terceiros."* (§ 1º).

55.2.2 Os impedidos de exercer a atividade empresarial

O nosso Direito Positivo enumera as pessoas impedidas de exercer atividades de empresário individual, embora sejam elas capazes. Eis algumas:

1. os funcionários públicos, estaduais e municipais;
2. o presidente da República;
3. o governador de Estado;
4. o prefeito;
5. os magistrados vitalícios e membros do Ministério Público;
6. os falidos (enquanto não forem legalmente reabilitados, tendo sido declaradas extintas todas as suas obrigações);
7. os médicos (na exploração de farmácia);
8. cônsul e embaixador;
9. leiloeiros e outros auxiliares da justiça.

Os funcionários públicos não podem exercer individualmente o comércio, mas podem ser acionistas, cotistas ou comanditários, não podendo, em hipótese alguma, assumir a gerência ou a administração de uma sociedade. A desobediência a essa proibição da lei não invalida os atos praticados, mas sujeita os infratores a penas administrativas (demissão) – Lei nº 8.112/90.

O Código Civil, no seu art. 973, trata do assunto em tela, determinando o seguinte: *"A pessoa legalmente impedida de exercer atividade própria de empresário, se a exercer, responderá pelas obrigações contraídas."*

55.3 RESPONSABILIDADE DO EMPRESÁRIO INDIVIDUAL

"Em empresas individuais, a responsabilidade por obrigações contraídas recai sobre os patrimônios individuais dos respectivos titulares." (RT 712/178).

Tratando-se de empresário individual, não é possível dissociar sua firma (nome usado para exercer a atividade empresarial) de sua pessoa civil. Consequentemente, haverá um só patrimônio. O empresário individual e a sua pessoa não são duas pessoas com patrimônios distintos. Há, sim, uma única pessoa, que tem um só patrimônio, embora possa ter dois nomes, um de uso comercial e outro civil. "Não há distinção entre a firma individual e a pessoa física do empresário – decidiu o tribunal. – O patrimônio deste responde por todas as obrigações assumidas, pouco importando se a dívida é civil ou comercial." (RT 650/175).

"Dessa forma, a firma individual, quando em regime de concordata[3] ou falência, sujeita todo o patrimônio da pessoa natural de seu titular. Portanto" –

---

[3] O instituto da concordata não existe mais no nosso direito em razão da revogação do Decreto nº 7.661/45. Atualmente existe o instituto da recuperação judicial previsto na Lei nº 11.101/05.

entendeu o Tribunal – "não há possibilidade de se executar a pessoa natural individual separadamente da empresa individual por ela constituída." (RT 645/105).

Destarte, pelas obrigações assumidas pelo empresário individual responderá o seu patrimônio, que é único.

55.4 PERDA DA QUALIDADE DE EMPRESÁRIO INDIVIDUAL

Em várias situações, pode cessar a qualidade de empresário singular:

1. pela morte;
2. pela desistência voluntária ou abandono da profissão;
3. pela falência.

56

DA SOCIEDADE

56.1 GENERALIDADE

Dois são os tipos de empresário: o *empresário individual* e a *sociedade empresária*. O primeiro, que analisamos no capítulo anterior, é exercido pela pessoa natural; o segundo, do qual trataremos neste capítulo, é exercido por uma sociedade de pessoas.

Diz o art. 981 do CC: "***Celebram contrato de sociedade as pessoas que reciprocamente se obrigam a contribuir com bens ou serviços para o exercício de atividade econômica e a partilha, entre si, dos resultados.***" Vale dizer, duas ou mais pessoas se reúnem com o propósito de combinarem esforços e bens, objetivando repartir entre si os proveitos auferidos. Nessa condição, para alcançarem seus objetivos, passam a exercer atividades de natureza econômica, voltada para a produção e circulação de bens ou para a prestação de serviços.

Uma sociedade pode ser um sujeito de direito, bastando inscrever seu contrato social no registro que lhe é peculiar.

A partir do registro do seu ato constitutivo – o contrato social –, a sociedade ganha personalidade, distinguindo-se das pessoas naturais e/ou jurídicas que a compõem.

Todas as sociedades que possuem seu ato constitutivo inscrito no órgão competente são reconhecidas pelo ordenamento jurídico como sujeitos de direito e equiparadas às pessoas naturais.

56.2 CONSTITUIÇÃO DE UMA SOCIEDADE

Uma sociedade, empresarial ou simples, é constituída mediante contrato social. "*A sociedade* – diz o art. 997 do CC – *constitui-se mediante contrato escrito, particular ou público* [...]."

O contrato social, por sua vez, deve conter, necessariamente, as seguintes cláusulas:

> "*I – nome, nacionalidade, estado civil, profissão e residência dos sócios, se pessoas naturais, e a firma ou a denominação, nacionalidade e sede dos sócios, se jurídicas;*
> *II – denominação, objeto, sede e prazo da sociedade;*
> *III – capital da sociedade, expresso em moeda corrente, podendo compreender qualquer espécie de bens, suscetíveis de avaliação pecuniária;*
> *IV – quota de cada sócio no capital social, e o modo de realizá-la;*
> *V – prestações a que se obriga o sócio cuja contribuição consista em serviços;*
> *VI – pessoas naturais incumbidas da administração da sociedade, bem como seus poderes e atribuições;*
> *VII – a participação de cada sócio nos lucros e nas perdas;*
> *VIII – se os sócios respondem, ou não, subsidiariamente, pelas obrigações sociais.*" (CC, art. 997).

A sociedade somente adquire personalidade jurídica (sujeito de direitos) por ocasião de seu contrato social arquivado nos registros próprios.

56.3 DISTINÇÃO ENTRE SOCIEDADE E ASSOCIAÇÃO

Uma *sociedade empresária* é formada por duas ou mais pessoas, que se comprometem a reunir capitais ou trabalho para a realização de um fim lucrativo. Seu objetivo é econômico; tem como finalidade a participação dos sócios nos lucros da empresa.

A lei prevê, ainda, a sociedade sem fins lucrativos ou econômicos. São as denominadas associações. "*Constituem-se as associações pela união de pessoas que se organizem para fins não econômicos.*" (CC, art. 53). Portanto, não têm elas finalidade lucrativa. Porém, nada impede que uma associação, de caráter cultural ou altruísta, mantenha uma atividade econômica apenas para sobreviver, obtendo renda para pagamento dos custos.

O problema todo está na destinação dos lucros. Na associação, os lucros são destinados à consecução dos objetivos ideais dos associados; na sociedade, são repartidos entre os sócios.

A sociedade, assim como a associação, tem início com a inscrição dos seus atos constitutivos no registro que lhes é próprio. A sociedade que não se encontra inscrita no órgão competente é uma sociedade não personificada; as que têm seu contrato inscrito são sociedades personificadas. Essa publicidade é para que terceiros tomem conhecimento da sua existência, do grau de responsabilidade dos sócios e do conteúdo do seu contrato social.

A sociedade personificada é uma pessoa jurídica; já as não personificadas, que são as sociedades em comum ou por conta de participação, não são pessoas jurídicas, o que atribui responsabilidade diretamente a seus exercentes.

56.4 OS CÔNJUGES PODEM CONTRATAR SOCIEDADE ENTRE SI

O art. 977 do CC permite sociedade entre cônjuges: "*Faculta-se aos cônjuges contratar sociedade, entre si ou com terceiros, desde que não tenham casado no regime da comunhão universal de bens, ou no da separação obrigatória.*" Por conseguinte, a condição para a formação de tal sociedade é que não estejam os cônjuges casados pelo regime da comunhão universal de bens, ou no da separação obrigatória. Assim, só poderão constituir sociedade os cônjuges casados em regime de comunhão parcial de bens.

56.5 A MULHER CASADA EMPRESÁRIA OU SÓCIA

"*Homens e mulheres* – diz o art. 5º, I, da CF – *são iguais em direitos e obrigações nos termos desta Constituição.*" Portanto, a mulher casada está na mesma condição que o marido para a prática dos atos empresariais. Pode, pois, ser empresária ou sócia sem a outorga marital. Faz-se essa observação, já que, no regime anterior, as mulheres só podiam exercer atividade empresarial com expressa autorização do marido.

57

SOCIEDADES NÃO PERSONIFICADAS

57.1 APRESENTAÇÃO

Além das sociedades personalizadas – aquelas legalmente constituídas, que têm seu ato constitutivo inscrito no órgão público competente – há outras que vigoram sem o preenchimento dessas formalidades legais, ou seja, não possuem personalidade jurídica. São as sociedades não personalizadas, que compreendem: a *sociedade em comum* e a *sociedade em conta de participação*.

Uma sociedade não personificada pode ser formada mediante contrato escrito, mas não inscrito no Registro Público. Assim sendo, não haverá a publicidade para que terceiros tenham conhecimento de sua existência. Por isso, o art. 987 do CC expõe: "*Os sócios, nas relações entre si ou com terceiros, somente por escrito podem provar a existência da sociedade, mas os terceiros podem prová-la de qualquer modo.*"

Portanto, é importante a publicidade do contrato de uma sociedade para que terceiros tenham conhecimento de sua existência, conhecendo, também, o grau de responsabilidade dos sócios. Só as sociedades personificadas são pessoas jurídicas, por terem seu ato constitutivo registrado no órgão público. Por isso, elas têm nome, nacionalidade, domicílio e patrimônio próprio. Pelo nome, a sociedade projeta-se no mundo dos negócios, destacando-se das demais na vida civil, no plano das relações com terceiros. O patrimônio próprio é inteiramente autônomo do patrimônio dos seus sócios. A sociedade não personalizada nada disso possui. Além de essa espécie de sociedade estar impossibilitada de participar de licitações (instrumento para venda ou prestação de serviços para o Estado), nas modalidades de concorrência pública (Lei 8.666/93). E mais: não é permitido a ela contratar com o Poder Público (CF, art. 195, § 3º), abrir conta bancária, ter patrimônio em seu nome etc.

Como já dito anteriormente, as sociedades não personalizadas compreendem: a sociedade em comum e a sociedade em conta de participação.

1. *Sociedade em comum* – é a sociedade irregular (com contrato, mas sem registro) ou de fato (sem contrato e sem registro), aquela que não possui personalidade jurídica, ou seja, não tem o seu ato constitutivo registrado no órgão público peculiar. A principal consequência de sua existência é a responsabilidade ilimitada dos sócios pelas obrigações sociais. "*Os bens e dívidas sociais constituem patrimônio especial, do qual os sócios são titulares em comum.*" (CC, art. 988). "*Todos os sócios respondem solidária e ilimitadamente pelas obrigações sociais.*" (CC, art. 990).
2. *Sociedade em conta de participação* – como sociedade não personalizada, o Código Civil prevê ainda a sociedade em conta de participação.

"*A constituição da sociedade em conta de participação independe de qualquer formalidade e pode provar-se por todos os meios de direito.*" (CC, art. 992). "*O contrato social produz efeito somente entre os sócios, e a eventual inscrição de seu instrumento em qualquer registro*[1] *não confere personalidade jurídica.*" (CC, art. 993).

A sociedade em conta de participação constitui-se de duas ou mais pessoas; uma delas necessariamente empresário individual, em cujo nome girarão os negócios. É o sócio ostensivo, que aparece perante terceiros como empresário. O outro sócio é o oculto, o sócio participante, que não aparece nem trata com terceiros. É o que dita textualmente o parágrafo único do art. 993 do CC, assim redigido, *in verbis*:

"*Sem prejuízo do direito de fiscalizar a gestão dos negócios sociais, o sócio participante não pode tomar parte nas relações do sócio ostensivo com terceiros, sob pena de responder solidariamente com este pelas obrigações em que intervier.*"

Toda a responsabilidade pelos negócios é, pois, do sócio ostensivo, já que é ele quem aparece na realização dos negócios.

"*Na sociedade em conta de participação* – determina o art. 991 do CC –, *a atividade constitutiva do objeto social é exercida unicamente pelo sócio ostensivo,*

---

[1] Por exemplo, no Cartório de Títulos e Documentos.

em seu nome individual e sob sua própria e exclusiva responsabilidade, participando os demais dos resultados correspondentes."

Nada impede que o sócio ostensivo seja uma pessoa jurídica.[2] Não tendo um patrimônio próprio por não ser pessoa jurídica, a *"contribuição do sócio participante constitui, com a do sócio ostensivo, patrimônio especial, objeto da conta de participação relativa aos negócios sociais."* (CC, art. 994). Vale dizer, é aberta uma conta para indicar as operações realizadas. A falência do sócio ostensivo acarreta a dissolução da sociedade e a liquidação da respectiva conta, cujo saldo constituirá crédito quirografário (art. 994, § 1º). Mas a sociedade não incorrerá em falência ou recuperação.

"Salvo estipulação em contrário, o sócio ostensivo não pode admitir novo sócio sem o consentimento expresso dos demais." (CC, art. 995). *"A sociedade em conta de participação não pode ter firma ou denominação."* (CC, art. 1.162).

---

[2] ALMEIDA, Amador Paes de. *Direito de empresa no código civil.* 3. ed. São Paulo: Saraiva, 2010. p. 137.

58

SOCIEDADES PERSONIFICADAS

58.1 APRESENTAÇÃO

Tudo começou com o empresário individual, que é a própria pessoa física, titular de uma empresa. Depois, os empresários começaram a se agrupar, formando as primeiras sociedades.

Mais tarde os conceitos evoluíram e as sociedades adquiriram personalidade jurídica, pelo registro do seu ato constitutivo no órgão público, entes novos, completamente distintos das pessoas de seus sócios componentes. Hoje, o empresário é também a sociedade, uma pessoa jurídica, um sujeito de direito. A personalidade das sociedades nasce com o registro do ato constitutivo no órgão competente, ou seja, quando o contrato social é inscrito no Registro Público. Sem o registro não se pode falar em personificação da sociedade. Além disso, o sistema evoluiu e já é possível se criar uma sociedade unipessoal, ou seja, com um único sócio.

58.2 DAS SOCIEDADES PERSONIFICADAS

Com relação às sociedades personificadas, encontramos duas espécies: 1. a *sociedade simples*; 2. a *sociedade empresária*.

58.2.1 Sociedade simples

Uma pessoa jurídica que exerce, profissionalmente, atividade econômica organizada para a produção ou circulação de bens ou de serviços, é uma sociedade empresária. "*Salvo as exceções expressas* – dispõe o art. 982 do CC –, *considera-se empresária a sociedade que tem por objeto o exercício de atividade própria de empresário sujeita a registro (art. 967); e, simples, as demais.*" Portanto, as sociedades simples, não estruturadas empresarialmente, são as sucedâneas das antigas sociedades civis que visavam ao lucro. Por exemplo, o titular de um hospital, não sendo uma sociedade anônima, desde que seja uma pessoa jurídica, é uma sociedade simples.

"A sociedade simples" – escreve Ricardo Fiúza – "é aquela constituída para o exercício de atividades que não sejam estritamente empresariais, como ocorre nos casos das atividades rurais, educacionais, médicas ou hospitalares, de exercício de profissões liberais nas áreas de engenharia, arquitetura, ciências contábeis, consultoria, auditoria, pesquisa científica, artes, esportes e serviço social."[1]

A propósito, oportuno o art. 1.150 do CC:

> "*O empresário e a sociedade empresária vinculam-se ao Registro Público de Empresas Mercantis, a cargo das Juntas Comerciais, e a sociedade simples ao Registro Civil das Pessoas Jurídicas, o qual deverá obedecer às normas fixadas para aquele registro, se a sociedade simples adotar um dos tipos de sociedade empresária.*"

Portanto, a sociedade simples pode adotar a forma das sociedades empresárias, exceto a sociedade anônima. Esta, independentemente do seu objeto, será sempre uma sociedade empresária. Analise o parágrafo único do art. 982 do CC: "*Independentemente de seu objeto, considera-se empresária a sociedade por ações; e, simples, a cooperativa.*"

58.2.2 Sociedade empresária

Uma pessoa jurídica que exerce, profissionalmente, atividade econômica organizada para a produção ou circulação de bens ou de serviços é uma sociedade empresária.

58.3 TIPOS DE SOCIEDADE EMPRESÁRIA

Existem diversos tipos de sociedade empresária, devendo os sócios escolher a forma que julgarem adequada.

---

[1] SILVA, Regina Beatriz Tavares da; FIÚZA, Ricardo (coord.) *Código Civil Comentado*. 10. ed. São Paulo: Saraiva, 2016. p. 957.

Enumeram-se os diversos tipos societários empresariais:

1. da sociedade em nome coletivo;
2. da sociedade em comandita simples;
3. da sociedade limitada;
4. da sociedade anônima;
5. da sociedade em comandita por ações;
6. da sociedade individual de responsabilidade limitada (Eireli).

58.4 CLASSIFICAÇÃO DAS SOCIEDADES QUANTO À RESPONSABILIDADE DOS SÓCIOS

Classificam-se as sociedades empresárias segundo diversos critérios. O mais importante é a classificação de acordo com a responsabilidade dos sócios. Segundo esse critério, as sociedades empresárias dividem-se em:

1. *Sociedade ilimitada* – todos os sócios respondem ilimitadamente pelas obrigações sociais. Significa que, se o patrimônio social não for suficiente para o pagamento dos credores da sociedade, o saldo passivo poderá ser reclamado dos sócios, enquanto suportarem os seus patrimônios particulares. Só existe um tipo desta categoria: é a *sociedade em nome coletivo.*
2. *Sociedade mista* – uma parte dos sócios tem responsabilidade ilimitada e outra tem responsabilidade limitada. Pertence a esta categoria: *a sociedade em comandita simples e a sociedade em comandita por ações.*
3. *Sociedade limitada* – os sócios não respondem pelas obrigações sociais, desde que o capital social esteja integralizado. Aparecem aqui a *sociedade limitada,* a *sociedade anônima* e a *Eireli.*

Vejamos a Figura 58.1:

Figura 58.1 Sociedade quanto à responsabilidade dos sócios

Sociedade quanto à responsabilidade dos sócios
- 1. sociedade ilimitada: sociedade em nome coletivo
- 2. sociedade mista
  - a) sociedade em comandita simples
  - b) sociedade em comandita por ações
- 3. sociedade limitada
  - a) sociedade limitada
  - b) sociedade anônima
  - c) Eireli

Dentre essas sociedades, são importantes apenas: a sociedade limitada e a Eireli, em primeiro plano; e a sociedade anônima, em segundo.

"As demais" – observa José Edwaldo Tavares Borba – "praticamente inexistem, pois, envolvendo a responsabilidade ilimitada de todos ou de alguns sócios, perderam a preferência do meio comercial". E continua: "Assim, as que existiam foram transformadas, e novas não se constituíram. Restam pouquíssimas, sendo sempre citada, como exemplo remanescente de sociedade em nome coletivo, a Klabin, Irmãos & Cia, mantida como tal por apreço à tradição."[2]

Outra classificação que não pode ser esquecida é a que define as sociedades como de pessoa e de capital. A sociedade de pessoa gira em torno dos sócios; prevalece a figura dos sócios. São sociedades de pessoa a sociedade em nome coletivo, a sociedade em comandita simples, a limitada e a Eireli. Na sociedade de capitais, não importa quem são as pessoas que dela fazem parte, e sim o capital existente. São sociedades de capital: a sociedade anônima e a sociedade em comandita por ações.

58.5 SOCIEDADE EM NOME COLETIVO

A sociedade em nome coletivo é aquela em que todos os sócios têm obrigações ilimitadas, respondendo com seus bens penhoráveis pelos compromissos sociais, embora essa garantia seja de caráter subsidiário, porque os bens particulares só responderão se os bens da sociedade não forem suficientes para o pagamento total das obrigações sociais, por ocasião da liquidação da sociedade. Isso quer dizer que primeiro o credor deve cobrar a sociedade, para, só depois, cobrar os sócios. É o que se extrai do texto do art.1.024 do CC, *in verbis*: "*Os bens particulares dos sócios não podem ser executados por dívidas da sociedade, senão depois de executados os bens sociais.*"

"*Somente pessoas físicas podem tomar parte na sociedade em nome coletivo, respondendo todos os sócios, solidária e ilimitadamente, pelas obrigações sociais.*" (CC, art. 1.039).

É facilmente perceptível uma vantagem que ela apresenta: o crédito que lhe é dado está em função do crédito individual de cada sócio. O capital denunciado no contrato social constitui, então, mera formalidade. Por isso é uma sociedade de pessoa.

---

[2] BORBA, José Edwaldo Tavares. *Direito societário*. 5. ed. Rio de Janeiro: Renovar, 1999. p. 57-58.

É um tipo de sociedade que se apresenta sob uma firma ou razão social. Veja o que dispõe o art. 1.041 do CC: "*O contrato deve mencionar, além das indicações referidas no art. 997, a firma social.*" Firma é o nome sob o qual a sociedade ou o empresário exerce sua atividade empresarial.

Firma ou razão social é, pois, um nome comercial formado pelo nome, por extenso ou abreviado, de um ou mais sócios. Contendo apenas o nome de um sócio, a firma se comporá desse nome acrescido das palavras e *Companhia* ou *& Cia*. Assim, se Fábio Cunha e Fernando Rafael Lobozzo constituem uma sociedade em nome coletivo, poderão usar como firma ou razão social os nomes dos dois sócios – Cunha & Lobozzo – ou apenas o nome de um dos dois sócios, acrescido das palavras *e companhia*, por extenso ou abreviadamente (Cunha & Companhia, ou Lobozzo & Cia.).

Destarte, existem múltiplos critérios para a composição do nome da firma, podendo-se adotar qualquer um deles, desde que tomando por base sempre o nome de um dos sócios. O que não se pode fazer é colocar o nome de pessoas que não sejam os sócios, como parte da firma social. "*A sociedade em que houver sócios de responsabilidade ilimitada operará sob firma, na qual somente os nomes daqueles poderão figurar, bastando para formá-la aditar ao nome de um deles a expressão 'e companhia' ou sua abreviatura.*" (CC, art. 1.157).

"*A administração da sociedade compete exclusivamente a sócios, nos limites do contrato, privativo dos que tenham os necessários poderes.*" (CC, art. 1.042). Vale dizer, todos os sócios podem gerir a sociedade, excetuada a hipótese de indicação no contrato social, quando, então, só o gerente nomeado poderá fazê-lo.

58.6 SOCIEDADE EM COMANDITA SIMPLES

Na sociedade em comandita simples, tomam parte sócios de duas categorias: os *comanditados*, pessoas físicas, responsáveis solidária e ilimitadamente pelas obrigações sociais, e os *comanditários*, obrigados somente pelo valor de suas quotas (CC, art. 1.045). "*O contrato deve discriminar os comanditados e comanditários.*" (art. 1.045, parágrafo único).

Os sócios comanditados assumem responsabilidade ilimitada na sociedade, respondendo, portanto, com seus bens penhoráveis, embora de maneira subsidiária, por todas as obrigações sociais, tal como os sócios em nome coletivo. Por serem os administradores, exercem a função de gerência; só eles podem usar a firma ou a razão social, e seu nome integra a firma da sociedade. Assim, a firma ou a razão social deverá ser composta do nome, por extenso ou abreviadamente, de um, alguns ou de todos os sócios comanditados. O nome do sócio comanditário não pode constar da razão social, sob pena de este assumir responsabilidade solidária e ilimitada.

Além de a firma conter os nomes dos sócios comanditados, deverá trazer, necessariamente, as palavras "& Companhia", por extenso ou abreviadamente, devido à existência dos sócios comanditários.

Os comanditários, considerados verdadeiros prestadores de capitais, não podem ocupar os cargos de administrador ou gerente da sociedade, limitando-se ao direito de fiscalizar os negócios sociais. "*Salvo estipulação que determine época própria* – diz o art. 1.021 do CC –, *o sócio pode, a qualquer tempo, examinar os livros e documentos, e o estado da caixa e da carteira da sociedade.*"

Por conseguinte, ao comanditário é vedado dar o seu nome à razão social. Não pode, também, praticar qualquer ato de gestão interna ou externa, sob pena de se tornar solidário e ilimitadamente responsável pelas obrigações sociais.

58.7 DA SOCIEDADE LIMITADA

A sociedade limitada surgiu em nosso ordenamento jurídico em 1919, pelo Decreto nº 3.708. Antes, somente existiam sociedades em que o patrimônio particular dos sócios respondia pelas obrigações da pessoa jurídica. Com o surgimento da sociedade limitada, garantiu-se aos sócios a não afetação de seu patrimônio particular pelas dívidas da sociedade.

58.7.1 Limite de responsabilidade dos sócios

"Os bens particulares dos sócios, uma vez integralizado o capital da sociedade por quotas" – decidiu o tribunal –, "não respondem pelas dívidas desta, nem comuns, nem fiscais, salvo se o sócio praticou ato com excesso de poderes ou infração da lei, do contrato social ou estatutos." (RT 766/309).

Realmente, exige a lei que os sócios quotistas apenas integralizem o capital social. É o que deflui do art. 1.052 do CC, *in verbis*:

> "*Na sociedade limitada, a responsabilidade de cada sócio é restrita ao valor de suas quotas, mas todos respondem solidariamente pela integralização do capital social.*"

Uma vez completado o capital social, cessa a responsabilidade dos sócios, e os seus bens penhoráveis não respondem pelas obrigações sociais. Se não houver a integralização do total do capital social, previsto no contrato social, a responsabilidade entre os sócios será solidária até que seja completado o montante do capital faltante, mesmo que um deles já tenha completado a sua parte no capital. Por isso, o tribunal já decidiu: "Se todo o capital estiver realizado, nenhum sócio pode ser compelido a fazer qualquer prestação, eis que nada deve ele à sociedade, tampouco aos credores, cuja garantia repousa exclusivamente no patrimônio social" (RT 422/246).

Em suma, se o capital estiver totalmente integralizado, os sócios ficam desobrigados de qualquer responsabilidade e, mesmo que a sociedade, "sem excessos ou violações praticadas pelos sócios, não seja bem sucedida e o seu capital social se consuma, esvai-se a responsabilidade dos cotistas" (RT 457/141). Vale dizer, os sócios respondem apenas pelo que falta para a integralização do capital social, previsto no contrato social, se for o caso. Uma vez realizado todo o capital social, nenhum deles poderá ser atingido em seu patrimônio particular para o pagamento da dívida da sociedade.

Mesmo no caso da ocorrência de falência da sociedade, integralizado o capital social, não há responsabilidade dos sócios, ou seja, os bens particulares dos sócios não respondem por dívida da sociedade. O art. 9º do Decreto nº 3.708/19 era bastante claro: "*Em caso de falência, todos os sócios respondem solidariamente pela parte que faltar para preencher o pagamento das quotas[3] não inteiramente liberadas.*"

58.7.2 Constituição da sociedade

A sociedade poderá constituir-se por instrumento público ou particular. Em qualquer hipótese, o ato constitutivo ou contrato social será inscrito no Registro Público competente, antes do início de sua atividade (CC, art. 967). Nas omissões dos artigos 1.052 a 1.087, a sociedade limitada é regida pelas normas da sociedade simples, avisa o art. 1.053 do CC. Quando o sócio quotista não integraliza a sua parte no capital social, os outros sócios podem tomá-la para si ou transferi-la a terceiros, excluindo o primitivo titular, e devolvendo-lhe o que houver pago, deduzidos os juros da mora, as prestações estabelecidas no contrato e as despesas (CC, art. 1.058).

---

[3] Quota ou cota: fração ideal do capital social. Não se corporifica em título, como ocorre com as ações.

58.7.3 Formação do seu nome social

A sociedade pode adotar tanto firma como denominação. Tem ela a opção entre uso de firma social ou denominação. Ambas devem sempre ser seguidas da palavra *Limitada*, que pode ser usada abreviadamente: Ltda. (CC, art. 1.158). A omissão da palavra *Limitada* determina a responsabilidade solidária e ilimitada.

1. Firma ou razão social – "*a firma será composta com o nome de um ou mais sócios* – diz o § 1º do art. 1.158 do CC –, *desde que pessoas físicas, de modo indicativo da relação social.*" Deverá ser acrescida da palavra Ltda. Sempre que se omitir o nome de pelo menos um deles, acrescentam-se as palavras & Cia. Ltda. Por exemplo, se Irineu Paschoal e Paulo Sérgio Lobozzo constituem uma sociedade limitada, esta poderá ter como nome empresarial: Irineu Paschoal & Cia. Ltda., ou Paschoal & Lobozzo Ltda. Em caso de falecimento, exclusão ou retirada do sócio que emprestou seu nome para a formação do nome social, deverá haver alteração, uma vez que, nos termos do art. 1.165 do CC, "*o nome de sócio que vier a falecer, for excluído ou se retirar, não pode ser conservado na firma social.*"
2. Denominação: pode ser composta por uma expressão fantasia sendo permitido nela figurar o nome de um ou mais sócios. Deve designar o objeto da sociedade (CC, art. 1.158, § 2º). Seu nome deve sempre ser acrescido da palavra Limitada. Por exemplo: "Nelpa Edições Jurídicas Ltda.".

58.7.4 Administração da sociedade

O contrato social deve designar quem tem poderes para representar a sociedade. Assim, a sociedade será dirigida ou administrada pelo sócio que for designado no contrato social (CC, art. 1.060). Terceiros, não sócios, podem ser administradores da sociedade, como acontece nas sociedades anônimas, desde que o contrato permita e haja a aprovação unânime dos sócios. "*Se o contrato permitir administradores não sócios* – dispõe o art. 1.061 do CC – *a designação deles dependerá de aprovação da unanimidade dos sócios, enquanto o capital não estiver integralizado, e de dois terços, no mínimo, após a integralização.*" Qualquer dos sócios, indicado ou não pelo contrato, está em condições de gerir a sociedade, desde que trabalhe em proveito desta e nos limites dos poderes da gerência.

Havendo excesso de mandato ou atos praticados com violação do contrato ou da lei, o sócio-gerente responde, perante a sociedade e perante terceiros, ilimitadamente, com os seus bens particulares. Em qualquer caso, o uso do nome empresarial é restrito ao administrador da sociedade.

58.7.5 Principal obrigação da sociedade limitada

A principal obrigação da sociedade limitada com mais de dez sócios é fazer pelo menos uma reunião por ano e ter sua ata registrada na Junta Comercial.

58.7.6 Transferência das quotas

Pode um dos sócios ceder suas quotas a terceiros sem a anuência dos demais sócios? Responde o art. 1.057 do Código Civil: "*Na omissão do contrato, o sócio pode ceder sua quota, total ou parcialmente, a quem seja sócio, independentemente de audiência dos outros, ou a estranho, se não houver oposição de titulares de mais de um quarto do capital social.*"

58.7.7 Conselho fiscal na sociedade limitada

Pode o contrato instituir conselho fiscal composto de três ou mais membros e respectivos suplentes, sócios ou não, residentes no país, eleitos na assembleia anual (CC, art. 1.066). Os sócios minoritários que representarem um quinto do capital social poderão indicar um membro do conselho fiscal.

O conselho fiscal é o órgão incumbido de examinar a marcha dos negócios da sociedade e de manifestar-se sobre os atos da administração. O exercício do cargo é de um ano. Em assembleia anual deverão ser escolhidos os membros do conselho e fixados seus honorários. Não podem fazer parte do conselho fiscal os membros dos demais órgãos da sociedade ou de outra por ela controlada, os empregados de quaisquer delas ou dos respectivos administradores, o cônjuge ou parente deste até o terceiro grau (art. 1.066, § 1º).

Aliás, cumpre aqui ressaltar que a fiscalização da sociedade é um direito e dever do sócio, pois, mesmo que ele não seja conselheiro, tudo o que ocorre na sociedade é também de sua responsabilidade, ainda que por omissão.

58.8 SOCIEDADE ANÔNIMA

Por ser um estudo longo e de grande interesse, será visto em capítulo à parte, a seguir.

58.9 SOCIEDADE EM COMANDITA POR AÇÕES

"*A sociedade em comandita por ações tem o capital dividido em ações, regendo-se pelas normas relativas à sociedade anônima, sem prejuízo das modificações constantes deste Capítulo, e opera sob firma ou denominação.*" (CC, art. 1.090). O principal, nesse tipo de sociedade, está na existência de duas categorias de sócios: a) a dos *diretores* ou *gerentes*, que têm responsabilidade ilimitada pelas obrigações sociais; b) a dos *acionistas*, que respondem apenas pelo valor das ações subscritas ou adquiridas. Portanto, a sociedade possui sócios de responsabilidade limitada e de responsabilidade ilimitada, o que não acontece na sociedade anônima.

A sociedade em comandita por ações pode, em lugar de firma, adotar denominação designativa do objeto social, aditada da expressão "*comandita por ações.*" (CC, art. 1.161).

"*Somente o acionista tem qualidade para administrar a sociedade e, como diretor, responde subsidiária e ilimitadamente pelas obrigações da sociedade.*" (CC, art. 1.091).

A sociedade não tem conselho de administração, mas precisa ter assembleia geral e conselho fiscal.

A assembleia geral não pode, sem o consentimento dos diretores, mudar o objeto essencial da sociedade, prorrogar-lhe o prazo de duração, aumentar ou diminuir o capital social, criar debêntures ou partes beneficiárias (CC, art. 1.092).

58.10 SOCIEDADE INDIVIDUAL DE RESPONSABILIDADE LIMITADA – EIRELI

A sociedade individual de responsabilidade limitada (Eireli) foi introduzida em nosso ordenamento jurídico em 2011, pela Lei nº 12.441, que alterou o Código Civil, definindo que

"*A empresa individual de responsabilidade limitada (Eireli) é aquela constituída por uma única pessoa titular da totalidade do capital social, devidamente integralizado, que não poderá ser inferior a 100 (cem) vezes o maior salário mínimo vigente no país."*

Optamos aqui por denominá-la "sociedade individual" pelo fato de ser constituída na forma de pessoa jurídica, porém, deve-se ressaltar que é uma sociedade de um único titular – único proprietário, tratado por parte da doutrina como sociedade unipessoal.

O titular não responderá com seus bens pessoais pelas dívidas da empresa, somente o fará de forma subsidiária. A pessoa natural que constituir empresa individual de responsabilidade limitada apenas poderá figurar em uma única empresa dessa modalidade. Ao nome empresarial deverá ser incluído a expressão "Eireli" após a firma ou a denominação social da empresa individual de responsabilidade limitada. A Eireli também poderá resultar da concentração das quotas de outra modalidade societária já existente em um único sócio, independentemente das razões que motivaram tal concentração. Ela será regulada, no que couber, pelas normas aplicáveis às sociedades limitadas.

59

SOCIEDADE ANÔNIMA

59.1 APRESENTAÇÃO

Suponhamos que uma sociedade anônima pretenda vender uma casa. Sendo ela uma pessoa jurídica, um ente fictício, que não fala, não tem mãos para assinar, como exteriorizar a sua vontade? A evidência mostra que é por meio do homem, do sujeito de direito, que ela age, manifestando sua vontade. "*A administração da sociedade, nada dispondo o contrato social, compete separadamente a cada um dos sócios.*" (CC, art. 1.013). Portanto, pela representação, a sociedade anônima pode falar, agir e praticar os atos da vida comercial, figurando a pessoa natural ou pessoa jurídica como simples intermediária de sua vontade.

Como saber quais são os representantes de uma pessoa jurídica em uma sociedade anônima?

Toda sociedade anônima tem o seu estatuto social registrado na Junta Comercial, mas o estatuto não indica quais pessoas representam a sociedade, mas apenas o órgão representativo da sociedade. Por exemplo, o estatuto pode dispor que cabe ao presidente ou ao diretor comercial ocupar o órgão representativo.

Por outro lado, a sua diretoria é eleita em assembleia geral ordinária ou em reunião do conselho administrativo, lavrando-se a competente e respectiva ata (resumo do que aconteceu na reunião), em que constam os nomes das pessoas que compõem o órgão representativo. A ata registrada é arquivada na Junta Comercial do Estado em que a sociedade tem sua sede e, ainda, publicada no órgão oficial e em outro jornal de grande circulação. Nesta ata é possível identificar quem representa a sociedade.

Não é demais lembrar que o registro na Junta Comercial equivale a registro público. Por si só, os atos aprovados, registrados e arquivados são, por força de lei, de conhecimento público, podendo qualquer pessoa obter a respectiva certidão.

Em suma, para sabermos quem representa a sociedade anônima, em juízo ou fora dele, basta examinar a última ata que elegeu a diretoria, onde aparece o nome ou os nomes das pessoas que ocupam o órgão de representação. Deve-se examinar, também, o estatuto social, para identificar o cargo previsto pelo órgão de representação.

59.2 CARACTERÍSTICAS ESSENCIAIS DA SOCIEDADE ANÔNIMA

A sociedade anônima caracteriza-se por:

1. divisão do capital social em ações;
2. limitação da responsabilidade dos acionistas ao valor das ações subscritas ou adquiridas;
3. livre cessibilidade das ações.

59.2.1 Divisão do capital social em ações

Na sociedade anônima, o capital é dividido em parcelas iguais que se convencionou chamar de *ações* (CC, art. 1.088).

59.2.2 Responsabilidade limitada dos acionistas

Pago o valor da subscrição, termina a responsabilidade do acionista. Ou como diz José da Silva Pacheco: "O acionista, hoje, responde ilimitadamente com todo o seu patrimônio pela integralização das ações subscritas."[1] A garantia de terceiros, de credores da sociedade, estará, então, unicamente no capital social. É por isso que a companhia é eminentemente de capital: porque vive em torno dele.

59.2.3 Livre cessibilidade das ações

A cessão ou transferência das ações ao novo acionista não afeta a estrutura da sociedade. A entrada ou a retirada dos acionistas não altera a estrutura da

---

[1] PACHECO, José da Silva. *Tratado de direito empresarial*. São Paulo: Saraiva, 1979. v. 2. p. 189.

companhia. Por serem as ações livremente negociáveis, nenhum dos acionistas pode impedir o ingresso de quem quer que seja no quadro associativo de uma sociedade anônima aberta. A fechada já possui outra mecânica.

59.3 OBJETO SOCIAL

"Toda sociedade tem um objetivo claramente definido no seu contrato ou estatuto social. As sociedades anônimas podem possuir qualquer propósito, desde que este tenha um fim lucrativo não contrário à lei e à ordem pública. Por isso, a sociedade anônima é sempre empresária, independentemente de seu objeto." (CC, art. 982, parágrafo único).

59.4 NOME EMPRESARIAL DA COMPANHIA

A sociedade anônima, ao constituir-se, adota um nome ou uma denominação, sob o qual exerce sua atividade comercial.

A denominação pode conter nomes de pessoas, como o do fundador, ou de quem tenha concorrido para o êxito da sociedade.

"A sociedade será designada por denominação acompanhada das expressões "companhia" ou "sociedade anônima", expressas por extenso ou abreviadamente, mas vedada a utilização da primeira ao final." (Lei nº 6.404, art. 3º).

Por exemplo: "Casa José Silva S/A", "Concórdia Cia. de Seguros" ou, ainda, "Cia. Rhodia do Brasil".

A proibição do uso da palavra *companhia* no final da denominação visa a evitar qualquer confusão com a firma ou razão social da "sociedade em nome coletivo". Por exemplo, Lobozzo & Cia. é uma firma em nome coletivo, não uma sociedade anônima.

Por derradeiro, a lei não permite usar conjuntamente as expressões *companhia* e *sociedade anônima*.

59.5 ESPÉCIES DE SOCIEDADES ANÔNIMAS

As ações das sociedades anônimas têm natureza de títulos de crédito e podem ser negociadas livremente, daí a denominação sociedade aberta, sem que a sociedade possa impedir a sua transmissão. Formou-se, então, um verdadeiro mercado concernente principalmente às ações. É o denominado *mercado de capitais* ou *mobiliário*, um mercado especial, realizado geralmente por intermédio das *Bolsas de Valores*, onde são realizados contratos de compra e venda de ações, debêntures e demais valores emitidos pelas companhias. A propósito, escreve Fran Martins:

> Esse mercado, chamado de *mercado de capitais* ou *mobiliário*, em regra funciona como um índice da situação da empresa: se esta vem obtendo bons resultados, naturalmente as ações passarão a ter maior valor; se, pelo contrário, as atividades da sociedade não são satisfatórias, as ações perdem valor.[2]

Portanto, o preço de emissão não se confunde com o valor nominal ou de mercado. A rentabilidade ou o crescimento da empresa faz o alienante conseguir melhor preço do que aquele de emissão.

Bolsa de Valores é pessoa jurídica de direito privado, uma associação formada por diversas sociedades corretoras e que têm por objeto manter um local de encontro adequado para os negócios de seus associados. A sua finalidade precípua é negociar os títulos emitidos pelas sociedades anônimas abertas.

Só as chamadas sociedades *abertas* têm as suas ações negociadas nesse mercado especial; as *fechadas* não as têm.

Aberta é, portanto, a companhia que capta recursos junto ao público, tendo seus valores mobiliários negociados no mercado de valores mobiliários. "*Para os efeitos desta lei* – diz a Lei nº 6.404/76, art. 4º –, *a companhia é aberta ou fechada conforme os valores mobiliários de sua emissão estejam ou não admitidos à negociação no mercado de valores mobiliários.*" Para que uma companhia tenha suas ações ou valores mobiliários de sua emissão admitidos na Bolsa de Valores ou no mercado de valores mobiliários, necessita obter do governo federal a devida autorização. O órgão federal encarregado para tal autorização é a Comissão de Valores Mobiliários (CVM).

"*Somente os valores mobiliários de emissão de companhia registrada na Comissão de Valores Mobiliários podem ser negociados no mercado de valores mobiliários.*" (§ 1º). "*Nenhuma distribuição pública de valores mobiliários será efetivada no mercado sem prévio registro na Comissão de Valores Mobiliários.*" (§ 2º).

Concluindo, há duas espécies de sociedade anônima: a) a companhia aberta; b) a companhia fechada.

---

[2] MARTINS, Fran. *Curso de direito comercial*. 29. ed. Rio de Janeiro: Forense, 2005. p. 310.

A aberta ao público tem livre cessibilidade de suas ações. Tem as suas ações negociadas no mercado especial, por intermédio das Bolsas de Valores, ou no mercado de valores mobiliários.

A fechada não tem suas ações negociadas no referido mercado de valores mobiliários ou não as coloca à venda ao público. Veja o que determina o art. 36 da Lei nº 6.404: "*O estatuto da companhia fechada pode impor limitações à circulação das ações nominativas, contanto que regule minuciosamente tais limitações.*"

59.6 OS VALORES MOBILIÁRIOS

A sociedade aberta procura captar recursos financeiros no mercado pela emissão de papéis. Estes representam valores mobiliários. São eles: as ações, partes beneficiárias, debêntures, os bônus de subscrição e as notas promissórias (Inst. CVM 134/90). Dada a natureza desta obra, analisaremos apenas as ações e as debêntures.

59.7 AÇÕES

O capital social de uma sociedade anônima é formado pelas ações. Quem as adquire, passa a ser sócio da sociedade.

As ações são representadas por documentos que têm a natureza de títulos de crédito. Como títulos de crédito, elas podem ser negociadas e transferidas, sem que isso modifique o ato constitutivo ou a organização da sociedade.

59.8 ESPÉCIES DE AÇÕES

As ações se apresentam sob diversas categorias e, de acordo com a lei, podem ser elas classificadas:

1. quanto às vantagens oferecidas ao seu titular;
2. quanta à forma de sua circulação.

59.8.1 Quanto às vantagens que as ações conferem a seus titulares

Elas podem ser de três espécies: ordinárias, preferenciais e de fruição.

59.8.1.1 Ações ordinárias

As ações ordinárias são aquelas que conferem ao titular os direitos de participar nos dividendos e de participar das assembleias de uma companhia aberta (com a possibilidade de votar e ser votado), deliberando a respeito da vida societária por intermédio de seu voto. Tem ele, pois, o direito de votar e ser votado para eleger ou se eleger presidente, vice-presidente, um dos diretores ou a outro cargo qualquer.

Não é demais lembrar que, em regra, cada ação dá direito a um voto. Se o acionista for titular de cem ações ordinárias, por exemplo, terá ele cem votos nas assembleias, deliberando a respeito da vida da sociedade. Vale dizer, os votos não são tomados pelo número de pessoas, mas pelo número de ações.

59.8.1.2 Ações preferenciais

As ações preferenciais atribuem ao titular determinados privilégios ou preferências. Esses privilégios podem, por exemplo, consistir na prioridade na distribuição dos lucros ou dividendos[3] da sociedade, ou no reembolso do capital quando a sociedade tiver de ser liquidada.

As ações preferenciais podem ou não conferir o direito de voto aos seus titulares. A ação preferencial só não terá direito de voto se o estatuto assim o dispuser. Basta a omissão no estatuto para que cada ação corresponda a um voto.

"O número de ações preferenciais sem direito a voto, ou sujeitas a restrição no exercício desse direito, não pode ultrapassar 50% (cinquenta por cento) do total das ações emitidas." (Lei nº 6.404/76, art. 15, § 2º).

Se a sociedade prevê expressamente no estatuto o não direito de voto, o titular das ações preferenciais poderá adquirir

"o exercício desse direito se a companhia, pelo prazo previsto no estatuto, não superior a 3 (três) exercícios consecutivos, deixar de pagar os dividendos fixos ou mínimos a que fizerem jus, direito que conservarão até o pagamento." (Lei de Sociedade Anônima, art. 111, § 1º).

Essa tomada de posição do nosso legislador é para evitar abusos por parte dos administradores da sociedade que, em regra, são acionistas ordinários.

---

[3] Dividendos são as partes que comprometem a cada ação nos lucros de uma companhia.

59.8.1.3 Ações de fruição ou de gozo

As ações de fruição são aquelas emitidas em substituição às ações ordinárias ou preferenciais que tiverem sido totalmente amortizadas pela sociedade. Quando uma sociedade anônima vai entrar em liquidação, ela antecipa aos acionistas as importâncias do valor das ações. Fran Martins explica:

> Uma vez pagas as importâncias das ações, em seu lugar, a sociedade poderá distribuir aos sócios outras espécies, denominadas ações de gozo ou de fruição, de posse das quais os acionistas continuarão a ter os seus direitos na sociedade, fazendo jus aos dividendos e tomando parte nas deliberações sociais se, neste último caso, as ações substituídas lhe derem direito a voto.[4]

Evidentemente, por ocasião da liquidação da sociedade, os acionistas não mais receberão as importâncias correspondentes ao valor das ações; essas já foram pagas antecipadamente, por ocasião da amortização. Trata-se de uma operação excepcional, porque a lei, em regra, veda à companhia a negociação de suas próprias ações (art. 30).

59.8.2 Quanto à forma de sua circulação

Anteriormente à Lei nº 8.021, de 1990, as ações eram classificadas quanto à forma de sua circulação em: nominativas, endossáveis e ao portador. Essa lei modificou o art. 20 da Lei nº 6.404/76, extinguindo as ações ao portador e as endossáveis e criando as ações *nominativas* e *escriturais*.

São nominativas as ações registradas em um livro denominado "Registro de Ações Nominativas", da sociedade emissora. Tais ações só podem ser transferidas por meio de um termo de cessão no referido livro, ocasião em que haverá a assinatura do cedente e do cessionário. Somente após a lavratura do termo lançado no referido livro é que o cessionário passará a ser acionista, com os direitos que lhe são inerentes. Portanto, as nominativas circulam mediante registro no livro próprio da companhia, diferentemente das ações escriturais, que são representadas por certificados. Entretanto, apenas nas companhias abertas, desde que o seu estatuto estabeleça, poderá ela, no lugar de expedir o certificado, mantê-la em

---

[4] MARTINS, Fran. *Curso de direito comercial*. 29. ed. Rio de Janeiro: Forense, 2005. p. 316.

conta de depósito, em instituição financeira devidamente autorizada e em nome dos seus titulares. Eis o que determina o art. 34 da Lei nº 6.404:

> *"O estatuto da companhia pode autorizar ou estabelecer que todas as ações da companhia, ou uma ou mais classes delas, sejam mantidas em contas de depósito, em nome de seus titulares, na instituição que designar, sem emissão de certificados."*

Essas ações podem circular; para tanto, faz-se o pedido à instituição financeira por lançamento nos livros desta, a débito do alienante e a crédito do adquirente.

59.9 DEBÊNTURES

Quando uma companhia necessita de empréstimo, talvez para se desenvolver, e não deseja um empréstimo bancário, pratica um mútuo pela emissão de títulos negociáveis, as debêntures, colocando-as em circulação à disposição do público. Quem as adquire passa a ser credor da sociedade. Caso esta deixe de pagá-las, o credor poderá propor ação de execução com base nesse título.

A debênture confere aos seus titulares direito de crédito contra a companhia, nas condições constantes da escritura de emissão e, se houver, do certificado (Lei nº 6.404/76, art. 52). O certificado leva o nome do debenturista (art. 64, X).

Para a companhia poder negociar no mercado, as debêntures podem ter garantia real, conter cláusula de correção monetária com base nos coeficientes fixados para correção de título da dívida pública, participação nos lucros da companhia, render juros fixos ou variáveis e até prêmio de reembolso. A garantia real consiste no oferecimento de um bem imóvel, pertencente ou não à companhia, ficando este hipotecado até a consumação do pagamento total do empréstimo, ou seja, o bem oferecido em garantia fica devidamente gravado com esse ônus. Tudo constará da matrícula do imóvel oferecido no Cartório de Registro de Imóveis correspondente.

As debêntures podem ser convertidas em ações (art. 57). Assim, há duas espécies de debêntures: as debêntures simples e as debêntures conversíveis em ações.

> *"A escritura de emissão pode estabelecer que as debêntures sejam mantidas em contas de custódia, em nome de seus titulares, na instituição que designar, sem emissão de certificados."* (§ 2º).

59.10 CONSTITUIÇÃO DAS SOCIEDADES ANÔNIMAS

A sociedade anônima é constituída por dois modos diferentes:

1. pela subscrição do capital por pessoa que deseja constituí-la, dando-se a essa espécie de constituição o nome de *simultânea* ou *por subscrição particular*;
2. pela subscrição do capital pelo apelo ao público, havendo neste caso, a constituição sucessiva ou *por subscrição pública*.

59.10.1 Constituição por subscrição particular ou simultânea

Ocorre quando dois ou mais subscritores de todo o capital social se reúnem em assembleia de fundação, deliberam a constituição por subscrição particular e, ao cabo da subscrição de todo o capital, dão por constituída definitivamente a sociedade. Além da constituição por meio de assembleia geral dos subscritores, poderá processar-se também por escritura pública.

Entretanto, para constituir-se, deve atender a três requisitos:

1. subscrição, por pelo menos duas pessoas naturais e/ou jurídicas, de todo o capital social fixado no estatuto da companhia;
2. realização, como entrada, de 10%, no mínimo, do preço de emissão das ações subscritas em dinheiro;
3. depósito, no Banco do Brasil S/A, ou em outro estabelecimento bancário autorizado pela CVM, da parte do capital realizado em dinheiro (Lei das S.A., art. 80). Se o subscritor entrar com bens, ficará isento do depósito.

Quando uma pessoa subscreve um certo número de ações, não significa que deva fazer o pagamento integral no ato da subscrição. Poderá a subscrição ser a prazo, depositando o subscritor em dinheiro pelo menos 10% do preço da ação.

Portanto, o pagamento pode ser feito até parceladamente, tornando-se devedor da sociedade da importância subscrita. Se não pagar na época combinada, poderá ser acionado pela própria sociedade.

O depósito dos 10% no estabelecimento bancário deverá ser feito em nome do subscritor e a favor da sociedade em organização, que só o levantará depois de haver adquirido personalidade jurídica.

Constituída a companhia, por deliberação da assembleia geral, a diretoria eleita ou nomeada providenciará o arquivamento dos documentos constitutivos (um exemplar do estatuto, prova do depósito bancário, duplicata da ata em que se deliberou a constituição da sociedade etc.) na Junta Comercial, para fins de aquisição de personalidade e funcionamento regular.

59.10.2 Constituição sucessiva ou por subscrição pública

A constituição por apelo ao público ou sucessiva surge quando uma ou mais pessoas, denominadas fundadores da companhia, elaboram *o projeto do estatuto*[5] e o *prospecto* e contratam uma financeira para servir de intermediária no lançamento das ações na Bolsa de Valores ou no Mercado de Balcão. Assinado o prospecto pelo(s) fundador(es) e pela financeira, faz-se então o registro da constituição perante a CVM, que fará um estudo sobre a viabilidade econômica e financeira do empreendimento, sobre o projeto do estatuto e sobre o prospecto.

O prospecto é o documento básico para a financeira obter as subscrições. Esse documento consiste numa exposição clara e precisa das bases da sociedade e dos motivos que têm os fundadores para esperar o êxito do empreendimento. Encerra, pois, uma antevisão do sucesso da empresa.

A CVM pode condicionar o registro a modificações no projeto do estatuto ou no prospecto, ou denegá-lo por inviabilidade ou temeridade do empreendimento, ou ainda por inidoneidade dos fundadores (Lei nº 6.404/76, art. 82, § 2º).

Se a CVM estiver de acordo, publica-se a oferta de subscrição das ações. *"A instituição financeira intermediária do lançamento, em cujo poder ficarão depositados os originais do prospecto e do projeto de estatuto, com os documentos a que fizerem menção, para exame de qualquer interessado."* (Lei das S.A., art. 84, XII).

Faz-se, então, a subscrição das ações representativas do capital social pela instituição financeira, ocasião em que cada subscritor assina o boletim individual devidamente autenticado pela instituição autorizada a receber as entradas; em seguida, o depósito bancário dos 10%, feito em favor da sociedade e em nome do subscritor. Finalmente, se todo o capital previsto no projeto do estatuto se encontrar integralmente subscrito, os fundadores convocarão uma assembleia geral de todos os subscritores, para a constituição da sociedade.

A assembleia de constituição será instalada, em primeira convocação, com a presença de subscritores que representem, no mínimo, a metade do capital social, e, em segunda convocação, com qualquer número. Nesta assembleia, todos os subscritores poderão votar, qualquer que seja o tipo das suas ações, votando o

---

[5] Estatuto social é o instrumento de constituição de uma sociedade anônima.

projeto do estatuto. Aprovado o estatuto social, com emendas ou não, será proclamada a sua constituição.

Declarada pelo presidente da assembleia estar a sociedade constituída, faz-se, em seguida, a eleição dos primeiros administradores e fiscais. Para elegê-los, votarão somente os acionistas com direito a voto. Está, portanto, formada a sociedade, e o seu funcionamento dependerá apenas do arquivamento, que é o procedimento para registro dos atos constitutivos na Junta Comercial. "*Nenhuma companhia* – diz o art. 94 da Lei das S.A. – *poderá funcionar sem que sejam arquivados e publicados seus atos constitutivos.*" É nesse momento que surge a pessoa jurídica, um sujeito de direito, pronta para realizar seus objetivos.

59.11 ACIONISTAS

O acionista é sócio da sociedade anônima. Não o sócio que se associa a outrem para constituir uma sociedade empresária de natureza contratual, mas apenas o possuidor de ações integrantes do capital social da sociedade anônima.

59.11.1 Direitos do acionista

No momento em que uma pessoa adquire ações de uma companhia, passa a participar da sociedade, tendo os seguintes direitos:

1. participar dos lucros sociais;
2. participar do acervo da companhia, em caso de liquidação;
3. preferência para adquirir novas ações, quando houver aumento de capital;
4. fiscalizar a gestão dos negócios sociais, comparecendo nas assembleias;
5. votar nas deliberações sociais, desde que seja possuidor de ações que lhe dêem esse direito;
6. retirar-se da sociedade nos casos previstos em lei.

59.11.2 O acionista controlador

Acionista controlador, também conhecido como acionista majoritário, é a pessoa física ou jurídica, ou um grupo de pessoas vinculadas por acordo de voto, que tem a maioria de votos nas deliberações da assembleia geral, podendo eleger os administradores e, assim, dirigir as atividades sociais e orientar o funcionamento dos órgãos da companhia.

"*Entende-se por acionista controlador* – diz o art. 116 da Lei das S.A. – *a pessoa, natural ou jurídica, ou o grupo de pessoas vinculadas por acordo de voto, ou sob controle comum, que:*

1. *é titular de direitos de sócio que lhe assegurem, de modo permanente, a maioria dos votos nas deliberações da assembleia geral e o poder de eleger a maioria dos administradores da companhia;*
2. *usa efetivamente seu poder para dirigir as atividades sociais e orientar o funcionamento dos órgãos da companhia.*"

59.11.3 Deveres e responsabilidades do acionista controlador

Ao acionista controlador a lei impõe deveres e responsabilidades para com os demais acionistas da sociedade, respondendo ele pelos danos causados por atos praticados com abuso de poder.

São modalidades de exercício abusivo de poder:

1. orientar a companhia para fim estranho ao objeto social ou levá-la a favorecer outra sociedade, brasileira ou estrangeira, em prejuízo da participação dos acionistas minoritários nos lucros, no acervo da companhia, ou na economia nacional;
2. promover a liquidação de companhia próspera com o fim de obter, para si ou para outrem, vantagens indevidas;
3. promover alteração estatutária, emissão de valores mobiliários ou adoção de políticas ou decisões que não tenham por fim o interesse da companhia e visem causar prejuízo aos acionistas minoritários, aos investidores em valores mobiliários emitidos pela companhia;
4. eleger administrador ou fiscal que sabe inapto, moral ou tecnicamente;
5. induzir ou tentar induzir administrador ou fiscal a praticar ato ilegal;
6. contratar com a companhia, diretamente ou por meio de outrem, ou de sociedade na qual tenha interesse, em condições de favorecimento;
7. aprovar ou fazer aprovar contas irregulares de administradores, para favorecimento pessoal, ou deixar de apurar denúncia que saiba ou devesse saber procedente (Lei das S.A., art. 117).

59.12 ÓRGÃOS SOCIAIS

O funcionamento de uma sociedade anônima depende de sua organização, que é composta por diversos órgãos sociais. Se for uma companhia aberta, terá:

1. assembleia geral;
2. conselho de administração;
3. diretoria;
4. conselho fiscal.

O conselho de administração é facultativo nas companhias fechadas.

59.13 ASSEMBLEIA GERAL

A assembleia geral é a reunião dos acionistas que deliberam sobre matéria de interesse geral da sociedade. É um órgão deliberativo. "*A assembleia geral, convocada e instalada de acordo com a lei e o estatuto* – dispõe o art. 121 da Lei das S.A. –, *tem poderes para decidir todos os negócios relativos ao objeto da companhia e tomar as resoluções que julgar convenientes à sua defesa e desenvolvimento.*" Portanto, é o órgão máximo da organização, pois tem o poder para resolver todos os negócios relativos ao objeto da companhia.

É da competência privativa da assembleia geral:

1. reformar o estatuto social;
2. eleger ou destituir, a qualquer tempo, os administradores e fiscais da companhia;
3. tomar, anualmente, as contas dos administradores e deliberar sobre as demonstrações financeiras por eles apresentadas;
4. autorizar os administradores a confessar falência e pedir recuperação.

59.13.1 Espécies de assembleias

As assembleias gerais poderão ser de duas espécies: ordinárias e extraordinárias.

59.13.1.1 Assembleia geral ordinária

A assembleia geral ordinária é obrigatória uma vez ao ano e deve ser realizada nos quatro primeiros meses após o término do exercício social, para:

1. tomar as contas dos administradores, examinar, discutir e votar as demonstrações financeiras;
2. deliberar sobre a destinação do lucro líquido do exercício e a distribuição de dividendos;
3. eleger os administradores e os membros do conselho fiscal, quando for o caso;
4. aprovar a correção da expressão monetária do capital social (art. 167).

59.13.1.2 Assembleia geral extraordinária

A assembleia geral extraordinária será convocada para os fins destinados no edital de convocação. Como o próprio nome diz, a assembleia geral extraordinária é reservada às deliberações excepcionais, podendo até aprovar ou discutir assunto da alçada da ordinária, desde que a reunião seja fora da época legal destinada à ordinária.

59.14 PROCEDIMENTO

A convocação da assembleia geral compete, em primeiro lugar, ao conselho de administração, se houver. Não existindo esse órgão, caberá aos diretores. A convocação também pode ser feita:

1. pelo conselho fiscal, quando o órgão de administração retardar a convocação da assembleia geral ordinária por mais de um mês ou, no caso de assembleia geral extraordinária, sempre que motivos graves ou urgentes a justificarem;
2. por qualquer acionista, quando os administradores retardarem, por mais de 60 dias, a convocação;
3. por acionistas que representem 5%, no mínimo, do capital votante, quando os administradores não atenderem, no prazo de oito dias, o pedido de convocação que apresentarem, devidamente fundamentado, com indicação das matérias a serem tratadas.

Para se realizar uma assembleia, deve-se fazer convocação por intermédio de anúncios publicados, por três vezes no mínimo, no órgão oficial do estado ou da União, conforme o lugar da sede social, ou em outro jornal de grande circulação editado no local da sede da companhia.

A primeira convocação na companhia aberta deverá ser feita com 15 dias de antecedência, no mínimo, contado o prazo da publicação do primeiro anúncio; não se realizando a assembleia por falta de *quorum*, será publicado novo anúncio, da segunda convocação, com antecedência mínima de oito dias.

Os acionistas sem direito de voto podem comparecer à assembleia geral e discutir a matéria submetida a deliberação.

Durante o funcionamento da assembleia, as deliberações devem seguir a disciplina prevista na "ordem do dia", conforme constam da convocação e publicação. Em livro próprio, será lavrada uma ata, que consiste no registro sucinto dos acontecimentos ocorridos na reunião.

A assembleia terá um presidente e um secretário escolhidos pelos acionistas presentes, salvo disposição diversa do estatuto. As deliberações da assembleia geral são, em regra, tomadas por maioria absoluta (50% mais um) de votos de acionistas com direito a voto.

59.14.1 *Quorum* de instalação da assembleia geral

"*Ressalvadas as exceções legais, a assembleia geral instalar-se-á, em primeira convocação, com a presença de acionistas que representem, no mínimo 1/4 do capital social com direito de voto; em segunda convocação, instalar-se-á com qualquer número.*" (LSA, art. 125).

59.15 CONSELHO DE ADMINISTRAÇÃO

"*As companhias abertas terão, obrigatoriamente, conselho de administração.*" (LSA, art. 138).

O conselho de administração é um órgão de deliberação colegiado e tem a função precípua de fixar a orientação geral dos negócios da companhia.

Compete à assembleia geral dos acionistas votantes, geralmente ao acionista controlador, eleger ou destituir o conselho de administração; a este, por sua vez, cabe o direito de eleger ou destituir os diretores.

59.15.1 Composição do conselho de administração

Os membros do conselho de administração têm de ser, obrigatoriamente, acionistas da sociedade e pessoas naturais residentes no país.

O conselho de administração será composto, no mínimo, por três membros. O estatuto deve estabelecer o número de conselheiros. O prazo de gestão não poderá ser superior a três anos, permitida a reeleição.

59.15.2 Competência do conselho de administração

"Além da competência de fixar a orientação geral dos negócios sociais, destaca-se a de fiscalizar a gestão dos diretores, examinar, a qualquer tempo, os livros e papéis da companhia, solicitar informações sobre contratos celebrados ou em via de celebração e quaisquer outros atos." (LSA, art. 142, III).

59.16 DIRETORIA

A diretoria tem a função de representar a sociedade. É um órgão executivo das deliberações da assembleia geral dos acionistas ou do conselho de administração, conforme o caso.

Será a diretoria composta de dois ou mais diretores, conforme o estabelecido no estatuto social. O prazo de gestão não será superior a três anos, permitida a reeleição.

Os membros do conselho de administração, até o máximo de 1/3, poderão ser eleitos para os cargos de diretores. Só podem ser nomeadas para a diretoria pessoas naturais residentes no país, podendo ser acionistas ou não da sociedade.

59.17 CONSELHO FISCAL

Nas sociedades anônimas, a fiscalização dos negócios sociais é feita pelo conselho fiscal. É o órgão incumbido de examinar a marcha dos negócios da companhia e de manifestar-se sobre os atos da administração. Assim, ao menos um dos membros do conselho fiscal deverá comparecer às reuniões da assembleia geral e responder aos pedidos de informações formulados pelos acionistas. Os pareceres de seus membros poderão ser apresentados e lidos na assembleia geral dos acionistas, independentemente de publicação e ainda que a matéria não conste da ordem do dia (LSA, art. 164 e parágrafo único). Enfim, a função precípua do conselho é a de fiscalizar os atos da administração social, tanto do conselho como da diretoria.

"O conselho fiscal será composto de, no mínimo, 3 (três) e, no máximo, 5 (cinco) membros, e suplentes em igual número, acionistas ou não, eleitos pela assembleia geral." (LSA, art. 161, § 1º).

Na constituição do conselho fiscal, serão observadas as seguintes normas:

1. Os titulares de ações preferenciais sem direito a voto terão direito de eleger, por votação em separado, um membro e seu respectivo suplente; igual direito terão os acionistas minoritários, desde que representem, em conjunto, 10% (dez por cento) ou mais das ações com direito a voto.
2. O acionista controlador tem o direito de eleger um membro a mais em relação aos dos grupos minoritários e os titulares de ações preferenciais. Assim, se o conselho fiscal possuir cinco membros, os grupos minoritários elegem um; o grupo dos titulares das ações preferenciais, outro, e o controlador três; se o conselho fiscal possuir três membros, os grupos minoritários têm o direito de eleger um e o controlador dois.

"Somente poderão fazer parte do conselho fiscal as pessoas naturais, residentes no país, diplomadas em curso de nível superior, ou que tenham exercido, pelo prazo mínimo de 3 anos, cargo de administrador de empresa ou de conselheiro fiscal, exceto nas localidades em que não houver pessoas habilitadas, em número suficiente, para o exercício da função." (LSA, art. 162, § 1º). *"Não pode ser eleito fiscal o membro do órgão de administração, ou do mesmo grupo, bem como o cônjuge ou parente, até o terceiro grau, de administrador da companhia."* (LSA, art. 162, § 2º).

Os membros do conselho fiscal têm deveres e responsabilidades semelhantes aos dos administradores respondendo pelos danos resultantes de omissão no cumprimento de seus deveres e de atos praticados com culpa ou dolo, ou com violação da lei ou estatuto.

60

DO ESTABELECIMENTO EMPRESARIAL

60.1 APRESENTAÇÃO

Analisamos, anteriormente, os sujeitos de direito, pessoa natural ou jurídica (empresário individual ou coletivo), que são os titulares dos bens ou das coisas.[1]

Os bens, por sua vez, ou são singulares ou coletivos.

Bens singulares são aqueles considerados de *per se* (por si), independentes dos demais, estando seus elementos componentes ligados entre si. Uma casa, um relógio, um cavalo, são exemplos típicos de bens singulares.

Bens coletivos são os que se compõem de vários bens singulares, vistos como uma unidade, mas seus elementos componentes não estão ligados entre si: um rebanho, um estabelecimento empresarial, uma biblioteca são exemplos dessa espécie de bens. São também chamados *universalidades de bens*. "A universalidade" – escreve Serpa Lopes – "compõe-se de várias coisas singulares, reunidas para determinado objetivo formando um todo econômico, com função própria."[2] A universalidade pode ser de direito ou de fato.

1. *Universalidade de direito* é aquela que surge pela vontade da lei. O espólio ou a massa falida, por exemplo, nascem pela vontade da lei. Quando morre uma pessoa, queira ou não, surge o seu espólio, a soma de bens deixados pelo falecido; quando o juiz decreta a falência, queira ou não, nasce a massa falida, o acervo de bens do falido.

---

[1] "Coisa é, assim, sinônimo de *bens*", explica De Plácido e Silva (*Vocabulário jurídico*. Rio de Janeiro: Forense, 1982. p. 450).
[2] SERPA LOPES. *Curso de direito civil*. Rio de Janeiro: Freitas Bastos, 1957. p. 369.

2. *Universalidade de fato* é aquela que nasce pela vontade do seu proprietário. O estabelecimento empresarial, por exemplo, é uma universalidade de fato.

60.2 A EMPRESA E O ESTABELECIMENTO EMPRESARIAL

Tanto a empresa como o estabelecimento empresarial constituem-se de bens materiais e imateriais, também denominados corpóreos e incorpóreos. O art. 1.142 do CC afirma nesse sentido: "***Considera-se estabelecimento todo complexo de bens organizado, para exercício da empresa, por empresário, ou por sociedade empresária.***" Portanto, a empresa, como o estabelecimento, não é sujeito de direito. O seu titular, sim, o empresário individual ou coletivo (sociedade empresária).

A empresa visa mais à produção de bens ou serviços. Aí, o empresário reúne os meios necessários à produção, como o capital, o trabalho, as maquinarias e produz bens ou serviços destinados à circulação visando aos lucros. Poder-se-ia afirmar que o estabelecimento, também denominado *fundo de comércio*, é o local onde o empresário individual, ou a sociedade empresária, exerce sua atividade, complementado por todos os demais pertences necessários ao exercício do ofício, fazendo circular os bens, visando a obter lucros.

60.3 COMPOSIÇÃO DO ESTABELECIMENTO

Na empresa, como no estabelecimento empresarial, pressupõe-se a existência de um complexo de bens, materiais e imateriais. Trata-se de uma universalidade cujos elementos componentes não estão ligados entre si; cada bem ou coisa pode ser objeto de alienação pelo empresário ou pela sociedade empresária. Mas a empresa ou o estabelecimento é visto como uma unidade composta por dois grandes grupos de bens: os corpóreos e os incorpóreos, todos eles servindo o empresário no exercício do comércio.

Os corpóreos têm corpo, ocupam lugar no mundo exterior; os incorpóreos, não.

Como elementos corpóreos temos: as vitrines de uma loja, os balcões, as prateleiras, as instalações, o estoque de mercadorias, as máquinas e equipamentos que se destinam à produção, os livros contábeis etc.

Como elementos incorpóreos destacam-se: o nome do estabelecimento, o ponto comercial, o aviamento,[3] marcas, patentes etc. Todos esses elementos têm a sua proteção jurídica específica, como veremos ao estudar o ponto comercial.

Na impossibilidade de analisarmos todos os elementos componentes do estabelecimento, dada a natureza do presente trabalho, destacaremos apenas o ponto comercial em que o negócio está estabelecido, considerado, numa cidade grande, o elemento principal, de inegável valor econômico.

60.4 DIREITO AO LOCAL OU AO PONTO COMERCIAL

O ponto comercial é o local onde está situado o estabelecimento e para onde, geralmente, se dirige a clientela. Normalmente, é a casa de comércio, na qual o empresário ou a sociedade empresária exerce a sua atividade, visando a atrair e a conquistar a clientela. Numa grande cidade, pode-se afirmar ser o local ou o ponto comercial um bem incorpóreo; ele é o elemento principal do estabelecimento.

Se o empresário individual ou a sociedade empresária se encontram estabelecidos em imóvel alugado, a Lei do Inquilinato (Lei nº 8.245, de 1991) protege o seu ponto comercial, pois se o inquilino empresário for forçado a mudar-se do local, poderá ter um enorme prejuízo pela perda de sua freguesia, enquanto o proprietário do prédio se locupletaria[4] com essa mudança.

60.4.1 Da locação predial

No direito brasileiro, há duas espécies de locação: a locação residencial e a locação não residencial. O que interessa aqui é tratarmos do problema da retomada do imóvel pelo locador.

1. *Locação residencial* – na locação residencial imperam tanto a denúncia cheia como a vazia. Na denúncia cheia, para o locador retomar o imóvel alugado, deve apresentar um dos motivos previstos pela Lei do Inquilinato. Por exemplo, pode-se retomar o imóvel para uso próprio ou para uso de seu descendente. Na denúncia vazia, desde que vencido

---

[3] Aviamento é a parte do estabelecimento comercial que produz lucros futuros; consiste na expectativa de lucros futuros, no entendimento de Vivante.
[4] Locupletar-se: enriquecer, abarrotar-se de dinheiro.

o contrato, para o locador retomar o imóvel alugado, não precisa fundamentar o pedido em nenhum motivo. Basta a manifestação do desejo da retomada e o locador terá o retorno do imóvel em pouco tempo. Nos contratos realizados antes da vigência da atual Lei do Inquilinato, de 1991, imperava a denúncia cheia. Entretanto, se o locador notificar o inquilino dando-lhe um prazo de 12 meses para deixar o imóvel locado, não havendo o inquilino desocupado o prédio após esse período, a locação passa para denúncia vazia. Também será denúncia vazia se o contrato for celebrado depois da vigência da Lei nº 8.245/91, desde que com um prazo igual ou superior a 30 meses.

2. *Locação não residencial* – tratando-se de locação não residencial, o locador não precisa apresentar qualquer motivo para retomar o imóvel, isto porque impera aí a denúncia vazia. Entretanto, se o locatário alugar o imóvel para se estabelecer com fins lucrativos e contrata por escrito a locação por tempo determinado (no mínimo cinco anos, admitida a soma dos prazos de contratos sucessivos) e está explorando o mesmo ramo de atividade econômica pelo período mínimo e ininterrupto de três anos, tem direito à propositura de ação renovatória para obter a renovação do seu contrato de locação, compulsoriamente, por mais cinco anos. É o que se extrai do art. 51 da Lei nº 8.245/91 (Lei do Inquilinato), *in verbis*:

"Nas locações de imóveis destinados ao comércio, o locatário terá direito a renovação do contrato, por igual prazo, desde que, cumulativamente:

  I – o contrato a renovar tenha sido celebrado por escrito e com prazo determinado;
  II – o prazo mínimo do contrato a renovar ou a soma dos prazos ininterruptos dos contratos escritos seja de cinco anos;
  III – o locatário esteja explorando seu comércio, no mesmo ramo, pelo prazo mínimo e ininterrupto de três anos."

O exercício do direito à renovação do contrato se faz por uma ação judicial denominada *renovatória*, desde que esta seja aforada no interregno de um ano, no máximo, ou até seis meses, no mínimo, anteriores à data da finalização do prazo do contrato em vigor. Citado o locador, este tem dois caminhos:

1. quando o locatário propuser a ação judicial, deverá apresentar uma proposta de novo aluguel. Se o locador verificar que o valor não corresponde

ao do mercado, contestando esse fato, o juiz ordenará a apuração do valor por perícia judicial, antes que se renove o contrato;
2. proposta a ação pelo inquilino, o locador poderá pretender a retomada para uso próprio, desde que não objetive a mesma atividade explorada pelo locatário. Terá o locatário direito a indenização por perdas e danos se o locador explorar no imóvel atividade igual ou semelhante à sua.

Havendo a retomada, o locatário terá direito a indenização para ressarcimento dos prejuízos e dos lucros cessantes se o locador, no prazo de três meses da entrega do imóvel, não der o destino alegado ou não iniciar as obras determinadas pelo Poder Público ou que declarou pretender realizar.

Caso o locatário deixe passar o prazo legal para a ação renovatória, o locador pode se utilizar da denúncia vazia.

61

TÍTULOS DE CRÉDITO

61.1 CONCEITO DE TÍTULO DE CRÉDITO

O Código Civil, baseado em Cesare Vivante, oferece a seguinte definição de *título de crédito*: é o "***documento necessário ao exercício do direito literal e autônomo nele contido, e somente produz efeito quando preenche os requisitos da lei.***" (art. 887). Até então, todas as definições existentes eram insuficientes, pois lhes faltavam elementos essenciais, os verdadeiros fundamentos dos títulos de crédito: o *caráter literal* e o *caráter autônomo*, implícitos em todos eles.

Uma duplicata, por exemplo, é um título de crédito quando devidamente aceita, porque contém a assinatura do devedor, que reconhece todo o conteúdo do documento e, assim sendo, autoriza a propositura da competente ação executiva contra ele próprio (devedor) e seus coobrigados. Enquanto não for aceita, não tem a qualidade de título de crédito; será um simples documento.

Como o título de crédito tem força executiva, faz-se a sua imediata cobrança com a penhora dos bens do devedor, caso este não pague a dívida espontaneamente. Desse modo, a cobrança judicial é mais rápida e eficaz.

61.2 PRINCIPAIS CARACTERÍSTICAS DOS TÍTULOS DE CRÉDITO

Um documento, para ser um título de crédito, deve apresentar duas características: a *literalidade* e a *autonomia*. Há doutrinadores que costumam incluir também a *cartularidade* e justificam: "Para que o credor de um título de crédito exerça os direitos por ele representados, é indispensável que se encontre na posse do documento (também conhecido por cártula). Sem o preenchimento dessa condição, mesmo que a pessoa seja efetivamente credora, não poderá exercer o seu direito de crédito valendo-se dos benefícios do regime jurídico-cambial. Por isso é que se diz, no conceito de título de crédito, que ele é um documento *necessário* para o exercício do direito nele contido. Como aplicação prática desse princípio" – conclui Fábio Ulhoa Coelho – "tem-se a impossibilidade de se promover a execução judicial do crédito representado instruindo-se a petição inicial com cópia reprográfica do título de crédito."[1]

A cartularidade é o próprio documento a representar o crédito. Sem o título, como foi visto, seria totalmente impossível a exigibilidade do direito nele contido. O credor, para exercer seu direito de cobrança, necessita do título. Sem ele, o devedor não está obrigado a pagar.

61.2.1 Característica da literalidade

Literalidade refere-se ao conteúdo do texto, significando que tudo o que consta no título de crédito não mais se discute. Uma nota promissória, por exemplo, é um título de crédito desde o seu nascedouro, e o devedor, subscrevendo-a, não pode, posteriormente, pôr em dúvida o seu conteúdo, que passa a valer pelo que nele está contido. Não se discute, por exemplo, o valor e o prazo contidos no título, porque o devedor, ao emitir a nota promissória, reconheceu todo o seu conteúdo.

61.2.2 Característica da autonomia

Autonomia quer dizer que o direito constante do título se distingue de qualquer relação anterior acaso existente entre o devedor e o credor. No momento em que o devedor assina, o título se separa da relação jurídica fundamental que o constituiu. No caso de um cheque, por exemplo, a partir do momento em que o sacado (banco) denunciar a inexistência de fundos, o emitente, que passa a ser o devedor, responderá pelo débito, independentemente das razões particulares que o tenham levado a emitir o cheque. E o valor consignado no título é devido sem qualquer consideração quanto à origem do mesmo.

Contendo o documento essas duas características, um empresário se sentirá seguro ao receber em pagamento até o título de crédito de um desconhecido, garantindo-se, assim, a sua circulação com mais facilidade e segurança.

---

[1] COELHO, Fábio Ulhoa. *Manual de direito comercial*. São Paulo: Saraiva, 1997. p. 213.

61.3 CLASSIFICAÇÃO DOS TÍTULOS DE CRÉDITO QUANTO AO MODO DE SUA CIRCULAÇÃO

A mais importante classificação é a que divide os títulos de crédito com base na forma de sua circulação. A circulação do crédito, que é a circulação do título, pode ser feita pelo seu portador a terceiro, o qual, recebendo-o, passa a ser o novo titular dos direitos constantes do documento. Quanto à circulação, os títulos de crédito são ao *portador* ou *nominativos*.

1. *Título ao portador* é aquele que não revela o nome da pessoa beneficiada no seu contexto, devendo ser pago a quem o exibir. A transferência de propriedade dessa espécie se processa com extrema facilidade e se dá pela simples tradição (entrega manual). Quem o detém presume-se ser o proprietário legítimo. Os bilhetes lotéricos, os da Loto, os da Loteria Esportiva, os da Sena, os da Quina, os cheques de pequeno valor – todos são títulos ao portador. O título ao portador terá validade somente se emitido com autorização de lei especial (CC, art. 907).

2. *Título à ordem* é aquele que contém o nome do proprietário ou beneficiário no seu contexto. Tal título, por identificar o credor, só pode ser pago a ele, embora possa ser transferido por endosso. "*A transferência por endosso completa-se com a tradição do título.*" (CC, art. 910, § 2º).

   Título nominativo é aquele emitido em favor de pessoa cujo nome consta no registro do emitente (CC, art. 921). "*Transfere-se o título nominativo mediante termo, em registro do emitente, assinado pelo proprietário e pelo adquirente.*" (CC, art. 922).

   "*O título nominativo* – diz o art. 923 do CC – *também pode ser transferido por endosso que contenha o nome do endossatário.*"

   "*A transferência mediante endosso só tem eficácia perante o emitente, uma vez feita a competente averbação em seu registro, podendo o emitente exigir do endossatário que comprove a autenticidade da assinatura do endossante.*" (art. 923, § 1º). "*O endossatário, legitimado por série regular e ininterrupta de endossos, tem o direito de obter a averbação no registro do emitente, comprovada a autenticidade das assinaturas de todos os endossantes.*" (art. 923, § 2º). "*Caso o título original contenha o nome do primitivo proprietário, tem direito o adquirente a obter do emitente novo título, em seu nome, devendo a emissão do novo título constar no registro do emitente."* (art. 923, § 3º). *"Ressalvada proibição legal, pode o título nominativo ser transformado em à ordem ou ao portador, a pedido do proprietário e à sua custa."* (CC, art. 924).

61.4 ENDOSSO E ESPÉCIES

O endosso é ato genuinamente cambiário, porque só pode ser realizado perante título de crédito. É um ato unilateral do proprietário de um título de crédito, que o passa para outrem, com sua assinatura no verso ou no anverso da cártula[2] (CC, art. 910). O efeito principal do endosso é transferir a propriedade do título a outra pessoa. Quando o endosso tem essa finalidade, é tido como endosso *regular*.[3] O endosso que não transfere a propriedade do título é o chamado *endosso-mandato*, tido como endosso irregular ou impróprio.

Há, portanto, duas espécies de endosso: o *regular* e o *irregular*.

1. *Endosso regular* – este tipo de endosso transfere a propriedade do título, indicando ou não o nome do novo proprietário no verso da cártula. Quando há a indicação do novo beneficiário do título, o endosso é chamado *em preto*; se não especificar o nome do beneficiário, será endosso *em branco*. Neste último caso, o título se transforma em título ao portador.[4] Para a caracterização do endosso em preto, utiliza-se a seguinte expressão: "Pague-se a Fulano".

2. *Endosso irregular* – o endosso irregular não transfere a propriedade do título; apenas transfere a posse e legitima o endossatário a agir em nome e por conta do mandante para obter o recebimento do título. É o chamado endosso-mandato. O endossatário fica, então, legitimado a exercer os direitos regulares do mandante, podendo efetuar cobranças, receber o valor do título, protestá-lo etc. Enfim, o endossatário-mandatário age em nome do endossante-mandante, praticando todos os atos

---

[2] *Endosso* significa *in dorso*, ou seja, "no verso". O endosso é, habitualmente, lançado no verso do título. Mas o endosso em preto pode ser lançado tanto no verso como no anverso do título (CC, art. 910). Quando o endosso é representado apenas pela assinatura do endossante, como é o caso do endosso em branco, ela deve ser lançada no verso do título.
[3] O endosso somente produz o efeito de transmitir a propriedade se houver a entrega efetiva do título ao endossatário.
[4] A lei admite o preenchimento pelo endossatário do endosso em branco com seu nome ou de terceiro (CC, art. 913).

que este normalmente praticaria como proprietário, visando apenas ao recebimento da cártula. Confira-se pela seguinte decisão:

"*O endosso mandato não transfere a propriedade dos títulos de crédito, mas tão somente atos de cobrança, caracterizando, assim, a legitimidade passiva do emitente das duplicatas, quando há discussão apenas da origem do débito vinculado aos títulos de crédito.*" (RT 793/403).

Para a instituição do endosso-mandato, basta a assinatura do proprietário no verso do título com as expressões: "Pague-se a Fulano, por procuração ou por mandato"; ou "Pague-se ao meu procurador ou mandatário Fulano".

Para maior visão, veja a Figura 61.1:

Figura 61.1 Endosso

Endosso
- 1. Regular
  - a) em branco (ao portador)
  - b) em preto (com o nome do beneficiário)
- 2. Irregular: endosso-mandato

61.5 DO AVAL

O aval é forma de garantia do pagamento do título de crédito, ou seja, o avalista assume a obrigação de pagar o título, colocando-se na mesma posição do avalizado. É um terceiro desinteressado que se responsabiliza pelo valor do débito.

Embora tanto o aval como o *endosso* sejam feitos com a aposição da assinatura no título, endosso não se confunde com *aval*. O endosso é o meio de se colocar um título em circulação, pela assinatura do seu proprietário no verso ou anverso do documento, enquanto o aval é a participação de um terceiro mediante assinatura no verso ou anverso da cártula. Conforme ensina Othon Sidou, "aval é a adesão que uma pessoa empresta por sua assinatura, depois de criado o título, obrigando-se sem qualquer delonga."[5] Assim, se aparecer no verso outra assinatura que não a do proprietário do título, será da pessoa do avalista, que garante o pagamento do título em favor do devedor. O devedor em favor de quem for garantido o pagamento do título é chamado *avalizado*.

---

[5] SIDOU, Othon. *Do cheque*. Rio de Janeiro: Forense, 1975. p. 131.

Normalmente, deve-se mencionar a quem o aval é prestado, o que caracteriza o aval *em preto*. Na falta de indicação (aval em branco), ele é prestado ao emitente ou ao devedor final (CC, art. 899).

Caso o avalista venha a pagar o título, tem ele ação de regresso contra o seu avalizado e demais coobrigados anteriores (art. 899, § 1º).

O aval para ter valor, deve ser lançado no próprio título ou em folha de alongamento. A jurisprudência é assente em proclamar que "a nossa lei não conhece o aval por instrumento separado do título avalizado." (RT 487/124). "O aval é ato eminentemente cambiário, pelo que só tem efeitos jurídicos quando aposto em cambial." (RT 534/193). "O aval só se presta em títulos cambiais" – decidiu o tribunal –, "sendo inexistente o firmado nos contratos de alienação fiduciária." (RT 585/195). *"Para a validade do aval, dado no anverso do título, é suficiente a simples assinatura do avalista."* (art. 898, § 1º).

61.6 DIFERENÇA ENTRE O AVAL E A FIANÇA

O aval não se confunde com a fiança: o aval é forma de garantia do pagamento do título. Ele é dado mediante a assinatura de um terceiro no verso ou anverso do título; fora do título não tem valor. A fiança é aposta em um contrato.

Tanto o aval como a fiança necessitam da participação de ambos os cônjuges.

61.7 PROTESTO CAMBIÁRIO

O protesto é o ato que se promove perante o oficial do Cartório de Protesto de Títulos, a respeito da falta de pagamento do título de crédito. É um ato formal, solene, probatório, que certifica a apresentação pública do título ao devedor e a sua recusa em liquidá-lo ou aceitá-lo. Pelo protesto fica, pois, provada, publicamente, a falta de pagamento devido.

Levado o título a protesto, deve ser tirado, pelo oficial competente, no prazo de três dias. Depois de registrado no livro de protestos, será entregue ao detentor do título.

Para cancelá-lo, uma vez efetuado o seu respectivo pagamento, o antigo devedor tem a faculdade de requerer que o título seja averbado como pago, à margem do registro de protesto.

O protesto classifica-se em facultativo e obrigatório. Será facultativo quando o objetivo for apenas constituir em mora o devedor; já o obrigatório ocorrerá na hipótese em que se queira cobrar judicialmente um coobrigado (endossante) ou no caso de pedido de falência do devedor emitente.

61.8 TÍTULOS DE CRÉDITO CONHECIDOS

São vários os títulos de crédito conhecidos no direito brasileiro; todos regulados por leis especiais. Os mais utilizados são a *letra de câmbio*, a *nota promissória*, a *duplicata* e o *cheque*. Analisaremos cada um em capítulos separados.

62

LETRA DE CÂMBIO

62.1 ORIGEM

A letra de câmbio praticamente começou a se formar na Itália, no século XIV. Para não transportar dinheiro de uma cidade para outra, estando uma pessoa sujeita a emboscadas e perdas, procurava um banqueiro de sua própria cidade que tivesse relação comercial com outro banqueiro da cidade aonde se pretendia dirigir, e entregava-lhe o dinheiro. Em troca, recebia uma carta, uma ordem de pagamento, que dava tal incumbência ao banqueiro da outra cidade, que lhe faria o pagamento. Assim, em vez de as pessoas transportarem dinheiro, transportavam a carta, documento representativo da soma a ser paga. Essa prática deu origem ao atual título de crédito, hoje de uso universal.

Facilmente podemos perceber a intervenção de, pelo menos, três pessoas nessa operação: o banqueiro que recebia o dinheiro e expedia a carta – o *sacador*; o banqueiro que recebia a carta – o *tomador* ou *beneficiário*; e o encarregado do pagamento – o *sacado*.

Atualmente, o mecanismo é o mesmo: há o sacador, que emite a letra de câmbio, entregando-a ao tomador (credor), para que este receba do sacado (devedor).

62.2 SAQUE

"Não se pode transformar obrigação civil em dívida cambiária líquida e certa emitindo letra de câmbio sem expressa previsão legal ou contratual" – decidiu o tribunal –, "pois sem esta o saque é ilegal, configurando abuso de direito, inclusive por coagir o apontado devedor ao pagamento por seu protesto sem que tenha reconhecido a dívida." (RT 625/188).

A ementa do acórdão destacado retrata a hipótese de saque de uma letra de câmbio, o qual somente será possível quando houver previsão no contrato ou na lei. Portanto, só será legítima a emissão de letra de câmbio quando existir previsão legal ou contratual expressa que autorize o saque.

A letra de câmbio é uma ordem de pagamento: alguém dá a ordem de pagamento, determinando que certa quantia seja paga a uma outra pessoa. É o *sacador* quem dá a ordem ao *sacado* para que este realize o pagamento. Há, ainda, o beneficiário da ordem, que é o credor, conhecido como *tomador*. Quem cria a letra de câmbio é o sacador. O saque é o ato de criação, de emissão do título.

Após a entrega da letra de câmbio ao tomador, este procura o sacado para obter o aceite ou o pagamento, conforme o caso. Contudo, o saque produz outro efeito: o de vincular o sacador ao pagamento da letra de câmbio. Caso o sacado se negue a aceitar ou a pagar o título, o tomador poderá cobrar do próprio sacador (LU, art. 9º).

Apresentamos um modelo do anverso de uma letra de câmbio:

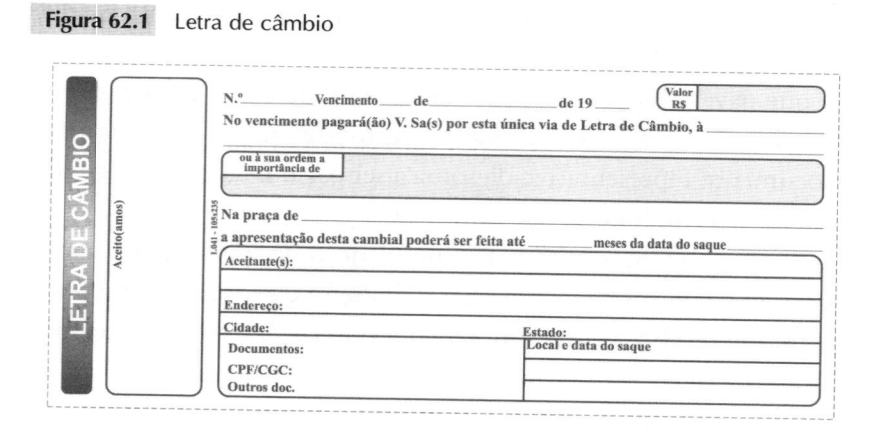

Figura 62.1   Letra de câmbio

62.3 CONCEITO DE LETRA DE CÂMBIO

A letra de câmbio é o saque de uma pessoa contra outra, em favor de terceiro. É uma ordem de pagamento que o sacador dirige ao sacado, seu devedor, para que, em certa época, este pague certa quantia em dinheiro, devida a uma terceira, que se denomina tomador. É, enfim, uma ordem de pagamento à vista ou a prazo. Quando for a prazo, o sacado deve aceitá-la, firmando nela sua assinatura de reconhecimento:

é o *aceite*. Nesse momento, o sacado vincula-se na relação jurídico-material, obrigando-se ao pagamento. Caso não haja aceite, a relação continua apenas entre as pessoas do sacador e do tomador, devedor e credor da obrigação.

Portanto, a relação se estabelece entre três pessoas: o sacador, o sacado e o tomador. Entretanto, a lei faculta que uma mesma pessoa ocupe mais de uma dessas posições. Nada impede que a letra de câmbio possa ser sacada em benefício do próprio sacador (LU, art. 3º).

62.4 REQUISITOS DA LETRA DE CÂMBIO

O formalismo é da essência da letra de câmbio, que deve, portanto, preencher determinados requisitos estabelecidos por lei. Assim, ela deve trazer:

1. a denominação *letra de câmbio* no seu contexto;
2. a quantia que deve ser paga, por extenso;
3. o nome da pessoa que deve pagá-la (sacado);
4. o nome da pessoa que deve ser paga (tomador);
5. assinatura do emitente ou do mandatário especial (sacador).

Se surgir uma disparidade entre a importância declarada por cifra e a declarada por extenso, valerá esta última.

A letra de câmbio, quando emitida, poderá ser sacada mesmo incompleta; por exemplo, ela poderá circular mesmo se for emitida sem o nome do tomador. Mas seus requisitos devem estar totalmente cumpridos, antes da cobrança judicial ou do protesto do título. É que o portador de boa-fé é considerado procurador bastante do sacador para completá-la.

"É claro que" – observa o prof. Fábio U. Coelho – "se preencher o título em desacordo com o avençado, ou com a realidade dos fatos, terá o portador agido de má-fé, e deixará, por isso, de ser considerado procurador do emitente do título."[1] Analise o art. 891 do CC: "*O título de crédito, incompleto ao tempo da emissão, deve ser preenchido de conformidade com os ajustes realizados.*"

Registre-se que é somente o sacador quem o assina. A sua assinatura é requisito essencial de validade (CC, art. 889).

---

[1] COELHO, Fábio Ulhoa. *Manual de direito comercial*. São Paulo: Saraiva, 2003. p. 242.

62.5 REQUISITOS NÃO ESSENCIAIS DA LETRA DE CÂMBIO

São os seguintes:

1. o lugar do pagamento;
2. a importância declarada por cifra;
3. a data do vencimento do título;
4. a data da emissão.

"*Considera-se lugar de emissão e de pagamento, quando não indicado no título, o domicílio do emitente.*" (CC, art. 889, § 2º).

A ausência de menção à data do vencimento não afeta a validade do documento. "*É à vista o título de crédito que não contenha indicação de vencimento.*" (CC, art. 889, § 1º).

A partir da vigência do novo Código Civil, a data da emissão passou a ser requisito legal: "*Deve o título de crédito conter a data da emissão [...].*" (CC, art. 889). Contudo, dispõe o art. 888 do CC que a "*omissão de qualquer requisito legal, que tire ao escrito a sua validade como título de crédito, não implica a invalidade do negócio jurídico que lhe deu origem.*"

62.6 VENCIMENTO DA LETRA DE CÂMBIO

O pagamento do título deve ser efetuado pelo devedor no dia do vencimento. Pode ser:

1. *à vista* – O sacado deve pagá-lo no ato de sua apresentação.
2. *em dia certo* – O sacado deve pagá-lo:
   a) no dia do vencimento indicado no título;
   b) a tempo certo da vista, significando a tantos dias a partir da data do aceite, ou seja, da data em que o título é exibido ao sacado;
   c) a tempo certo da data, isto é, a tantos dias contados a partir da data da emissão do título.

62.7 ACEITE

Letra de câmbio sem aceite não enseja execução forçada contra o sacado.

"O saque da letra é ato unilateral do sacador. O aceite é que a transforma em um contrato perfeito e acabado, completando-lhe a cambiariedade." (RT 495/ 225).

"Sem o aceite o sacado não se vincula, não se torna devedor, não se gerando para ele qualquer obrigação decorrente do título." (RT 625/188).

O aceite é o ato praticado pelo sacado, que se compromete a pagar a letra de câmbio no vencimento, assinando no anverso do título. Basta a sua assinatura, ou a de seu mandatário especial, podendo ser acompanhada de expressão esclarecedora, tal como: "*Aceite*" ou "*Pagarei*", ou ainda, "*Honrarei*".

A falta de aceite não extingue a letra de câmbio. O sacador continua o responsável, e o sacado nenhuma obrigação assumiu em relação ao título, embora haja a menção do seu nome na letra.

Se o sacado, ao receber a letra de câmbio para o aceite, não a devolve, retendo-a indevidamente, pode se utilizar uma tutela de natureza cautelar para reaver o título:

> "*Art. 301. A tutela de urgência de natureza cautelar pode ser efetivada mediante arresto, sequestro, arrolamento de bens, registro de protesto contra alienação de bem e qualquer outra medida idônea para asseguração do direito.*"

62.8 ENDOSSO DA LETRA DE CÂMBIO

Sendo a letra de câmbio um título de crédito, o endosso é perfeitamente admissível e, havendo uma cadeia de endossos em preto, o último endossatário é considerado o legítimo proprietário da letra.

Quando o proprietário do título o endossa, torna-se coobrigado solidário no pagamento (LU, art. 15).

62.9 O AVAL DA LETRA DE CÂMBIO

A letra de câmbio, como título de crédito que é, pode receber aval. O avalista é responsável da mesma forma que o seu avalizado (LU, art. 32), ou seja, o avalista responde pelo pagamento do título perante o credor do avalizado e, realizado o pagamento, poderá voltar-se contra o devedor.

62.10 PRESCRIÇÃO DA LETRA DE CÂMBIO

A prescrição é a perda do direito de propor ação judicial em consequência do não uso desse direito, durante determinado espaço de tempo previsto em lei.

Vencida a letra e não havendo sido paga, o credor tem o direito de propor ação executiva contra o devedor principal e seu avalista. Para tanto, terá o prazo de três anos a contar da data do vencimento da letra. Se deixar passar esse prazo, essa ação não será cabível. Mesmo assim, terá o direito de propor ação monitória, que é ação de conhecimento, muito demorada para se chegar à penhora. É o que se extrai da dicção textual do art. 700 do novo CPC: "*A ação monitória pode ser proposta por aquele que afirmar, com base em prova escrita sem eficácia de título executivo, ter direito de exigir do devedor capaz.*"

Se optar pela ação monitória, o prejuízo será enorme, pois a correção monetária começará a incidir a partir da propositura da ação, ao passo que, propondo ação executiva, a correção monetária incidirá a partir da data do vencimento do título. O pior é o credor ter de provar a origem do título, pois, com a prescrição, o documento "letra de câmbio" deixou de ser um título de crédito.

63

NOTA PROMISSÓRIA

63.1 NOÇÃO

Enquanto a letra de câmbio é uma ordem de pagamento, porque por meio dela o signatário (sacador) do título requisita a uma pessoa (sacado) o pagamento de uma soma, a nota promissória é uma promessa de pagamento feita pelo próprio devedor, que se obriga, dentro de certo prazo, ao pagamento de uma soma prefixada. Portanto, a nota promissória é um título pelo qual alguém se compromete a pagar a outrem determinada quantia em dinheiro, num certo prazo. Como é emitida pelo próprio devedor, ela passa a ser um título de crédito desde a sua emissão, e o seu possuidor ou portador poderá, logo após o vencimento, não sendo paga, propor ação executiva para recebê-la.

Trata-se de um título autônomo que independe da indagação da causa que motivou a obrigação.

"Nota promissória regularmente emitida e avalizada, mesmo originária de um contrato particular" – decidiu o Tribunal – "pode circular. Uma vez endossada, representa dívida autônoma, com causa legítima." (RT 659/150).

Em conclusão: nota promissória é uma promessa direta que o devedor faz ao credor, pois ela é emitida pelo devedor. Já a letra de câmbio é emitida por uma pessoa que dá uma ordem ao seu devedor (sacado) para pagar certa quantia a um terceiro.

63.2 AS PESSOAS QUE INTERVÊM NA NOTA PROMISSÓRIA

Quando a nota promissória é emitida, intervêm, necessariamente, duas pessoas: o *emitente* (devedor) e o *beneficiário* (credor).

Além das duas personagens principais, sem as quais não haveria nota promissória, podem aparecer outras pessoas, como o *avalista*, que se obriga com o emitente, solidariamente, ao pagamento do título, e o *endossatário*, ou terceiro, para cujas mãos passa o título quando o credor o aliena.

63.3 REQUISITOS DA NOTA PROMISSÓRIA

Os requisitos da nota promissória são quase equivalentes aos da letra de câmbio, com a diferença fundamental de que esta é assinada pelo sacador, que não é o devedor, enquanto naquela (na nota promissória) aparece a assinatura do devedor, que é também o emitente do título. Em tudo o mais, a *nota promissória* obedece à disciplina jurídica da *letra de câmbio*. A seguir são apresentados os seus requisitos:

1. a denominação *nota promissória*;
2. a importância a ser paga, por extenso;
3. o nome da pessoa a quem deve ser paga;
4. a assinatura de próprio punho do emitente (devedor) ou do mandatário especial. "Se a cambial foi emitida por procuração, observados os poderes outorgados, é considerada válida (Súmula 6 deste tribunal)" (RT 652/151).

Em seguida apresentamos o modelo de uma nota promissória:

Figura 63.1 Nota promissória

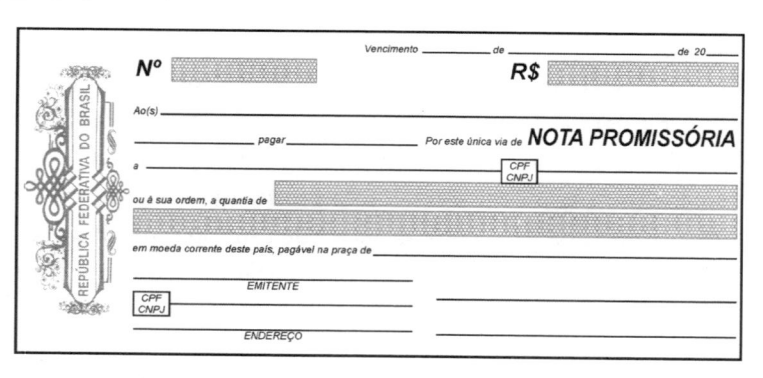

Esses requisitos devem ser lançados por extenso no seu contexto, como acontece com a letra de câmbio; a assinatura do devedor deve ficar do lado direito e no final; o nome do credor deve aparecer logo após a expressão "nota promissória", situada no centro do título.

63.4 EMISSÃO EM BRANCO E AO PORTADOR

Nada impede que se emita a nota promissória e seja ela entregue ao credor sem indicação do seu nome. Trata-se de emissão em branco, que poderá circular livremente. Somente no momento de ser apresentada em juízo, ou no Cartório de Protesto, é que o nome do credor deve, necessariamente, estar preenchido. O tribunal já decidiu que não enseja execução o título incompleto "por lhe faltar um requisito de forma" (RT 591/220). "Se o credor não exercitar os poderes que lhe são conferidos no mandato tácito contido na emissão da nota promissória em branco, deixando de complementá-la até o momento de sua cobrança, não se reconhece ao título a natureza cambial, tornando nula a execução nele embasada." (RT 588/210).

Portanto, os requisitos devem estar totalmente cumpridos antes da cobrança judicial ou do protesto do título, devido ao princípio de que o portador de boa-fé é procurador bastante do emitente para completar a nota promissória emitida com omissões.

63.5 FORMAS DE VENCIMENTO DA NOTA PROMISSÓRIA

O pagamento da promissória será feito no tempo indicado no próprio título. Se não se determina o prazo para pagamento, entende-se que se trata de promissória à vista.

A nota promissória pode ser passada:

1. à vista;
2. em dia certo;
3. a tempo certo da data da emissão; neste caso, a data da emissão tem relevância.

63.6 DA ABDICAÇÃO DAS NORMAS SOBRE LETRA DE CÂMBIO ÀS NOTAS PROMISSÓRIAS

Tanto a letra de câmbio como a nota promissória são disciplinadas pelas regras da Lei Uniforme de Genebra e, em caso de lacuna, adotam-se os princípios do Decreto nº 2.044, de 1908. Pelo art. 77 da Lei Uniforme, são aplicáveis à nota promissória todas as disposições da letra de câmbio, evidentemente no que não lhe contrarie a natureza. Assim, tudo o que foi visto sobre a letra de câmbio no capítulo anterior, a respeito do protesto, do endosso, do aval e da prescrição, aplica-se, *mutatis mutandis*, à nota promissória, exceto no que se refere ao aceite, pois na promissória não se utiliza o instituto do aceite, pela simples razão de que o próprio emitente da promissória equipara-se ao aceitante da letra de câmbio. É por isso que a nota promissória é um título de crédito desde o seu nascedouro.

63.7 PRESCRIÇÃO

Como são aplicadas todas as disposições da letra de câmbio à nota promissória, a prescrição é de três anos do credor contra o emitente e o respectivo avalista, sendo de um ano a prescrição da ação do portador contra o endossante.

64

DUPLICATA

64.1 APRESENTAÇÃO

A duplicata empresarial é um documento criado pelo legislador brasileiro. O Código Comercial, embora revogado, previa, em seu art. 219, que nas vendas por atacado o vendedor era obrigado a extrair, em duas vias, uma relação das mercadorias vendidas, vias que eram assinadas pelas partes contratantes; e o art. 427 do mesmo Código determinava que a fatura assinada pelo comprador era um título de efeitos cambiais que servia para a cobrança judicial. A cópia dessa fatura (nota fiscal) é a origem da duplicata.

Atualmente, após a extração da nota fiscal de uma venda a prazo, emite-se a fatura para ser apresentada ao comprador, emitindo-se, consequentemente, a duplicata. Esta deve ser emitida com base na fatura, que é obrigatória caso esse seja o meio adotado pelo empresário para materializar as vendas a prazo.

O empresário que emite duplicata empresarial está obrigado a escriturá-la em livro específico: o Livro de Registro de Duplicatas.

A duplicata é um título causal, ou seja, encontra-se vinculada à relação jurídica que lhe dá origem, que é a compra e venda, ou a prestação de serviços empresarial. Somente a compra e venda ou a prestação de serviços permitem o saque da duplicata.

64.2 CONCEITO DE DUPLICATA EMPRESARIAL

A lei obriga, entre partes domiciliadas no Brasil, a emissão de fatura em toda venda mercantil, com prazo não inferior a 30 dias, na qual o vendedor descreve as mercadorias vendidas ou apenas indica os números e valores das notas fiscais expedidas.

Permite-se que a nota fiscal e a fatura estejam em um mesmo documento, chamado Nota Fiscal/Fatura, o que facilita tanto no aspecto comercial quanto no fiscal.

Emitida a fatura, poderá o empresário extrair uma duplicata. "Nula é a duplicata, mesmo aceita, cujo saque corresponde não a contrato de compra e venda mercantil, mas a ato de novação de dívida." (RT 640/188).

A duplicata empresarial é, então, saque do empresário contra o comprador de mercadorias a prazo. Com base em uma ou mais notas fiscais, o empresário extrai a fatura, sendo a duplicata praticamente a sua cópia. Não uma mera reprodução, mas um documento para o empresário fazer circular seu crédito. É a fatura, o documento do contrato de compra e venda mercantil, que enseja a emissão da duplicata.

A fatura deve ser, obrigatoriamente, extraída; a extração da duplicata será o único título de crédito suscetível de ser sacado, com fundamento em contrato de compra e venda mercantil.

Após receber o aceite, a duplicata passa a ser um título de crédito, circulável à ordem, ou seja, por endosso; antes não, pois era apenas um documento.

Atualmente, os bancos estão fazendo a cobrança mediante expedição de simples aviso ao devedor – os chamados "boletos" – no lugar da duplicata, encaminhando-os ao sacado para a satisfação da obrigação. Se, entretanto, não for liquidada quando do vencimento, deverá o empresário emiti-la em sua forma cartular, para ganhar materialidade, tanto para instruir ação de execução, como para fins de pedido de falência.

"O protesto por indicação da duplicata" – decidiu o tribunal – "não depende da preexistência física do título e de sua apresentação nessa espécie ao sacado, consoante se depreende do art. 8º, parágrafo único, da Lei nº 9.492/92 autorizar que as indicações da duplicata sejam transmitidas e recepcionadas pelos Tabelionatos de Protesto por meio magnético ou de gravação eletrônica de dados." (RT 776/215).

64.3 DUPLICATA COMO TÍTULO DE CRÉDITO

Quando a duplicata nasce, não é um título de crédito. Somente ao receber o aceite que ela passa a ser um *título de crédito*, portador dos princípios da literalidade e da autonomia.

Recorda-se que a *literalidade* é o princípio que não admite discutir o que se encontra expresso no título, pois vale o que está nele inserido; autonomia é o princípio que determina o desligamento do título da relação que lhe deu origem.

Graças a esses princípios, a duplicata torna-se abstrata, valendo apenas pelo que expresse o seu conteúdo, circulando então livremente.

Percebe-se, pois, que o aceite é muito importante.

64.3.1 Aceite

O aceite, segundo o prof. Frederico Moura de Paula Lima, "é a declaração pela qual o comprador (sacado) assume a obrigação de pagar a quantia indicada no título, na data do vencimento."[1]

O aceite poderá ser expresso ou tácito.

É *expresso* quando o devedor apõe sua assinatura no título. É *tácito* quando o devedor recebe a duplicata para o aceite e deixa passar o prazo de dez dias, contados da apresentação, sem qualquer comunicação, por escrito, ao credor. A lei entende, então, que o devedor aceitou a duplicata em silêncio.

O aceite tácito surgiu com a Lei nº 6.458, de 1977, que deu nova redação ao art. 15, da Lei nº 5.474, de 1968 (Lei das Duplicatas). Transcrevemos o atual art. 15:

> *"A cobrança judicial de duplicata ou triplicata será efetuada de conformidade com o processo aplicável aos títulos executivos extrajudiciais, de que cogita o Livro II do Código de Processo Civil, quando se tratar:*
>
> *I – de duplicata ou triplicata aceita, protestada ou não;*
> *II – de duplicata ou triplicata não aceita, contanto que, cumulativamente:*
> *a) haja sido protestada;*
> *b) esteja acompanhada de documento hábil comprobatório da entrega e recebimento da mercadoria;*
> *c) o sacado não tenha, comprovadamente, recusado o aceite no prazo, nas condições e pelos motivos previstos nos artigos 7º e 8º desta Lei."*

O art. 7º estabelece o prazo de dez dias, e o artigo 8º indica os motivos pelos quais o devedor poderá fundamentar sua recusa, os quais são:

1. avaria ou não recebimento das mercadorias, quando não expedidas ou não entregues por sua conta e risco;
2. vícios, defeitos e diferenças na qualidade ou na quantidade das mercadorias;
3. divergência nos prazos ou nos preços ajustados.

---

[1] LIMA, Frederico Moura de Paula. *Instituições de direito público e privado*. São Paulo: Unimarco, 1994. p. 40.

Em suma, é a assinatura do devedor que caracteriza o título de crédito. A duplicata, ao receber o aceite, libera-se definitivamente de sua origem, e não se discute mais o que está expresso no título. Graças aos princípios da autonomia e da literalidade, o título de crédito passa a ser negociável, podendo transitar livremente.

64.4 REQUISITOS DA DUPLICATA

O art. 2º, § 1º, da Lei nº 5.474, de 1968, fornece os requisitos de uma duplicata. São eles:

1. a denominação duplicata, a data de sua emissão e o número de ordem;
2. o número da fatura;
3. a data certa do vencimento ou a declaração de ser a duplicata à vista;
4. o nome e o domicílio do vendedor e do comprador;
5. a importância a pagar, em algarismos e por extenso;
6. a praça de pagamento;
7. a cláusula "à ordem";
8. a assinatura do emitente.

Apresentamos um modelo de duplicata mercantil:

Figura 64.1 Duplicata mercantil

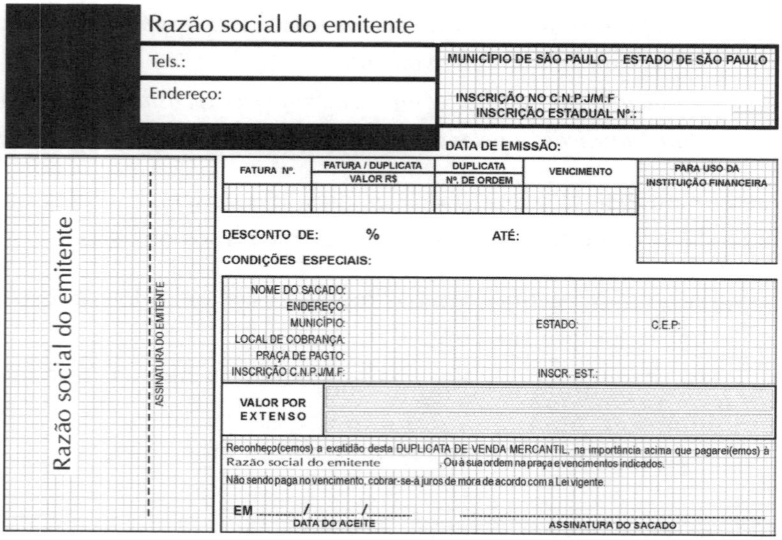
Razão social do emitente
Tels.:
Endereço:
MUNICÍPIO DE SÃO PAULO ESTADO DE SÃO PAULO
INSCRIÇÃO NO C.N.P.J/M.F
INSCRIÇÃO ESTADUAL Nº.:
DATA DE EMISSÃO:

FATURA Nº.	FATURA / DUPLICATA VALOR R$	DUPLICATA Nº. DE ORDEM	VENCIMENTO	PARA USO DA INSTITUIÇÃO FINANCEIRA

DESCONTO DE: % ATÉ:
CONDIÇÕES ESPECIAIS:
NOME DO SACADO:
ENDEREÇO:
MUNICÍPIO: ESTADO: C.E.P:
LOCAL DE COBRANÇA:
PRAÇA DE PAGTO:
INSCRIÇÃO C.N.P.J/M.F: INSCR. EST.:
VALOR POR EXTENSO
Reconheço(cemos) a exatidão desta DUPLICATA DE VENDA MERCANTIL, na importância acima que pagarei(emos) à Razão social do emitente, Ou à sua ordem na praça e vencimentos indicados.
Não sendo paga no vencimento, cobrar-se-á juros de mora de acordo com a Lei vigente.
EM ____/____/____ DATA DO ACEITE
ASSINATURA DO SACADO
Razão social do emitente
ASSINATURA DO EMITENTE

Da relação de requisitos, serão analisados sumariamente apenas dois:

1. O *número da fatura* que deve ser o mesmo da duplicata, por ser aquela irmã gêmea desta. Nessas condições, uma só duplicata não poderá corresponder a mais de uma fatura, mas uma só fatura poderá corresponder a duas ou mais duplicatas, como acontece nas vendas em prestações, nas quais poderá aparecer uma série de duplicatas, uma para cada prestação, com a mesma numeração da fatura e com o acréscimo das letras do alfabeto, em sequência.
2. Na cláusula "à ordem", o beneficiário do título deve ser sempre pessoa determinada, transferível por endosso. Não existe, pois, duplicata ao portador, quando emitida.

64.5 DUPLICATA DE PRESTAÇÃO DE SERVIÇOS

A duplicata é um título causal, que tem seu alicerce no contrato de compra e venda mercantil ou na prestação de serviços. O art. 20 da Lei nº 5.474, de 1968, autoriza as firmas individuais, as sociedades e as fundações a fazerem extração de duplicatas que correspondam à prestação de serviços em quantias iguais às respectivas faturas, que discriminarão a natureza dos serviços prestados.

64.6 PERDA OU EXTRAVIO DA DUPLICATA

Caso se extravie ou se perca a duplicata, a Lei da Duplicata autoriza o vendedor a extrair uma triplicata, ou seja, uma cópia da duplicata, que terá os mesmos efeitos, requisitos e formalidades desta. A jurisprudência vem-se acentuando no sentido de que, quando o sacado retém a duplicata, inibindo a sua circulação, admite-se a emissão de triplicata em substituição (RT 671/185). "Não veda a lei a extração de triplicata em face de retenção da duplicata pela sacada." (RT 662/187).

64.7 PRAZO PRESCRITIVO DA DUPLICATA E O PROTESTO DO TÍTULO

A Lei das Duplicatas, art. 18, estabelece prazo prescritivo de três anos, após o vencimento, contra o sacado e respectivo avalista, e de um ano contra o coobrigado.

65

CHEQUE

65.1 CONCEITO

O cheque é um saque à vista contra um banco. É a forma clássica de o depositante retirar fundos que possui em poder do banco. Esse é o motivo pelo qual Fran Martins conceitua o cheque como "uma ordem de pagamento à vista, dada a um banco ou a uma instituição assemelhada, por alguém que tem fundos disponíveis no mesmo, em favor próprio ou de terceiros."[1] De fato, o cheque é uma ordem de pagamento à vista, porque ele é sempre sacado contra o banco, mediante apresentação. Portanto, tem ele a função de mero documento de saque em conta corrente pelo correntista junto ao banco.

65.2 AS PESSOAS QUE INTERVÊM NO CHEQUE

Quando o cheque é emitido, intervêm, necessariamente, três pessoas:

1. o *emitente* ou *emissor*, pessoa que, tendo fundos disponíveis em poder de terceiros (banco), saca o documento, ordenando que seja efetuado o pagamento;
2. o *beneficiário* ou *tomador*, pessoa em favor da qual é expedida a ordem. O beneficiário pode ser o próprio emitente. Vale o cheque ao portador, atualmente, desde que o valor seja inferior a R$ 100,00;
3. o *sacado* é o banco ou instituição assemelhada que retém os fundos à disposição do emitente.

---

[1] MARTINS, Fran. *Títulos de crédito*. Rio de Janeiro: Forense, 1980. v. 2. p. 1.

Quando o emitente deixa de ter fundos em poder do sacado, e este faz expressa declaração da inexistência de tais valores, a relação jurídica de direito material se estabelece somente entre o emitente, na posição de *devedor*, e o beneficiário, como *credor*. O banco retira-se da relação jurídica existente, e o documento passa a ser um título executivo extrajudicial. Vale dizer, para receber a quantia expressa no título, o credor deverá se utilizar da ação executiva.

65.3 DIVERGÊNCIA ENTRE A IMPORTÂNCIA POR EXTENSO E A QUANTIA EM ALGARISMOS

Ocorrendo divergência entre a importância a pagar enunciada no cheque por extenso e a indicada em algarismos, prevalecerá a cifra por extenso.

65.4 CHEQUE PRÉ-DATADO

A data no cheque deve ser verdadeira, real. Se, contudo, a data da emissão não corresponder à realidade, figurando data futura (cheque pré-datado), é pagável no dia da apresentação, mesmo levando em consideração a data fictícia então existente, pois a natureza do cheque é única: uma ordem de pagamento à vista. Qualquer menção de data que se faça no cheque (bom para) serve apenas como prova de cláusula contratual de que o negócio jurídico tinha vencimento futuro.

65.5 APRESENTAÇÃO DO CHEQUE

Normalmente, o cheque é um instrumento de retirada de fundos e, por isso, é uma ordem de pagamento à vista. "O cheque apresentado para pagamento antes do dia indicado como data de emissão é pagável no dia da apresentação" (art. 32, parágrafo único), ou seja, ele vence no ato de sua apresentação ao sacado.

"*O cheque deve ser apresentado para pagamento a contar do dia da emissão, no prazo de 30 (trinta) dias, quando emitido no lugar onde houver de ser pago; e de 60 (sessenta) dias, quando emitido em outro lugar do país ou no exterior.*" (Lei nº 7.357, art. 33).

O portador só poderá promover a execução do cheque contra os endossantes e seus avalistas se o cheque for apresentado em tempo hábil (LC, art. 47).

"*O portador que não apresentar o cheque em tempo hábil, ou não comprovar a recusa do pagamento pela forma indicada neste artigo* – diz o art. 47, § 3º, da

LC – *perde o direito de execução contra o emitente, se este tinha fundos disponíveis durante o prazo da apresentação e os deixou de ter, em razão de fato que não lhe seja imputável."*

Vale dizer, se o emitente tinha fundos disponíveis durante o prazo da apresentação e deixou de tê-los quando apresentado fora do prazo legal, perde o cheque a sua eficácia executiva.

65.6 O ENDOSSO NO CHEQUE

O endosso é ato do beneficiário de um cheque, que coloca a sua assinatura no verso ou no anverso quando o cheque for à ordem. Tendo sido endossado, o cheque estará circulando, assumindo, então, a função de um verdadeiro título de crédito.

65.7 AVAL NO CHEQUE

O aval é uma garantia, na hipótese de não pagamento do cheque. Por isso ele é dado por terceiro, mas nunca pelo sacado. Aliás, a lei proíbe o aval por parte do sacado (LC, art. 29).

O avalista que paga o título transfere para si o direito de credor legítimo. Ele pode voltar-se contra o avalizado e contra todos aqueles que, no cheque, se obrigaram perante o avalizado.

65.8 ESPÉCIES DE CHEQUE

Existem diversas espécies de cheque:

1. *Cheque ao portador* – quando o cheque não leva o nome do favorecido, ele é "ao portador", e qualquer pessoa que esteja de posse dele poderá recebê-lo diretamente no caixa.
2. *Cheque à ordem ou nominativo* – quando o cheque traz o nome do favorecido no contexto, só essa pessoa poderá descontá-lo, a não ser que o favorecido o endosse.
3. *Cheque especial* – trata-se de um cheque comum, aplicando-se a ele todas as normas aplicáveis ao cheque. Contudo, esse tipo de cheque é entregue ao cliente mediante um contrato especial, em que o banco se

compromete a cobrir cheques até determinado limite, além do saldo da conta do cliente.
4. *Cheques de viagem* (*traveler's checks*) – são os cheques que têm valor predeterminado, de saque garantido em qualquer uma das agências do banco que os emitiu, ainda que em país diverso.
5. *Cheque visado e cheque administrativo:*
   a) *Cheque visado* – é aquele em que o banco apõe o seu "visto" no verso a pedido do emitente, transferindo para ele a quantia indicada no cheque, e a coloca à disposição do portador legitimado. O cheque visado só pode ser nominativo, mesmo que seja a favor do emitente.
   b) *Cheque administrativo* ou *comprado* – é aquele "emitido por um banco, contra as suas próprias caixas, nas sedes, filiais ou agências, a pedido de alguém, a favor do solicitante ou de outrem".
6. *Cheque cruzado* – é aquele que tem dois traços transversais e paralelos no seu anverso e só pode ser pago de banco para banco. O modelo abaixo mostra essa situação:

Figura 65.1 Cheque cruzado

Há dois tipos de cruzamento:

a) *cruzamento geral* – é quando aparecem apenas os dois traços transversais;
b) *cruzamento especial* – é quando, entre os dois traços transversais, aparece o nome do banco que deve pagar o cheque.

O cruzamento de um cheque torna-o mais seguro, pois impede o seu recebimento no caso de extravio ou perda, permitindo apenas o depósito.

65.9 PRESCRIÇÃO DO CHEQUE

O cheque deve ser apresentado ao sacado no prazo de 30 dias, se pagável no lugar (cidade) da emissão, ou de 60 dias, se emitido em localidade diversa da do pagamento ou no exterior. Se houver falta de provisão de fundos disponíveis no banco, o portador tem o direito ao exercício da ação executiva contra o emitente e respectivo avalista, desde que a ação seja iniciada dentro de seis meses depois de expirado o prazo de apresentação ao sacado. O prazo prescricional é seis meses, conforme determina o art. 59 da Lei nº 7.357 (Lei do Cheque): *"Prescreve em 6 (seis) meses, contados da expiração do prazo de apresentação, a ação que o art. 47 desta Lei assegura ao portador."*

Por exemplo, se o cheque for pagável em localidade diversa da da emissão, o prazo de seis meses será contado a partir do 60º dia após essa data. Computados os 60 dias, o prazo que tem o credor para propor a execução é de oito meses, a partir da data da emissão.

O cheque que tenha sido atingido pela prescrição perde sua força executiva. Contudo, para que não haja o enriquecimento ilícito, é cabível a ação monitória, uma ação de conhecimento, que tem a sua prescrição no prazo de dez anos, a partir da data em que prescreveu o direito à execução. "A ação monitória compete a quem pretender, com base em prova escrita sem eficácia de título executivo, o pagamento em dinheiro, entrega de coisa fungível ou de determinado bem móvel." (novo CPC, art. 700). "O título de crédito não mais exigível, por prescrito, enquadra-se no conceito de prova escrita do art. 1.102-A do CPC – decidiu o tribunal –, por representar documento que atesta a liquidez e certeza da dívida, confessada na cártula." (RT 739/411) (Observação: a jurisprudência citada menciona o art. 1.102-A do antigo CPC, substituído pelo art. 700 do novo CPC, mas com os mesmos efeitos).

65.10 FALTA DE FUNDOS

A provisão de fundos deve existir no momento da criação do cheque, ou antes da apresentação para pagamento. Não havendo provisão, caracteriza-se o cheque sem fundos, que é crime contra o patrimônio, uma das formas de estelionato (CP, art. 171, § 2º, VI). No entanto, atualmente, não mais se considera ato criminoso a simples emissão do cheque sem provisão de fundos, e sim a sua deliberada vontade de fraudar o credor.

66

DA FALÊNCIA

66.1 APRESENTAÇÃO

Existem situações em que empresários deixam de pagar os valores contratados ou não podem cumprir seus compromissos, entrando em estado de *insolvência*.

Quando o empresário começa a passar por dificuldades financeiras, retardando ou deixando de cumprir suas obrigações, o legislador concede-lhe, primeiramente, o sistema da *recuperação*. Trata-se de uma fórmula legal em que é permitido ao devedor convocar seus credores, propondo-lhes um plano de recuperação. Não sendo possível obter esse benefício, prevê a lei a liquidação forçada de seu patrimônio para que, com o saldo apurado, sejam pagos os credores. Essa última situação se denomina *falência*; trata-se portanto, de uma exceção, já que a recuperação é a regra.

66.2 DA RECUPERAÇÃO DA EMPRESA

Existem duas espécies de recuperação da empresa: a extrajudicial e a judicial.

66.2.1 Da recuperação extrajudicial

A Lei de Recuperação e Falência (LRE) permite ao devedor-empresário a convocação de seus credores – ou parte deles, já que os trabalhistas e os tributários não participam desta modalidade de recuperação. Uma vez convocados os credores e chegando-se a um consenso sobre os meios necessários para a recuperação econômica do devedor, poderá ser celebrado, por instrumento particular ou público, firmado entre devedor e credores, ou poderá ser objeto de aprovação em assembleia geral de credores que vier a ser convocada extrajudicialmente para tal fim. Este plano, depois de aprovado, poderá ser apresentado à homologação judicial, passando a obrigar todos os credores, mesmo os dissidentes. Os juízes devem relutar em decretar falência, para evitar desemprego e destruição de ativos. Se o plano for rejeitado pelo juiz, devolve-se aos credores signatários o direito de exigir seus créditos (Lei de Recuperação e Falência, art. 165, § 2º).

66.2.2 Da recuperação judicial

A recuperação judicial tem por objetivo viabilizar a superação de crise econômico-financeira do devedor, a fim de permitir a manutenção da fonte produtora, do emprego dos trabalhadores e dos interesses dos credores, promovendo, assim, a preservação da empresa (LRE, art. 47).

O empresário negocia judicialmente o plano de recuperação com todos os seus credores, visando, principalmente, à concessão de prazos e condições especiais para pagamento das obrigações vencidas ou vincendas. Se, em 180 dias, não houver acordo, o Judiciário poderá decretar falência. Tendo o devedor peticionário requerido ao juiz a recuperação, expondo as causas concretas de sua situação patrimonial e as razões da crise econômico-financeira (LRE, art. 51), e estando em termos a documentação exigida, o juiz deferirá o processamento da recuperação judicial, nomeando o administrador judicial.

"*O plano de recuperação será apresentado pelo devedor em juízo no prazo improrrogável de 60 (sessenta) dias da publicação da decisão que deferir o processamento da recuperação judicial, sob pena de convolação em falência.*" (LRE, art. 53).

Cumpridas as exigências legais, o juiz concederá a recuperação judicial.

Só podem ser aplicadas se os empresários, no momento do pedido, cumprirem os requisitos legais: detiverem o exercício regular da atividade empresarial há pelo menos dois anos; não possuírem falência em andamento; não dispuserem de outra recuperação em andamento; não se beneficiaram, há menos de cinco anos, de outra recuperação judicial ou de oito anos de recuperação judicial especial e não tiveram condenação por crimes falimentares anteriores (LRE, art. 48).

66.2.3 Recuperação judicial para microempresa e empresa de pequeno porte

As microempresas e as empresas de pequeno porte poderão apresentar plano especial de recuperação judicial no prazo improrrogável de 60 dias da publicação da decisão que deferir o processamento da recuperação judicial, sob pena de convolação em falência. O plano abrangerá todos os créditos, excetos os públicos e tributários, os quais serão pagos em até 36 parcelas mensais, iguais e sucessivas, corrigidas monetariamente e acrescidas de juros de 12% a.a. Preverá, ainda, o pagamento da primeira parcela no prazo máximo de 180 dias, contados da distribuição do pedido de recuperação judicial.

66.3 DA FALÊNCIA

A falência é, em sentido amplo, o estado de insolvência do empresário devedor. Mas, em sentido formal, é a execução coletiva dos bens do devedor empresário. É a sua bancarrota. A decretação da falência determina o vencimento antecipado das dívidas do devedor e dos sócios ilimitada e solidariamente responsáveis (LRE, art. 77). O juízo da falência é indivisível e competente para conhecer todas as ações sobre bens, interesses e negócios do falido, ressalvadas as causas trabalhistas e fiscais. Todas as ações terão prosseguimento com o administrador judicial, que deverá ser intimado para representar a massa falida, sob pena de nulidade do processo.

"A decisão que decreta a falência da sociedade com sócios ilimitadamente responsáveis também acarreta a falência destes, que ficam sujeitos aos mesmos efeitos jurídicos produzidos em relação à sociedade falida e, por isso, deverão ser citados para apresentar contestação, se assim o desejarem." (LRE, art. 81).

"Aplica-se ao sócio que se tenha retirado voluntariamente ou que tenha sido excluído da sociedade, há menos de 2 anos, quanto às dívidas existentes na data do arquivamento da alteração do contrato, no caso de não terem sido solvidas até a data da decretação da falência." (art. 81, § 1º).

"A responsabilidade pessoal dos sócios de responsabilidade limitada, dos controladores e dos administradores da sociedade falida, estabelecida nas respectivas leis, será apurada no próprio juízo da falência, independentemente da realização do ativo e da prova da sua insuficiência para cobrir o passivo, observado o procedimento ordinário previsto no Código de Processo Civil." (LRE, art. 82). *"O juiz poderá, de ofício ou mediante requerimento das partes interessadas, ordenar a indisponibilidade de bens particulares dos réus, em quantidade compatível com o dano provocado, até o julgamento da ação de responsabilidade."* (art. 82, § 2º).

Falência é, pois, o processo judicial pelo qual o empresário é obrigado a liquidar o seu patrimônio em benefício dos credores, ocasião em que se arrecada o patrimônio do falido e são verificados os créditos, apurando-se o ativo e procurando solver o passivo.

66.4 CONFIGURAÇÃO DO ESTADO DE FALÊNCIA

Quando o empresário não tem condições de solver suas obrigações, está caracterizada a sua insolvência. Mas, para instalar-se o estado de falência, é necessária a concorrência de três pressupostos: 1) a qualidade de empresário devedor; 2) a insolvência do devedor; 3) a declaração judicial da falência.

1. *A qualidade de empresário devedor* – a falência só cabe contra o empresário individual e contra a sociedade empresária. Não contra a empresa pública, sociedade de economia mista, instituição financeira pública ou privada, cooperativa de crédito, consórcio, entidade de previdência complementar, sociedade operadora de plano de assistência à saúde, sociedade seguradora, sociedade de capitalização e outras entidades legalmente equiparadas às anteriores (LRE, art. 2º, I e II).
2. *A insolvência do devedor* – dispõe o art. 94 da LRE que será decretada a falência do devedor que:
    I – sem relevante razão de direito, não pagar, no vencimento, obrigação líquida materializada em título ou títulos executivos protestados cuja soma ultrapasse o equivalente a quarenta salários mínimos na data do pedido de falência. Os credores podem reunir-se em litisconsórcio a fim de perfazer este limite;
    II – executado por qualquer quantia líquida não paga, não deposita e não nomeia à penhora bens suficientes dentro do prazo legal;
    III – pratica qualquer dos seguintes atos, exceto se fizer parte de plano de recuperação judicial:
    a) procede à liquidação precipitada de seus ativos ou lança mão de meios ruinosos ou fraudulentos para realizar pagamentos;
    b) realiza ou, por atos inequívocos, tenta realizar, com o objetivo de retardar pagamentos ou fraudar credores, negócio simulado ou alienação de parte ou da totalidade de seu ativo a terceiro, credor ou não;
    c) transfere estabelecimento a terceiro, credor ou não, sem o consentimento de todos os credores e sem ficar com bens suficientes para solver seu passivo;
    d) simula a transferência de seu principal estabelecimento com o objetivo de burlar a legislação ou a fiscalização ou para prejudicar credor;

e) dá, ou reforça, garantia a credor por dívida contraída anteriormente, sem ficar com bens livres e desembaraçados suficientes para saldar seu passivo;

f) ausenta-se sem deixar representante habilitado e com recursos suficientes para pagar os credores; abandona estabelecimento ou tenta ocultar-se de seu domicílio, do local de sua sede ou de seu principal estabelecimento;

g) deixa de cumprir, no prazo estabelecido, obrigação assumida no plano de recuperação judicial. Esses são os casos especiais de caracterização dos chamados atos de falência.

3. *A declaração judicial da falência* – normalmente, a falência é requerida por um dos credores quirografários, que exibe títulos da dívida vencida (nota promissória, duplicata, cheque etc.) e a prova da caracterização da impontualidade do devedor, para o que junta a certidão de protesto. É feito, então, um requerimento que diz o motivo da falência. O pedido de falência, seja qual for a sua fundamentação, deverá ser convenientemente instruído para servir de base à decisão do juiz. Em seguida, é dada ao devedor a oportunidade de defender-se:

I – se o fundamento do pedido de falência for o da impontualidade (art. 94, I), dentro do prazo de contestação, o empresário devedor poderá elidir[1] a falência depositando o valor da dívida acompanhada da defesa. Evidentemente, feito o depósito, não haverá a decretação da falência, ocasião em que a ação se converte em cobrança individual. De qualquer maneira, poderá o requerido pagar a dívida dentro desse prazo ou promover a devida defesa. Ainda dentro do prazo de contestação, o devedor poderá pleitear sua recuperação judicial (LRE, art. 95);

II – se fundado o pedido na ocorrência do chamado ato de falência (art. 94, III), a defesa do devedor empresário, que recebe o nome de *embargos*, deverá ser apresentada também dentro do prazo de contestação. Será uma defesa com produção mais ampla de prova, devido à complexidade do fato apresentado.

Finalmente, cabe ao juiz decretar ou não a falência. Se decretar por decisão fundamentada, nomeará o administrador judicial e marcará prazo para que os credores se habilitem, prazo esse que deverá ser de 15 dias. Não observado

---

[1] Elidir: suspender.

esse prazo, as habilitações de crédito serão recebidas como retardatárias, exceto a dos trabalhadores que poder-se-ão habilitar a qualquer tempo antes do início dos pagamentos.

66.5 EFEITOS DA SENTENÇA DECLARATÓRIA DA FALÊNCIA

A decisão judicial que acolhe o pedido do credor encerra a primeira fase do processo falencial, conhecida como etapa *pré-falencial*. Ato contínuo, desencadeia-se a segunda fase, a do processo de execução propriamente dito, chamada *etapa falencial*, que é constituída por uma série de atos destinados à expropriação dos bens do devedor, a fim de satisfazer seus credores.

A partir do momento em que a decisão declaratória de falência transita em julgado, ingressa-se no terreno da execução coletiva, ocasião em que o juiz nomeia o administrador judicial.

O administrador judicial será profissional idôneo, preferencialmente advogado, economista, administrador de empresas ou contador, ou pessoa jurídica especializada. A ele será atribuída a missão especial de arrecadar todos o bens do empresário falido, providenciar a sua avaliação e encaminhar os procedimentos para venda por meios judiciais de realização do ativo. Todos os credores deverão vir ao juízo da falência, provando os seus direitos, seus créditos, pelo procedimento de habilitação de crédito, o que lhes garantirá a possibilidade de concorrer ao recebimento dos respectivos valores dentro da ordem de preferência que a lei estabelece (1º, trabalhadores; 2º, credores com garantia real; 3º, credores tributários; 4º, credores com privilégio especial; 5º, credores com privilégio geral; 6º credores quirografários e, por último, os credores subordinados).

Finalmente, o administrador judicial promoverá a venda dos bens da massa, por leilão público, e pagará os credores.

Primeiramente, paga-se os credores do processo judicial (administrador judicial; perito; avaliador; leiloeiro; honorários sucumbenciais; custas judiciais; adiantamentos etc.) e, depois, os credores dentro da ordem de preferência anteriormente mencionada.

Pelo exposto, tem-se que a falência é um processo de execução coletiva em que são apurados o ativo e o passivo, pagando-se os credores na preferência de seus créditos.

O falido fica inabilitado para exercer qualquer atividade empresarial a partir da decretação da falência até a sentença que extingue suas obrigações, respeitado o disposto no § 1º do art. 181 da Lei de Recuperação e Falência. (Os efeitos da falência perdurarão até cinco anos após a extinção da punibilidade, podendo, contudo, cessar antes pela reabilitação penal.)

66.6 DO CRIME FALIMENTAR

Um dos crimes falimentares mais comuns é o desvio de bens da pessoa jurídica pelo sócio. Também está configurado o crime quando houver "o atraso na escrituração dos livros obrigatórios ou que esta seja lacunosa, defeituosa ou confusa" (RT 738/624). Outro que tem fluência comum é a prática de contabilidade paralela, comumente denominada, no meio empresarial, de "caixa dois". A Lei de Recuperação e Falência, nos seus artigos 168 a 178, tipifica determinados comportamentos como crime falimentar.

66.6.1 Prescrição

"A prescrição dos crimes previstos nesta Lei – dispõe o art. 182 da LRE – *reger-se-á pelas disposições do Decreto-lei nº 2.848, de 7 de dezembro de 1940 – Código Penal, começando a correr do dia em que transita em julgado a sentença que encerra o processo de falência, da concessão da recuperação judicial ou da homologação do plano de recuperação extrajudicial."* (Ver Capítulo 27).

REFERÊNCIAS

ADI 2.139-MC e ADI 2.160-MC, voto do rel. para o ac. min. Marco Aurélio, julgamento em 13-5-2009, Plenário, *DJE* de 23-10-2009.
ADI 2.213-MC, rel. min. Celso de Mello, julgamento em 4-4-2002, Plenário, *DJ* de 23-4-2004.
ADI 3.464, rel. min. Menezes Direito, julgamento em 29-10-2008, Plenário, *DJE* de 6-3-2009.
ADI 4.277 e ADPF 132, rel. min. Ayres Britto, julgamento em 5-5-2011, Plenário, *DJE* de 14-10-2011.
ALMEIDA, Amador Paes de. *Direito de empresa no código civil*. 3. ed. São Paulo: Saraiva, 2010.
ALMEIDA, Gil de; GODOY, Celso Manzano de. *Noções de direito tributário*. São Paulo: Nelpa, 1974.
BARROS, Flávio A. Monteiro de. *Crimes contra a pessoa*. São Paulo: Saraiva, 1997.
BASTOS, Celso Ribeiro. *Curso de direito constitucional*. São Paulo: Saraiva, 1992.
BEMFICA, Francisco Vani. *Da teoria do crime*. São Paulo: Saraiva, 1990.
BEVILÁQUA, Clóvis. *Código civil comentado*. 11 ed. Rio de Janeiro: Francisco Alves, 1958. v. 1.
BEVILÁQUA, Clóvis. *Código civil comentado*. ed. histórica. [S.l.: s.n.], [18--?]. v. I.
BORBA, José Edwaldo Tavares. *Direito societário*. 5. ed. Rio de Janeiro: Renovar, 1999.
BRUNO, Aníbal. *Direito penal*; parte geral. [Rio de Janeiro]: Nacional de Direito, 1956. t. 1.
BULGARELLI, Waldírio. *Sociedades comerciais*. São Paulo: Atlas.
Celso de Mello, decisão monocrática, julgamento em 9-6-2009, *DJE* de 15-6-2009; RE 349.703, rel. p/ o ac. min. Gilmar Mendes, julgamento em 3-12-2008, Plenário, *DJE* de 5-6-2009.
CESARINO JR, A. F. *Direito social brasileiro*. 6. ed. ampl. e atual. São Paulo: Saraiva, 1970.
COELHO, Fábio Ulhoa. *Manual de direito comercial*. São Paulo: Saraiva, 1997.
COELHO, Fábio Ulhoa. *Manual de direito comercial*. São Paulo: Saraiva, 2003.
COMPARATO, Fábio K. *Direito empresarial*: estudos e pareceres. São Paulo: Saraiva, 1990.
CUNHA, Maria Inês Moura S. da. *Direito do trabalho*. 6. ed. São Paulo: Saraiva, 2011.
Curso moderno de direito civil: direito de família. v. 5. cap. 17. DOWER, Nelson Goeoy Bassil. *Curso moderno de direito civil*. São Paulo: Nelpa, 2002. v. 5.
DE PLÁCIDO E SILVA. *Vocabulário jurídico*. Rio de Janeiro: Forense, 1982. v. II.
DE PLÁCIDO E SILVA. *Vocabulário jurídico*. Rio de Janeiro: Forense, 1983. v. I.
DE PLÁCIDO E SILVA. *Vocabulário jurídico*. Rio de Janeiro: Forense, 1984. v. II-III.
DE PLÁCIDO E SILVA. *Vocabulário jurídico*. Rio de Janeiro: Forense, 1985.
DE RUGGIERO, Roberto. *Instituições de direito civil*. São Paulo: Saraiva, 1971. v. I.
DINIZ, Maria Helena. *Curso de direito civil brasileiro*. 33 ed. São Paulo: Saraiva, 2016. v. I.
COELHO, Fábio Ulhoa. *Manual de direito comercial*. São Paulo: Saraiva, 1997.

FERRARI, Regina Maria Macedo Nery. *Efeitos da declaração de inconstitucionalidade*. São Paulo: Revista dos Tribunais, 1992.
FERREIRA FILHO, Manoel Gonçalves. *Curso de direito constitucional*. 40. ed. São Paulo: Saraiva, 2015. p. 180.
SILVA, Regina Beatriz Tavares da; FIÚZA, Ricardo (Coord.). *Código civil comentado*. 10. ed. São Paulo: Saraiva, 2016.
HC 82.424, rel. p/ o ac. min. presidente Maurício Corrêa, julgamento em 17-9-2003, Plenário, *DJ* de 19-3-2003.
HC 82.959-7, rel. min. Marco Aurélio, julgamento em 23-2-2006, Plenário, *DJ* de 1-9-2006.
JESUS, Damásio E. de. *Código penal anotado*. São Paulo: Saraiva, 1995.
_____. *Código penal anotado*. 23. ed. São Paulo: Saraiva, 2016.
LEVENHAGEN, Antônio J. de Souza. *Código civil: comentários didáticos*. São Paulo: Atlas, 1981. v. I.
LIMA, Alcides Mendonça. *Comentários ao código de processo civil*. Rio de Janeiro: Forense, 1980. v. VI, t. 1.
LIMA, Francisco Meton Marques de. *Elementos de direito do trabalho e processo trabalhista*. São Paulo: LTr, 1997.
LIMA, Frederico Moura de Paula. *Instituições de direito público e privado*. São Paulo: Unimarco, 1994.
LOPES, Jair Leonardo. *Curso de direito penal:* parte geral. 2. ed. São Paulo: Revista dos Tribunais, 1996.
MAGANO, Octávio Bueno. *Manual do direito do trabalho:* direito individual do trabalho. São Paulo: Nelpa, 1992. v. II.
MARTINS, Fran. *Curso de direito comercial*. 29. ed. Rio de Janeiro: Forense, 2005. p. 310, 316.
_____. *Títulos de crédito*. Rio de Janeiro: Forense, 1980. v. 2. p. 1.
MARTINS, Sérgio Pinto. *Curso de direito do trabalho*. São Paulo: Dialética, 1998. p. 191.
MEIRELLES, Hely Lopes. *Direito municipal brasileiro*. 4. ed. São Paulo: Editora Revista dos Tribunais, 1981.
_____. *Mandado de segurança, ação popular e ação civil pública*. São Paulo: Revista dos Tribunais, 1987
MIRABETE, Júlio Fabrini. *Manual de direito penal:* parte geral. São Paulo: Atlas, 1999.
MORAES, Alexandre de. *Direito constitucional*. São Paulo: Atlas, 1999.
NASCIMENTO, A. Theodoro. *Tratado de direito tributário brasileiro*. Rio de Janeiro: Forense, 1977.
NASCIMENTO, Amauri M. *Iniciação ao direito do trabalho*. São Paulo: LTr, 1998.
MS 25.284, rel. min. Marco Aurélio, julgamento em 17-6-2010, Plenário, *DJE* de 13-8-2010).
NORONHA, Magalhães. *Direito penal*. 38. ed. São Paulo: Saraiva, 2004. v. 1.
OLIVEIRA FILHO, João de. *Conceito da ordem pública*. São Paulo: [s.n.], 1934.
OLIVEIRA, Oris de. *Curso de direito do trabalho*. São Paulo: Saraiva, 1985.
ORLANDO, Pedro. *Novíssimo dicionário jurídico brasileiro*. São Paulo: Editora LEP, [1956].
PACHECO, José da Silva. *Tratado de direito empresarial*. São Paulo: Saraiva, 1979. v. 2.
PEREIRA, Caio M. da Silva. *Instituições de direito civil*. 22. ed. Rio de Janeiro: Forense, 2007. v. I.
Proc. TST-RR-148.056/ 94 – 1o Turma – rel. Ursulino Santos – publicado no *DJ* de 9-6-1995.
Proc. TST-RR-82.638/93, 3a Turma – rel. min. Roberto Della Manna – publicado no *DJ* de 17-2-95.
RE 136.753, rel. min. Sepúlveda Pertence, julgamento em 13-2-1997, Plenário, *DJ* de 25-4-1997.
RE 140.779, rel. min. Ilmar Galvão, julgamento em 2-8-1995, Plenário, *DJ* de 8-9-1995.
RE 202.149, rel. p/ o ac. min. Marco Aurélio, julgamento em 26-4-2011, Primeira Turma, *DJE* de 11-10-2011. RE 324.600-AgR, rel. min. Ellen Gracie, julgamento em 3-9-2002, Primeira Turma, *DJ* de 25-10-2002.
RE 178.863, rel. min. Carlos Velloso, julgamento em 25-3-1997, Segunda Turma, *DJ* de 30-5-1997.
RE 466.343, rel. min. Cezar Peluso, voto do min. Gilmar Mendes, julgamento em 3-12-2008, Plenário, *DJE* de 5-6-2009, com repercussão geral.
RE 511.961, rel. min. Gilmar Mendes, julgamento em 17-6-2009, Plenário, *DJE* de 13-11-2009.
RE 603.583, rel. min. Marco Aurélio, julgamento em 26-10-2011, Plenário, *DJE* de 25-5-2012.
RESP. 61.900-9-SP, rel. min. Jesus Costa Lima, *DJU* 15.05.1995.
Revista Literária de Direito. nov./dez. de 1994.

RHC 90.376, rel. min. Celso de Mello, julgamento em 3-4-2007, Segunda Turma, *Dj* de 18-5-2007.

ROCHA, Coelho da. *Instituições de direito civil português*. Rio de Janeiro: [s.n.], 1907. v. 2.

ROCHA, José Virgílio Castelo Branco. *Pátrio poder*. Rio de Janeiro: Tupa, 1960. p. 60.

RODRIGUES, Sílvio. *Direito civil: direito de família*. 28. ed. São Paulo: Saraiva, 2008. v. 6.

ROSA, Antônio José Miguel F. *Comentários ao código penal:* parte geral. São Paulo: Revista dos Tribunais.

RUSSOMANO, Mozart Victor. *CLT anotada*. Rio de Janeiro: Forense, 1998.

SALLES JÚNIOR, Romeu de Almeida. *Homicídio culposo e a lei n. 4611/65:* comentários, doutrina, jurisprudência, prática. 3. ed. São Paulo: Saraiva, 1986.

SAMPAIO, Aluysio. *Dicionário de direito individual de trabalho*. São Paulo: LTr, 1972.

SERPA LOPES. *Curso de direito civil*. Rio de Janeiro: Freitas Bastos, 1957.

SIDOU, Othon. *Do cheque*. Rio de Janeiro: Forense, 1975. p. 131.

SILVA JR., Euclides Ferreira da. *Lições de direito penal*. São Paulo: Juarez de Oliveira, 1999.

SILVA, José Afonso da. *Curso de direito constitucional positivo*. São Paulo: Malheiros Ed., 1994.

TACrim-SP – AC – rel. Gonçalves Nogueira – JUTACrim 87/429.

TEMER, Michel. *Elementos de direito constitucional*. 12. ed. São Paulo: Malheiros Editores.

TRT 2a R. – RO em Rito Sumaríssimo 01498200602502007 – (20070585843) – 11a T. – rela juíza Dora Vaz Treviño – *DJSP* 07.08.2007.

TST – E-RR 13145/2000-652-09-00 – SBDI-1 – rela min. Maria Cristina Irigoyen Peduzzi – *DJU* 07.12.2007.

TST – RR 100400-63.2009.5.09.0670 – rel. min. Lelio Bentes Corrêa – *DJE* 16.3.2012 – p. 414.

VARGAS, José Cirilo de. *Instituições de direito penal:* parte geral. Belo Horizonte: Del Rey, 1997. t. I.

VENOSA, Sílvio de Salvo. *Direito civil*. São Paulo: Atlas, 2013. v. 1.

WALD, Arnoldo. *Direito das coisas*. 4. ed. São Paulo: Editora Revista dos Tribunais, 1980.

ÍNDICE REMISSIVO

A
ab initio, 170
abandono de emprego, 334
abono, 301, 370
ação
   de interdição, 193
   monitória, 446, 460
   penal, 167-170
      espécies, 167-170
      privada, 170
         exclusiva, 169
         subsidiária da ação pública, 170
      pública, 168-170
         condicionada, 168-169
         incondicionada, 168
   popular, 54-55
aceite, 444-445, 450, 452, 453
   expresso, 453
   tácito, 453
acesso às informações, O, 43-44
acionista, 410, 413, 414, 417, 418
   controlador, 422-423, 426
      deveres e responsabilidades, 426, 428
   direitos do, 422
ações, 416-419
   escriturais, 418
   espécies de, 416-419
      de fruição ou de gozo, 418
      ordinárias, 417
      preferenciais, 417
   forma de circulação, 418-419
   nominativas, 418
acquirere, 15
acquisitus, 15
ad judicia, 191
addictus, 238
adicional
   de horas extras, 303-304
   de insalubridade, 302
   de periculosidade, 302-303
   de transferência, 304-305

   noturno, 304
adoção, 265-268
   consentimento, 266
   diferença de idade, 266
   direitos sucessórios do filho adotivo
      efeito principal da, 267-268
   por homossexuais, 266
   por pessoa que vive em união estável, 266
   quem pode adotar, 265-266
adolescente, 105, 106, 125
adultério, 260, 262
Advocacia Geral da União, 79-80
afiançado, 243
agente capaz, 221
ajuda de custo, 300
ampla defesa, 49
anistia, 173-174
antijuridicidade, 119, 141, 143
aquisição da propriedade
   imóvel, 249-251
      pela acessão, 249
      pelo registro do título, 249
      pelo usucapião, 250-251
   móvel, 251
áricso de bronze, 380
ascendentes, 277
assembleia geral, 424-425
   espécies de, 424
      extraordinária, 425
      ordinária, 425
   procedimento, 425-426
   quorum, 69, 426
associações, 204, 396
atividade
   econômica, 94, 285, 384, 385, 388, 401
   empresarial, 292, 382, 384, 387, 390, 392
   organizada, 384
ato
   anulável, 192
   de improbidade, 329-330
   de indisciplina, 334

de insubordinação, 334
ilícito, 9, 84, 157, 219, 230, 231, 232, 234, 236, 240, 242
jurídico, 219, 220, 221, 320
perfeito, 16, 43, 46
aval, 438-439, 445, 458
e a fiança, 439
em preto, 439
avalizado, 438
aviso prévio, 340-346
falta do aviso, 341-342
forma, 341
horário de trabalho durante o, 342
reconsideração do, 342
uma das partes comete falta grave, 343

B
bens
acessórios, 216
classificação dos, 213-216
coletivos, 215
considerados em si mesmos, 213
divisíveis, 215
em relação ao titular do domínio, 217-218
fungíveis, 215
imóveis, 214
transferência da propriedade, 214
a prazo, 215
à vista, 214
indivisíveis, 215
infungíveis, 215
jurídicos, 213
móveis, 214
transferência da propriedade, 214
particulares, 216-217
principais, 216
públicos, 216-217
reciprocamente considerados, 216
singulares, 215-216
Bolsa de Valores, 415

C
capacidade
civil, 268, 390
de exercício, 190
jurídica, 190
Carteira de Trabalho e Previdência Social (CTPS), 286, 294
casamento, 255-264
celebração do ato, 258
deveres recíprocos entre os cônjuges, 259
dissolução, 261-263
efeitos principais, 259
preparação do, 256-257
habilitação, 257
proclamas, 257
causa mortis, 91
causalidade
na omissão, 128-129
relação de, 127-130, 234

vínculo, 231
cessação,
da incapacidade, 196
da periculosidade, 165-166
da permanência, 183
pela emancipação, 196
pela maioridade, 196
do contrato de trabalho, 218, 320-322
Chefe
de Estado, 32, 71
do Governo, 71
cheque, 456-460
à ordem, 461
administrativo, 459
ao portador, 458
apresentação, 457
aval no, 458
cruzado, 459
cruzamento
especial, 459
geral, 459
de viagem, 459
endosso no, 458
especial, 458
espécies, 458-459
falta de fundos, 460
nominativo, 458
pré-datado, 457
prescrição, 460
visado, 459
cláusulas pétreas, 25
coação, 225-226
coautoria, 152, 155
codicilo, 277
Código
Civil
breve histórico do, 188
divisão do, 187
Penal, 109-111
breve história do, 110
coisa julgada, 16, 17, 46
coisas
alheias, 244
próprias, 244
colaterais, 258, 274, 275
comércio, 379
evolução do, 381
Comissão de Valores Mobiliários (CVM), 415, 416, 420, 421
comissões, 298-299
comoriência, 198
Companhia (Cia.), 408
aberta, 415
fechada, 415
competência exclusiva
legislativa, 59
não legislativa, 59
competentia, 59
composse, 248
compromisso de compra e venda, 253

concurso de pessoas, 152-156
condenação criminal, 322-331
cônjuge
    deveres recíprocos entre, 259-261
    sobrevivente, 273, 274, 277
conselho
    de administração, 426-427
        competência do, 427
        composição do, 427
    fiscal, 427-428
Consolidação das Leis do Trabalho (CLT), 282, 283, 284, 285, 287, 288, 292, 293, 294
Constituição, 21-22
    Brasileira, 25-27, 31
    do Império, 25, 188
    Federal, 21-22
    modificação da, 24-25
    princípios fundamentais, 32-34
consumidor
    direito do, 7, 14
contrabando, 37
contraditório e ampla defesa, 49
contrato, 241
    de compra e venda, 242
    de compromisso de, 253
    de experiência, 293
    de trabalho, 283-293
        alterações, 311
            admissíveis, 311-317
            relativas
                à função, 311
                ao lugar da prestação de serviço, 312-313
                ao salário, 312
        cessação do, 320-323
            empregado
                aposentadoria do, 321
                morte do, 321
            falência do empregador, 322
            prisão prolongada, 322
        por prazo
            determinado, 291-294
                atividade de caráter transitório, 292
                serviço cuja natureza justifique a predeterminação do prazo, 292
            indeterminado, 291
        rescisão do, 319-323
            bilateral, 322
            demissão do empregado, 324-325
            efeitos da, 370-371
            homologação da, 325-326
            unilateral, 323
        suspensão e interrupção, 314-318
            casos de, 317-318
                ausências autorizadas, 318
                férias anuais remuneradas, 317
                licença à gestante, 318, 321
                primeiros dias do auxílio doença, 318
                repouso semanal e feriados, 317
            efeitos jurídicos, 315

hipóteses, 321
    aposentadoria por invalidez, 316-317
    auxílio-doença, 316
    serviço militar, 315
    suspensão disciplinar, 316
término do, 319-326
    casos de, 319-320
        rescisão por tempo
            determinado, 319
            indeterminado, 320
    espécies, 242-244
    social, 203, 395
Contravenções Penais, Lei das, 111, 115, 122, 158
contribuição de melhoria, 85-86
crime, 118-122
    caminho do, 131-132
    consumado, 132-133
    culposo, 136-138
    doloso, 135-136
    falimentar, 467
    lugar do, 116-117
    por omissão, 120-121
    preterdoloso, 138-139
    sujeitos do, 123
        passivo, 126
    tentativa, 133-134
    tipo, 121
criminal
    capacidade, 123-124
    incapacidade, 124-125
comoriência, 198
culpa
    prova da, 231, 233, 234
    recíproca, 339, 350, 351
    teoria subjetiva da, 231
cultura, 103
curatela, 272

D
dano, 231
de cujus, 209, 274, 275
debêntures, 419
débito de prestação alimentar, 52
decadência, 174-175
décimo terceiro salário, 299
Defensoria Pública, 80
déficit, 84
demissão, modelos de cartas, 344-345
denominação, 282
depositário não fiel, 52
descaminho, 37
descendentes, 277
desidere, 331
desidia, 331
desídia, 331-332
despedida
    justa causa
        por, 327
        sem, 327
despedimento

indireto, 325
patronal, 323
desporto, 103-104
detentiva, 166
deveres recíprocos entre cônjuges, 259-261
   fidelidade recíproca, 260
   mútua assistência, 260
   sustento, guarda e educação dos filhos, 260
   vida em comum, no domicílio conjugal, 260
diária para viagem, 300
dies a quo, 182, 183
Direito
   Administrativo, 6
   adquirido, 15-16, 46
   atos contrários ao, 235
   Civil, 7, 187-188
   Comum, 7
   Constitucional, 6, 21-31
   das coisas, 244-254
   das obrigações, 237-244
   das sucessões, 273-278
   de família, 255-272
   de petição, 44-45
   de propriedade, 42
   de representação, 175, 274, 275
   do Consumidor, 7
   do Trabalho, 7, 281-282
      denominação, 282
      histórico, 281
   empresarial, 379-383
      no novo Código Civil, 382
   Especial, 7
   estado democrático de, 22-23
   Externo, 6
   Interno, 6
   noção de, 3-4
   objetivo, 4-5
   objeto do, 213-216
   patrimonial, 239
   Penal, 7, 109-111
      fontes do, 111
      história do, 110
   Positivo, 4, 5-8, 9
      divisão do, 5-8
   Privado, 5, 6, 7-8
   Processual, 7
   protetor dos incapazes, 195, 268-272
   Público, 5, 6-7
   real sobre coisas alheias, 244
   subjetivo, 4-5
   sujeitos de, 187, 218, 395, 429
   Tributário, 6
direitos
   da personalidade, 239
   e deveres dos pais em relação aos bens dos filhos menores, 269
   e obrigações iguais, 36
   elementares de propriedade, 244
      dispor, 244-245
      gozar, 244-245
      reaver, 244-245
      usar, 244-245
   fundamentais, 35
   individuais constitucionais, 35-53
      o preso e seus, 51
   reais de
      fruição, 244, 254
      garantia, 244, 254
   sociais, 55-56
   sucessórios do filho adotivo, 267
diretoria, 427
Distrito Federal, 62
divisão territorial administrativa do país, 57-58
divórcio, 263
   direto, 263
   indireto, 263
dolo, 223-225
   civil, 223
   negativo, 232
   prova do, 231-233
dolus
   bonus, 224
   malus, 224
domicílio, 210-213
   da pessoa jurídica, 213
   distinção entre residência, 212
   do militar, 212
   do preso, 212
   do servidor público, 213
   dos incapazes, 212
   especial, 212
   espécies de, 211
   legal, 211
   necessário, 211
   sede jurídica da pessoa física, 210
   voluntário, 211
dominante,
   servidão predial, 252
dominium, 249
doutrina do risco, 234
duplicata, 451-455
   como título de crédito, 452-454
   de prestação de serviços, 455
   empresarial, 451
   perda ou extravio, 455
   prazo prescritivo, 455
   protesto do título, 455
   requisitos, 454

E

educação, 103-104
Eleitorais
   Juízes, 76-77
   Juntas, 77
emancipação, 196, 199, 270, 392
   menor com 16 anos completos tenha economia própria, 198
   pela colação de grau no ensino superior, 198
   pelo casamento, 197

pelo exercício de emprego público efetivo, 197
por concessão dos pais, 197
por sentença do juiz, 197
embargos, 465
emenda constitucional, 30
emissor, 456
emitente, 456
empregado
    caracterização do, 284-286
    doméstico, 289
    rural, 287
empregador, 284
    falta cometida pelo, 336
        atos lesivos à honra ou a boa fama praticados pelo, 388
        correr o empregado perigo de mal considerável, 337
        exigir serviços superiores às forças ou alheios ao contrato, 336
        não cumprir as obrigações do contrato, 337
        ofensa física, 388
        reduzir as tarefas do empregado afetando a remuneração, 338
        tratar o empregado com rigor excessivo, 337
empresário
    caracterização do, 385
    conceito, 384
    devedor, 466, 467, 468
    tipos de, 385-386
        individual, 386-395
            perda da qualidade, 394
            requisitos, 385
            responsabilidade, 393
        na forma de sociedade de pessoas, 386, 395
empresas de pequeno porte, 93-94
endosso
    irregular, 437-438
    -mandato, 437
    regular, 437
ente despersonalizado, 201
erro, 223
    de tipo, 140-142
    determinado por terceiro, 141
    sobre a pessoa, 142
esbulho, 245, 248, 251
escritura pública definitiva, 215, 253
estabelecimento empresarial, 429-433
    composição do, 430-431
    e a empresa, 430
estabelecimentos penais, 162
estabilidade, 350-352
    à gestante em aviso prévio, 343-344
    e garantia de emprego, 347-348
    especiais, 346-347
        contratuais, 346
        impostas por lei, 346-347
            cargo de direção da Cipa, 347
            em favor dos dirigentes sindicais, 346-347

empregada gestante, 347
empregado que sofreu acidente de trabalho, 347
estado de
    defesa, 81-82
    necessidade, 144-145, 235
    sítio, 82
Estado
    composição, 61
    descentralizado politicamente, 58
    intervenção do, 93-96
    organização do, 57-64
Estados
    competência dos, 61
    Federados, 60
Estatuto da Criança e do Adolescente (ECA), 125, 266
Estatuto dos Funcionários Públicos, 288-289
estipe, 274
estrito cumprimento de dever legal, 146-147
etapa
    falencial, 466
    pré-falencial, 466
Executivo
    poder, 33, 34
exercício
    do poder de polícia, 40, 85
    normal de um direito, 226
    regular de direito, 146-147
        reconhecido, 236
extinção da punibilidade, 172-177
    espécies de causas, 173-177
        anistia, graça ou indulto, 173-174
        morte do agente, 173
        perdão judicial, 139
        prescrição, decadência ou perempção, 174-175
        renúncia do direito de queixa, 175-176
        retratação do agente, 176-177
        retroatividade de lei, 174

F
facultas agendi, 5
falência, 461-467
    declaração judicial da, 465
    do empregador, 322
    estado de, 464-466
    prescrição, 467
    sentença declaratória, 466-467
família, 105-106
fase
    da cogitação, 132
    de atos
        de execução, 132
        preparatórios, 132
        de consumação, 132
fato jurídico, 218-219
    natural, 218-219
fatura, 451, 452, 454, 455
Federalismo, 26

férias, 317, 362-375
　abono de, 370
　aquisição do direito, 363
　coletivas, 375
　concessão de, 365-369
　dos domésticos, 372-374
　duração, 363
　efeitos da rescisão, 370
　perda do direito, 364
　período concessivo, 363
　prescrição da ação em relação a, 374
　remuneração de, 369
fiador, 243
fiança, 243
firma, 387, 390
　individual, 388
　　inscrição, 388-390
fraude contra credores, 223, 227-228
fundações privadas, 201, 205-208
　criação, 205
　estatuto
　　aprovação, 207
　　elaboração, 206-207
　extinção, 208
　funcionamento, 208
　modalidades de formação, 206
　　direta, 206
　　fiduciária, 206
　personalidade jurídica, 207-209
fundo de comércio, 430
Fundo de Garantia por Tempo de Serviço (FGTS), 349-351
　administração, 350
　campo de aplicação, 350
　saques do, 350-351

G

garantias constitucionais, 53-55
gerentes, 355, 410
gorjetas, 301
Governo
　forma de, 27, 28, 32, 33
　　Presidencialismo, 26, 27, 28, 29, 30
　　Republicana, 32
　sistema de, 27-29
　　Parlamentarismo, 27, 28, 29, 30, 31
　　Presidencialismo, 26, 27, 28, 29, 30, 31, 71
graça, 173-174
gratificação
　ajustada, 299
　imposta por lei, 399

H

habeas
　corpus, 54
　data, 44, 53
hediondos, 47-48
herdeiros
　e seus direitos, 273
　necessários, 273
hereditário, 28
hipoteca, 254

I

idoso, 105-106
igualdade, 35
impeachment, 28
impedimentos matrimoniais, 257-258
　adotante com adotado, 258
　ascendentes com os descendentes, 257
　irmãos, 258
　os afins em linha reta, 257-258
　pessoas casadas, 258
impenhorabilidade, 43
imperícia, 233, 268
Imposto sobre a Renda (IR), 90
Imposto sobre Produtos Industrializados (IPI), 90
Imposto sobre Propriedade Predial e Territorial Urbana (IPTU), 91
Imposto Territorial Rural (ITR), 90
impostos
　do Distrito Federal, 91
　dos Estados, 91
　dos Municípios, 91
imprescritíveis, 46-47
imprudência, 137-138, 233, 332
imputabilidade, 148-151
imunidade
　formal, 66
　material, 66
　tributária, 88-89
in vigilando, 269
inafiançáveis, 47
inalienabilidade, 278
incapazes, 190-196
　absolutamente, 190-191
　　enfermos ou deficientes mentais, 191-193
　　menores de 16 anos, 191
　　por motivo transitório ou permanente, não puderem exprimir sua vontade, 195
　proteção, 195
　relativamente, 191-196, 391-392
　　ébrios habituais, viciados em tóxico, 195
　　maiores de 16 e menores de 18 anos, 193-194
　　pródigos, 195-196
incontinência de conduta, 330
individualização da pena, 48
indulto, 173-174
inimputabilidade, 148-151
　emoção e paixão, 151
　por doença mental, 149
　por embriaguez, 150-151
　por menoridade, 149
inimputáveis, 149-151, 166
injúria real, 177
insolvência, 228, 461
　do devedor, 464-465
　notória, 228

presumida, 228
inter vivos, 91, 207
interditos possessórios, 248
interrupção do contrato de trabalho, 314-318
intuitu personae, 321
inviolabilidade, 36
   da moradia, 38
   de correspondência, 39
   de comunicações telegráficas e telefônicas, 39
ipso facto, 112, 173, 241
iter criminis, 131, 132
iudicatur, 238

J
jornada de trabalho, 352-360
   básica, 353
   especial, 354
   extraordinária, 355
      horas
         extras, 355
         suplementares, 356-357
   tipos de, 353-354
Judiciário, 34, 45
Juizados Especiais, 79
jus
   accusationis, 168, 175
   est norma agendi, 5
   puniendi, 172, 173, 178
   variandi, 312
justa causa, 323, 327-339
   abandono de emprego, 334-335
   ato lesivo da honra ou da boa fama, 338
   embriaguez habitual ou em serviço, 332-334
   indisciplina ou insubordinação, 334
   para dispensa do empregado, 328-335
   prática de jogos de azar, 335
   requisitos da, 328
   sanções aplicáveis ao empregado, 334-336
   violação de segredo da empresa, 334

L
lapso prescricional, 179-181
lato sensu, 318
Legislativo, 33, 34, 65-67
legislativos ordinários, 66
legítima defesa, 119, 121, 145-146, 235
   agressão
      a direito próprio ou alheio, 146
      injusta e atual ou iminente, 146
      moderação no emprego aos meios de defesa, 146
lei
   antiga, sobrevivência da, 17-18
   das contravenções penais, 111, 115, 122, 158
   jurídica, 9-13
      ab-rogacao, 13
      derrogação, 13
      elaboração de, 67-70
         aprovação, 68-70
         iniciativa, 67-68
      genérica, 10
   obrigatória, 10
      cumprir a lei, 11-12
      revogação, 12-13
   no espaço, eficácia, 18
   nova
      efeito imediato, 17
      retroatividade do, 15-17
   penal, 109-117
      no espaço, 115-117
      no tempo, 114-115
      vigência e revogação, 113-114
   submissão à, 36-37
letra de câmbio, 441-446
   aval, 445
   conceito, 442-443
   endosso, 445
   prescrição, 446
   requisitos de, 444
      não essenciais, 444
   vencimento da, 444
      à vista, 444
      em dia certo, 444
Lex Poetalia Papiria, 238
liberdade, 35
   de locomoção, 37
   exercício de qualquer trabalho, 39-40
   manifestação do pensamento, 37
licitude, 221
limitação ao tráfego, 88
Limitada (Ltda.), 408
literalidade, 434, 435
locação
   não residencial, 432
   predial, 431-433
   residencial, 431-432

M
majus, 139
mandado, 242-243
   de segurança, 53-54
      coletivo, 53
   injunção, 53
mandato, 242-243
manu militari, 5
mau procedimento, 330
medida provisória, 70-71
medidas de segurança, 165, 166
   espécies de, 166
   sujeito passivo, 166
mercado de capitais, 415
meses de recesso, 66
Ministério Público
   da União, 80
   do Estado, 80
minus, 139
mobiliário, 415
moeda
   história, 380-381
   metálica, 381
   não metálica, 380

Monarquia, 28
motivo legal, 346
Município, 62-63
   competência dos, 63
mutatis mutandi, 116, 453

N

não
   detentiva, 166
   submissão, 50
negligência, 138, 233
negociação habitual, 331
negócio jurídico, 221, 222
   defeitos, 222
   forma prescrita, 221
   não defesa em lei, 221
   validade do, 221
   vontade
      ausência total da, 222
      livremente manifestada, 222
nexo causal, 234
nomen juris, 119
norma jurídica, aplicação, 14-15
nota promissória, 447-450
   abdicação das normas, 449-450
   emissão
      ao portador, 449
      em branco, 449
   formas de vencimento, 449
   prescrição, 450
   requisitos, 448
nu-proprietário, 249, 253

O

obligatio, 237
obrigação, 237
   evolução histórica, 237-238
   jurídica, 239
   objeto da, 239, 240, 241
   relação jurídica, 240-241
ordem
   econômica, 93-99
   social, 100-106
órgãos sociais, 424
overdose, 150

P

pacta sunt servanda, 311
paradigma, 308
parentes
   em linha
      colateral, 258, 264
      reta, 264
parentesco
   civil, 258, 264
   consanguíneo, 264
   graus de, 264-265
   por afinidade, 264
   relações de, 264
Parlamentarismo, 29, 30
parlamentarista, 30
Parlamento, 29, 30
parlare, 29
participação por instigação, 155-156
pecúnia, 380
penas, 157-163
   cruéis, 49, 110
   de banimento, 49
   de caráter perpétuo, 49
   de detenção, 159-161
   de morte, 35, 49, 110
   de multa, 161
   de reclusão, 158-159
   de trabalhos forçados, 49
   espécies, 157-161
   privativas de liberdade, 158-159
   restritivas de direitos, 159-161
   suspensão condicional, 161-162
per se, 429
perdão
   do ofendido, 171
   judicial, 139
perempção, 174
período
   aquisitivo, 363, 364, 365, 366, 367, 368, 369, 370, 371
   concessivo, 363, 365, 366, 367
personalidade
   civil, 189-190
   jurídica, 202, 207-208
pessoa
   jurídica, 200-204
      classificação, 203-204
      constituição, 200
      de direito privado, 202
      pessoas dos sócios, 202-203
      representação da, 203
   natural, 189-199
Poder
   Executivo, 65, 71-72
   Judiciário, 65, 72
      organização do, 72-78
   Legislativo, 65-67
      tarefa principal, 67-70
poder
   constituinte
      constituído, 24
      instituído, 24
   de tributar, 91-92
      limitações ao, 86-88
   familiar, 191, 268-271
      a quem compete, 269
      extinção, 270-271
      perda, 270-271
      suspensão, 270-271
Poderes
   divisão dos, 65
   organização dos, 65-80
política
   agrícola, 98-99

urbana, 97-98
ponto comercial, 431
posse
   aquisição da, 246-247
   ato
      bilateral, 247, 327
      unilateral, 247, 323, 324, 327
   clandestina, 246
   de boa-fé, 246
   de má-fé, 246
   derivada, 247
   direta, 245-246
   indireta, 245-246
   injusta, 245
   justa, 245
   origem da, 246
   originária, 246
   perda da, 246
   precária, 246
   reintegração de, 246
   violenta, 246
prescrição, 178-183
   da ação em relação a férias, 374-375
   da letra de câmbio, 446
   da pretensão
      executória, 179
      punitiva, 179
   do cheque, 460
   interrupção da, 181-182
   penal, 179
   suspensão da, 182
   termo inicial da, 182-183
Presidencialismo, 26, 27, 28, 29, 30, 31
prestação de serviço público, 85
Princípio
   da anterioridade, 88
   da inalterabilidade do contrato, 311
   da isonomia, 87
   da legalidade, 36-37, 84, 87, 112-113
   do controle do Judiciário, 45-46
prisão
   autores da, 51
   comunicação da, 50
   domiciliar, 162-163
   em flagrante, 50
   por dívida, inexistência, 51-53
   por ordem judicial, 50
pro labore, 99
produtor, 380
profissionalismo, 385
projeto do estatuto, 421
promulgação, 69
propriedade, 36, 248-249
   função social da, 94
   limitada, 249
   plena, 249
   privada, 94
prospecto, 421
proteção
   de incapazes, 268

possessória, 247-248
   fora da ação judicial, 248
   pela via judicial, 248
protesto cambiário, 439-440
prova
   da culpa, 231-232
   do dolo, 231-232
   dos prejuízos sofridos pela vítima, 233
publicação, 69
punição no racismo, 46-47

Q
querelado, 170
querelante, 170
quorum, 69

R
ratificação
   expressa, 192
   tácita, 192
razão social, 408
Receita
   derivada, 83
   originaria, 83
   pública, 83
recuperação
   da empresa, 461-463
   extrajudicial, 461-462
   judicial, 462
      para microempresa e empresa de pequeno porte, 462-463
reforma agrária, 98-99
regime representativo, 33-34
reivindicatória, 250
relação de causalidade, 127-130, 234
   teoria adotada pelo código, 127-128
relação jurídica, 238, 240-241
remissão, 163
remuneração, 295-309
   adicionais legais, 301-305
   composição da, 295-296
renovatória, 432
repouso, 361-375
   férias, 362-375
   período de descanso, 357
República, 26-28
   Federativa, 32-33
rescisão indireta, 339
responsabilidade extracontratual, 231-235
restritiva, medida de segurança, 166
retomada do imóvel, 431
retributiva, 296
reunião pacífica, 40-41
revogação
   expressa, 113
   tácita, 114
risco-proveito, 235

S
sacado, 441

sacador, 441
salário, 295-309
    antecipação de parte do, 306
    desconto no, 305
    equiparação salarial, 308-309
    fixo, 295-296
    irredutível, 305-306
    mínimo, 296-297
    pagamento em
        dia útil e no local de trabalho, 307
        dinheiro, 306
    pago
        diretamente ao empregado, 306
        em moeda de curso legal, 306-307
    pontualidade no pagamento, 307
    proteção do, 308
sanção, 10, 69
saque, 441-442
    do FGTS, 350
saúde, 101-102
segurança, 36
seguro obrigatório, 234
semi-imputáveis, 166
separação
    consensual, 262
    judicial, 261-263
    litigiosa, 262
        conduta desonrosa, 262
        violação dos deveres do casamento, 262
    por mútuo consentimento, 262
serviço
    de natureza não eventual, 285-286
    público, 85, 96
servidões prediais, 252
serviente, 252
simples ameaça, 146, 249
Sistema Financeiro Nacional, 99
Sistema Tributário Nacional, 83-84
soberania, 116
    nacional, 93-94
social
    assistência, 101, 103
    contrato, 41, 200, 202, 203, 395, 396, 399, 408, 412
    estatuto, 200, 202, 203, 412, 414, 421, 422
    previdência, 101, 102-103
    seguridade, 101
sociedade, 382, 383, 385, 386, 395-397
    anônima, 412-428
        características, 412-416
        constituição das, 420-422
            por subscrição
                particular ou simultânea, 420-422
                pública ou sucessiva, 421-422
        divisão do capital social em ações, 413
        espécies, 414-416
        livre cessibilidade das ações, 416
        nome empresarial da companhia, 414
        objeto social, 414
        responsabilidade limitada dos
            acionistas, 413
    em comandita
        por ações, 410
        simples, 405
    em comum, 201
    em conta de participação, 385, 398, 399, 400
    em nome coletivo, 403, 404-405
    empresária, 124, 285, 382, 385-395, 402, 422, 430
        tipos, 402-403
    entre cônjuges, 397
    ilimitada, 403
    limitada, 403
        administração da, 408-409
        conselho fiscal na, 409
        constituição da sociedade, 407
        formação do nome social, 408
        limite de responsabilidade dos sócios, 406-407
        principal obrigação da, 409
        transferência das quotas, 409
    mista, 403
    simples, 401-402
sociedades
    abertas, 415
    fechadas, 415
    não personificadas, 398-400
    personificadas, 401-411
subscrição,
    particular, 420
    pública, 420
sucessão
    espécies, 273
    legítima, 273
    testamentária, 275
sujeito de direito, 190, 202
Superior Tribunal de Justiça, 73-74
superveniência da causa, 129-130
Supremo Tribunal Federal, 73
sursis, 161-162, 335

T

taxa, 85
temor reverencial, 226
teoria
    da culpa, 235
    da responsabilidade sem culpa, 235
    objetiva, 235, 236
    subjetiva, 231
        da culpa, 231
    unitária, 153-155
término do contrato de trabalho, 219-326
terrorismo, 47-48
testamento
    capacidade ativa para fazer, 275
    cerrado, 276
    formas de, 276-277
    limitações sobre a legítima, 276-277
    particular, 277
    público, 276
título de crédito, 434-440

à ordem, 436-437
ao portador, 436
caráter
   autônomo, 434
   literal, 434
nominativo, 436-437
principais características, 434-435
   autonomia, 434-435
   cartularidade, 434-435
   literalidade, 435
   modo de circulação, 436-437
tomador, 441, 442
tortura, 41-48
trabalhador não protegido pela CLT, 288
   autônomo, 289
   funcionário público, 288
trabalho, 100
   contrato individual de, 283-294
   diurno, 258
   do menor, 287-288
   em regime de revezamento, 360
   humano, 281
   noturno, 358
   pessoal, 285
   remunerado, 286-287
   subordinado, 286
tradição, 242
tráfico ilícito, 47-48
trans *Tiberium*, 238
traveler's checks, 462
Três Poderes, 26, 34
Tribunais
   e Juízes
      do Trabalho, 75
      dos Estados, 77
      Eleitorais, 76-77
      Militares, 77
   Regionais
      do Trabalho, 75
      Eleitorais, 76-77
      Federais e Juízes Federais, 74-75
Tribunal
   Superior
      do Trabalho, 75
      Eleitoral, 76
tributos, 83, 84-86
   Federais, 89
turbação, 245, 248
tutela, 271
tutor, 191, 271

U
união
   estável, 256
   indissolúvel
      Distrito Federal, 33, 58
      Estados-federados, 33, 58
      Municípios, 33, 58
União, 58-59
   competência da, 59-60
   impostos exclusivos da, 89-90
universalidade, 216
   de bens, 313, 429
   direito, 429
   fato, 430
universitas rerum, 216
usucapião, 98
   aquisição da propriedade, 98, 249-250
   especial
      rural, 250
      urbano, 249-250
   extraordinário, 249
   ordinário, 249
   rural constitucional, 99
usufruto, 252-253
   legal, 270
usufrutuário, 245, 249, 253

V
vacatio legis, 11
vale-transporte, 298
valores mobiliários, 415
Varas do Trabalho, 75
vendedores
   pracistas, 355
   viajantes, 355
veto, 70
vida, 35
vigência, 69-70
vínculo
   de afinidade, 259
   de causalidade, 234
   jurídico, 241
vinculum, 241
vindex, 238
vitalício, 28
vocação sucessória, 273-275
vontade
   declaração unilateral, 240
   vícios da, 222-226